近代日本政軍関係の研究

近代日本政軍関係の研究

纐纈　厚

岩波書店

亡き父に捧げる

目　次

第Ⅰ部　第一次世界大戦期から大正末期までの政軍関係

目　次

目　次

まえがき——問題の所在と分析視角

1　近代日本における政軍関係と問題の所在

近代日本の歴史は、長きにわたる封建社会からの脱皮と、その解体の歴史として開始される。そこでは、軍隊と政党の二つの政治装置が封建社会を解体し、近代化への道を切り開くうえで重要な役割を担うことになった。その軍隊と政党は同時的に創出された訳ではなく、近代日本の創成期には、対内的かつ対外的暴力装置として軍隊の創出が先行する。軍隊の創設が、近代国家成立に不可欠な国内秩序を確保するために、警察制度の整備とともに強く要請されたからである。そして、軍隊の創設に続き、近代国家日本としての体裁を整え、かつ国民の利害調整機能を果たす政治装置として政党の創出が急がれることになった。

こうして近代日本の成立過程で、軍隊と政党という近代国家に必須の政治装置が起動することになり、近代国家としての内実が整えられるに至った。しかしながら、この二つの政治装置が相前後して起動し始めると、両者間の深刻な対立や抗争が露呈し始める。すなわち、明治国家の軍隊が封建制の体質を色濃く残存させたまま創出されたのに対し、一方の政党がイギリスやフランスの自由主義的かつ立憲主義的な思想や色彩を伴って成立したこともあって、勢い両者間においては、当初から相互矛盾が強調される傾向が強く、そこから明治国家を支える政治装置でありながら、相互に協調関係を成立させるに至らなかったのである。

世界史においても、封建国家から近代国家への展開過程において、通常は軍隊と政党という二つの政治装置が起動する。欧米近代国家の軍隊は、市民革命を経由して「市民軍」あるいは「国民軍」として創設される歴史過程を歩んだ。それゆえに軍隊と政党とが協調し、相互補完的な関係を成立させることに成功したのに対して、近代日本の軍隊は市民革命を経由しないまま天皇制と密接不可分の関係性のなかで創出されたこともあって、封建制の克服という近代軍隊に課せられた役割という点では、一貫して不充分さを残存させたままであった。それが欧米型モデルを模範とする近代政党との齟齬や軋轢を生み出した主な原因であった。

このように、封建制の解体を担うために創出されたはずの日本の軍隊は、例えば自由民権運動や民党と称される諸政党の求める新たな政治秩序を軍隊の基盤である封建的秩序の徹底的な除去と欧米型近代化を志向するものと捉え、これに反発を強めていくのである。自らの内に孕んだ封建的体質の自己証明とも指摘可能な事件例として、東京竹橋に駐屯していた近衛砲兵大隊と東京鎮台砲兵大隊の兵卒約二五〇名が引き起こした日本陸軍創設以来、最大の反乱事件である竹橋事件(一八七八年)がある。この事件を機会に山県有朋に代表される明治政府の指導者は、軍隊の政治からの分離を目的として参謀本部を独立させ、統帥権独立制度を確立しようとした。かくして、この制度の成立過程と成立理由のなかに、近代日本における政軍関係の構造的特質が集約されているように思われる。

すなわち、統帥権独立制は軍事への政治の介入や統制を排除しようとするものであったが、換言すれば軍事に対する政治統制を拒否することによって、欧米型近代化を阻み、封建的秩序を保守する試みとしてあったとも言える。しかしながら、第一次世界大戦に出現した戦争形態の総力戦化、別の意味で言えば戦争形態の近代化と政治化という流れのなかで、軍隊は自らの封建的秩序意識を克服し、文字通り自己革新することによって政党とも連携強化を志向するところとなり、政治と軍事との相互補完的な関係を模索していくことになったのである。

以上の点を明治国家の統治構造の問題から要約すれば以下のようになろう。すなわち、明治憲法体制下にあっては、天皇制国家が「国家統治ノ大権」=統治権力の全てを天皇に集中し、統治権力の施行機関を幾つにも分割して、権力の分散化・分権化を図ることで天皇の権力(=天皇大権)を凌駕する権力体創出の可能性を削いだこと、それと付随して軍事機構(軍隊)だけが天皇に直属する権力施行機関として天皇制国家の中核的存在と位置づけられたことは、ある意味で明治国家という近代国家が近代性と前近代性を同時的に孕み込むという政治選択であった。そこにおいて、前近代性を全面化させる時、軍隊は天皇制国家の絶対意志を貫くうえで最も重要な役割を演じた。

そのような本質と役割を担った軍事機構は、他の官僚機構と比較しても特異な位置を終始占め続けたと言える。すなわち、天皇制国家が半封建的・絶対的な性格を残存させながらも、着実に資本主義化し、近代国家としての形式を整えていく過程で、軍隊は政治民主化や政治的諸権利を要求する民衆の動向を抑制かつ威嚇する暴力装置として強化・拡大し続けた。しかしながら、軍事当局は決して硬直した対応に終始したのではない。天皇制国家が大正デモクラシー状況下で体制的な危機に直面したおりには、山梨軍縮や宇垣軍縮に象徴されるように、柔軟な姿勢を示すことで、逆に「国民の軍隊化」あるいは「軍隊の国民化」に一定の成果を挙げていき、同時に第一次世界大戦によって開始された戦争形態の総力戦化に迅速に対応する積極的な政策を打ち出していったのである。

一方、日本資本主義の発展は国内の狭隘な市場の制約性を克服するために、海外、とりわけ朝鮮半島から中国大陸へと国内産業資本の投下先を求めて、軍事力を背景としつつ、戦争政策を不可避とする外交戦略を採用していく。資本と技術の低位性を補完するためには軍事力に依存せざるを得ないという日本資本主義の実態ゆえに、軍事機構の肥大化は避けられない構造として定着していくのである。(1)

こうして、本来は封建的秩序の保守と自己利益の確保を目的として構築された統帥権独立制によって、結果的には軍事機構が一定の政治的地位を獲得していくこととなったのである。軍事機構は帷幄上奏権や「軍令」などにより、他の官僚機構と比較して自立性・独立性を確保していくことになる。そして、大正期における政党政治の成立という状況のなかで、選出勢力としての政党が民意を背景に政治の主体として台頭するようになると、組織原理も行動原理も全く異なる政党と軍隊とが、その当初において連携ではなく対抗関係を形成していくのは不可避的な事態であった。

この両者の対抗・対立関係は、特に外交・戦争指導という局面において繰り返し表面化する。

言うまでもなく、政党は日本資本主義の発展過程のなかで政治の表舞台に本格的に登場する。そこにおいて、政友会と憲政会(民政党)の二大政党が三井と三菱の〝政治部〟としての役割を果たす過程で、あくまで経済的利益の確保を優先する政党と、大陸国家日本への発展を掲げ、そのための軍事力の投入という企図を政策化しようとする軍部との間には、明らかな乖離現象が目立つようになってくる。両者は、対中国政策の展開やアメリカおよびイギリスとの距離の取り方等について相反する国家目標を掲げるところとなり、それが国内における諸矛盾の噴出と重なって様々な局面で対立を先鋭化させるようになった。

しかしながら、その一方で第一次世界大戦が諸権力・諸勢力に与えた衝撃は強烈であり、そこから総力戦体制の構築という、大方の合意が確保可能な国家目標が設定されるようになると、国内の諸矛盾は抑制され、次第に政治と軍事の一体化への動きが表れるようになった。そこから政治と軍事の関係も、表面的には依然として対立・対抗の関係を維持したまま、その一方で同時に妥協と協調が模索されていく。確かに、日本の政軍関係は政治が軍事を統制するという欧米流のシステムを構築することに成功しなかったが、軍主導の総力戦体制構築という要請が合意されるなか、明治憲法体制に規定されつつも、軍部優位の政軍関係が一九三〇年代の後半にかけて成立する。

そして最終的には軍事の政治への「合法的・間接的支配」が実現されていくが、そこでは最後まで合法性・間接性という点が留保された歴史事実とその理由に、あらためて着目する必要がある。なぜならば、そのような特徴をいわゆる「日本型政軍関係」と呼ぶことができるということに留まらず、軍部支配の実態が合法的・間接的であったゆえに、戦後も「日本型政軍関係」を充分に歴史事実の負の遺産として受け止めていない、という深刻な課題に直面するからである。

以上の近代日本の政治過程をめぐる課題と特徴を概観したうえで、本書は、明治近代国家に孕まれた最大の特徴としての政治と軍事の独特な関係を、歴史事実を追究整理するなかで捉え返すことを主要な目標としている。そこにおいて筆者の一貫する関心対象は統帥権独立制であり、これこそが本来は政治による軍事統制を合理的とする両者の関係を逆転して、軍事による政治統制という形に追いやる根拠とされた[2]。そして、その統帥権独立制による社会的統合を目標とした軍部(軍事)と、これに対抗して民意による社会統合を実現しようとした政党(政治)との相互関係を、より立体的に明らかにすることが本論の各章に通底する課題である。

2　政軍関係論の導入と本書の分析視角

日本における政軍関係研究のパイオニアである三宅正樹は、『政軍関係研究』(二〇〇一年)において、政軍関係研究の対象範囲は、あらゆる諸国家における政治と軍事の関係において具現し、それはまた民主主義の成熟度に対応して固有の課題を内包するとしたうえで、「政軍関係という主題は国家のあり方の根本にかかわる性格をもつ。その意味で、それは、近現代の歴史と政治にとっても基本的な問題である[3]」と、その重要性を端的に指摘している。それに加えて、欧米の学界における同テーマに関する研究の進捗ぶりとは対称的に、日本の場合には必ずしも盛んでない点に言及している。

すなわち、戦後日本の政治史研究において政軍関係史研究の位置は依然として不確定であり、必ずしも有効な成果を挙げていないとする。欧米外交史研究の専門家である三宅は、早くから日本の政治研究への政軍関係理論の導入を提唱し、同時に近現代日本政治史分野にも多くの優れた論考を発表してきた。それにもかかわらず、三宅の一連の成果を別とすれば、これまで本格的な政軍関係史研究が必ずしも充分でなかったのは、一体なぜであろうか。その理由は様々考えられるが、要約すれば以下の諸点を指摘できよう。

第一に、歴史学の分野で言えば、戦後の政治史研究が軍事を否定的かつ排除的な対象領域とする過剰な意識を前面に押し出す傾向が顕著であり、軍事を政治と並行的な立場に据えることに消極的であったことである。そこには、軍事は政治に従属するのは当然であり、軍事は政治の一領域であって、それ以上の存在と規定すること自体が軍事の容認に連続するといった、ある種の警戒心ないしは自制心が作用していたのである。

第二に、戦後の歴史学研究は一貫して戦前の軍国主義批判とその分析に重点が置かれ、事実大きな研究成果を挙げてきた反面で、政治領域と軍事領域との関係において、軍事領域が何ゆえに政治領域から実際上分離し、独自の展開を志向するに至ったかについて分析を試みるという発想が乏しかったことである。すなわち、そこで不充分であったと思われるのは、軍事領域の自律的かつ独自的な展開への具体的な検証の蓄積のうえに立って、政治領域との相互関係を政治過程全体の問題として捉え直す視点である。

第三に、以上と部分的には重複する視点と思われるが、戦後歴史学の主要な目標は戦前期日本のファシズム思想・運動・体制の解明にあり、そうした大枠のなかで軍事分野を一括して捉えようとしてきたことと関係があろう。雨宮昭一が、日本の戦時体制研究の特徴に触れ、主流の位置を占めてきた主張を、「日本の戦時体制をファシズムとし、支配層全体が人民抑圧、統制、異端の排除等を行った体制であり、その背景には前近代的なものがあったことを強調するものである」(4)としているように、戦時体制や軍国主義体制をファシズムと規定することによって獲得された戦時体制批判に関する分析の成果の一方で、同時に、軍事が実に固有の領域として政治との対極的な位置にあり続け、絶えず政治との緊張関係を派生させていった点についての言及と分析が弱かったことである。

もちろん、軍事領域の研究は軍事史研究というカテゴリーにおいて相当程度の蓄積も存在し、極めて重要な教訓を引き出したことも事実だが、政軍関係という視点からする分析視角の導入は曖昧であり続けた。そのために、政治領域と軍事領域の相互規定性については正面から触れられることはなく、どちらか一方の視点から他方を捉えようとするスタンスが一貫していたように思われる。すなわち、政治史と軍事史の研究が一定の住み分け状態に置かれ続け、この両者を同時的に、かつ一定の理論的な枠組みのなかで捉えようとする視点が結果的には弱かったということである。

このような研究上の課題を克服するためにも、政軍関係論の適用が期待され、また政軍関係史という研究領域が一定の評価を得るべき時期に来ているように思われる。とりわけ、今日この日本において、戦後開始された文民統制という戦後型政軍関係が根底から動揺を来たしているおり、あらためて政治と軍事の合理的な関係の構築が俎上に挙げられるべきであろう。さらには、アメリカやイギリスを筆頭とする先進欧米諸国における軍事組織や軍事官僚の政治領域への目立った進出状況を目前にするとき、あらためて政軍関係への関心の増大と、最終的には民主主義の基本原理と協調的な軍事領域の存在の実現が焦眉の課題ともなっている。

こうした研究史的なレベルと同時に、現代社会における軍事の有り様をめぐるレベルにおいて、政軍関係論のさらなる適用とその理論の精緻化が一層求められている。そのような観点から、ここで、本来は欧米外交史研究を専門領域とする三宅が主張してきた日本の政軍関係の捉え方について要約して紹介しておきたい。

近代日本の政軍関係においてすこぶる顕著な事例は、満州事変以降において常態化することになった軍の政治介入である。その点から、こうした軍の政治介入に一定の法則性を探し出すことを歴史学や政治学の一つの使命として受け止め、二度と歴史上に軍の政治介入によって民主主義が軍国主義に取って代わられることのないように教訓を引き出すことが、基本的には政軍関係論の役割とする視点を明確にする。[5] 近代日本の政軍関係においては、統帥権独立制により、軍事が政治から「独立」して機能する可能性を用意することになった。その統帥権独立制が近代日本の政軍関係を大きく規定したことの教訓から、戦後においては文民統制という軍事を統制する政策が採用されることになった。その文民統制をより精緻に理論化し、より強固な政治システムとして機能させるためにも、あるべき政軍関係の基本理論の確立を不可欠とするのが三宅の基本スタンスである。

ここで言う政軍関係の基本理論の考察は、残念ながら日本近現代史研究の領域においては充分になされていない現状から、政軍関係論の代表的研究者であるハンチントン、パールマター、ファイナー、マクソン等の理論把握の必要性を強調する。筆者も政軍関係の基礎理論の把握に努めてきており、その成果は序章において展開する予定である。以上のような三宅の提言を受け止めたうえで、本書の基本的な視角は、以下の通りである。

第一の視角は、ハンチントン、パールマター、ファイナー、マクソン、それにベルクハーン、ノードリンガー等の政軍関係論と三宅の政軍関係研究の成果を踏まえつつ、近代日本の政治と軍事の相互関係を統一的に把握することによって、軍事の政治への介入の経緯とその背景を追究し、介入の原因を政治の対応過程から検証しようとすることである。

第二の視角は、政軍関係の展開上、統帥権独立制の機能が強化されようとするのは、それだけ軍事の政治的地位の低下を意味するものである点を強調することである。すなわち、筆者はこれまで、軍事が政治の干渉から逃れ、逆に政治を統制する制度的かつ思想的根拠とされる統帥権独立制を一貫して重要視してきたが、それを政軍関係上において固定的かつ非和解的な制度と捉えている訳ではない。統帥権独立制の起点は、そもそも軍事が政治に翻弄されることを回避し、軍事の政治からの独立を目的としたものであった点で、それはむしろ防衛的措置として起動することになったと考えている。

つまり、統帥権独立制は一八七八(明治一一)年一二月の参謀本部条例による参謀本部の設置をもって成立したと捉えられることが多いが、日清・日露戦争から昭和初期に至るまで統帥権独立制は、基本的には政治と軍事との対立の争点にはならなかったのであり、むしろ大正期には外交調査会の設置や軍需工業動員法の制定に典型的であるように、政治と軍事は対立よりも協調を優先していたのである。この両者が衝突して統帥権独立制が軍事の側からする政治介入の根拠として利用されるに至るのは、一九三一(昭和六)年九月一八日に起きた満州事変以降のことである。

第三の視角は、近代日本の政軍関係が、日本の国家構造および国家目標の内容によって規定されながら、最終的には相互補完的な意味で協調体制を敷かざるを得なかった点を実証することである。すなわち、大正期から昭和初期にかけての政治と軍事との対立の争点は、その具体的組織としての政党と軍部という当該期における有力な二大政治装置の国家発展の方法と方向をめぐる戦略レベルでの問題であった。三谷太一郎の用語を借りれば、政党という「選出勢力」か、それとも軍部という「非選出勢力」か、いずれが国家の指導部を形成するかの対立であったのである。

より具体的に言えば、たとえ制約的であれ、戦前型民主主義システムを起動させるなかで国家発展の途を模索し、対外的には英米と連携しつつ国際資本主義システムのなかに日本を編入することを選択しようとした政党や資本家等の総意を優先するか、逆に軍部主導の指導体制を構築するなかで、英米との連携を打ち切って大陸に覇権を確立し、自立した文字通りの軍事帝国主義国家日本を建設しようとする軍隊や革新官僚等の目標を優先するか、の問題であったと言えよう。それが既述したように政軍の乖離現象となって表出するのである。そのような国家戦略の方向性を決定するうえで、政治と軍事とが時として対立を先鋭化させることもあったが、日本資本主義の技術的資本的なレベルでの低位水準に規定されながら、時にはいずれの側も英米に妥協的なスタンスを余儀なくされ、またそれとは逆に猛烈なナショナリズムの喚起のなかで脱英米への試みが突出することにもなる。要するに、二つの選択のなかで、政治と軍事が大きく揺れ動くのである。

そのことは、現実の政治過程においては昭和初期以降、軍事の政治との対等化、あるいは軍部内閣の登場という事例において具現される。確かに、軍事が政治に介入し、かつ、政治を逆に統制する事態が常態化した。しかもそれが満州での軍事行動(満州事変)、国内での三月・一〇月事件(一九三一年)に代表される国内でのクーデター計画、さらには犬養毅首相暗殺(五・一五事件、一九三二年)という暴力とテロリズムによってもたらされたとしても、実際には政治の側が軍事の論理を受容していったことは客観的な事実であり、その限りでは軍事の政治介入はその手段の非合法性とは別に、軍事の「合法的・間接的支配」が実行に移された点をどのように把握するかが最大の問題となろう。そのための検証事例を大正期から日米開戦直前期までの政軍関係の実態から考察し、以上の分析視角から近代日本の政軍関係の構造的特質を考察することが本書の全体を貫くテーマである。

3　本書の構成と目的

本書は、序章および時系列的かつ内容的に三部に区分した第一章から第六章、それに終章から構成される。各章の目的と内容については、各章の「はじめに」において触れているが、ここでも簡約しておきたい。

まず、序章においては、「政軍関係」の理論的考察として、ハンチントンらに代表される政軍関係論の系譜を紐解き、三宅を筆頭とする日本における政軍関係論および政軍関係史研究の主要な先行研究を要約紹介しながら、本書全体を通底する政軍関係論から見た日本の政治と軍事の関係史を分析するうえで、政軍関係論の適用の可能性を探る。その意味で、序章はあらためて本書全体の分析視角を明示し、同時に本書の課題を解明する起点とするものである。次いで、第一章から第六章までが、いわば政軍関係史の実証編であり、第一次世界大戦から日英米開戦に至るまでの近代日本の政治過程を考察の対象範囲としている。

「第Ⅰ部　第一次世界大戦期から大正末期までの政軍関係」の第一章では、二個師団増設をめぐる政軍の対立と妥協の政治過程を追うことで、両者の一致の方法から近代日本の政軍関係の基本構造の原型を見出し得ることを論証しようとした。すなわち、日露戦争後、一個の政治勢力として台頭著しかった軍部、なかでも陸軍がいかなる論理によって政府とのせめぎ合いを演じようとしたかを注視することよって、軍事の政治統制の手法の原型を見出そうとした。続いて第二章では、第一次世界大戦の衝撃から国家総力戦体制の構築という国家目標を共有せざるを得なくなった政軍両者が、その国家目標の達成過程における主導権と内容決定権をめぐり激しい対抗関係を続ける時期を扱う。大正デモクラシー状況下で一定の民主主義(民本主義)的価値観が民衆に広まり、その一方では第一次世界大戦により戦争形態の総力戦化という新軍事秩序の形成が不可避となるにおよび、この民主主義と民衆動員を絶対条件とする軍事主義との調整が進められる。日本型民主主義(=民本主義)と、日本型軍事主義(軍部優位の政治システム)の共存関係が、一連の総力戦体制構築過程のなかで政軍関係自体にも決定的な規定要因となったことを論証しようとした。(6)

「第Ⅱ部 大正期における内政・外交をめぐる政軍関係」の第三章は、近代日本の政軍関係の展開が外交・戦争指導という領域で一体どのような性格づけをされていったのかについて検討している。言うまでもなく、政軍関係の性格を規定づける様々な要素を俎上に挙げなければならないが、政軍の対立と妥協の政治過程における対中国政策あるいは対ロシア(対ソ連)政策の変遷は重要である。ここでは、本来ならば軍隊指導という限定的かつ専門的領域に専念すべき軍事=統帥部が、外交・戦争指導の主体としての政治=国務が担うべき戦争指導をも担うという状態を頻繁化させる実態の解明を行っている。そこでは、軍隊指導から戦争指導への飛躍と逸脱の背景を把握することなくして、日本独自の政軍関係の構造把握は不可能であるという視点を意識している。

続いて第四章は、国内における政軍関係の連繋を破壊する危険性を多分に秘めることになった軍装備の拡充と削減という、軍部にとっては機構・組織の強化、あるいは逆に弱体化に直結しかねない極めて微妙な問題に触れながら、軍装備の削減によって軍事機構の縮小を狙いとしていると判断した軍部が政党への反発を強め、次第に政党排撃の姿勢を深めていくことになる政治過程を追究した。その事を通して、近代日本国家に内在する民主主義の政治的表現体としての政党の位置と役割を確認しつつ、そのような政党勢力との共存関係の構築への論理を欠落させていった軍部の動向を追った。

「第Ⅲ部 昭和初期政軍関係の展開と変容」の第五章と第六章では、満州事変から日米開戦直前期までの一〇年間における政軍関係の変遷過程を追究した。そこでは政軍関係が総力戦体制の構築を意識しながらも、それは直ちに共通の国家目標なり、国家戦略となって一元化されることなく、極めて流動的で不安定な政軍関係を展開させた。しかし、日本の資本主義水準に規定された総力戦体制を早期に完成するために、実に多様な矛盾を孕みながらも、政軍関係が一定の妥協を相互に行うことで、軍部主導による強制的同一化に近い形により連携を模索していくことになったのである。

それで、政党内閣制に代わる中間内閣や挙国一致内閣の形成、対英米協調路線派とアジア・モンロー派との分極化、権力層の多重化・重層化といった権力構造の変転のなかで、最後的には軍部優位の政軍関係が創出されていく。その過程を追究した両章では、最終的に軍部による政治の「合法的・間接的支配」の実現が、実は日本型政軍関係の定着という形で創出されていったことを論証しようとした。

そして、終章では、統帥権独立制の政治機能に着目しつつ、「軍民融合型支配」とする筆者なりの新たな概念を提起し、日本型政軍関係の基本的特徴と構造について結論づけを行っている。

(1) これら日本の軍事機構の基本的な特徴については、纐纈「天皇制国家の軍事機構」(菅孝行編『叢論日本天皇制Ⅱ　天皇制の理論と歴史』柘植書房、一九八七年)で要約した。

(2) 雨宮昭一は、これに関連して、「近代日本における軍事・政治の関係とは、具体的には統帥権独立制度、ならびにそれを基盤に存立した軍部と、政党勢力の関連であろう。しかも、興味深いのは、この専門を体現した軍部と、利害の論理を体現した政党が単に対立するのみならず、他ならぬ後者が戦争指導の主体にまでなっていくという事実である」と指摘している。雨宮昭一『近代日本の戦争指導』吉川弘文館、一九九七年、五頁。

(3) 三宅正樹『政軍関係研究』芦書房、二〇〇一年、三頁。三宅も同書で指摘しているように、日本における政軍関係史の範疇に入ると思われる研究の実情は、確かに欧米のそれとの比較においては相対的に依然として少ないとはいえ、最近は特筆すべき研究が刊行されている。広瀬克哉『官僚と軍人――文民統制の限界』(岩波書店、一九八九年)は、行政学を専門領域とする著者が、本来的に民主主義と相反する原理を持ち、公権力に委ねられた暴力装置としての軍隊をどのようにして統制するのか、という課題意識から論じた著作である。広瀬は、相反する原理の併存を可能とするために創出された文民統制の意義を認めつつも、戦後日本の行政機構において文民統制を実効的に処理するための制度が不在である点について論究する。すなわち、防衛政策の実際の運営過程において、国会と内閣の下で民主的な統制を図るという意味での文民統制の制度が確立されていないとしている。広瀬は、文民統制が制度化されない理由を、防衛政策の形成と運用過程そのものが政治争点として浮上するため、この争点化を回避するメカニズムが戦後日本において強く作動し、最終的には政治争点化の回避策として防衛政策の運営を勢い官僚組織レベルで完結してしまおうとする戦後日本の政治行動様式を鋭く指摘している。それで広瀬は、戦後日本において防衛問題が開かれた政策論議の対象とならず、広義における政軍関係論が現実の政治過程だけでなく、歴史学や政治学、行政学、法学といった関連する諸科学研究の領域においても充分に深められなかったことを重ねて強調する。その点を踏まえて、あるべき政軍関係の可能性への問題提起を行ったものと捉えたい。

広瀬の研究からも、軍事の領域が現実の政治過程にせよ、研究領域にせよ、それを取り上げる場合には政治争点化する可能性が高く、また、ある種イデオロギー性の強い議論に収斂されがちな戦後日本における特徴が指摘できよう。その意味で、日本で文民統制が実効性を獲得するためには、欧米の文民統制制度が基本を憲法レベルで規定されていることを模範とすべきであると思われる。と同時に、識社、一九八八年)は、防衛庁防衛研究所員で安全保障政策を主要研究課題とする著者が、「戦後の民主主義体制におけるわが国の政治的・行政的カルチャーの中での政軍関係という視点は見失われ勝ちである」と「まえがき」(二頁)で指摘しているように、その問題意識において政軍関係への積極的な踏み込みのなかで、政治と軍事の併存と協調の論理を見出すことを目的に著述されたものである。広瀬の著作と同様、西岡の著作も戦後日本および欧米の政軍関係を研究対象とし、戦前期日本の政軍関係への直接言及はないが、文民統制の実効性ある制度化による欧米型政軍関係の確立によって、民主主義社会における政治と軍事の協調的併存への途を説得的に展開している点で共通しているように思われる。

何よりも政軍関係論の適用が不可欠であることをも示しているように思われる。また、西岡朗『現代のシビリアン・コントロール』(知

こうした中にあって戦前期日本の政軍関係を直接に研究対象とした著作として注目すべき成果は、李炯喆『軍部の昭和史』(上・下巻、日本放送出版協会、一九八七年)と、永井和『近代日本の軍部と政治』(思文閣出版、一九九三年)、そして、雨宮の前掲書であろう。雨宮の成果については、本文において取り上げているので、ここでは永井と李の二つの著作を概観しておきたい。まず、日本現代史研究者である永井の研究は、ある種独特の手法による精緻を極めた政治史研究であり、また、自らが「序章　視角と定義」で述べているように、「「政軍関係論的アプローチ」による内閣史の研究」(一一頁)である。そこで主に俎上に挙げられているのは「軍人首相内閣」であり、それが政治との対立と妥協の過程のなかで成立していく原因を制度的メカニズムや法的構造などの分析を通して明らかにしようとする注目すべき試みである。このなかで永井は「第四章　政軍関係理論に関する一考察」(二三九―二七九頁)の章を設け、ファイナーの政軍関係理論を批判的に捉えつつ、日本の政軍関係分析への適用について慎重なスタンスを示している。この点についての評価は、

本書の最終章で触れることにし、ここではこれ以上触れない。もう一つ、現在、大韓民国の中央大学で日本政治史を講じる李の著作は、アジア太平洋戦争期の政軍関係を一貫して追究した本格的な政軍関係史研究である。李は、永井と同様にファイナーの政軍関係理論を借用しつつ、ファイナー理論の中核である「軍部支配の形態」論に触れて、ファイナーが指摘した「制限的な間接支配」とする日本の政軍関係の特徴を批判し、「合法的な間接支配」に近かったのではないか、とする判断を示しているように思われる。この論点は極めて重大な内容を含むものであり、これもまた本論の最終章で縷縷の見解をも含めて触れることにしたい。

なお、この他にも広義における政軍関係史の範疇に属する研究には、藤村道生『日清戦争――東アジア近代史の転換点』(岩波新書、一九七三年)、井上清『日本の軍国主義』(新版、全四巻、現代評論社、一九七五―一九七七年)、大江志乃夫『日露戦争の軍事史的研究』(岩波書店、一九七六年)、北岡伸一『日本陸軍と大陸政策――一九〇六―一九一八年』(東京大学出版会、一九七八年)、工藤美知尋『日本海軍と太平洋戦争』(上・下巻、南窓社、一九八二年)、三宅正樹編集代表『昭和史の軍部と政治』(全五巻、第一法規出版、一九八三年)、野村実『太平洋戦争と日本軍部』(山川出版社、一九八三年)、藤原彰『日本軍事史』(上・下巻、日本評論社、一九八七年)、角田順『政治と軍事――明治・大正・昭和初期の日本』(光風社出版、一九八七年)、江口圭一『十五年戦争小史』(青木書店、一九八六年)、同『十五年戦争研究史論』(校倉書房、二〇〇一年)、小林道彦『日本の大陸政策　一八九五―一九一四――桂太郎と後藤新平』(南窓社、一九九六年)、三谷太一郎『近代日本の戦争と政治』(岩波書店、一九九七年)、佐藤元英『近代日本の外交と軍事――権益擁護と侵略の構造』(吉川弘文館、二〇〇〇年)、黒沢文貴『大戦間期の日本陸軍』(みすず書房、二〇〇〇年)、山田朗『昭和天皇の軍事思想と戦略』(校倉書房、二〇〇二年)などが挙げられる。

(4)　前掲『近代日本の戦争指導』二頁。さらに、雨宮は、第二次世界大戦までの諸研究において、「一方において戦争の政治的側面、特に「階級闘争との関連」を重視するが、軍事的側面を軽視する傾向が強かった。……他方、軍事的側面を重視する研究は、その研究者の多くが直接、間接に対象に関わっていたことも関連してその研究のほとんどが軍事プロパーである。かつ、その視点は対象化させるべき対象としばしば同一の地点にあり、政治的側面は無視されるか、偶然的なものとして、同じことであるが、軍事的側面に対する外的条件として扱われる傾向が強い。両者に共通していえることは共に他の側面を外的条件として扱っていることである」(一〇頁)と指摘している。続けて、政治と軍事の相互規定性と同時に、政治と軍事の「相互関連の中でのみはじめて両契機の相対的な独自性を把握することが可能」とする雨宮の把握は極めて重要な位置づけであり、政軍関係論の重要性を指摘したものと考える。

(5)　前掲『政軍関係研究』一五頁(「第一章　政軍関係の基礎理論」)。

(6)　日米開戦以降においても、多くの総力戦論が出版されているが、例えば、東京帝国大学経済学部教授であった土屋喬雄は、『国家総力戦論』(ダイヤモンド社、一九四三年)のなかで、「総力戦においては、武力戦は依然中心であるとは云へ、国家の総力をあげての戦争で、その規模は極めて大であり、全国家の経済力が政治的・思想的団結力と共に著大の役割を担い、勝敗は若干の数会戦によっては決せられず、比較的長期の資材戦的で、而して激烈なる闘争の連続となつているのである」(一〇頁)とその性格づけを行っている。また、木下半治は、『戦争と政治』(昭和書房、一九四二年)の「二章　総力戦の現段階的意義」(四九―一八〇頁)において、戦争形態の諸段階を古代の戦争＝素朴的総力戦、中世の戦争＝潜在的総力戦型時代、近世の戦争を国民戦争＝無意識的総力戦型時代と帝国主義戦争＝半意識的総力戦型時代に区分し、その上に現代の戦争を意識的国家総力戦型時代と区分して説明し、さらに総力戦の特徴を、「第一は戦争指導に於ける意識性といふことであり、第二は戦争目標の至高性といふことであり、第三は戦争手段の無限性といふことである」(一三一頁)と要約している。

序章　政軍関係論から見た近代日本の政治と軍事
――近代日本政軍関係史研究への適用の問題に関連して

一　はじめに

近代日本における政治と軍事の関係＝政軍関係を追究する場合、欧米の研究者によって開始された政軍関係論の適用ないし視角の導入により、そこに一定の法則性と客観性を導き出すことが可能であり、今日までにも優れた研究が少なからず存在する。それで本章では、まず主要な政軍関係論を紹介しつつ、同時にそこで近代日本の政軍関係がどのように把握されようとしたかを整理しておきたい。また、それとの関連において、日本における政軍関係研究をリードしてきた三宅正樹の研究成果を中心に、日本における政軍関係論および政軍関係史研究の現状を紹介する(1)。そこでは、政軍関係論から見た場合、日本の政治と軍事の関係を、どのように捉えることが可能か、という基本的な問題に触れてみたい。

ところで、政軍関係論(Civil-Military Relations)は、一九五〇年代のアメリカで政治学の一領域として研究テーマとされたが、当初は政軍関係ではなく民軍関係と訳された。政軍関係論の旗手でもあったハンチントン(Samuel P. Huntington)が、その民軍関係を「国家安全保障政策の一局面」であり、「軍事的安全保障政策の基本的な制度的要素である」(2)と定義づけたように、第二次世界大戦後、軍部の政治的影響力が顕在化していたアメリカ社会では、民(＝政府)が軍

（＝軍部）を統制（civilian control）することの困難さが、健全な民主主義の発展の阻害要因となると危惧されるに至っていた。とりわけ、一九六〇年代に入り、米ソ冷戦時代の本格的な幕開けに伴い、軍部の役割期待の増大は、シビリアン・コントロールの必要性を痛感させ、民と軍との協調関係の構築は一段と重要な政治課題となっていたのである。

その意味で民軍関係論の展開を促した背景には、アメリカ国内の政治的かつ社会的な条件が存在した。しかし、シビリアン・コントロールの実体化を目的とする民軍関係論を、直ちに戦前の日本における民と軍の関係に応用するには幾つかの条件が不可欠である。すなわち、伊藤皓文が戦前日本国家には民主主義を基調としたシビリアン・コントロールは存在せず、「そこでは、民軍関係は、ただちに政軍関係を意味しない。むしろ、民軍関係は、主として軍隊と社会一般との関係を意味することになりかねない。このような国家においては、政治と軍事との関係は、民軍関係としてではなしに、まさに政軍関係そのものとして理解される必要がある」[3]と論じたように、民軍関係論を日本近代の政軍関係の史的考察に適用する場合には、この意味で一定の留保事項の確認が不可欠であろう。

換言すれば、民軍関係研究は本来的に民による軍の合理的な統制や指導の方法と論理の創出に、一定の目的と意義を求めて展開された経緯があり、そこでは民主主義の成熟や発展が同時的に追究されたということである。これに対して政軍関係研究という言い方をすれば、それはまず第一に政治と軍事の関係を基本的に対等な関係と位置づけたうえで、この両者がどのような協調関係を構築し、両者が一体となって機能する方法と論理を創出していくかを課題とするものであった。

従って、ここでは政軍関係の組織・機構・制度・体制という、いわば組織的要因、すなわち、ハード的側面の分析が重要となる。ただし、政軍関係の展開過程をこの組織的要因にだけ求めるのは正確ではなく、当然に組織を運営する政治家や官僚等、すなわち、ソフト的側面の要素をも多分に評価しなくてはならない。その意味で、第一章以下で考察の対象とする政軍関係における複雑な展開過程のなかで、政軍関係のダイナミックな変容を結果させる政治家や官僚の動向を全体としてどのように位置づけていくかが、決定的に重大な問題となろう。

以下、本章ではあらためて政治・軍事研究の一方法として、欧米諸国で検討されてきた政軍関係論の内容をシビリアン・コントロール論との関連で要約整理することから始め、次いで主要な政軍関係論を日本の政軍関係史研究との関連において取り上げる。さらに、こうしたアメリカで開始された政軍関係論研究の成果を、近代日本の政治・軍事史の領域に適用する積極的な意義がどこにあるのかについても論じておきたい。

（1）日本における政軍関係論研究の第一人者三宅正樹の政軍関係論および政軍関係史に関連する主要な業績には次のものがある。「メッケルにおける一九世紀ドイツと明治前期日本との接触」（『神奈川大学人文学研究所報』第六号、一九七二年六月）、「ドイツ第二帝政の政軍関係――クラウゼヴィッツとルーデンドルフの間」（佐藤栄一編『政治と軍事――その比較史的研究』日本国際問題研究所、一九七八年）、「文民統制の確立は可能か――政軍関係の基礎理論」（『中央公論』一九八〇年九月号）、「政軍関係の視角から見た一九三〇年代の日本」（三輪公忠編『再考・太平洋戦争前夜――日本の一九三〇年代論として』創世記、一九八一年）、「日本の政軍関係の特質と病理」（三宅正樹編集代表『昭和史の軍部と政治』第一巻、第一法規出版、一九八三年）、「ドイツ軍国主義の研究視角――ベルクハーンの著作を中心として」（立正大学西洋史研究室内　村瀬興雄先生古希祝賀記念会『村瀬興雄先生古希祝賀記念西洋史学研究論叢　政治と思想』一九八三年）、「政軍関係論から見た二・二六事件とカップ一揆」（『軍事史学』第二〇巻第一号、一九八四年九月）、「危機と政軍関係――世界恐慌とデモクラシー」（富田信男・堀江湛編『危機とデモクラシー』学陽書房、一九八五年）、「ドイツ国民史の研究――フェルスターの軍国主義をめぐって」（『明治大学社会科学研究所紀要』第二五巻第一号、一九八七年二月）。また、ファイナーの理論にも言及した「社会学と歴史学との対話――筒井清忠『昭和期日本の構造』をめぐって」（『思想』第七三一号、一九八五年五月）等がある。このなかで、日本における政軍関係論研究の必要性を説いた「政軍関係の視角から見た一九三〇年代の日本」の論文は、本章のモデルとも言うべきもので、ハンチントン、パールマター、ファイナー、マクソンを取り上げ、詳細に論じている。さらに、三宅は、これらの諸論文に新たな原稿を加えた論集として『日独政治外交史研究』（河出書房新社、一九九六年）を出版した。また、最新の研究成果として、『政軍関係研究』（芦書房、二〇〇一年）がある。本書は同書から多くを学んでいる。

（2）Samuel P. Huntington, *The Soldier and the State: The Theory and Politics of Civil-Military Relations* (Cambridge, Mass.: Belknap Press of Harvard University Press, 1957), p. 3. 邦訳書では、サミュエル・ハンチントン（市川良一訳）『軍人と国家』上・下巻、原書房、一九七八年、四頁。なお、政軍関係論を最初に本格的に提起したハンチントンは、一九二七年ニューヨーク生まれ。一九四六年エール大学卒

業後、一九五一年ハーバード大学にて学位取得。同大学国際問題研究センター教授等を歴任後、アメリカ・カーター政権下の国家安全保障会議(NSC)のスタッフにも就任。主な著作に、*The Common Defense: Strategic Programs in National Politics*(New York: Columbia University Press, 1961), *American Politics: The Promise of Disharmony*(Cambridge, Mass.: Belknap Press of Harvard University Press, 1981)、*Political Order of Changing Societies*(New Haven: Yale University Press, 1968). 邦訳書には、内山秀夫訳で『変革期社会の政治秩序』上・下巻、サイマル出版会、一九七二年。主な共編著に、Michel Crozier, Samuel P. Huntington and Joji Watanuki, *The Crisis of Democracy: Report on the Governability of Democracies to the Trilateral Commissioment*(New York: New York University Press, 1975), Robert J. Art, Vincent Davis and Samuel P. Huntington(eds.), *Reorganizing America's Defense: Leadership in War and Peace*(Washington: Pergamon-Brassey's, 1985)等多数。また最近の論文に、“The West: Unique, Not Universal”, *Foreign Affairs*, Vol. 75, No. 6, November/December, 1996, “Control: The Crisis in Civil-Military Relations”, *The National Interest*, No. 35, Spring, 1994, Colin Powell, John Lehman, William Odom and Samuel P. Huntington, “An Exchange on Civil-Military Relations”, *The National Interest*, No. 36, Summer, 1994, 等がある。最近では、*The Clash of Civilizations and the Remarking of World Order*(New York Simon & Shuster, 1996)、鈴木主税訳の『文明の衝突』(集英社、一九九八年)が広く注目を集めている。なお、纐纈は現在までに二五カ国以上の言語に翻訳され日本でもベストセラーとなった同書が、現代における国際紛争の背景を説明する場合に繰り返し引用される点に着目しつつ、ポスト冷戦の時代における民族・文化・宗教など、総体としての文明の非和解性に国際紛争の原因を求めようとするハンチントンの見解が国家的戦略論の域を脱したものでない、という視点から批判的な解説を発表している(纐纈「文明の衝突」前田哲男編『現代の戦争』岩波書店、二〇〇二年、二九七—二九八頁)。ハンチントンの著作についていえば、さらに、Larry Diamond and Marc F. Plattner(eds.), *Civil-Military Relations and Democracy*(Baltimore and London: The Johns Hopkins University Press, 1996)に収められた“Reforming Civil-Military Relations”は、わずか七頁の論文ながら、ポスト冷戦の時代を含む民主主義の変容との絡みで政軍関係の再読を試みた注目すべき論考である。また、最新作として日本の出版社のリクエストに応じて執筆したとされる山本暎子訳の『引き裂かれる世界』(ダイヤモンド社、二〇〇二年、原題は、*The Big Picture: Collected Thoughts on the Events of 9/11 and Changing World Order*)があり、『文明の衝突』以後における日本とアメリカを中心とする現代政治状況の分析を行っている。

(3) 伊藤皓文「明治国家における政軍関係——軍隊と国家の関係の一事例研究」1、(防衛庁防衛研究所『防衛論集』第七巻第二号、一九六八年一一月)、二頁。

二　政軍関係論の成立経緯と役割期待

1　政軍関係論成立の背景

元来、軍隊や戦争が政治学や歴史学、さらには社会学の学問領域で研究の対象とされるようになったのは、一九五〇年代のドイツで登場したミリタリー・ソシオロジー(military sociology)とされる。(1) 当初、その訳語には軍隊の社会学的研究を目標とする「軍隊社会学」が当てられたが、その後より広義の訳語として「戦争社会学」が提起されるようになった。

ミリタリー・ソシオロジーの実質的内容を指す軍隊社会学は、第一次世界大戦期において主にドイツで登場した軍隊心理学(military psychology)を源流として出発し、それは文字通り、兵士を研究対象とする軍隊内部の分析に重点が置かれた。そこでの研究上のキーワードは、士気(morale)や規律(discipline)であった。しかし、第一次世界大戦から出現した総力戦と称する戦争形態では、圧倒的規模での戦争への民衆動員が不可避となり、必然的に社会と軍隊との関係の捉え直しが要請されてきた。そこでは、「軍隊の国民化」あるいは「国民の軍隊化」が、総力戦体制構築の必須の条件となってきたのである。(2)

そして、第二次世界大戦中から顕著となった軍隊の大量動員と大量消耗に備える軍需工業の形成という課題克服のために、巨大化する軍隊の統制や国民の戦争動員を正当化するイデオロギーの形成、軍隊の役割に関する国民の合意等、総じて軍隊と社会の相互関連を論理化する研究が要請されてきたのである。これに関連し、高橋三郎は軍隊社会学者であるツィーグラー(R. Ziegler)が、第二次世界大戦中のドイツにおいて軍隊社会学の研究内容を、軍人(the profession of arms)の研究、軍隊(Military Organizations)の研究、軍制(the military system)の研究、戦争(war and warfare)の研究、そして、政軍関係(Civil-Military Relations)の研究に区分していることを紹介している。(3)

要するに、政軍関係論は、従来の内部的アプローチとしての軍隊社会学の領域から、外部的アプローチとして軍隊社会学へ、さらには政治学あるいは歴史学をも包摂するような研究領域へと拡大されたと捉えられよう。その意味で言えば、第一次世界大戦を転機として登場する総力戦時代の戦争・軍隊研究が戦争の構造や軍隊機構の実際を研究対象としてきた以上に、より広い視野に立って軍事と政治との相互関係を研究対象とするものこそ、政軍関係研究と捉えることができる。同時にまた、総力戦という新たな戦争形態の出現と、一層進化する総力戦体制の構築という展望のなかで、複雑化する政治と軍事との相互関係が協調的かつ統一的に把握されるための方法論として、政軍関係研究の必要性が強調されるようになったと言えよう。

それでは、ここで言う政軍関係論とは、一体どのような内容であったのか。アメリカの政軍関係論者であるジャノヴィッツ(Morris Janowitz)やハンチントン等の政治社会学者たちが、一九五〇年代後半から本格的な政軍関係論研究を開始する。彼らの政軍関係論研究に共通することは、その研究目的が第二次世界大戦後において肥大化が予測された軍隊組織を容認したうえで、これを他の政治社会組織といかに調和させ、かつ効率よく運用していくかの解答を求めていくことに主眼が置かれていたことであった。(4)そこで最大の関心が払われたのは、軍隊統制の方法・手段であって、軍隊組織に内在する問題を解明し、さらに政治民主化との相互矛盾を解消して、人間社会にとって有用な組織へと改編していくための、政治学的・社会学的アプローチからする理論構築への積極的努力は不充分であったと思われる。

そこでの論点は多岐にわたるが、要約すれば、第一には、近代日本の政治過程分析、特に政軍関係においては、どれだけ政軍関係論が適用可能なのかという問題があろう。すなわち、政軍関係論の適用の積極的意味をどこに求めるのか、という問題である。そして、第二には、そもそも政治と軍事を対抗的領域の問題として、並列的に位置づけることが可能なのか、換言すれば別領域として二分化することが可能なのか、という問題である。とりわけ、日本の場合には、政軍間に生じた対立・妥協・調整の関係としての政軍関係史研究のあり方からも明らかなように、制度的かつ機構的な意味で分化は可能であるが、そこで決定される政策や方針の決定過程という点で言えば、二分化は理論上不可能であるし、さほど意味のあることではない[5]。

つまり、日本においては、制度としての政治と軍事という区分は可能だが、決定過程においては政治と軍事が混在化した内容で表出するのであり、一定の軍事決定は同時に政治決定でもある。ただ、政治と軍事のそれぞれ固有の動きを捉えることによって、ここでいう政策決定過程とその内容を深く検討する必要性から二分化の方法が採用され、検討されてきたのである。

政軍関係とは、そもそも「政治」(政府・文民)と「軍事」(軍隊・軍人)との関係を、対立的かつ非妥協的な関係として捉えようとすることではない。その理由は政軍関係論自体が両者の協調性や相互補完関係の構築に最終の目的が置かれたものであるという点からだけでなく、実際の「政治」は、実に多様な制度や論理が複合して構成されたものであり、その「政治」に比較して圧倒的な団結力を特徴とする「軍事」にしても、それが置かれた歴史的条件や政治的条件、さらには経済的条件、あるいは国民の「軍事」への期待度など、様々な要素によって多様な構成体として存在しているからである。

もっと別の角度から言えば、「軍事」部門を担当する軍事官僚(軍人)には極めて政治的な行動規範に固執する者もいれば、政治自体にはほとんど関心を示さない者、また政治には自己抑制的な者も存在する。また、政治的軍人は軍内部で自らの地位や軍自体の政治的地位を高めるために政治集団を組織し、その力によって政治を逆に統制したり、場合によっては軍事と政治の一体化を図ろうとし、それが時として国民の支持を獲得する場合もある。

従って、政軍関係は単線的な対立関係と捉えるのではなく、両者の独自で複雑多様な内部構造の重層的な絡み合いによって一つの政治関係が形成される、と捉えるべきである。その意味で政軍関係は非常にダイナミックな変動を常に露呈していくのであって、決して併存的な関係として固定的に捉えられないのである。それでは軍事あるいは軍隊とは、近現代国家の内部にあって一体どのような役割期待を与えられ、また何によってその正当性を付与されているのであろうか。そのことについて、簡単にでも要約しておく必要があろう。

軍事・軍隊は言うまでもなく「国家防衛」(国防)という任務を付与され、軍事の論理に則り、厳しい規律によって内部統制された機能集団である。そして、民主主義国家においては法的制約のなかで一定の政治的な役割期待を担う限りにおいて正当性を獲得している。その場合、以下の三つの職務を履行しているとされる。すなわち、①国防の責任を果たすために必要な資源配分を要求する、②政治指導者が対外政策を決定する際、その政策の軍事的インプリケーション(関係性)を明らかにし、所要の勧告を伝え、政治指導者の政策決定に資する、③政治指導者の軍事行動を実行する、である。(6)

以上、三つの職務を合法的な枠内で実行している限り、特に政軍関係に問題は発生せず、両者は相互補完的な連携を保持していることになる。しかし、軍の側が労働組合や業界団体などの利益集団や圧力集団と同様の政治的行動によって自らの利益や地位を拡大するか、あるいは法的制約から逸脱してまで自らの地位強化に乗り出す場合には、軍に付与された役割構造が崩壊する。

その場合、軍はその物理的手段に訴えながら政治に圧力をかけるか、さらには政治権力を掌握して国家を支配しようとする。その過程を事前に阻止するためにも、政軍関係の合理的な在り方をめぐる議論が、文字通り民主的に行われる必要があり、民主化の実行過程においても、政軍関係論が重要なテーマとなってきたのである。文民統制(シビリアン・コントロール)のシステムとは反対に、軍事による政治統制が戦前に敷かれ、その教訓から文民統制のシステムがとりあえずは機能している戦後の日本においても、極めて重要な研究テーマとして論じられているのである。(7)それでは、シビリアン・コントロールの視点から政軍関係論を位置づけると、どのような事が言えるのかについて、次に論じておきたい。

2　シビリアン・コントロールと政軍関係論

戦間期から戦後における政軍関係論を捉え返す場合、戦後の政軍関係を規定づけるシビリアン・コントロールをどのように位置づけたら良いのであろうか。その点において最初に想起されるのは、ハンチントンの定義する「シビリアン・コントロールの本質は政治上の責任と軍事上の責任を明確に区別することであり、また後者の前者に対する制度的な従属である」(8)とする定義である。つまり、政治による軍事の統制が所与の前提とされ、これが政軍関係の本質とされる。

確かに近代日本における政軍関係において文民による軍隊統制という意味におけるシビリアン・コントロール(文民統制 civilian control)あるいはシビリアン・シュプレマシー(文民優越 civilian supremacy)という関係は成立し得なかった。しかし、大正デモクラシー状況下における軍縮機運や軍隊の役割の相対化現象、さらには総力戦体制の構築過程における国家総動員法の成立過程において、軍隊および軍事機構と政治機構とを総力戦段階に適合させるための改編や合理的な戦争指導体制の創出という課題のなかで、行政権の拡大や官僚制の強化によって極めて制限的であるが軍隊統制への試みは少なからず実行に移されたことも歴史事実である。

ここでの政軍関係の主体は政府(government)で、客体が軍隊(army)ということになり、直接的には政府と軍隊との相互関係の構築の仕方をめぐる政治過程あるいは政治思想のレベルで捉え得るものとなる。しかし、ここで問題となるのは、「国民」の政治舞台への本格的な登場によって、その「国民」を政軍関係のなかでどのように位置づけるのかという点である。

事実、カール・フォン・クラウゼヴィッツ(Karl von Clausewitz)は政軍関係の規定要因としての「国民」の問題に言及しており[9]、これに関連して長尾雄一郎は、レイモン・アロン(Raymond Aron)の『戦争を考える――クラウゼヴィッツと現代の戦略』(*Penser la Guerre, Clausewitz*)を引用しながら、「国民国家の時代における政軍関係を考察するには、政府、軍隊、国民の三重構造体が成り立つ国民国家の枠内で、「国民」の存在に目配りしつつ、政府と軍の関係を検討する必要がある。つまり、政府と軍の二者関係をみるだけでは不充分であり、「国民」という第三の要素を媒介させて考えるべきである」と指摘している[10]。確かに、政府にしても民主主義の時代には国民の存在を無視することはできないし、軍隊にしても総力戦の時代には大量動員の対象としての国民の支持や同意は不可欠の要素となったのである。長尾の指摘を了解しつつも、今日では「国民」は「政府」を構成する直接的な主体として制度化されており、筆者は政治=政府の概念に、ここで言う「国民」も包摂される存在と見なしておきたい。従って、今日における政軍関係の実際的な意味での制度あるいは論理としてのシビリアン・コントロールは、民主主義の主体としての「国民」と、その「国民」の支持・同意によって初めて正当化される「政府」とが、軍事=軍隊を共同して統制下に置くという意味で解釈されているはずである。

確かに軍は、国家機構のなかで唯一絶対的かつ圧倒的な暴力行使という手段を独占する特異な存在である。その軍をシビリアン・コントロールという民主的方法によって統制しようとすること自体間違っていないとしても、はたして軍に対する法的かつ制度的な拘束力によって成立する政軍関係が、どこまで合理的かつ有効であるのか、という点には疑問が生じる。

つまり、近代国家成立以前において分立していた諸勢力が自前の暴力装置を抱え、それが内戦・内乱を一層複雑かつ拡大する要因となったことから、近代国家さらには国民国家の成立以降において、国家が暴力を独占することにより安定と秩序を結果し、内戦・内乱を未然に防止する手立てが整えられた。しかし、国家による暴力の独占という事態は、同時に暴力を独占する施行者に強大な権力をも付与することにもなった。そこから軍に対する監視と統制という制度や思想の構築が求められてくる。そのような歴史経緯を辿るならば、近代国家成立以降における政軍関係とは、近代国家の安定と秩序の形成に不可欠な暴力の国家管理の方法をめぐる課題としてあり、シビリアン・コントロールとは、暴力の管理を原則的にはシビリアンに委ねるという形式を踏むことで、とりあえず今日まで普遍的に合意された暴力管理の一手段に過ぎないと言える。

そこでもう一つ極めて重要な問題が生じてくる。それは、そもそもシビリアンとは一体どのような語源と概念を含意したものなのか、という問題である。シビリアン(civilian)は、ブルジョワ(bourgeois)と並んで、市民(citoyen)の語源とされる。福田歓一によれば、そのなかでも bourgeois と citoyen はフランス革命による人民主権国家の実現を契機に明確に区別されることになり、さらに「一七世紀までは civil はギリシャ都市国家に由来する politique と大体同義語に使用されてきた。革命の落とし子であるフランス民法典 code civil が、まさにこの新しい用法を確立し、それを politique の反対概念にしたのである。それが citoyen と civil とを決定的に引裂いた」[11]。要するに、シビリアンの用語には、近代市民主義から派生した民主主義の理念と目標が含意されているということである。

また、シビリアンの用語の語源については、「古代ローマ時代に、市民階級を舞台にして独裁的権力を掌握したシーザーが、現代の理念からいえば民主的とはいえない政治を行い、これがシーザリズム(皇帝専制)から Praetorianism(親衛隊独裁)と呼ばれる軍事支配に堕落したという歴史的事実に到達する」[12]とする指摘に従えば、シビリアンとは単に非軍人あるいは非軍事と概念規定するだけでは不充分であり、そこにはシビリアンであるだけでなく民主主義の理念を念頭に据えた人物という基本的な条件が満たされなければならない。

その意味ではシビリアン(＝非軍人)であっても、政治による統制に積極的に服従する軍人以上にミリタリズムの信奉者で、非妥協的で露骨な軍事政策を強行しようとする政治家が存在してきた歴史事実を見出すことは容易である。

従って、ルイス・スミス(Louis Smith)の指摘するように、シビリアン・コントロールとは「適切に表現すれば、それは「民主的な文民統制」というべきもの」[13]なのである。従って、シビリアン・コントロールを直ちに文民(＝非軍人)による統制(＝文民統制)とする邦訳からは、そこに含意された歴史的経緯や本来的な意味を把握することは困難でもある。それでスミスのように「民主的な統制」か、それとほとんど同義語だが、筆者は、より徹底した民主主義による軍事統制という意味を込めて「民主統制(democratic control)」の用語のほうがシビリアン・コントロールの訳語として、より相応しいのではないかと考えている。

3 ミリタリズム、デモクラシー、リベラリズムと政軍関係論

政軍関係論を考察するにあたり、検討すべき対象としてミリタリズム、リベラリズム、デモクラシーに関連する政治思想や論理について言及することは必然的条件とも言える。ミリタリズム(軍国主義・軍事主義)とは、軍事に関わる諸問題や価値が政治・経済・教育・文化などの諸領域において強い影響力を持ち、政治行政レベルで軍事第一主義の思想が優先されるべきだとするイデオロギーである。それは古代ローマ帝国、フランコ独裁時のスペイン、帝政期のドイツ、満州事変から敗戦に至る日本等の諸国において有力となり、ミリタリズムを基調とする体制にも結実する。

ただ、ここで注意しておくべきは、ミリタリズムが強大な軍事力や軍事機構の存在自体を指すものではなく、そうした存在を背景とした軍事的な価値観を、さらにはその価値観が政策決定や国民意識において大きな比重を占めることを意味することである。たとえ、強大な軍事機構が存在しなくても、軍事主義的な発想や政策選択への衝動が絶えず志向され、評価されるような状況もミリタリズムと捉えられるべきであろう。それらの点から、ミリタリズムとは政治制度や政治意識、それに政治思想などの諸分野で検証の対象とされるべき性質を持っている。

この場合、ミリタリズムがデモクラシーと全く相反する基本原理を持っていることを確認する必要がある。すなわ

ち、デモクラシーが自由・自治・自立の原理を根底に据えているのに対して、ミリタリズムは、絶えず統制・管理・動員を目的として諸政治制度や政治思想を形成しようとする。そのような意味でミリタリズムはデモクラシーの対抗概念として捉えるべきであるが、そこで重要な問題は、ベルクハーン(Volker R. Berghahn)が指摘したように、ミリタリズムそのものの現象形態や機能を分析対象とするのではなく、ミリタリズムを発生させる社会秩序の構造分析に比重を置くことであろう。(14)

ところで「ミリタリズム」という用語の起源は、近世のイギリスに求められる。すなわち、一六五三年に共和国イギリスの国家元首(護民官)に就任したクロンウェル(Oliver Cromwell)が、当該期絶大な権力を有していた議会の権力を自らの軍事力によって抑制しようとした事例に因み、その議会権力を軍事権力で抑圧する体制(=軍事支配体制)を示す用語として生み出された。その後、名誉革命(一六八八年)を境に議会主義が軍事権力による支配から脱し、文民権力が圧倒的な政治力量を獲得するなかで、近代イギリス国家が成立していった。その意味で、近世から近代にかけてのイギリスの発展史において、ミリタリズムの克服が常に重大な政治的課題として存在したのである。

しかしながら、それ以後使用されたミリタリズムの概念は必ずしも確定したものではなかった。一般化して要約すれば、文民あるいは市民が主体となるべき近代国家にあって、ミリタリズムとは、軍人が国家権力の中枢に座り、戦争政策の選択を優先し、軍隊を政治運営の物理的基盤として位置づけたりすることを意味していた。その限りにおいて、ミリタリズムが幅を利かせる政治状況を克服し、市民(=文民)を政治主体とする政治体制の構築、換言すればミリタリズムを克服する過程でデモクラシーが実現したとすれば、デモクラシーはミリタリズムを溶解する決め手であった、と言える。

そこからファークツ(Alfred Vagts)が、その著作のなかでミリタリズムの対置概念を平和主義(Pacifism)ではなく、文民主義(Civilianism)と定義したことは極めて重大である。事実、ファークツは著作のなかで、「文民ミリタリズム」の存在を指摘し、その場合に「軍事的価値、軍事的気風、軍事的原理、軍事的態度、これらの無条件の信奉者[15]」として文民ミリタリストが、文民政府、議会主義、政党制等への憎悪ないし否定のスタンスを採る点で、軍人ミリタリストと軌を一つにすると記している。

それで政軍関係論とミリタリズムの関係について触れておくならば、デモクラシーの発展の阻害要因の対象とされていたミリタリズムの展開を念頭に据えながらも、そのミリタリズムを全否定するのではなく、それとの協調関係を構築する論理として政軍関係論が登場してきた経緯を踏まえる必要がある。ハンチントンは『軍人と国家』のなかで、文民が軍人を統制する方法について、軍人の専門職業性に着目し、その社会的かつ政治的な存在として自律性を重んずることを基本的前提とすべきことを説いている。

すなわち、軍人およびその軍人から構成される軍隊・軍事機構は、固有の政治的かつ社会的存在として一定の社会的政治的役割を担い、社会や政治との合理的かつ有機的な関係を形成することで共存関係の構築に向かうことが合理的だとする。そこでハンチントンは、こうした文民と軍人との在り方を「客観的文民統制(objective civilian control)」と称し、従来のような軍隊およびその構成員である軍人の自律性を認めず、軍隊および軍人は文民から構成される政府の統制に無条件に従うことを前提とする在り方を「主体的文民統制(subjective civilian control)」と称して両者を区別した[16]。ここでは、ミリタリズムの歴史展開を踏まえつつ、これを直ちに全否定する論理を逞しくするのではなく、一定の譲歩を示すことによって、ミリタリズムに内在する危険性を溶解しつつ、これと共存する方途を探る理論として政軍関係論が提起されたことを確認しておきたい。

もう一つ、近代国家の成立の発展過程で登場してきたリベラリズム(自由主義)とミリタリズム(軍事主義)との対立の問題から見た政軍関係論の位置を大まかにでも捉えておきたい。一八世紀後半に産業革命を成し遂げたイギリスでは、一八三〇年代のチャーティスト運動を通して市民の政治参加が実現し、同時に議会制や政党制が従来に増して政治的比重を大きくしてくる。これら立憲主義に支えられた議会制や政党制はリベラリズムを基底に据えつつ、かつて国王が保持していた大権(prerogatives)の対抗原理としてリベラリズムが形成された経緯から、それは当然ながら国王の権力の源泉でもあった常備軍の統制への関心を強く意識させるものとなった。そこから形成された方法が議会(Parliament)や内閣(Cabinet)による軍隊統制であった。

しかしながら、リベラリズムは特にイギリスにおいて、王権からの自由を確保することで自らの特権や利益を確保しようとした貴族階級やブルジョアジーの論理として生まれたが、フランス革命を起点として発展したデモクラシーによって、貴族階級やブルジョアジーだけでなく、多くの民衆の政治参加の意志が制度化される過程で、選挙によって選出された民主的政府が軍を統制することを前提とするシビリアン・コントロールの論理が提起されるようになる。つまり、そこでは市民(civilian)によって選出された政治家によって構成される政府や議会が、市民の合意を背景として軍隊の統制を合法的に行うという形式が採用され、制度化されていったのである。それこそがシビリアン・コントロールの基本原理であり、市民の合意を得ないで行われる政治家や一部特権階級による軍隊統制であるところの政治統制(political control)と区別される。

こうした意味ではリベラリズムとデモクラシーが結合したリベラル・デモクラシーの思想こそが、今日で言うシビリアン・コントロールの本質と言える。ただし、このリベラル・デモクラシーの思想を基調としつつも、現代のシビリアン・コントロールは欧米間では一定の相違性が存在することも確かである。イギリスの場合、名誉革命(一六八八年)を境に議会主権(Parliamentary Supremacy)が確立されてから、圧倒的な権限を保持する議会と、その議会内組織とも指摘される内閣による軍の統制は絶対的であった。なぜなら、イギリスでは王権への対抗原理から形成された議院内閣制において、立法部と行政部とはほとんど一体化しており、この両者が一丸となって軍の統制を徹底するのである。第二次世界大戦のおり、チャーチルが戦時内閣(War Cabinet)によって強力な戦争指導を遂行できた背景には、このようなイギリス固有の歴史があったのである。

その一方で、アメリカやフランスのように共和政体として大統領制を採用しつつも、行政・立法・司法の三権分立制が敷かれた国家にあっては、最高司令官としての大統領への権限偏重の可能性を警戒して、議会による大統領権限への抑制と監視を徹底するところとなり、ここから大統領（政府・内閣）と議会との軍統制をめぐる鋭い駆け引きが対立に発展する余地が出てくる。つまり、イギリスでは行政部と立法部は事実上融合状態に置かれているのに対して、アメリカではそれが対立あるいは拮抗している状態にある。

シビリアン・コントロールの徹底ということでは、アメリカやフランスの大統領制のほうが、ある種の制約条件となる。そこでは軍に対し、行政部と立法部とが相対的にフリーハンドを確保することにもなる。それだけに軍部は国家機構の一翼として主要な地位を獲得することにも繋がっていく。アルジェリア独立戦争や第一次インドシナ戦争時のフランス軍部や、朝鮮戦争あるいはベトナム戦争時のアメリカ軍部の行動原理の根底にある脱シビリアン・コントロールへの執念が、不必要な戦闘の拡大と長期化の一因ともなったのである。その背景には、両国におけるシビリアン・コントロールの徹底化の困難性が浮き彫りにされているとの見方もできよう[17]。

以上の要約を踏まえつつ、次節以下において、ハンチントンら政軍関係論者の研究を取り上げ、特に戦前期日本における政軍関係研究の最重要課題である軍の政治介入の背景や原因に関する分析視角について論じておきたい。

（1）　高橋三郎「戦争研究と軍隊研究――ミリタリー・ソシオロジーの課題と展望」『思想』第六〇五号、一九七四年一一月、二頁。なお、高橋によれば、近代における戦争研究の歴史は、既に一六世紀から論議の対象とされていたが、技術論的観点（用兵術）や法的観点（国際法）から議論されたに過ぎず、戦争の原因や機能、さらには戦争防止策の検討が行われたのは一九世紀から第一次世界大戦期までの「戦争の哲学」と総称される領域においてであった、とされている。その後、第一次世界大戦から第二次世界大戦期にかけては「戦争社会学」が盛んとなり、第二次世界大戦以降においては「平和研究」や「軍隊社会学」が戦争研究の主流を占めるようになったと要約している。

（2）第一次世界大戦を嚆矢とする戦争形態の総力戦化において大量の国民動員システムの構築という課題の克服が最重要の国家目標と認識されていく過程を論証した研究に、黒沢文貴『大戦間期の日本陸軍』（みすず書房、二〇〇〇年）がある。これより先に、纐纈も『総力戦体制研究——日本陸軍の国家総動員構想』（三一書房、一九八一年）を発表している。

（3）前掲「戦争研究と軍隊研究——ミリタリー・ソシオロジーの課題と展望」一九頁。

（4）政軍関係研究の詳細な紹介については、笹部益弘「シビル・ミリタリ・リレイションズ序説——主要文献とそのアプローチ」『防衛論集』第三巻第一号、一九六四年四月、参照。

（5）注に引用した以外の政軍関係論に関する代表的な著作には次のようなものがある。なお、関連する欧文文献は巻末に一括して掲載した。

・Amos Perlmutter, *The Military and Politics in Modern Times: On Professionals, Praetorians, and Revolutionary Soldiers*(New Heaven and London: Yale University Press, 1977).

・Samuel E. Finer, *The Man on Horseback: The Role of the Military in Politics*, first published by Pall Mall Press 1962, revised and published in Peregrine Books(Middlesex: Penguin Books, 1969).

・Morris Janowitz, *The Military in the Political Development of New Nations: An Essay in Comparative Analysis*(Chicago: University of Chicago Press, 1964). 邦訳書は、M・ジャノビッツ（張明雄訳）『新興国と軍部』世界思想社、一九六八年。

・James W. Morley, *The Japanese Thrust into Siberia, 1918*(New York: Columbia University Press, 1957).

・Yale C. Maxon, *Control of Japanese Foreign Policy: A Study of Civil-Military Rivarly 1930-1945*(Westport, Conn.: Greenwood Press, 1973).

・Richard J. Smethurst, *A Social Basis for Prewar Japanese Militarism: The Army and the Rural Community*(Berkeley: University of California Press, 1974).

・Harold H. Sunoo, *Japanese Militarism: Past and Present*(Chicago: Nelson-Hall, 1975). 邦訳書は、ハロルド・スヌー（辻野功訳）『日本の軍国主義』三一書房、一九八〇年。

・William F. Morton, *Tanaka Giichi and Japan's China Policy*(Folkestone: Dawson, 1980).

・Volker R. Berghahn, *Militarism: The History of an International Debate, 1861-1979*(Cambridge and New York: Cambridge University Press, 1984), Volker R. Berghahn, *Militarismus: Die Geschichte einer internationalen Debatte*(Hamburg: Berg, 1986). 邦訳書は、フォルカー・R・ベルクハーン（三宅正樹訳）『軍国主義と政軍関係——国際的論争の歴史』南窓社、一九九一年。

（6）長尾雄一郎「政軍関係とシビリアン・コントロール」道下徳成他『現代戦略論——戦争は政治の手段か』勁草書房、二〇〇〇年、七六頁。

(7) 前節の注(1)で紹介した以外の戦前期日本の政軍関係研究を挙げておけば、前原透「「統帥権独立」理論の軍内での発展経過」(軍事史学会編『季刊　軍事史学』第二三巻第三号・通巻第九一号、一九八八年一月)、田上穣治「「満州」創建期における政軍関係——関東軍の政治的役割」(亜細亜大学法学部『法学』第一八巻第二号)などがあり、戦後政軍関係については、神谷不二「政軍関係論(civilian control)に関する一考察」(慶應大学法学部『法学雑誌』第二号、一九六三年一二月二〇日)、中島晋吾「戦後日本型政軍関係の形成」(軍事史学会編『季刊　軍事史学』第三四巻第一号・通巻第一三三号、一九九八年六月)、佐藤明広「戦後日本安全保障研究の諸問題——政軍関係の視点から」(東京都立大学『法学会雑誌』一九九五年)、神田文人「「満州事変」と日本の政軍関係——統帥権と天皇制」(『敬愛大学　国際紀要』第三号、一九九九年三月)、寺村安道「明治国家の政軍関係——政治的理念と政軍関係」(立命館大学政策科学部紀要『政策科学』第一〇巻第二号、二〇〇三年一月)等の研究があり、また戦前戦後の政軍関係をトータルに扱った特集として、日本政治学会編『近代化過程における政軍関係』(岩波書店、一九九〇年)がある。単行本で「政軍関係」の名称を冠したものには、纐纈『近代日本の政軍関係——軍人政治家田中義一の軌跡』(大学教育社、一九八七年)、渡辺行男『宇垣一成——政軍関係の確執』(中公新書、一九九三年)、李炯喆『軍部の昭和史』(上・下巻、日本放送出版協会、一九八七年)等がある。なお、筆者は二〇〇三年九月六、七日に北京で開催された国際シンポジウム「第二回近代日本の内外政策」において、「近代日本の内外政策——政軍関係論及び政軍関係史から見た政策決定過程」と題する報告を行った。同報告論文は、「于近代日本的内外政策」(本文中国語)のタイトルで中国社会科学院発行の『中国社会科学院院報』(二〇〇三年一〇月一四日号)に掲載され、さらに日本の戦争責任資料センター発行の『戦争責任研究』(第四三号、二〇〇四年春季号)にも加筆修正して発表した。

(8) 前掲『軍人と国家』一六〇頁。

(9) カール・フォン・クラウゼヴィッツ(篠田英雄訳)『戦争論』上巻、岩波書店、一九六八年、六一—六二頁。

(10) 前掲「政軍関係とシビリアンコントロール」七四頁。なお、アロンは「戦争と平和」の問題を一貫して追究したフランスの社会学者でジャーナリスト。主な著作に以下のものがある。Raymond Aron, *La société industrielle en la guerre*(Paris: Plon, 1959), Raymond Aron, *Paix et guerre*(Paris: Calmann-Lévy, 1962), Raymond Aron, *Penser la guerre, Clausewitz*(Paris: Gallimard, 1976)、邦訳書は、レイモン・アロン(佐藤毅夫・中村五雄訳)『戦争を考える——クラウゼヴィッツと現代の戦略』政治広報センター、一九七八年。Raymond Aron, *Le grand débat*(Paris: Calmann-Levy, 1963).

(11) 福田歓一「市民について」(『福田歓一著作集第二巻　近代政治原理成立史序説』岩波書店、一九九八年)、四〇二頁。三宅正樹は戦後、日本国憲法の制憲経緯に触れて、「シビリアン」が「文民」と翻訳されるに至った経緯を紹介し、「極東委員会が「芦田修正」によって将来日本が再軍備するかもしれないその場合を見越して、憲法第六六条二項の「文民」規定をつくらせたとすれば、わが国では「文民」という新語が、その成立の最初から政治的な含みを帯びたものであったといえそうである」(前掲『政軍関係研究』五二頁)と興味深い指摘をしている。とりわけ、軍部の政治介入が顕著であった昭和初期政治の教訓から、何よりも武官の前歴を持たない「シヴィリアン」の政治的地位への保証と確立を軍国主義復活の可能性を排除するための絶対的要件とする極東委員会の判断の重要性を強調している。

(12)　前掲『現代のシビリアン・コントロール』二七頁。

(13)　ルイス・スミス(佐上武弘訳)『軍事力と民主主義』法政大学出版局、一九五四年、二八—二九頁。原題は、Louis Smith, *American Democracy and Military Power, A Study of Civil Control of the Military Power in the United States* (Chicago : University of Chicago Press, 1951)。

(14)　前掲『軍国主義と政軍関係——国際的論争の歴史』参照。ベルクハーンについては、三宅正樹「ドイツ軍国主義の研究視角——ベルクハーンの著作を中心として」(立正大学西洋史研究室『村瀬興雄先生古希祝賀記念西洋史学研究論叢　政治と思想』一九八三年、所収)、前掲『軍国主義と政軍関係——国際的論争の歴史』所収の「訳者解説」を参照。

(15)　アルフレート・ファークツ(望田幸男訳)『ミリタリズムの歴史——文民と軍人』福村出版、一九九四年、四八九頁。同書の原題は、*A History of Militarism : Civilian and Military* である。ミリタリズム(軍国主義)の基本的かつ歴史的な概念とその研究動向について最も精緻な紹介は、三宅が自ら翻訳した前掲『軍国主義と政軍関係——国際的論争の歴史』に収めた「訳者解説」における「プルードンから「軍産複合体」まで」(一八九—一九六頁)の節であろう。これを参考にしつつ、纐纈もミリタリズムに関して、「現代ミリタリズム論序説」(山口大学教養部『紀要』第二六巻、一九九二年)と題する論文や、「軍国主義 Militarism」(『現代政治学事典』ブレーン出版、一九九一年)等の解説を発表している。また、ドイツでは一九九九年八月号の『歴史平和研究年報』(Jahrbuch für Historische Friedensforschung-8. Jahrgang 1999)が、「一八七一年から一九四五年までのドイツにおける軍国主義(*Militarismus in Deutschland 1871 bis 1945-Zeitgenössische Analysen und Kritik.*)」の特集を組み、同誌には、三宅によって日本にいち早く紹介されたフェルスター(Stig Förster)が、*"Militär und Militarismus im Deutschen Kaiserreich-Versuch einer differenzierten Betrachtung"* を発表している。それは政軍関係論について直接論じたものではないが、結論的には最近におけるドイツ軍国主義研究において政軍関係論があらためて注目されていると述べている。ただし、ドイツでは軍国主義とナチズムの解釈をめぐり、それが軍国主義の側面が強い全体主義か、あるいは完全な文民独裁であったのか、という論争が中心的なテーマとして展開されており、その限りでは本格的な政軍関係論研究が留保されている状態とされる。今後、この点についてもさらに注目していきたいと考えている。

(16)　前掲『軍人と国家』の「第四章　権力、プロフェッショナリズムおよびイデオロギー——シビル・ミリタリー・リレーションズの理論」(八〇―一三七頁)参照。三宅は、前掲『日独政治外交史研究』の「第一章　ドイツ第二帝制の政軍関係――クラウゼヴィッツとルーデンドルフとの間」(九―三五頁)において、ハンチントンの提示する政軍関係論のなかで最も重要な概念は、プロフェッショナリズム(Professionalism)であるとし、軍人のプロフェッショナリズムを積極的に容認することによって軍人の社会的かつ政治的役割を自覚させ積極的に政治への従属を図ることがシビリアン・コントロールを機能させるうえで重要とするハンチントンの提起を紹介している。

(17)　本節で参考にした長尾雄一郎は、前掲「政軍関係とシビリアン・コントロール」において、「シビリアン・コントロールのルネサンス」と呼ばれるように活発な議論が起きている現状を踏まえつつ、従来の諸研究ではシビリアン・コントロールの紛争多発諸国や民主化を目指す中東欧諸国への導入問題や、軍による政治介入およびクーデターの防止に一定の役割を果たす機能といった点に論点が集中する傾向があったが、逆に政治の軍事への介入を抑制し、党派的政府から軍を擁護するための方法も課題とすべきこと、政治指導部と軍事指導部の両者の共同責任への認識の必要性が議論されるようになっていると指摘している。

三　政軍関係論者の近代日本政軍関係史研究
――ハンチントン、パールマター、ファイナー、マクソンの政軍関係論

1　ハンチントンの「二重政府論」とプロフェッショナリズム

ハンチントンをはじめとする政軍関係論研究者たちが、特に戦前期日本における政軍関係の史的展開や法制的構造を分析対象として取り上げ、その成果が様々な課題を残しながらも、近代日本の政治と軍事の関係を追究する際に極めて重要な視座を提供していることは間違いない。そのなかでも、いち早く日本の政軍関係の特殊な構造に着目し、自らの著作にも比較的大きな頁を割いて論じたのがハンチントンである。[1] ハンチントンが日本政軍関係に言及する際に重視した二つのキーワードである「二重政府論(Dual Government)」と「プロフェッショナリズム(Professionalism)」について検討しておく。

ハンチントンは、「日本におけるシビル・ミリタリー・リレーションズの法的構造は、本質的にいって軍部独立の構造であった。政府は軍人部門と文官部門との二つの部分に分割されていた。その理論は、いわば「二重政府」であった[2]」と論じている。すなわち、戦前期日本における明治憲法体制下の政府の実態は、シヴィル(Civil)=政治と、ミリタリー(Military)=軍事との二つの領域から構成される「二重政府」にあるとしたのである。この「二重政府」論は、以後多くの研究者によって、日本の政軍関係を端的に説明するのに頻繁に引用されてきた。また実際に、一九三〇年代に入り、満州事変を契機に軍部勢力が政治的発言力を強化し政局で主要な役割を担うに至ったという歴史事実も加わって、軍部勢力の政治化の原因を構造的に説明するのに最も説得力のある説明方法とされてきたことは事実で

ある。

確かに明治憲法体制は分権性をその特徴とし、大権保持者の天皇にのみ分立した権力および機構を統一する権能が付与された体制であった。「二重政府論」を基軸として日本の政軍関係を簡約すれば、日本近代化の進行過程において、軍事が政治に従属するという前提のもとに、政治機構が高度化・複雑化して政軍両機構が分化するのは当然であった。特に日本の政軍関係において、これに加え統帥権独立制度の存在が政治と軍事とを並列・対等の関係においたことで、政軍両機構が対立・抗争する事態を生みだしたことは、ある意味で必然であった。

しかし、「二重政府論」の欠点もまた存在する。第一に、基本的にこの理論が、日本における政治と軍事との関係を対等・並列の関係として固定的ないし静的に把握する結果、政軍相互の依存・妥協・抗争関係という政治変動のダイナミズムを軽視ないし無視する傾向を孕んでいることである。日本における政軍関係を分析するなかで、分権性の指摘は確かに重要であり、また事実に相違ないが、それ以上に実際の政治過程における両者の関係、あるいは軍事領域も広い意味での政治領域に包摂される対象域である、という位置づけの重要性を指摘しておきたいのである。その意味では、二つの政府という意味での「二重政府」の用語も、ある種の対等性・平等性を最初から前提として政軍関係を捉えてしまう危険性を伴う。形式的であれ、実質的であれ、政軍関係が、ある種の対等性・平等性に至るまでの政治過程の分析こそ重要なのである。特に日本の政軍関係は、明治近代国家の成立過程および明治憲法体制の特異性のなかに、両者の対等性・平等性が国家機構の編成過程において決定されていくのであって、その点を看過してはならないのである。

第二に、歴史過程に焦点を当ててハンチントンの指摘する「二重政府」を応用しようとする場合、「二重政府」と言い切れる時期が一体いつ、どのような実態を伴って表出したのか、という点が判然としないことである。明治憲法体制成立以来一貫して「二重政府」であったというのか、それとも昭和の、いわゆる「軍国主義の時代」のことを示すのか、といった点が必ずしも明確でないのである。確かに、ハンチントンは「二重政府の法的根拠は、憲法と習慣に発するものであった[3]」とし、軍が保有することになった帷幄上奏権（一八八九年）や大臣現役武官制（一九〇〇年）等の軍の特権を挙げ、さらに西園寺公望内閣時に起きた二個師団増設問題（一九一二年）に触れ、陸軍の軍拡要求を拒否したために西園寺内閣が崩壊した事実などを例に挙げて、軍の独立性を強調する。

確かに、陸軍の場合、一八七八（明治一一）年一二月の参謀本部条例に端を発する軍令機関の成立以降において、機構的には次第に軍令機関を中心とする軍事機構の政治機構からの独立が顕著となり、この機構的分離が政治（＝国務）と軍事（＝統帥）との対立・抗争を必然化させる原因となったことは事実である。しかしながら、この機構的分離が直ちに政治的機能および政治的役割という面で、対等かつ併行的な力関係を準備した訳ではない。両者は、あくまでその時代の国内的かつ国際的な政治状況に規定されつつ、その力関係を変容させていったのであり、その点にこそ政軍関係のダイナミズムとその本質を求めるべきであろう。

これら二つの問題に関連して、ハンチントンは、「軍部の政治的影響力[4]」の項目で、日本における軍部の政治的影響力増大の要因として、大正末期に至るまでの藩閥勢力（薩摩・長州出身者）による軍事ポストの独占、軍人による非軍事ポストへの進出、軍国主義的社会からの軍人への支持、テロリズムによる威嚇などを挙げている。いずれも事実に相違ないが、これとて政軍関係の政治過程の変容を把握するという観点からすれば、それは一側面の指摘に過ぎず、なぜここでいうような要因が実際の政治過程で、軍部優位あるいは軍部主導の政治運営に結果したのかの説明にはなっていないのである。そうした事態が進行する背景には、官僚勢力や陸・海軍勢力あるいは宮中グループ（元老・重臣）等の「非選出勢力」内部や、「選出勢力」（政党）との対立・妥協の繰り返しのなかで、対外的国家意志の発動として、軍部を先頭としたアジア大陸や東南アジア地域に向けた軍事的かつ政治的、そして、経済的な支配権の確立が意図された事実をまずもって確認しておく必要があろう。

つまり、ハンチントンのように機構的分離をあまりにも固定的に把握してしまうと、軍部の権力を、政治の全体からはみ出した存在として、言わば自律的に展開する対象として見なす危険に陥ってしまう可能性がある。日本において、「東條独裁」とされるような軍部独裁は、実のところ天皇大権の存在ゆえに成立しようがなかったのである。つまり、軍部独裁成立の典型事例とされた東條内閣が、結局最後には天皇の信任を失って総辞職するに至った経緯が示すように、日本の政軍関係の構造は、むしろ軍部独裁を絶対に許容しない政治システムでもあったことに留意する必要がある。

「二重政府論」との関連で、次にもう一つのキーワードである「プロフェッショナリズム」について言及しておきたい。軍人の政治介入の原因をプロ意識の低位性に求める理論は、後述するように、ファイナー(Samuel Finer)等により批判の対象とされているが、日本軍の場合は、天皇の軍隊としての意識(=皇軍意識)が徹底して注入され血肉化されており、その職業軍人としての意識は、精神的かつ思想的に相当高度の領域に達していたと考えるのが自然である。日本軍部の政治介入の常態化の背景には統帥権独立制や軍部大臣現役武官制等に象徴される軍部に付与された特権的な制度の存在が大きかった。同時にその動機づけとして、皇軍意識が決定的であったことも確かであろう。つまり、皇軍意識を軍隊内教育により徹底注入させられた将校団は、必ずしもハンチントンの用いる意味と同質ではないが、ある種の「プロフェッショナリズム」を保有していたのである。

しかしながら問題となるのは、日本将校団の「プロフェッショナリズム」を高く評価すればするほど、専門職業意識の徹底を政治介入を回避できる方途と結論づけたハンチントンの政軍関係論の基本的なテーゼが、必ずしも説得性を持ち得なくなることである。(5) 本論の第一章で扱う二個師団増設問題(一九一二年)に絡む西園寺内閣崩壊事件、第五章で扱うロンドン海軍軍縮会議における統帥権干犯問題(一九三〇年)や出先軍隊である関東軍による満州事変(一九三一年)などに代表される日本軍部の政治介入、五・一五事件(一九三二年)や二・二六事件(一九三六年)をはじめとする、将校や将校団によるテロや反乱事件をも含めて、繰り返された政治への介入や政党攻撃等を事例として検討すれば、ハンチントンの政軍関係論の基本テーゼは、日本の政軍関係には必ずしも適合しないことになる。

これに対してハンチントンは、「日本の将校団は世界中で最も専門職業的精神に欠けた主要な軍人集団となった」[6]と結論づけている。要するに、ハンチントンの意味する「プロフェッショナリズム」は極めて多様な解釈を許容するがゆえに、恣意的かつ主観的な視点を用意することになってしまっているのである。そこでは、専門技術性や政治への中立性等を「プロフェッショナリズム」の中心的な概念とすべきであるが、ハンチントンは自ら言及している日本軍人に普遍的な現象として見出せるとした神道と武士道を基盤に据えた国家イデオロギーや、それと固く結びつけられた軍人精神を併せもつ日本の将校団の特異性をも「プロフェッショナリズム」のカテゴリーに押し込めて位置づけようとする。そこからは、意味づけに関する混乱が露見することになる。

端的に言って、「プロフェッショナリズム」を身につけた将校団は非政治的組織として、またそれゆえに政治からの信頼を獲得する存在としてもあるはずである。その主旨で言えば、政治への介入を繰り返し、最終的には軍部政権を樹立して軍主導の国家総動員体制の構築に奔走する等、極めて露骨な政治行動を常態化させることになった日本の将校団に、少なくともハンチントンの定義する「プロフェッショナリズム」を見出すことは困難である。そこからも、「プロフェッショナリズム」のレベルによって政治介入度や介入の可能性を検討対象とすること自体やはり無理があろう。

日本の将校団は、実際には一般社会を「地方人」と称し、それと一線を画すことによって軍隊社会と一般社会とを区別しようとした。それによって独自のスタンスを採ろうとすることに強い関心を持ち続けたのである。その閉鎖性と特権性が、政治との調整よりも軍独自の政策展開を志向する傾向を政治状況によって顕在化させ、そのことが絶えず政治への介入に結果し、さらに一般社会からの選出者を構成員とする帝国議会や政党組織への深い嫌悪感と批判のスタンスを基本的には崩さなかった理由ともなったのである。この「プロフェッショナリズム」をめぐる問題は、次に要約するパールマターの所論にも関連させて検討を加えておきたい。

2　パールマターの「プリートリアニズム論」

ハンチントン以後、最も著名な政軍関係論者であるパールマター（Amos Perlmutter）の主著『現代における軍と政治』（*The Military and Politics in Modern Times*）から日本分析の主要な部分だけを取り出して検討しておきたい。[7] ただし、ハンチントンがアメリカをはじめ、ドイツや日本など先進工業国家の政軍関係を主な研究対象としたのに対し、パールマターは発展途上諸国を主な研究対象とし、多数の諸国家に具現された政軍関係の実態分析から独自の政軍関係論を提起するに至った。

パールマターは同書の第三章（The Professional Soldiers in Prussia-Germany, France, Japan, and USSR）において日本に関する一節（JAPAN : Soldiers without State）を設け、[8] 日本の将校たちの集団組織である軍隊の構成員として責任の観念、つまり、「団体としての責任の観念は、政治の介入という軍のプロフェッショナルなルールを犯すものではなかった」[9] とした。続けて、日本軍隊の建軍過程と、そこで培われた日本軍隊独自の性格から、政治介入は一定の条件と必然性が生じた場合に、常に生起するものとしたうえで、「政治への介入は、従って実際は、愛国的な軍の諸集団の、団体としての義務である、と考えられたのである」[10] と結論する。

すなわち、日本の軍隊は天皇を〈護衛〉する近衛兵をその出発点とし、天皇を〈護衛〉することが日本軍隊に課せられた主要な役割であった。そこから天皇を中核とする明治国家体制の〈護衛〉と同一視され、日本軍隊こそ、国体護持の物理的基盤と位置づけられた背景があった。日本の軍隊および将校団は、「自らを帝国の秩序を支える正当で忠実なる官吏だとみなしていた」[11] のである。それゆえ、その帝国秩序を侵すあらゆる政治状況に敏感に反応していくことになり、それが客観的に見れば軍の政治介入に結果していったとするのである。

パールマターの理解の特徴は、明治憲法体制に規定された政治的法制的構造を条件とする日本独特の軍隊の位置と、天皇制を基軸とする日本固有の文化的かつ伝統的な風土を背景とする軍部独自の政治的スタンスとを、軍部の政治介入の主要な要因とする見解を示していることである。三宅もパールマターの理論を、「日本においては、軍部の、団体としてのエゴイズムが、日本特有の正当性信仰に助けられて極端に肥大し、日本の内政外交への最大限の干渉が軍部にとって可能となったということであろう[12]」と解釈している。

こうした点を筆者なりに要約すれば、日本軍部が「軍人勅諭」の文面に示された軍人の政治不関与の規定を逸脱してまで、政治への介入を常態化させるに至った原因として、日本軍隊の建軍過程に孕まれた固有の歴史的かつ政治的な性格を指摘しているのである。さらに言えば、軍部の政治介入あるいは干渉の原因を究明するには、まず日本固有の歴史や文化の分析を試みるべきであり、直裁的な普遍化は重要な論点を見落とすことになりかねないのである。

さて、パールマターは軍部の政治介入あるいは政治干渉を表す用語として、「プリートリアニズム(Praetorianism)」を用いている。それは、古代ローマ帝国において、「近衛兵」を意味する「プラエトーリアーヌス(Praetorianus)」から由来したものである。三宅は、この点についての自説として、「プリートリアニズム」は「軍閥化現象」と訳すのが適当としながら、軍閥化傾向を持つ人を「プリートリアン(Praetorian)」と呼称し、プリートリアニズムとは、日本軍部の軍閥化あるいは軍事化という政治現象を説明するうえでのキーワードとなる点を強調している[13]。三宅の所説からすれば、「プリートリアン」を軍国主義者、「プリートリアニズム」を軍国主義と読み替えてよさそうである。それで、パールマターの課題が、本来的に軍国主義に傾斜してはならない人や組織が、文字通り「軍閥化」あるいは「軍国主義化」していく原因を追及することに置かれている以上、その具体的な変容過程の整理と原因への分析が試みられるべきであろう。しかし、このパールマターの分析が、そのような期待には必ずしも応えているとは思われない。

というのは、まず第一に、現象的な説明の域を脱したものではないことである。政軍関係論の研究目的が軍事の政治介入の原因を探ることにあるとすれば、より本質的な側面に目を向ける必要があると痛感するからである。すなわち、日本近代化過程で幾度か露呈された膨張主義への関心が希薄であり、またそれを生み出す国内的政治要因への総合的な把握の欠如が見られるのである。日本の軍事機構は、膨張主義の物理的手段として一定の政治的任務を与えられ、それゆえに軍部の政治化現象が顕著となるのである。そうした膨張主義と、その帰結としての対外侵略戦争発生のメカニズムの解明こそ重要であろう。

第二に、問題を「プリートリアニズム」の用語使用に限っても若干の疑問が残る。パールマターは、軍隊としての団体化が肥大することによってプロフェッショナルな軍隊が「プリートリアニズム」に転化すると主張するが、軍隊の肥大化が直ちに軍隊の政治介入・政治干渉を招くとする説明を一般化・普遍化するのは無理があるように思われる。軍隊がたとえ肥大化したとしても、軍隊に対する統制が完全であれば、軍事の論理を強調する軍隊組織を抑制することは可能である。逆に軍隊機構の肥大化が進行しなくとも、国家に占める軍隊の政治的位置が重視されれば、軍隊の政治介入は当然のこととして常態化する。

例えば、旧ソ連邦では各級の司令官は共産党員から任命され、その副官には政治指導担当副司令官としてザムポリト(замполит)が配置され、軍隊を監視・統制していた(14)。また、中華人民共和国の軍隊(人民解放軍)は、中国共産党に指導された「党軍」であることを最大の特徴としている。それゆえ、そこにおいては軍隊の政治介入が派生する可能性は極めて小さい。また、アメリカの軍隊も大統領を頂点とする強力な国民的統制下にあって、軍隊が政治に介入する余地はほとんどない。今日、西側でもトップ・クラスの軍事力を備え、防衛機構(軍事機構)と防衛力が飛躍的に増強されつつある日本の自衛隊にしても、文民統制は機能していると言える。

ともあれ、実に数多くの国家とその軍隊の関係を独自のアプローチから分析しているが、軍隊が団体性(Corporatism）を肥大化させることによってプリートリアニズムへと転化していくことを、軍の政治介入の原因とするのがパールマターの最も重要な強調点である。パールマターは「専門技術」、「責任」、「団体性」をプロフェッショナリズムの三大要件とし、それらが同時に軍部の政治介入の可能性を高めるとした点で、プロフェッショナリズムの徹底が軍部の政治介入を回避させる、としたハンチントンの見解との間に決定的な相違を明らかにしている。この相違点に関連し、先のパールマターの著作に序文を寄せたハンチントンは、例えば「団体性」がプロフェッショナリズムの要件とする見解に与しないこと、あるいは政治介入を招く「団体性」という認識はプロフェッショナリズムの「誤用」[15]である点を指摘している。

この両者の見解の相違は、概念使用の方法論上の問題と同時に日本を含めた諸国家における軍隊の政治介入の原因について、一定の法則性を求めること自体が困難であることを示していよう。こうしたハンチントンとの相違を見せながら、パールマターが結論の章において、日本の政軍関係の特質を、「日本の軍隊をプリートリアンの役割へと推し進めたのは、日本軍隊の専門化と近代化であった[16]」と結論づけたように、日本軍隊が政治的発言力を増大し、政治介入を常態化させていった要因として、「専門化と近代化」を指摘していることはハンチントンとの相違という問題に留まらず、極めて興味深いことである。

また、日本の軍隊なり将校団が政治介入を常態化させる最大の要因として、一九一〇年代後半から始まる政党政治を基軸とする日本型民主主義システムの展開のなかで、「非選出勢力」として民意の直接的支持を確保できない将校団の焦燥という根本的な問題が存在した点について、パールマターはほとんど言及していない事実を指摘しておかなければならない。パールマターの議論は結局のところ、「専門化」および「近代化」志向を強化する過程で、軍隊内に蓄えられた内発エネルギーが日本軍部をして政治介入に向かわせたとする把握に重点が置かれていると言えよう。

しかし、本書の第一章以下でも追究していくように、日本の軍隊および将校団の政治介入は、内発エネルギーというよりも、欧米流の政党政治や対英米従属型の日本資本主義の展開による国体変革への危機意識によって喚起されたのであり、言うならば外圧エネルギーによって触発された事実にこそ注目すべきであろう。

3　ファイナーの「政治文化的比較論」

ファイナーの最大の関心は、軍部が政治介入に至るプロセスと、そのプロセスを規定するところの政治社会風土、すなわち政治文化の特質とその発展のレベルにある。ファイナーは、『馬上の人――政治における軍の役割』(*The Man on Horseback : The Role of the Military in Politics*) において、まず政治介入を、「一般に承認された文民当局の政策あるいは人材を武力によって軍の政策や人材に取り替えること」(17) と定義する。ただし、この定義はファイナー特有のものでなく一般的な定義であると断ったうえで、政治介入の方法と内容には、単に暴力装置の物理的使用に限らず、具体的な行動以外の方法、たとえば影響力、圧力、非協力など軍事力の存在を背景とする様々な方法が用意されるとする。ここから、ファイナーの主要な関心は、こうした直接軍事力に訴える方法に行き着くまでのプロセスに向けられることになる。

そこでファイナーは、軍部の政治介入を四つの段階に区分する。そして、それぞれの国家社会の政治文化のレベルに対応し、政治介入の段階が決定されるとした。これが周知の軍部支配と政治文化の相関関係である。それを簡単に整理しておく。

まず政治文化が成熟した国家において、軍部は政治に一定の「影響力 (influence)」を与えるに留まり、それは文民統制の原則が定着していることもあって合法的な枠内で行われる段階である。次にある程度政治文化の充実した国家では、軍部は「圧力 (pressure)」や「ゆすり (blackmail)」等の制裁行動の発動を予期させつつ、その要求を政府に突きつける段階である。ここまでの段階では、軍部の政治的役割は相対的に低いこともあって、軍部は政治に名実ともに統制・支配されている。従って、軍人の社会的地位も高くない。

しかし、政治文化の低い国家では、軍部は文民政府・文民政権の「さしかえ(displacement of civil cabinets)」の段階まで突き進むことになる。軍事力という暴力装置の直接行使や文民政府への非協力の姿勢を、直接的あるいは間接的に示すことで、その要求を貫徹しようとする。そして、最終的に最も政治文化の低い国家においては、文民による政治体制が一掃され、軍部独裁が成立する段階を迎える(supplantment of the civil regime)とした。

ファイナーは、これら四段階の結果に対応する軍部による支配形態を次の五つの範疇に分類する。すなわち、「制限的・間接的支配(indirect, limited military rule)」、「完全な間接支配(indirect, complete military rule)」、「二重支配(dual rule)」、「直接的な軍部独裁(direct, military rule)」、「直接的な軍部独裁下における疑似文民政府(direct, quasi-civilianized rule)」である。[18] 軍部の政治介入の程度が、その国家社会の政治文化の成熟度の程度と反比例し、政治文化の程度が軍部の支配形態およびその内容の段階を決定すると説いたファイナーの政軍関係論は、確かにそれ自体画期的な分析方法と言えよう。世界史的な視点から、各国で生起した軍部の政治介入の実態を比較検討することで、政治介入の原因を探求し、その一般化・普遍化の作業を進めるうえで一定の成果を残したことは間違いない。

こうした政軍関係論をファイナーは、戦前期日本における軍部の政治介入の比較研究にも応用している。そこでは、戦前期日本を「発達した政治文化」を持つ国家社会と位置づけたうえで、軍部が政府に対して「圧力」ないし「ゆすり」を政治介入の方法として用い、最終的には軍部による「制限的で間接的な支配」が貫徹された国家と結論づけている。[19]

ファイナーの分析によると、戦前期日本において満州事変が起きた一九三一(昭和六)年から敗戦の年の一九四五(昭和二〇)年に至るまでの期間に限れば、軍部の支配形態は「制限的で間接的な支配」の範疇に分類されるとした。同時に政治介入の段階は、二・二六事件(一九三六年)を契機に軍部大臣現役武官制度が復活したことで、軍部はそれましているⓇ。

での「影響力」行使の段階から、「ゆすり」による内閣への牽制を開始するという。なかでも事件後、廣田弘毅内閣の組閣過程で表れた陸軍の強硬姿勢(例えば自由主義的人物の入閣阻止など)の顕在化は、一種の「ゆすり」の典型事例としている[20]。

こうして軍部の政治介入は極めて限定されたものであったが、二・二六事件を転機として政治介入が顕在化し、日英米開戦時には、その程度が最高潮に到達するというものである。しかし、同時に日本の場合、政治介入はそれ以後、「さしかえ」の段階にまで到達しなかったとする。その原因こそ、日本の政治文化がある程度高かったためとする(ファイナーの区分では第二段階)。ファイナーは、戦前期日本の政軍関係においては、軍部の政府への「ゆすり」が常態化したものの、「さしかえ」という実態までには至らず、従って、軍部独裁は成立しなかったと見ているのである。

結論として、ファイナーは日本を含めた世界の軍隊による政治介入事例を比較検討し、そこから軍隊の政治介入を阻止するためには、「文民優位の原則(the principle of civil supremacy)」の確立の必要性を説くのである。そこではハンチントンの主張する軍隊の「プロフェッショナリズム」への過剰な期待感はない。つまり、ファイナーの場合には、政治文化の発展や民主的諸制度の整備の蓄積のうえに、「文民優位の原則」を確立していけば、軍の政治介入の可能性は減るとしたのであり、これについて言えば、日本の政軍関係においては、統帥権独立制や軍部大臣現役武官制等、文民統制の原則を全面的に否定する制度が確立されていたことが、結局は軍部の政治介入への道を用意したとする。従って、政治文化の成熟や民主的諸制度が整備されたとしても、これら軍の特権が存在する限り政治介入の可能性は否定できない構造にあった、としている点が重要であろう。

以上、大変画期的とされるファイナーの理論を要約したが、疑問と考える点も少なくない。

第一に、理論形成の大枠の面からして、そもそも政治文化の成熟度を区分する基準あるいは指標が、一体どこにあるか不明瞭なことである。確かにファイナーは、現代における軍部の政治介入を論じる際に、政治文化が低位にある国としてアルゼンチン、ブラジル、トルコ、アラブ連合共和国、イラク、ベネズエラ、パキスタン、スーダン等を挙げ、政治文化の程度を示す基準として、一人当りのエネルギー消費量や労働組合の組織率、あるいは人口の都市集中率、国民の識字率等の数字を示してはいるが[21]、そのような基準・指標はこの一カ所だけであり、しかも「政治文化が低位である」と位置づけられる諸国についてのみである。これだけでは、ある程度の政治文化の発展した国家が何をもって分類され、またそれが充分に比較分類できるものか判然としないのである。分類・区分という方法を用いる以上、より説得的で合理的な基準や指標を明示する必要があろう。

第二に、用語の問題で言えば、ファイナーの言う「影響力」、「ゆすり」、「さしかえ」を実際の政治過程に対応して検討した場合、一九三〇年代に限っても、二・二六事件直後に組閣した廣田内閣への陸軍の干渉・介入の実際は、まさしくファイナーの言うように「ゆすり」の表現に価するものであった。しかし、日本軍部が同事件以後、「ゆすり」以上の介入を日本の政治文化の発展程度からして放棄し、専ら外部からのテロによる威嚇という卑劣な手段を用い、実質的な政治力を発揮して政治をリードした、とするファイナーの判断および認識には同意できない。

すでに三宅もこの点につき疑問を提出している通り[22]、二・二六事件以後軍部の政治介入は、ファイナーの用語を借りれば「ゆすり」を越して「さしかえ」を積極的に実施するのであり、それは陸軍出身の林銑十郎内閣(陸軍大将)でさえ引きずり降ろし、陸軍の意向に沿うと考えられた近衛文麿を政権に担ぎ出すという、内閣の「さしかえ」を実際に強行しているのである。

無論、この林内閣にせよ、後の阿部信行(陸軍大将)内閣、米内光政(海軍大将)内閣、東條英機(陸軍大将)内閣、小磯国昭(陸軍大将)内閣、鈴木貫太郎(海軍大将)内閣等の陸海軍内閣が、軍部のみの政治的力量によって成立したとするのは正確ではないが、少なくとも非常に強力な軍部の発言力を背景として、次々と「さしかえ」が行われたことも事実であった。この点でファイナーの「ゆすり」や「さしかえ」の用語自体の有効性と妥当性には疑問が残る。

この他にも、はたして日本を政治文化のある程度発展した国家とするファイナーの区分が、妥当であるのかといった点や、これと関連してファイナーの研究のなかで政治文化の程度がほぼ同位に置かれたドイツと日本における軍部の政治的役割の相違性をどう説明するかの点等についても議論の余地があろう。全体として政軍関係の世界史レベルでの一般化を急ぐ余り、精密な各国比較史の検討がやや欠ける結果となっているのではないかと思われてならない(23)。

4　マクソンの「下剋上」理論

マクソンが一九五七年に発表した『日本外交政策の統制――政軍の対抗に関する研究　一九三〇―一九四五』(*Control of Japanese Foreign Policy: A Study of Civil Military Rivalry 1930-1945*)を取り上げてみたい。同書は、カルフォルニア大学(バークレー校)出版会がシリーズで刊行した政治学叢書の第五巻として刊行されたもので、日本の国家意志決定過程が主な関心対象となっている。この点で先に簡約した三人と異なり、マクソンは日本歴史研究者と見てよい。マクソンは戦後、東京裁判で東條英機被告の弁護を担当した経験を持ち、この時提出された資料を用いて昭和初期における日本軍部の政治介入の実態を追究することを研究テーマとしていたのである。そこでは独自の政軍関係史分析を通じて、日本の政軍関係を特徴づけ、普遍化する作業を試みようとしている。

後に、『西園寺公と政局』として出版される「西園寺・原田メモワール」を唯一の資料とし、また刊行が、一九五七(昭和三二)年という日本ファシズム研究をはじめとする日本現代政治史研究が、その緒についたばかりの時期という制約条件下にあったものの、外国人による日本現代史研究に先鞭をつけ、しかも一定の分析方法を用いて軍部の政治介入の原因を追究した意義は、膨大な研究蓄積を得た今日にあっても決して失われていない。

マクソンの政軍関係論のキーワードは、「下剋上」(rule from below)である。マクソンの主要な関心は、日本の国策決定過程における軍の役割にあり、軍の外地での軍事行動が日本の外交指導および外交政策を決定するうえで、極めて重大な決定要因となっていることを強調している。その場合、関東軍など現地部隊が引き起こしたとされる満州事変や華北分離工作に典型的に示されたように、最初に現地軍の中堅将校が企画立案した非合法的な軍事行動を軍中央が追認する。それが内閣の一構成員たる陸軍大臣を突き上げ、その陸軍大臣が最終的に内閣・政府に対し、軍部大臣の特権を楯にして軍部の要求を貫徹するとした。こうして国家政策の決定に軍部が重要な役割を演じた、とするのである。

戦前期日本の国策決定のメカニズムにおける軍部の役割を分析したマクソンは、本来在るべき決定メカニズムとの異質性を強調する意味で、「下剋上」の用語を使用する。マクソンがこのような用語を着想するに至った理由は、「西園寺・原田メモワール」に記された軍部の政治介入の常態化と、軍部の政治的野心の抑制に心を砕いた元老西園寺の行動と言動を整理するなかで、日本軍部の特異な政治介入の実態を明らかにしようとする研究上の視点を重視したことによるのであろう。

しかし、マクソンの理論にも多くの疑問点が存在する。第一に、マクソンの依拠した資料が、時期的な問題にその多くの原因があるものの、基本的には軍部の政治介入に批判的で、親英米派の元老として行動した西園寺およびその周辺の宮中グループの資料に限られ、彼らの思想や行動を通してのみ政軍関係を捉えようとしたことである。そこでは、例えば、満州事変の発生に関連して石原莞爾や統制派に属する中堅将校達による軍の統制や国策の統一性を乱す行為を「下剋上」という用語で日本固有の現象として説明する。㉔

つまり、同資料に依拠する余り全体を通じて軍部（陸軍）の内政外交政策決定過程における指導力を実態以上に大きく位置づける結果に陥っていることである。確かに満州事変発生の契機は関東軍による「謀略」であったが、本書の第五章で明らかにするように、問題はそれを事後承認していく軍中央および政府内部における指導運営のなかに、関東軍の武力発動による中国政策の推進を期待する意図が存在していたことである。

この時期、マクソンが依拠したいわば宮中グループは、まだ全面的に政治運営の表舞台には登場していないが、彼らの行動のなかには、軍主導による中国政策の急展開が英米との摩擦を増長することに不安を抱きつつも、必ずしも積極的にこれを抑制するか、あるいは否認する行動を見出せないのである。これに対して、マクソンは結論の部分で、一九三〇年代以降における軍事的膨張政策は、軍部による軍事侵略計画と軍部の主導性の結果であると結論している。㉕他にも細かな歴史事実の把握の点で明らかな誤解もあり、これは資料の制約上やむを得ないとしても、こうした大枠の点は、まずマクソンのキーワードに直接関わることなので最初に指摘しておきたい。

第二に、マクソンのキーワードである「下剋上」の用語そのものについて言えば、通常、日本政治・軍事史で「下剋上」という場合には、満州事変を契機に顕在化する軍部内のヘゲモニーの降下傾向を指し、より具体的には幕僚層の指導性強化、軍上層部のロボット化を意味する。㉖例えば、真崎甚三郎参謀次長が、閑院宮載仁参謀総長を完全にロボット化して参謀本部の実権を握ったことや、満州事変における関東軍司令官および関東軍首脳部の意向を無視した石原莞爾等の独断専行ぶりなどが例としてあげられる。

ここでいう「下剋上」とマクソンの用いる「下剋上」とでは、その意味が相当異なると思われる。マクソンの用語はかなり漠然としており、かなり幅の広い意味で使用されている。つまり、マクソンは「下剋上」の用語で一九三〇年代以降の日本における政軍関係の構造やメカニズムを一貫して説明しようとするが、それは実際無理があろう。何よりも「下剋上」の定義があまりにも曖昧なため、無限の拡大解釈を許す恐れがあること、さらに「下剋上」の用語は、権力内部の位置関係の変動を説明するうえには有効かも知れないが、政軍関係全体を包括的に捉える用語としては精密さを欠いているように思われるからである。

政軍関係論構築の目標を、軍事の政治への介入の原因を探り、政治と軍事のあるべき姿を提示するうえでの理論の提供という点に求めるならば、少なくともマクソンの理論を「戦後比較的日の浅い時期に、政軍関係という視角から、一九三〇年代と四〇年代前半の日本の外交政策決定の内部機構に分析を加えた研究として、それなりに評価されてよい[27]」という三宅の指摘を了解しつつも、その「下剋上」の用語のもつ限界性をやはり指摘せざるを得ないのである。マクソンは最終章の結論において、「満州事変から華北、そして中国全域、さらに最後には南アジア太平洋地域や東南アジアを含め、一九三〇年代以後における軍事的膨張が軍の計画と先導の結果であることは全く疑いようがないのである[28]」と記しているが、より重要な問題は、なぜ、「下剋上」と指摘される状況が明治憲法体制下の日本の国家システムのなかで生起し、それが常態化していくことになったのか、はたしてそれは明治憲法体制が最初から自らの内に孕んでいた要因だったのか、これと関連して「下剋上」が常態化した結果、日本の政軍関係にどのような特徴を刻印することになったのか、という諸点であろう。そうした課題に答えることこそ、当面の政軍関係研究の目的と考えたいのである。

極めて限られた資料をベースに戦前期日本軍隊の政治介入の原因を探ろうとしたマクソンが、その象徴的事例として、二・二六事件のような軍のクーデターを俎上にのせる理由は理解できるものの、今日における二・二六事件研究においては、同事件はむしろ軍の横暴や不必要な政治介入への不満の結果発生したものであって、逆に同事件を奇貨としたカウンター・クーデターにより、政治介入への巧妙な道筋をつけようとした当該期軍部中枢の動きが注目されているのである[29]。従って、マクソンの展開する「下剋上」は現象的事例としては意味をなすかも知れないが、現在では軍の政治介入の制度的かつ機構的な側面の分析が繰り返し求められていることを指摘しておきたい。

(1)　ハンチントンは前掲『軍人と国家』(上巻)の「第五章　ドイツと日本におけるシビル・ミリタリー・リレーションズの実際」における「三、日本――政治的軍国主義の連続性」(一二四―一三七頁)で日本の政軍関係の特徴を詳細に論じている。
(2)　同右、一三〇頁。
(3)　同右。
(4)　同右、一三四―一三七頁。

（5）　三宅正樹は、これに関連して、「政軍関係の視角から見た一九三〇年代の日本」（前掲『日独政治外交史研究』所収）のなかで、「日本軍部のように政治への介入を重ねたが、もしも他方で十分にプロフェッショナリズムを身につけていたと仮定するならば、プロフェッショナリズムの極大化こそ健全な政軍関係のあり方としての客観的文民統制を実現するための必要かつ十分条件であるという、ハンチントンの基本的な見解が崩れ去ってしまう危険にさらされる」（同書、一三五―一三六頁）とし、ハンチントンの日本軍部論の強引さを指摘している。さらに、前掲『政軍関係研究』の「第一章　政軍関係の基礎理論2　ハンチントンと「プロフェッショナリズム」（一八―二一頁）において、将校の暴力を管理する「専門技術」、国家の軍事的安全保障に対する「責任」、そして、それ以外の社会から区別された特殊な職能団体を形成しているという意味での「団体性」を基本原理とする「プロフェッショナリズム」がハンチントンの政軍関係論において最も重要な基礎概念であるとしたうえで、ハンチントンの「プロフェッショナリズム」論を、直ちに日本の将校団に適用することは困難であるとする見解を表明している。

（6）　前掲『軍人と国家』（上巻）、一二六頁。

（7）　Amos Perlmutter, *The Military and Politics in Modern Times: On Professionals, Praetorians, and Revolutionary Soldiers* (New Heaven and London: Yale University Press, 1977).

（8）　*Ibid*., pp. 69–75.

（9）　*Ibid*., p. 73.

（10）　*Ibid*.

（11）　*Ibid*.

（12）　前掲「政軍関係の視角から見た一九三〇年代の日本」一四二頁。

（13）　「プリートリアニズム」の定義について、三宅はベルクハーン『軍国主義と政軍関係――国際的論争の歴史』（前掲）の「訳者注」（一七九―一八一頁）において、パールマターやその師であるハンチントンの規定を紹介しながら詳細に論じている。そこでは「プリートリアニズム」を「軍隊のはなはだしい政治介入を指す用語」（一八〇頁）と明確に定義づけている。

（14）　中村治「ソ連における軍・産・政関係」佐藤栄一編『現代国家における軍産関係』日本国際問題研究所、一九七四年、参照。また、ソ連における政軍関係に関する最近の研究に、笹岡信矢「ソ連の政軍関係についての一考察――体制移行期を中心に」（明治大学『政治学研究論集』第一九号、二〇〇四年二月）がある。

（15）　Perlmutter, *op. cit*., 1977, p. xi ("Foreword" by Samuel P. Huntington).

（16）　*Ibid*., p. 285.

(17)　Samuel E. Finer, *The Man on Horseback : The Role of the Military in Politics*(London : Pall Mall Press, 1962), p. 20.

(18)　*Ibid.*, pp. 149-167.

(19)　*Ibid.*, pp. 151-156.

(20)　*Ibid.*, pp. 132-133.

(21)　*Ibid.*, p. 102.

(22)　前掲「政軍関係の視角から見た一九三〇年代の日本」七五―七六頁。この他に、慶應義塾大学地域研究グループ編『変動期における軍部と軍隊』(慶應通信、一九六八年)、前掲『現代のシビリアン・コントロール』等を参照。

(23)　ファイナーの政軍関係論の紹介や批判については、日本において最も早くファイナーの理論を紹介した前掲「政軍関係の視角から見た一九三〇年代の日本」をはじめとする三宅の業績の他に、内山秀夫「新興諸国における政治と軍部」(前掲『変動期における軍部と軍隊』)、五百旗頭真「陸軍による政治支配――二・二六事件から日中戦争へ」(三宅正樹編集代表『昭和史の軍部と政治』第二巻、第一法規出版、一九八三年)、筒井清忠『昭和期日本の構造――その歴史社会学的考察』(有斐閣、一九八四年)、前掲『軍部の昭和史』(下巻)の「結論」における「ファイナー説の問題点」(二〇一―二〇三頁)、永井和『近代日本の軍部と政治』(思文閣出版、一九九三年)の「第四章　政軍関係理論に関する一考察――ファイナーの政軍関係理論の検討」(二三九―二七九頁)などでも検討されている。

(24)　Yale C. Maxon, *Control of Japanese Foreign Policy : A Study of Civil Military Rivalry 1930-1945*(Westport, Conn. : Greenwood Press 1973), p. 114.

(25)　*Ibid.*, p. 215.

(26)　藤原彰『天皇制と軍隊』青木書店、一九七八年、五一頁。

(27)　前掲「政軍関係の視角から見た一九三〇年代の日本」一三五頁。

(28)　Maxon, *op. cit.*, 1973, p. 215.

(29)　例えば、須崎愼一『日本ファシズムとその時代――天皇制・軍部・戦争・民衆』(大月書店、一九九八年)等がある。

四　政軍関係論の新たな展開——重層構造化・混在状況化をめぐって

1　政軍関係の変動要因

ここでは、新たな戦後欧米諸国を主要な対象とする政軍関係論の展開を整理しておきたい。三宅は、その著作『政軍関係研究』の「第四章　政軍関係論の新展開」で、政軍関係論の起点をなすハンチントンの『軍人と国家』(*The Soldier and The State : The Theory and Politics of Civil-Military Relations*)以後における新たな政軍関係論をはじめ、最新の政軍関係論や研究者の動向をとりあげている。そこでは第二次世界大戦後から、さらには米ソ冷戦後における各国の政軍関係の変容が極めて興味深い問題設定で論述されている。そこで、三宅が取り上げたハンチントンやベルクハーンの問題提起のいくつかを受ける形で、筆者なりの理解と見解を示しつつ、今後の政軍関係研究の課題を論じておきたい。

まず、筆者が最も注目している軍の政治介入の原因論に関して、「軍の政治介入をうながす主要な原因は、軍の内部ではなく、政治の内部に見出される。軍の側にプロフェッショナリズムが確立していても、政治体制の側が弱体化し、分裂状態におちいれば、軍の政治介入が生ずる」[1]とするハンチントンの所論を踏まえて言うならば、三宅は従来における軍の政治介入の原因を専ら軍自体の本質や構造に求めようとする傾向に一定の修正を加えようとしていると理解される。すなわち、政治自体の混乱や動揺、正当性の欠如などの諸条件が用意される場合に、軍は自らを政治の舞台へと突き動かしがちであると言うのである。

要するに、現代国家における政軍関係の基本原理とも言える文民統制が、その本来的な意味において機能するためには、「正当性を備えた効率の良い政治体制」を確立することが前提となる、ということであろう。この指摘を戦前期日本の政治過程に当てはめて考えるならば、政治介入を果たそうとした日本陸軍の動機づけの主要な問題として、党利党略に走る国民不在の政治の存在、とりわけ、一九三〇年代における政党政治の実態が想起される。その意味で言えば、ハンチントンや三宅の指摘は、軍に隙を与えない強固な政治体制の確立こそ、健全な文民統制を担保する政軍関係が存在し得る条件とするものである。逆に言うならば、政治に隙ができたことが軍に政治介入の絶好の口実を与え、そこから軍は政治に内在する諸矛盾を突く形で政治介入する根拠なり正当性を得ることになる。

さらに三宅は、政治介入の原因論として軍産複合体の存在に触れ、戦後アメリカの政治学者を中心に指摘されてきたように、軍産複合体が軍の政治的影響力の増大に繋がっており、文民統制成立の阻害要因となっているとしている（ハンチントンはこの「阻害要因」については必ずしも肯定的ではないが）。軍産複合体がアメリカの政権中枢に恒常的に人材を送り込んでいる現実を踏まえるならば、ここから筆者は二つの側面を指摘できるように思われる。すなわち、第一には、今日におけるアメリカの軍産複合体が、政軍関係に決定的な変化をもたらしていることは間違いなく、それが政軍両者の協調性を必然化させている側面である。そして、第二には、軍事と産業の相互依存関係を基本とする経済構造が政治構造としても機能する結果、政治と軍事との重層構造化あるいは混在状況化を招いている側面である。

すなわち、その側面は冷戦時代における米ソの過剰なまでの軍拡競争のなかで、権力中枢に深く根を張っていった軍産複合体が、国家政策の決定過程に軍事的価値判断を持ち込み、軍事主義的な観点からする外交の展開という実態を結果したことからも明らかである。このように、外交が軍事に引っ張られる状況が顕著であったし、やや抑制的な表現をしたとしても外交と軍事の線引きが曖昧であった。その点については、ソ連共産党の軍事・外交政策に決定的な役割を果たしたとされる旧ソ連の軍産複合体と、アメリカのそれは全く同様であったのである。

そして、冷戦時代が終焉した今日においても、「局地紛争対処戦略」や「関与(engagement)と拡大(enlargement)の戦略」を掲げるアメリカの軍事戦略において、ここでいう政治と軍事の混在状況は一段と拍車がかかっている状況とさえいえる。その意味で言えば、イギリスやフランスにしても、同様に軍産複合体という権力体が存在し、従来における政軍関係の基本構造に大きな修正を迫っていることは確かである。加えて、二〇〇三年三月二〇日から開始されたイラクに対するアメリカの先制攻撃戦略の採用に具現された軍事主義の突出状況をも加味して言うならば、政軍関係の重層構造化あるいは混在状況化の現実を認めざるを得ない。ここには、従来の政軍関係論の枠組みでは把握しきれない政軍関係の実態があるように思われる。こうした現実の政治過程を、どのように新たな政軍関係論に繋げていくかは大きな課題であろう[2]。

そこであらためて問題とされるべきは、従来のように政治領域と軍事領域を峻別することの困難性であり、また、シビリアンとミリタリーとの相互乗り入れ的状況の常態化が進行している現実をどのように捉えるかという問題である。これに関連して、ベルクハーンはその著作のなかで、アメリカの歴史学者ディッブル(Vernon K. Dibble)の「兵営社会」と題する論文を引用しつつ、興味深い視点を提供している。それは、「アメリカに関し、文民が今でも軍人をコントロールしているかどうか、という問いを発しつづけるのは無意味であると述べた彼の見解に従えば、アメリカ合衆国は、軍事上、経済上ないし政治上の権力を保有している諸制度および人びとが、極めて密接にお互いに結びつき、極めて強くお互いに依存し合っている国家になってしまった。その結果、彼によれば、以前の議論ではいつもきれいに分離されていた軍事的領域と文民的領域とが、相互に引き離せないほど融合してしまっているとは言えないとしても、とっくのとうにひとつの共生関係に入り込んでいる[3]」とする箇所である。ベルクハーンがこの箇所を引用しているのは、シビリアンとミリタリーとがすでに「共生関係」に入っているとするディッブルの指摘を全面的に肯定するからではない。むしろ、ディッブルの指摘の重要性を認めつつも、そこにいくつもの留保事項を用意しているのである。

例えば、ベルクハーンは、アメリカ型の高度産業社会を軍国主義的と捉えることへの疑問や、軍産複合体の創出は直ちに軍国主義の拡大というより、別種の軍国主義概念として把握する方が適合的ではないか、といった疑問を提起しているのである。それでベルクハーンは自らの視点の妥当性を補強するために、ドイツの政治社会学者であるセングハース(Dieter Senghaas)の著作『軍備と軍国主義』(一九七二年)を取り上げている。

セングハースは軍拡によって巨大な利益を確保する軍産複合体の存在を「軍拡の利益構造」の概念を用いて説得的な分析を試みたが、そこでは、産業社会の高度化が直ちに軍事化(Militarization)を招き、軍事国家あるいは軍事型社会への転換を結果する、とは必ずしも捉えていない。そうしたセングハースの視点に同意する形で、ベルクハーンも軍産複合体の存在や政治領域と軍事領域の混在状況が、直ちに両者の「共生関係」を結果する、と単純に捉えてしまうことの問題性を的確に指摘しているのである。従来型の軍国主義とは、軍人が政治領域において主導権を握り、軍事的価値を最優先する社会の創出が不可避となる状態を示すが、産業社会の高度化は、むしろ政治と軍事の協調関係の進展か、あるいは役割分業の明確化が図られるとする。(4)

この点について筆者は、ベルクハーンやセングハースの見解が妥当であると考えている。ただ、高度産業社会および高度軍事社会というカテゴリーで括れるのは、現時点でいわゆる「アメリカ一極主義」(ユニラテラリズム)の用語で表現されるように、アメリカ一国だけであり、その限りでこの種の政軍関係論が適用可能な対象は極めて限定的である。それゆえ、直ちにアメリカ以外の先進諸国の政軍関係の現状をも射程に据えることは困難ではないかと考える。その意味で政軍の「共生関係」という、新たな政軍関係論の展開は限定的にしか使用できないであろう。ただ、中長期的な視点に立つならば、イギリスやフランスなどのヨーロッパ先進諸国、それに日本を含め、他の先進諸国における政軍関係が、ディッブルのいう「共生関係」という実態に近づいていることも充分に予測しておく必要性はあろう。

昨今の軍事技術革命(MTR＝the Military Technical Revolution)や軍事革命(RMA＝the Revolution in Military Affairs)と呼ばれる急速な軍事技術の進展のなかで、一握りの軍事専門家や軍事技術者だけで軍事領域をカバーすることが不可能となり、それゆえ軍事プロパーによる軍事領域の独占を困難にしている現状からして、政治と軍事は同時的かつ同一的なカテゴリーにおいて処理されるべき対象となっている。そこから、欧米日の先進諸国における政軍関係が、新たな段階と新たな理論的枠組みのなかで把握されなければならなくなっていると筆者は考える。(5)

そうした反面、非欧米諸国で依然として発展途上段階にある諸国の多くにおいては、政権を獲得していない場合でも軍部(国防軍)の政治への影響力が大きく、軍事主導の政軍関係から抜け出せないでいる実例も多いのである。つまり、軍産複合体が実質的には存在せず、高度産業社会に到達していない諸国においても、政治領域と軍事領域の相互乗り入れ的な状況にあることも確かである。このように政軍関係論の新たな展開のなかでは、その国家社会の発展段階と国家発展の方向性との関連からする体系的な理論の構築のなかで、最も適合的で合理的な政軍関係の構築が目指されるべきである。つまり、政軍関係は、国家社会の発展段階や発展の方向性に規定されて変容するものである以上、歴史的なアプローチが不可欠となろう。

そうした意味で、三宅の「第四章　政軍関係論の新展開」における「二　ハンチントンの目から見た一九七〇年代の政軍関係」は、極めて興味深い部分である。ここで三宅はハンチントンの論文「一九七〇年代の軍人と国家」を引用しつつ、ハンチントンが第二次世界大戦後におけるアメリカの政軍関係の類型を、「伝統的パターン」(一八一五―一九四〇年)、「冷戦パターン」(米ソ冷戦時代―一九七〇年代初期)、「第三のパターン」(一九七〇年代)と三区分している点を紹介している。

そこで、「伝統的パターン」の時期には、政治と軍事との緊張関係が表面化しなかったのに対し、「冷戦パターン」は軍事の社会的役割が高まり、軍事力の使用が政治の手段として積極的に容認された時代とする。ところが、一九七〇年代に入ると、アメリカの公衆の政治意識が軍事外交領域から、福祉・健康・教育・環境・都市問題等の国内問題や日常生活に直結した領域へと関心が向けられ、軍に対するそれまでの寛大な態度を次第に修正するようになり、そこにベトナム戦争が世論に潜在していた反軍感情を活性化させ、従来の政軍関係に大幅な修正を招くに至った、とする。

すなわち、大衆一般の親軍的態度から嫌軍的態度、さらには反軍的態度への変化は、同時に「反防衛インテリ(antidefense intellectuals)」を登場させ、反軍国主義(antimilitarism)の潮流が噴出したとする。[6] ハンチントンの議論は、ソ連のアフガン侵攻以前の論考だが、アメリカのアフガン侵攻(二〇〇一年一〇月)のような国際紛争が生起した場合には、それに対応して政軍関係が変化する可能性を予期したものであった。

やや繰り返しの展開となるが、ここで問題とすべきは、ハンチントンが現代において政治領域と軍事領域とが、かつてのようには明確に区分されず、相互に重なり合うという意味で、言うならば重層的な関係を強めている現状を強調している点であろう。その点について筆者も全面的に同意する。すなわち、筆者はハンチントンの指摘する通り、第二次世界大戦後における米ソ冷戦構造のなかで生起した戦争のほとんどが宣戦布告なき戦争であったように、アメリカにしてもソ連にしても、戦争発動の場合には政治と軍事(戦争)とを明確に区分するのではなく、言うならば政治か戦争かの二者択一的な発想から、政治も軍事(戦争)も、という二者併存的な発想が主流を占めるようになった、と考える。

その理由は、第一に核超大国である米ソが一度宣戦布告するならば、米ソが当事者ではなくとも、場合によっては直接的な軍事対決へと踏み込まざるを得ない状況に陥る危険性があったことである。米ソは最大時両国合わせて五万発といわれる核兵器を保有していたが、それは実に全地球人口の八倍を殺戮可能な量であり、いわゆる過剰殺戮(over kill)の状態であった。しかも、核の運搬手段の高性能化で命中精度も飛躍的に向上しており、文字通り、確証破壊を可能とし、攻撃を甘受する以前に先制攻撃への道を選択しない限り破滅を回避できない、とする核の脅威に自らを追い込んでいたのである。従って、核保有国にあっては、米ソを筆頭に少なからず宣戦布告は自国破滅の可能性と引き替えにする選択であったが故に、それは避けるべき選択であったのである。とりわけ、米ソは地上だけでなく、空中および海中をも核の鬩ぎ合いの場とし、相互に核の恫喝をかけ合った状態にあった。

このような状態のなかにあって、軍事力の使用は基本的には制限的なものにならざるを得ない。そこから、米ソいずれにしても、冷戦時代の戦争は宣戦布告なき軍事力の投入あるいは使用となったのである。そして、そこで設定された新たな戦略方針が「局地紛争」や「低強烈度戦争」(LIW＝Low Intensity Warfare)という新たな戦争概念であった。そのような新たな戦争概念は、従来の戦争が国家対国家の戦いであったのに対し、国家対テロ組織、国家対特定民族、国家対特定集団という非対称性を決定的な特徴とする。そこからは軍事力使用についての敷居が低くなる一方で、従来の戦争のように、基本的には軍事組織に委ねられる形式ではなく、政治指導と戦争指導が同時的に進められることになる。このような戦争形態の変容から、政軍関係の有り様の根本が転換を迫られてきた、とする見方ができよう。

次に軍事力の使用に対する拘束性という問題についても興味深い問題がある。今日におけるアメリカの政軍関係は、政治と軍事との関係の変容と併行して、政治領域内における軍事政策の決定過程をめぐる対立と妥協の動きが極めて活発である。その基本的前提として、国軍最高司令官であるアメリカ大統領の絶大な軍事力使用に関する権限が、議会によって相対化されることをめぐって政治争点となった。〝権限拡大の歴史〟と言われるアメリカ大統領史のなかで、一九七三年一一月七日に「大統領戦争権限法」(正式名称は、Joint Resolution concerning the war powers of Congress and the President)が成立したことは画期的な事件として記憶されることになった。

この法律は戦争宣言のないアメリカ軍の投入に際して、議会と大統領との共同判断の確立を目的としたものであったが、それ以外の戦争を含めた非常事態への対応についても、一九七六年九月一四日に「国家緊急非常事態法」(National Emergencies Act)を成立させることで、大統領の国家非常事態宣言や非常事態対策についても、議会の授権によって実行を迫る内容が確認されたのである。(7) これら二つの法律によって、軍最高司令官である大統領の軍事権の独占状態に重大な変化がもたらされたと言える。その意味で、議会を民主的権利実行の場とすれば、政治と軍事の均衡が議会の権限の拡大によって保証されたことになる。そのことはアメリカにおける政軍関係が正常化されたとも指摘できる。

そのことに触れて三宅は、アメリカの軍事力使用に一定の拘束が準備されはしたが、そのことは同時に、「一旦武力を使用するとなれば、自己の目標を迅速かつ決定的に達成するために、圧倒的な軍事力を投入するであろう」とするハンチントンの論文を引用紹介することで、大統領と議会が軍事力使用に踏み切った場合には、ベトナム戦争時において具現されたように、議会の動向を気にかけながらの兵力の逐次投入の轍を踏まないように、圧倒的な戦力を短期間に集中する作戦が選択される可能性のあることを論じた予測の正確さを指摘している。

このような諸点から引き出せる政軍関係論の新たな展開ということでは、アメリカの場合には、重層構造のなかで政治と軍事との線引きがますます困難になっている現実をどのように捉えるか、という問題があらためて浮上してこよう。アメリカの政軍関係論について、ハンチントンは、「まぶしいくらい楽観的である」⑻と三宅自身が指摘するように、このような現実の政軍関係から派生するアメリカの軍事力使用の在り方は、湾岸戦争や二〇〇一年の九月一一日に世界を震撼させた同時多発テロ事件に端を発するアフガン侵攻、さらには対イラク戦争（二〇〇三年三―四月）などで実証されはした。そこにおいて具現されたように、議会が同意すれば、結局のところ軍事主導による政軍一体化の関係が全面展開されかねないのである。そこにおいては、軍への過剰とも思われる役割期待を議会の協賛によって確保していくというレベルの政軍関係の実態化が進行しているように思われてならない。

と言うのも、「軍事的領域と文民的領域との共生関係」（ディップル）が両者の峻別を前提とした文民統制に基づく政軍関係の構造を解体に追い込んでいる実態を、ハンチントンは必ずしも深刻には受け止めていないからである。そうなると政軍関係が政軍の共生や文民統制の相対化現象をも許容するものとして、今後において展開する可能性をハンチントンの政軍関係論のなかから読み取らざるを得ず、そのことは従来の政軍関係論に根本的な修正を必要としている、とする議論にも発展してこよう。

2 政軍関係論の新展開――ハンチントン、ノードリンガーの議論

ここでは最初に、一九九六年に発表されたハンチントンの最新論文「政軍関係の再構築[9]」について見ておきたい。三宅は第四章の第四節「冷戦構造消滅後の政軍関係」において同論文を取り上げている。ハンチントンの議論は、冷戦の終焉という新しい事態のもとでの政軍関係の在り方を検討する国際会議(一九九五年三月一三―一四日　於ワシントン)における基調報告として行われたものである。

ハンチントンはファイナーやパールマター等から多くの批判を受けながらも、基本的には『軍人と国家』に示された文民統制論を変えておらず、最近の二〇年間で権威主義体制を敷いていた四〇近い諸国家において文民政府が登場し、新しい民主主義体制への移行が見られ、それと同時にハンチントン自身が説いてきた「客観的文民統制」を基本とする政軍関係が成立したとする。

そこでは、民主主義への移行の仕方は千差万別であって一律ではないが、権威主義体制下の政軍関係よりも、民主主義体制下のそれの方が良好であるとされる。併せて、ハンチントンはスロベニアのベブラー(Anton Bebler)の指摘を引用し、米ソ冷戦構造下において権威主義体制が敷かれた東ヨーロッパの政軍関係の顕著な変容ぶりを、「歴史的調和の進展[10]」として一一の項目を挙げている。

ハンチントンはベブラーの指摘を引用することで、東ヨーロッパの旧社会主義諸国家が、それまでの共産主義を原理とする権威主義体制のなかでは、軍人も無条件に党や国家に奉仕することを強要され、またそのことによって権威主義体制を支える役割を担わされてきた、とする。しかし、軍隊や軍人が、民主化に伴う政治的中立化などによって、

党や国家による束縛から解放され、さらには民主主義体制のなかで政治の主体である文民の統制に従うことによって、ハンチントンの言う「客観的文民統制」の確立が実現していった、とする捉え方を披瀝しているのである。

そして、ハンチントンは、このような東ヨーロッパを典型事例とする良好な政軍関係の成立や、文民統制の確立がなされた理由を三点挙げている。すなわち、第一には、軍人の「プロフェッショナリズム」や文民統制が広く普及し、世界各国の軍によって受容されるようになったこと、第二には、「客観的文民統制」が軍人と文民のいずれにも利益となってきたこと、第三には、経済改革と異なって、政軍関係の改編には社会にほとんど負担をかけないで、逆に広く利益を生み出すものであること、である。[11]

さらに、ハンチントンは同論文の最後の節である「新たな使命についての課題」において、米ソ冷戦構造の終焉後における政軍関係の有り様を論じるなかで、相対的には軍事力の削減傾向や徴兵制度の見直しが進められ、それまでの軍隊や軍人の政治的かつ社会的な役割が低下し、軍隊の役割を一体どこに求めたらよいのか問題となっている状況を指摘する。そしてそこから、文民と軍人あるいは民衆と軍隊との緊密な関係が生まれるであろうと予測する。すなわち、ハンチントンは、ここでもまた「全ての市民は兵士であり、全ての兵士は市民である」というジェファーソン米大統領の言葉を引用しながら、民主主義体制下の新たな政軍関係の有り様が俎上にのせられている状況を論じているのである。[12]

文民と軍人(＝民衆と軍隊)の役割期待が国家や社会の発展過程で変容していく可能性を読み込みながらも、民主主義の成熟や発展という視点に立てば、そこでの主体はあくまで文民であり民衆である以上、政軍関係が文民(民衆)の主導下において構築されるのは当然なことである。たとえ、民主主義を基盤に据えた国家社会における軍人や軍隊の役割を一定程度容認する立場を採ったとしても、「全ての市民は兵士であり、全ての兵士は市民である」というジェファーソン米大統領の言葉は、アメリカ独立戦争の折にイギリスの正規軍に抵抗するために全てのアメリカ市民をミニットマンとして戦場に動員せざるを得なかった歴史事実を踏まえての、つまり、戦時状況を前提とした表現であって、決して平時においても適用されるものではない。

戦前期日本においても田中義一等が盛んに用いた表現に「良兵即良民」があった。それが戦時における民衆の戦場への大量動員を合理化し、平時においては社会の軍事化を意図したものであった歴史事実を持ち出すまでもなく、ハンチントンの言う「文民と軍人あるいは民衆と軍隊との緊密な関係」を単純には肯定することはできないのである。もちろん、ハンチントンの意図を、文民と軍人とが非和解的な関係でなく、協調関係あるいはディッブルの言う「共生関係」を創り出すことによって、歴史事実において具現された両者の対立関係に終止符を打ち、良好な関係のなかで、本来的な意味での文民統制を担保する政軍関係の再構築を視野に入れた議論だとすれば、相応の意義を見出すことはできよう。

最後に今後の政軍関係の再構築にあたり、より重要なことは軍人よりも文民の立場にある者のスタンスである。ハンチントンは、そのような指摘をなしつつ、それでも民主主義諸国家における政軍関係が、直面する他の諸問題に比較して明らかに巧くいっている、とする楽観論を披瀝して筆を擱いている。このハンチントンの楽観論が一体どこから発生するものかは、それ自体興味深い点である。恐らくは、彼自身がカーター大統領時代にホワイトハウスにおける安全保障担当のブレーンとして直接にアメリカの軍人たちと深い親交を結び、絶対的権限を持った大統領への軍の忠誠心の厚さを身をもって体験したこと、そして、そこで接触した高級軍人達の示した優れた「プロフェッショナリズム」への信頼にあるのであろう。

いずれにせよ、ハンチントンの信仰心にも似たアメリカの軍人たちの「プロフェッショナリズム」への確信ぶりには、あらためて驚くほどであるが、ここで論じておくべきは民主主義体制下における軍事の役割の相対化という問題である。すなわち、現代における戦争形態に規定された政治と軍事の重層構造化という状況において、文民指導者が優れた軍事知識や情報分析能力を持たない限り、その重層構造化とは裏腹に軍事技術の高度化のなかで政治と軍事の分業化が一段と進み、両者間には再び従来とは異なった意味において深い溝ができてしまう可能性が一方では高まっていることである。

つまり、軍人が自らのアイデンティティを高度な軍事技術と軍事情報の独占に求めるようになればなるほど、民主主義体制下で初めて可能となるハンチントンの言う「客観的文民統制」自体が有効性を発揮しなくなってくるのではないか、ということである。そのような事態にならないためには、例えば文民の軍人化がもはや不可避であり、同時に軍人の文民化も不可欠である、とする議論が生まれてきたのである。しかし、当然ながらこれは非現実的な問題であり、そうだとすれば現代戦の戦争形態と軍事技術の高度化という厄介な課題が、あるべき政軍関係の成立を阻む要因となることは必至であろう。そのような現実を直視するならば、ハンチントンの楽観論は、あらためて奇異にさえ感じられてしまうのである。

次に三宅が、第四章の第三節で取り上げているノードリンガー(Eric A. Nordlinger)の、『政治のなかの軍人達――軍事クーデターと政府』(*Soldiers in Politics : Military Coups and Governments*)[13]を整理しておきたい。ここで注目するのは、「第一章　プリートリアニズムの研究」である。そこにおいて、ノードリンガーは、西洋諸国と非西欧諸国の双方に妥当する文民統制のモデルとして、「伝統的モデル(traditional model)」、「自由主義的モデル(liberal model)」、「浸透モデル(penetration model)」と三つに区分し、その特質を明快に論じている。[14]

ハンチントンが提示した「主観的文民統制モデル」に対応する「伝統的モデル」は、文民エリートと軍人エリートとの未分化状態を示し、「自由主義的モデル」は両者の完全な分離を前提としている。これを戦前期日本の明治近代国家における文民関係に照合した場合、日清・日露戦争まで顕著であったように、例えば、文民エリートの代表格であった伊藤博文と軍人エリートの代表格であった山県有朋との連携によって戦争指導が進められた事例から、政軍関係を捉え返すならば、以上の二つのモデルは、どこまで適用可能であろうか。

確かに、日清・日露戦争期まで文民と軍人の両エリートは未分化状態であり、いわば相互乗り入れ状態にあったのであり、これを「伝統的モデル」の範疇に入れることは可能かも知れない。しかしながら、日清・日露戦争の「勝利」によって軍部の影響力が強まり、また様々な軍学校が整備されてエリート軍人を輩出し、一方では、東京帝国大学を筆頭に官僚輩出の体制が整うに従い、文民エリート層も同様に養成されていく明治末期以降においては、両エリートの分業体制が次第に確立されていった。

それゆえ、日本においてもノードリンガーが提起したところで言えば、「伝統的モデル」から「自由主義的モデル」への変転が見出されると捉えて良いようである。その変転過程の分析を追究すること自体、大変興味深い作業であるが、例えば、軍人エリートの頂点に立っていた山県有朋が西南戦争(一八七七年)を契機に、その翌年に参謀本部条例を制定して統帥権独立制への道を開き、軍事機構と政治機構を分立しようとしたのも、また、軍人勅諭(一八八二年)によって、軍人の政治への関与を固く禁じたのも、ここで言う「自由主義的モデル」への踏み込み、という視点で把握可能であろう。

次に、「浸透モデル」についてだが、それは軍に対する上からの政治理念やイデオロギーの徹底した注入により、文民への自発的な忠誠を引き出すことによって軍の政治介入を抑止しようとする型の文民統制の一方法である。このモデルは、中華人民共和国(中国)や朝鮮人民民主主義共和国(北朝鮮)など特定の諸国家に典型的に具現されるもので、軍の統制と監視が各部隊などに配置された政治委員によって施行される。この場合、共産党(労働党)の権力が民主集中の名の下に一元化された国家システムが、このモデル成立の条件であり、それ以外の場合にはこのモデルは該当しない、とする。

それでノードリンガーは、以上の三つのモデルを、どのように位置づけようとしているかについて、次のように論じている。

これら三つのモデルの限界を考えるならば、非西欧世界における文民統制は、不確定な制度となる可能性があるように思われる。「伝統的モデル」は、極めて有効ではあるが、軍人と文民の本分にかなり際だった違いがあり、そこから生まれる現状からして、「伝統的モデル」は実際のところ適合的ではないのである。「自由主義的モデル」は、潜在的には有効である。しかし、文民的倫理とは、その内在化のために時間と適当な環境が必要であり、たとえそれが叶ったとしても、諸事件の圧力によって、苦しみながらも放棄せざるを得なくなるかも知れないことを認識しておかなければならない。特に、文民の指導者達が、軍事制度をも含め、政治的に扱ったり、干渉がましくしたりすることで、軍の基本的なルールを踏みにじるような場合にである。「浸透モデル」は、かつて完成されたモデルのなかでは、例外的に有効である。しかし、「浸透モデル」を実行しようとすることは、弱小な軍隊の存在という希な環境下以外では、とてつもなく危険なことである。そして、そのような場合でも、そのモデルは安定した体制下でのみ適用されることができるものである。[15]

要するにノードリンガーは、非西欧諸国においては、これら三つのいずれのモデルも決定的とも思われる限界を含んでおり、文民統制それ自体の成立の可能性は低いと見る。事実、限界性に触れた後で、「広範に適用できて、かつ頗る有効な文民統制のモデルはない」[16]と結論づけていることからも解るように、その成立には悲観的なのである。この点についても、三宅が「三つのモデルのいずれもがごく例外的な場合を別として実行が困難である事情を明らかにしてきた」[17]と括っているように、最終的には悲観的な結論を述べてはいる。しかしながら、そうした結論に達する過程で、文民統制へのより深い理解と、さらなる可能性を求めていくうえでの問題を提示しているように思われる。

すなわち、「伝統的モデル」は言うまでもなく、すでに近現代社会における軍事の役割期待からして過去の遺物だとしても、「自由主義的モデル」については、政治と軍事、文民と軍人とが一定の原理の下で双方の役割を確認し、相互に尊重しあうことにより、ある種対等な関係を構築することが可能であり、それゆえに軍の政治介入を抑制可能なモデルであると考えられる。その意味で、このモデルが最も理想的なモデルと考えられるが、そこでの問題は軍人にあるよりも、むしろ文民の側にあるように思われる。

それは、すでに多くの政軍関係論者が指摘している通り、政治指導者の不正や無能力などへの不信の増大が、軍人による政治介入の際の主要な動機となる事例が多いからである。「浸透モデル」の場合は、今後権力の一元化は困難となり、西欧民主主義諸国において特徴的な権力の多元化の方向と重ね合わせる時、ある意味ではもっとも完全な文民統制方式と捉えられるが、その成立条件の継続性という点で問題は多分に残る。例えば、中国や北朝鮮などにおいても、その維持は困難となることは必至であろう。

権力の一元化を前提とし、一方的な命令と服従の関係によって成立する文民統制は、その表面的な堅固さとは裏腹に、常に不安定要因をも抱え込んでいるように思われる。つまり、文民統制とは文民が軍人から信頼され、また文民も軍人を信頼し、軍人が自らの利益拡大ではなく、安全保障面における役割と責任の履行を究極的な使命と自覚する限りにおいて、最も堅固な文民統制が確立すると考えるならば、そのような政軍関係の確立は、一体何によってもたらされるのであろうか。ノードリンガーが繰り返し説いているように、文民統制の成立が困難な政治環境にある非西欧諸国の現状への理解によって、理想とすべき政軍関係の有り様を究明する方途が与えられていよう。

ノードリンガーは、この他にも同じく第一章で政治介入の三類型として、「調停者（moderators）」、「守護者（gurdians）」、「支配者（rulers）」の用語を導入し、政治介入のレベルを明示し、「近衛兵方式による調停者（Praetorian moderators）」、「近衛兵方式による守護者」（Praetorian gurdians）」、「近衛兵方式による支配者（Praetorian rulers）」の小見出しで詳述している。(18) そのなかでノードリンガーは「近衛兵方式による支配者」に関心を集中させている。そこでは彼らが国内統治に全力を挙げるところとなり、「ほとんど全ての独立した政治組織や半政治組織、さらには諸活動が非合法化される」[19]としたように、政治および社会の変革者として軍が登場するが、それは非西欧諸国家における政軍関係の典型的な形態でもある。そのことをノードリンガーは、先行研究を踏まえつつ、これまた詳細に論じているのである。

最後に、三宅も言及している『政治のなかの軍人達』の「第四章　支配者としての将校」における「支配の三類型」についても触れておきたい[20]。政治に介入を果たし、政治を支配する側に立つ軍の、支配の「正当性(legitimacy)」が、「カリスマ的正当性(charismatic legitimacy)」、「伝統的正当性(traditional legitimacy)」、「合理的・合法的正当性(rational-legal legitimacy)」の三類型に分別できるとした点も、確かに極めて興味深く、示唆に富むものである。なかでも、「合理的・合法的正当性」については、戦前期日本の政軍関係の実態を解明するうえで重要なキーワードともなるものだけに、合理的・合法的支配の正当性を実際の政治過程に即して検証する作業は不可欠だと考える。

こうした点を念頭に据えつつ、以下の第一章から第六章まで、政軍関係史の検証作業を進め、この「合理的・合法的正当性」については終章で改めて論じることにしたい。

(1)　前掲『政軍関係研究』一四二頁。
(2)　「軍産複合体」の問題を政軍関係論との関係で論じた文献中、最も参考となるのは、前掲『軍国主義と政軍関係――国際的論争の歴史』の「第五章　軍産複合体」(一二二―一四九頁)である。
(3)　同右、一二五―一二六頁。
(4)　同右、一二六―一二七頁。
(5)　現代日本の政軍関係の実態についても昨今厄介な問題に直面しているように思われる。戦後日本の政軍関係はアメリカ型の文民統制をその基本原理としてきたが、日米軍事協力体制の進展や周辺事態法やテロ対策特別措置法、さらには一連の有事法制論議のなかで自衛隊制服組の役割期待が増大しており、制服組の政治的発言力を一定程度において認知すべきだという見解が憲法学者サイドから出始めている。例えば、慶應大学教授阿川尚之(アメリカ憲法、現在駐米公使)は、「制服組にも発言権を与えよ」と題するコラムで、「制服組が内局を通さず専門家として自分たちの意見を披瀝する制度を構築すべきだ。彼らの率直な意見を聞いたうえで、政治家が最終決断を下す。文民統制とは本来そういうものであるはずだ」(『朝日新聞』二〇〇二年七月一〇日付「私の視点」)と主張している。しかしながら、この阿川の見解は、現実の状況に引きずられた文民統制論であり、「意見を披瀝する制度」を一旦容認すれば、あるべき政軍関係が依然として制度化されていない現状では、それが制服組の政治的影響力を行使する場になる危険性が高いように思われる。その意味でも、今日的状況を踏まえれば、日本においても政軍関係研究の進展がこれまで以上に必要となっている。

(6) 前掲『政軍関係研究』一四九頁参照。

(7) 浜谷英博『米国戦争権限法の研究――日米安全保障体制への影響』成文堂、一九九〇年、七三頁参照。これら二つの法律については同書以外にも宮脇岑生『アメリカ合衆国大統領の戦争権限』(教育社、一九八〇年)、宇賀克也『アメリカ行政法』(弘文堂、一九八八年)などが参考となる。また、二〇〇一年の九・一一同時多発テロ事件以後、アメリカ国内で話題となっている著作にコーエン(Eliot A. Cohen)の著作がある。すなわち、Eliot A. Cohen, *Supreme Command : Soldiers, Statesmen, and Leadership in Wartime*(New York : Free Press, 2002)は、大統領の強力な戦争指導を「統帥権」の名の下に実行することの妥当性を強調していることである。現在におけるアメリカの文民統制の一つの在り方を検証していく材料と言えよう。また、同書の「付録　文民統制の理論」(二二五―二四八頁)において、コーエンはハンチントンやジャノヴィッツらの文民統制論を取り上げ、例えば、ハンチントンの文民統制論が戦時および平時において、どのように特徴づけられるかを論じている点は注目に値する。なお、同書は、中谷和男訳で『戦争と政治とリーダーシップ』(アスペクト、二〇〇三年)と題して翻訳出版されている。

(8) 前掲『政軍関係研究』一五四頁。

(9) Samuel P. Huntington, "Reforming Civil-Military Relations" in Larry Diamond and Marc F. Plattner (eds.), *Civil-Military Relations and Democracy*(Baltimore and London : The Johns Hopkins University Press, 1996).

(10) *Ibid.*, p. 5.

(11) *Ibid.*, pp. 6-7.

(12) *Ibid.*, pp. 10-11.

(13) Eric A. Nordlinger, *Soldiers in Politics : Military Coups and Governments*(Englewood Cliffs, N.J. : Prentice-Hall, 1977). なお、この他にもノードリンガーの著作には、Eric A. Nordlinger, *Conflict Regulation in Divided Societies*(Cambridge, Mass. : Center for International Affairs, Harvard University, 1972), Eric A. Nordlinger, *Isolationism Reconfigured*(Princeton : Princeton University Press, 1995)等がある。なお、*Conflict Regulation in Divided Societies* には、ハンチントンが序文を寄せている。

(14) 前掲『政軍関係研究』一五六―一六一頁(ノードリンガーの著作では、一〇―一九頁。同著の構成は、「第一章　プリートリアニズムの研究」、「第二章　軍将校団の政治社会学」、「第三章　クーデター」、「第四章　支配者としての将校」、「第五章　国家統一と経済変革」、「第六章　プリートリアニズムの評価とその結果」となっている)。
(15) Nordlinger, *op. cit.*, 1977, pp. 18-19.
(16) *Ibid*, p. 19.
(17) 前掲『政軍関係研究』一六一頁。
(18) Nordlinger, *op. cit.*, 1977, pp. 22-27.
(19) *Ibid*, p. 27.
(20) 前掲『政軍関係研究』一六二—一六三頁。

第I部　第一次世界大戦期から大正末期までの政軍関係

第一章　二個師団増設問題をめぐる政治と軍事の対立

一　はじめに

本章の目的は、日露戦争後、国内諸勢力間において「挙国一致」体制の形成への志向が強まっていく反面で、軍備拡充の方法をめぐって対立の度合いを深めていた政党勢力と軍部勢力、換言すれば政府＝国務と、軍隊＝統帥部との対立の象徴的事件であった二個師団増設問題（一九一二年）を取り上げ、そこで展開された対立の背景とその終息過程を追究し、当事件がその後の両者の関係にどのような結果をもたらすことになったかを念頭に置きながら、当該期の政軍関係の構造を分析することにある。その前にまず当該期における政界の状況を素描しておきたい。

一九〇一（明治三四）年六月二日の第一次桂太郎内閣成立から始まり、第一次西園寺公望内閣（一九〇六年一月七日成立）、第二次桂内閣（一九〇八年七月一四日成立）、第二次西園寺内閣（一九一一年八月三〇日成立）を挟んで、第三次桂内閣（一九一二年一二月二一日成立）が第一次護憲運動によって総辞職するまでを、通常「桂園時代」と呼ぶ。坂野潤治が「一九〇〇年体制」と命名したこの時代は、桂太郎に代表される官僚勢力と西園寺公望政友会総裁に代表される政党勢力との対抗と妥協が繰り返された時代であった(1)。

このうち桂太郎は山県有朋に、西園寺公望は伊藤博文に、それぞれ代表される「元老」政治を受け継いだ。桂と西園寺は、二つの勢力を代表する明治国家における第二世代の指導者であった。その「元老政治」は、長州閥と薩摩閥とに二分されながらも、明治国家創生期の「藩閥」政治から自由党と進歩党などをはじめとする政党勢力の伸張の前に、これとの妥協を強いられていく。しかし、日露戦争(一九〇四―一九〇五年)を通して、これら諸勢力は相手方の勢力を削ぐことに意を用いることで自らの勢力の伸張を期するよりも、相互に妥協と協調の度合いを高め、「挙国一致」体制の構築を目指すことになった。これに関連して、季武嘉也は、「総力戦である同戦争(=日露戦争)は、彼らをして政治的自信を与えると同時に、ますます「挙国一致」体制の構築の必要性を認識させた。その結果、彼らは目的を共有しかつ政治的にも提携するようになる」[2]と論じている。

つまり、当該期における指導勢力の配置状況において様々な分析があるものの、国力の限界を超えた地点にまで追いつめられ、辛くも勝利を掌中にした日本の指導諸勢力は、ロシアとの再戦への対応と、戦争の勝利によって拍車がかけられた「大陸経営」という名の中国市場への参入および朝鮮半島での覇権確立という課題を克服するには、「挙国一致」による利害の調整が不可欠とする認識を共有し始めていたのである。[3]とりわけ、日露戦争の「勝利」に決定的な役割を演じた日本海軍の実力者山本権兵衛と、世界最強とされたロシア陸軍を打ち破った日本陸軍を代表する桂太郎の政治的影響力を考慮すれば、当該期における官僚や政党勢力と、互角以上の地位を得つつあった陸・海軍との連繫構造が急速に形成されていたと考えられる。

従って、西園寺内閣と陸軍との対立は深刻な様相を見せるものの、大枠においては政軍関係の基本構造の根本的な改編までには至らなかったと言える。確かに、山県に率いられた官僚勢力の一翼を担うことでその後継者と目されていた桂太郎と、伊藤によって組織された政友会の第二代総裁であった西園寺公望との連携関係に対して、必ずしも好意的でなかった山県有朋、および陸軍の中堅官僚として頭角を現してきた田中義一は、共に桂と西園寺の「挙国一致」路線に便乗することを潔しとはしなかった。とりわけ、西園寺内閣期において、陸軍が要求していた二個師団増設をめぐり、内閣と陸軍の間が紛糾を来たすようになると、田中は将来的に政党主体の権力構造が構築されることへの危機意識を抱くことになる。

そのため田中を筆頭とする陸軍中堅層は山県の支援を受けながら、西園寺内閣との対立関係を鮮明にしていき、その過程で陸軍勢力の権力構造における一定の役割を確保しようと画策する。そこでは、小林道彦の「増師問題が政治問題化するにつれて、山県はそれを「君主主義」対「政党政治」の象徴的争点として意識するようになっていった」(4)との分析があるように、山県や彼の有力な後継者と見なされていた田中義一をはじめ、基本的には陸軍を背景とする保守勢力は、急速な「挙国一致」体制に、当初必ずしも賛意を表していなかったのである。

それゆえに、山県らは二個師団増設問題の実現過程で、政党主体の政治システムの形成に抑制的であったのである。その限りでは、二個師団増設をめぐる政軍関係の展開は、日露戦争後における新たな国家体制の方向性をも決定する体制内選択の一環としてあり、そこでは小林の言う「君主主義」、換言すれば非政党的天皇制システムを対置させることで、政党優位の政軍関係の構築を阻もうとする意図が存在したと言えるであろう。以上のような視点を念頭に据えて、以下、二個師団増設問題の具体的検討を進めていきたい。

(1)　坂野潤治『大正政変――一九〇〇年体制の崩壊』ミネルヴァ書房、一九八二年。
(2)　季武嘉也『大正期の政治構造』吉川弘文館、一九九八年、五一頁。なお、季武は同書の「序章　大正政治史研究の現状と課題」(一―四八頁)において、大正時代における「挙国一致論」について先行研究を踏まえた的確な分析を試みている。
(3)　季武は、「桂園」時代と言う従来のネーミングを一層補強する意味で、桂太郎(官僚)、西園寺公望(政党)に加えて山本権兵衛(海軍)を加えて、当該期以降における三者(三勢力)の連携関係を「桂園権」時代と表現したいとの注目すべき視点を提起している。同右、五一頁参照。
(4)　小林道彦『日本の大陸政策　一八九五―一九一四――桂太郎と後藤新平』南窓社、一九九六年、二七九頁。

二　陸軍の増師要求と西園寺内閣

1　問題の経緯と背景

日露戦争後の軍拡計画は日露戦争における兵員の大量動員・大量消耗と、それによる軍事能力の限界の露呈という苦い経験への反省を一つの発端としていた。そして、ロシアとの再戦の可能性、大陸に獲得した権益防護に充当する軍事力の整備拡充、「大陸国家」日本に適合する軍事力の再編など、要するに日露戦争後の極東アジアの新たな状況に対応し得る帝国主義国家日本としての外容を整備すること、これが陸軍を中心とする軍拡計画の主要な目標であった。

日露戦争後の軍拡計画実行案は、すでに戦争中に見出される。すなわち、大本営陸軍参謀部は、一九〇五(明治三八)年三月以降の作戦方針実施にあたって、限界に近づいてきた動員兵力を補完する目的で、新たに六個師団増設を骨子とする「師団増設意見書」[1]を内閣に提出していたが、同年七月に財政状況の悪化を理由に見送られてしまった。次いで同年八月、満州軍総司令部作戦担任参謀児玉源太郎は、大本営陸軍参謀部に対し、シベリア鉄道の全通によるロシアの軍事力強化に対応すべく歩兵四八個大隊、騎兵一二個連隊を中心とする大規模な兵力増強を要求する内容の「陸軍兵備急設案」[2]を提出した。これも財政的理由によっていったん保留事項とされた。これら師団増設の要求は、日露戦争において当初の予想を大きく越えて大量の兵力を消耗したことを理由に提出されたものであった。

日露戦争が終局を迎えつつあった一九〇五年段階では、以上の軍拡案と併行して、着実に増師が実行に移されていった。同年三月三一日には各師団から兵力を抽出して編制された第一三師団に、四月一七日には第一四師団に、それぞれ動員下令がなされた。さらに、七月一七日には第一五師団と第一六師団へ動員下令が相次いで実施された。これらの処置は先の「陸軍兵備急設案」などの師団増設計画の内容に沿ったものであった。しかし、戦闘がほぼ終了し、アメリカ大統領セオドア・ルーズベルトの斡旋によるポーツマス講和会議が開催されようとした直前に動員下令になった第一五師団と第一六師団については、明らかに日露戦争後の軍拡構想の一環として位置づけられるものであり、露骨な師団増設処置であった。(3)

このように日露戦争中に開始されていた師団増設計画は、一九〇七(明治四〇)年九月一八日、「軍令陸第四号」をもって第一七・一八師団が増設されるに及び本格化してきた。この時点で陸軍は、全部で一九個師団を常備することになったが、最終的に二五個師団体制を目標としていたことから増師計画を二期に分け、第一期分として四個師団増設を実現する予定であった。第一七師団と第一八両師団の急設は第一期分のうちの二個師団であり、陸軍は第一期分の残りの二個師団増設をめぐり政府との間に対立・抗争を引き起こすことになった。これがいわゆる二個師団増設問題である。(4)

一九〇五(明治三八)年八月、山県有朋は「戦後経営意見書」のなかで、日露戦争後最大の課題はロシアとの再戦準備であり、「我れは今後大いに陸海の軍備を拡張し以て何時にても敵の復讐に応し得るの準備を整頓せさる可からさるなり」(5)と述べ、さらに「戦後に於ける軍備の拡張は帝国の存立上止む可からさるの大事にして縦令ひ薪に坐するも亦之を実行せさる可からさるなり」(6)とまで断言していた。一方、年度毎の作戦計画を作成していた陸軍は、「明治三九年度日本帝国陸軍作戦計画要領」において、以後大陸作戦の守勢作戦に関し、攻勢作戦への戦略的転換を明記することになった。(7)

例えば、「明治四十年度帝国陸軍作戦計画」の第一章(目的)第一款には、「帝国陸軍ハ帝国軍ノ用兵綱領ニ基キ露国ニ対シ攻勢ヲ取ルヲ目的トス」(8)と記されており、以後この基調は変化しなかったと思われる。日露戦争後の師団増設計画の直接的背景には、ロシアとの再戦準備に向けて大陸作戦の攻勢作戦を採用し、その前提となる兵力の大量動員体制の拡充が意図されていたのである。

しかし、陸軍が提示・実行してきた一連の軍拡計画は、必ずしも支配層の一致した構想ではなかった。陸軍の急速な師団増設を負担する財政的基盤が、あまりにも脆弱であったからである。日本は対ロシア戦に一応勝利を得たものの講和条約においてロシアから全く賠償金を取れず、この時期二五億円以上に達していた国債のうち、外債の元利支払だけでも年間一億四四〇〇万円の負担となっていた[9]。そのうえに南満州、樺太といった新たな植民地経営費が加わったのである。こうした状況下での急速な軍拡は、実際に相当無理な課題であった。

事実、財界に隠然たる影響力を保持していた井上馨は、「師団増設を減じて実業上に利用せん事を主張し[10]」ていたのであり、第一次桂太郎内閣が、ポーツマス講和条約の締結直前に計画されていた陸軍の六個師団増設要求を抑制したことを高く評価していた。井上に代表される財界の陸軍軍拡計画への姿勢は、日露戦争後における財閥の成立、金融資本の形成、金融ブルジョアジーの発言権の増大と政治的地位向上といった状況のなかで、反軍拡へと傾斜しつつあったことを示すものであった。特に一九一〇年代に入って以来、第二次西園寺公望内閣時において、行財政整理が大きな課題となって浮上してきたのに比例し、特に金融ブルジョアジーは師団増設に否定的見解を明確に表明するに至る。

こうした経緯のなかで政治問題化したのが、第二次西園寺内閣(一九一一年八月三〇日成立)時に発生した二個師団増設をめぐる陸軍と、その陸軍と対抗姿勢を採っていた海軍に支援された政友会内閣との対立・抗争であった。この時期、海軍は陸軍との間に作戦構想の相違や軍拡の競合によって対立関係を深めていたのである。これに加えて金融ブルジョアジー、さらには中小ブルジョアジーや民衆の反増師運動が展開されようとしていた。

一九一〇年代に入り、陸軍の増師要求は山県を中心に一段と強硬になっていた。この時期山県は、再三にわたって寺内正毅(当時陸軍大臣)らに増師を急務とする旨の書簡や意見書を送っている。例えば、一九一一(明治四四)年七月三一日付の意見書「対露警戒論」では、ロシアだけでなく清国やイギリスを含め、これらに対抗するためにも、「此ノ際緊要トスル所ノモノハ速ニ陸海軍ノ整頓ヲ行フニアリト信ス」[11]と主張していた。ところが、これら山県の一連の増師要求に、桂や寺内などは必ずしも好意的な反応を示していなかったのである。[12]

その理由は、山県の師団増設計画があまりにも急速であったこと、同時に一九一〇年代に入って一層深刻化してきた国家財政の危機的状況のなかで、軍拡計画の実施は非現実的な政治選択であり、陸軍にとって危険が大きいと判断していたからである。この時点では、山県よりも寺内のほうが合理的な判断を持っていた。しかし、後にこの関係は逆転する。

第二次西園寺内閣は、行財政整理の実行を内閣の最大課題とすることに決定していた。そこで、一九一一(明治四四)年一二月九日、内閣の諮詢機関として総裁に西園寺首相、会長に原敬内相を配した臨時制度整理局を設置し、ここにおいて行財政整理の実行案を作成検討していくことになった。[13]西園寺首相は内閣の副首相格とも言うべき原敬内相、松田正久司法相に対し、「四十五年度に於て行政上の大改革をなし、其結果より得たる余裕を以て財政上の欠陥を補塡し」[14]たいとの決意を披瀝していた。ところが、陸海軍の軍拡計画は、内閣の行財政整理方針にもかかわらず例年通り提出されていた。

海軍は前内閣(第二次桂太郎内閣)の斎藤実海相が、前年の一九一〇(明治四三)年五月一三日に桂内閣に戦艦七隻、巡洋戦艦三隻を建造すること、そのために継続費追加分三九四六万円(明治四四年度―四九年度合計)、充実費三億六七四五万円(明治四四年度―五一年度合計)を内容とした「海軍軍備充実ノ議」と題する大軍備拡充案を提出しており、明治四四年度予算編成のなかにこれらの実行案を組み込むよう要求していた。斎藤海相は、次の第二次西園寺内閣にこの海軍軍拡案の受入れを条件として留任したとさえ言われていた。海軍軍拡案は西園寺内閣で総額計八二二二万円に削減されて議会を通過したが、同じく明治四五年度予算編成のなかで懸案の二個師団増設実現を要求していた陸軍に対し、内閣は非妥協的対応を堅持することになった。ここにも内閣と陸軍との対立の一要因があったのである。

西園寺内閣が行財政整理に本格的に取り組み始めたのは、一九一二(明治四五)年五月一五日に執行された第一一回衆議院総選挙で政権与党の政友会が勝利した後からであった。この選挙によって政友会は二議席増の二〇九議席となり、官僚派の政党組織である中央倶楽部は二〇議席減の三〇議席、無所属は四七議席という結果に終った。政友会の勝利は西園寺内閣の行財政方針が有権者に支持されたことを意味していた。[15] これに自信をつけた内閣は、その実行に拍車をかけることになる。

このことは師団増設を要求する陸軍にとっても、また政友会のブルジョア政党化とこれを支持する国民大衆の政治意識の高揚や、政党勢力の一層の強化を警戒する官僚勢力にとっても、好ましからざる状況の出現であった。事実、行財政整理の実行責任者の一人であった原内相は、その日記に「行政財政整理実行に付協議したる後、次の議会に於ては必らず官僚系と衝突を免がれざるべし[16]」と記し、陸軍とこれに連動する官僚勢力との対立を不可避と見なしていたのである。

六月に入って以来、行財政整理を議題とする閣議が頻繁に開催されるようになる。八月九日の閣議では、上原勇作陸相を通して陸軍の二個師団増設要求の打診が行われた。行財政整理方針に抵触すると考えた西園寺首相は、陸軍の増師要求を撤回させるため陸軍の長老山県との直接交渉を開始し、二個師団増設は財政状況からして実現不可能であることを説明して山県の譲歩を得た。ただし、山県は陸軍が自ら経費節減を実施して自前で増師財源を捻出したならば、内閣はこれに協力し、容認すべきだと主張した。[17] この時、桂は二個師団増設の代案として、二個連隊の増設と臨時設備扱いであった韓国統監護衛の常設化を提案していた。この時点では陸軍の増設要求の内容は一本化されておらず、また具体的な実行案が作成されていなかったのである。

一〇月に入って、しばらく小康状態にあった増師問題が再燃し始め、なかでも元老井上馨が増師賛成に回るに至って、陸軍は増師実現への意欲を増しつつあった。これに対し、原内相は、「西園寺は増師問題は其後其儘になり居るに付山県並に上原に到底今年は提出の不可なる事を申渡すべし[18]」と日記に記し、もはや官僚勢力を背景とする元老勢力との関係に明確な一線を画す必要を論じていた。一〇月下旬になると上原陸相は陸軍省内の岡市之助次官、田中義一軍務局長、宇垣一成軍事課長らの後押しによって増師を一段と強く主張するに至り、一一月二二日の閣議では増師実行案を正式に提案した。行財政整理の一方の実行責任者であった山本達雄蔵相は上原勇作陸相に対し、陸軍が強硬に増師を主張すれば、反陸軍の国民感情を喚起する恐れがあるとして説得工作を開始していた。

これより先、一一月二一日には西園寺首相自らが上原陸相に増師理由を閣議の席上で明確にするよう要求し、増師案が閣内で容認されることを前提としない限り、閣僚への増師理由の説明には応じられないとする上原陸相から譲歩を引き出そうとした。この間一一月一三日には行財政整理案の閣議決定が行われ、引き続き上原陸相に対して増師の二年延期の妥協案が提示された。しかし、調整がつかなかったため、一二月二日になって上原陸相は増師の必要性を単独上奏し、併せて辞表を提出する行動に出た。西園寺首相は陸相後任問題につき山県の協力を要請したが、逆に山県は増師を陸軍の要求通り来年度より実施すべきことを要求する態度で応えた。後に、西園寺内閣は後任陸相の選定について、事実上陸軍の推薦拒否により総辞職することになる。

因みに、行財政整理によって内閣が、どれだけの緊縮財政の成果を得ようとしたかは、次の通りである。陸軍省および特別会計を除く各省の整理規模は制度整理減額二〇〇〇万円、歳入自然増加額一六〇〇万円、明治四四年度剰余金一〇〇〇万円の合計四六〇〇万円であった。そして、この財源から減税充当費一〇〇〇万円、海軍充実費七〇〇〇万円、歳入不足補充費八〇〇万円の合計二五〇〇万円を充て、差引残余金二一〇〇万円を国庫に還元するというものであった[19]。一方、陸軍に対する整理要求額は、八〇〇〇万円の経常費のうち七〇〇万円であったが、陸軍が実際に緊縮したのは僅か一九五万円に過ぎなかった[20]。

2　行財政整理問題と反増師の動向

陸軍の軍拡計画は、一九一〇年代における権力構造の変容、国家財政の悪化、国際情勢の新展開など、国の内外にわたる諸条件の変動によって、支配内部で様々の摩擦を発生させることになった。第二次西園寺内閣の行財政整理＝緊縮財政は、政府・国家の支出枠をできる限り縮小し、安価な政府と行政の簡素化を目標としたものであった。それは国家行政の再編整理をその基本理念としていただけに、国家支出の増額を強要し、内需拡大に直接還元し得ない内容の軍拡計画とは、明らかに相互矛盾するものであった。軍拡によって利益を享受できるのは陸軍と、これに協応する官僚勢力であった。それゆえに、増師がこの時期において諸勢力の共通目標となることは本来無理であったのである。

田中は、一九一二(明治四五)年二月二一日付の「寺内正毅宛書翰」のなかで、前年一〇月に中国で発生した辛亥革命を契機に、中国での利権拡大に消極的であった西園寺内閣の姿勢を批判し、併せてこの政友会内閣を支持する海軍の存在を、「帝国ノ大陸ニ向テ発展スルヲ喜バザル部類ノ人アリ自己ノ畑ヲ拡張スルコトノミヲ知テ国ノ存位ヲ思ハザルノ人」[21]と規定していた。田中は、海軍の内閣支持が中国政策の消極性の一要因と考えていたのである。田中は以後、海軍を陸軍の大陸国家構想実現への桎梏として位置づけることになり、海軍批判を展開していく。そして、この時期陸軍の立場について同書翰で次のように記し、田中自身の危機意識を吐露している。

就中此情況ト四囲ノ趨勢ヲ顧ミレバ我陸軍ハ近キ未来ニ於テ非常ナル苦境ニ遭遇スルコトナキカト一人心痛罷存候大圧力ノ墜下ハ遠カラズ行程ニアルハ申ス迄モ無之乍去能ク之ヲ抗拒スル弾力ヲ発揮セラルルヤ否其辺ニ付キ実ニ今ヨリ思案ニ余リ居リ候(『寺内正毅関係文書』、以下、『寺内文書』と略す)

特に一九一二年初頭は辛亥革命が紆余曲折を経ながらも、結局は清朝皇帝の退位、共和制実現の方向で収拾されようとした時期でもあった。また、辛亥革命を中国への経済的軍事的進出の一大好機と考えていた陸軍には、南満州への陸軍一個師団派兵計画が内閣によって拒否された経緯もあり、一方、国内にあっては西園寺内閣の行財政整理計画が実施されようとしていた矢先であっただけに、こうした一連の状況への対応に苦慮していたのである。それで、「要スルニ、時局問題ヨリ延イテ我陸軍ノ為メニハ危急存亡ノ時到来可致ト苦心致シ居リ候[22]」と記していたのである。さらに、三月二〇日付の「寺内宛書翰」で田中は、西園寺内閣を直接批判の対象として次のように記していた。

万事制度整理ヲ逃ケ込ム現内閣ハ余程陸軍ニ切リ込ム目論見ノ如ク聞キ及ヒ候推察ニハ御座候得トモ之レニ対スル陸軍ノ態度ハ内閣退避ノ口実ヲ作ルト同時ニ党略上将来論争ノ目的物トナス考ヘニハ有之間敷哉ト被考筋モ有之[23]（『寺内文書』）

つまり、西園寺内閣の最重要課題であった行財政整理の狙いが陸軍軍拡阻止にあると考えていたのである。そして内閣の狙いを打破するためには、「内閣退避ノ口実ヲ作ル」ことも必要としたのである。言わばこの時点で田中は軍拡を阻止する内閣打倒を不可避と考えていたのである。田中は同書翰の中で、「彼是思ヒ合スレバ政治的立場ト陸軍的立場ノ調和ハ、此時機ニ於テ大ニ考慮可相成要儀ト被存候」と述べ、政軍関係の協調の必要性を一方で説いているが、それはあくまで増師＝軍拡路線を肯定する内閣との妥協であり、「陸軍的立場」を理解する政府＝内閣との協調であった。

この意味でも、西園寺内閣の外交・内政に陸軍の軍拡構想実現の観点から強硬姿勢を発揮できない石本新六陸相は不適格であり、その更迭を田中は暗に主張していたのである。田中の石本陸相更迭への動きは、四月二日に石本陸相が病死し、その三日後の四月五日、後任陸相に上原勇作中将が第一四師団(宇都宮)長より陸相に就任することで落着した。この時田中は、上原陸相実現に向け陸軍首脳の意見取りまとめのため活発な動きを見せた。事実、四月三日付の「寺内宛書翰」では、早くも山県が上原を推薦し、その線で陸軍の意志一致が行われている様子を報告している[24]。

陸軍が内閣の行財政整理に対抗して増師計画実行順序を決定したのは六月初旬のことであり、その内容は山県の指示を受けた田中が、寺内と「京城」(現在のソウル)において会談した際に持参した「寺内宛山県書翰[25]」において知ることができる。それによると山県は内閣の行財政整理方針に沿って陸軍の一般経理を整理縮減し、軍備充実費に転用することで国庫の負担を強要せず、軍拡計画を推進・実現する意図であった。山県は、二個師団増設という具体的な増設計画や軍事費増額の要求を明確に方針化していなかったのである。ところが、この山県の意向に反して、田中と寺内は会談を行い、新設師団の朝鮮配備を名目に二個師団増設を当面の陸軍の軍拡目標とすることで合意してしまった。

この時点において寺内・田中ラインでは、海軍軍拡に対抗しつつ朝鮮師団増設という表向きの理由によって、二個師団増設を来年度予算編成に具体化すべく本格的に活動を開始することになった。八月に入って寺内・田中の意向を受けた上原陸相は、各省予算案を大蔵省に回付するに先立ち、西園寺首相に増師予算を算入するよう打診した。これ以後、西園寺内閣は増師の正式要求への対応をめぐって苦慮することになる。しかし、陸軍内部でも増師実行方法において完全な一致ができていた訳ではなかった。

西園寺首相は八月一六日に増師問題をめぐり桂と会談を行ったが、その席上、桂は二個師団増設問題は、「山県の主張にて、既に寺内に途中まで使を送りて協議せし事ある位の次第なれば寧ろ山県にあびせかけ協議する方得策なり[26]」と述べ、財政状況の実態を説明すれば山県も無理に増師を要求しないとの判断を示した。八月二八日に西園寺首相は山県を訪問し、増師は不可能である旨を述べたのに対し、山県はこれを諒承した。さらに山県は、陸軍が自ら経費節減によって軍備充実を実行する場合はこれを可とすべきである、との従来の説を繰り返した。また二個師団増設がこの時期不可能であっても上原陸相の手前、何か代替案を用意する必要があると述べた[27]。山県、桂の陸軍最高首脳は、必ずしも二個師団増設を緊急の事業とは考えていなかったのである。

このように二個師団増設要求は寺内、上原陸相を頂点とする田中や宇垣ら陸軍省中堅幹部の主導の下に進められていた。[28] しかし、それは直ちに陸軍の長老たる山県、桂の発言権の低下を意味した訳ではない。山県、桂はその政治力からして陸軍を超越した存在であり、国政全般から陸軍政策を指導することを余儀なくされており、勢い表面的には強硬姿勢を回避し、自己抑制せざるを得なかったに過ぎない。

田中を中心とする増師要求の活発化の一方で、西園寺内閣の行財政整理も次第に具体化されつつあった。その進展状況について、九月五日に後藤新平が桂宛に「政界通信」と題した情報を送っている。それには内閣の行財政整理の目的が海軍充実の財源を得ること、積極的減税を図ること(減税額一〇〇〇万円)にあるとし、肝心の二個師団増設は除外することが確認されていると伝えていた。[29] これを見ても内閣の行財政整理案が着実に具体化されようとしたことが知れる。これに一層危機感を深めた田中は、陸軍の劣勢を挽回するため各方面へ増師必要論を説いて回ることになる。

田中は増師を軍制改革の一環として積極的に評価するに至った井上馨に接近し、井上の仲介によって一一月九日、首相官邸で閣僚に増師必要論を説明する機会を得ることになった。[30] この時の反応は原内相が、「田中の云ふ所左まで新規なる事柄も之なかりき[31]」と日記に記したように大した成果を得ることができなかったようである。田中はこの後も大隈重信、『万朝報』の黒岩周六らに、政界・世論を増師支持の方向に誘導するように要請していた。しかし、その世論の動向も田中の狙いとは全く逆の方向に流れつつあった。

例えば、『東洋経済新報』は、「陸軍の拡張断じて不可」と題する記事において、陸軍が増師理由の一つに挙げていたロシア脅威論と関連させて、「陸軍々備の拡張は我が国に取つては全くの無意義の浪費に過ぎずと雖、其の露国に及ぼす影響は全く之れに異り、決して無意義にあらず。彼れ必ずや之れが為めに自己の地位に危険を感じて、更に極東の軍備を拡張すべく、其の結果は我が国亦不安を感じて更に拡張を行はざるを得ざるに至るべし[32]」として反増師の論陣を張っていた。

また、『東京経済雑誌』も内閣の行財政整理を全面的に支援する論調を掲げ、「師団増設の妥協説を排す」と題した記事では、「西園寺首相は、山本蔵相と共に二師団増設に反対し、之を峻拒せるは頗る根拠ある説にして、今日は已に公然の秘密とする所なり、殊に山本蔵相の如きは、二箇師団にして成立する時は、行政整理の方針と撞着するを以て、断然辞職すべしとまで、揚言せりとの事なれば、今更首相は、仮令元老の忠言あるも、将た仮りに一二民間実業者輩が応援するも、同意見の山本蔵相を退けて、陸軍省の主張を容るるが如きことあらざるべし[33]」と強力な政府方針支持を打ち出していた。これらの報道は、国民の間に生じていた反増師の機運を反映したものであった。

さらに、財界人による反増師運動も活発化してきていた。一〇月二〇日、第一九回全国商業会議所会議は政府の行財政整理を支持していくことを決議し、同幹部は一一月七日に山本蔵相を訪問して激励を行った[34]。また、中野武営ら東京の少壮実業家も増師反対運動を決定していたし[35]、さらに国民党代議士沢来太郎、伊藤和也らが中心となって、一一月二八日には増師反対同盟が結成された[36]。

こうした増師反対運動と併行して、陸軍の増師要求を制度的に抑制していく目的のもとに、中野武営、山田英太郎、田川大吉郎をはじめとする国民党代議士が政府内に国防会議の設置を求めていくことを決定していた[37]。国防会議設置構想は、軍備問題の解決方法として軍、政党、財界、官僚出身者から構成される専門会議を設置し、各界の意見の交換・調整を行おうというものであった。そこでは軍備問題を単に軍独自の問題としてではなく、国家政策全般に関わる性質のものであると位置づけていた。それは軍備の性格・規模を国家政策および国家財政と緊密に連関させ、同時に軍部の独走を抑制しようとするものであった。

しかし、国防会議設置構想については、「国防会議の設置は予期の希望に反し、徒に軍人の跋扈を助長し、陸海軍の争議を醸し、軍人が国家に容喙するの端を開き、国家財政の基礎を危ふくし、軍国政策の方針を定むるを妨げ、軍政当局者の責任を逃避するの口実を作る等、其の弊害は枚挙すべからず[38]」といった評価に見られる如く批判的見解も存在した。それでも国防会議構想は後の第一次山本権兵衛内閣時代の一九一四(大正三)年一月三一日、第三一通常議会に犬養毅国民党総裁が「臨時国防会議開設に関する建議案」を提出したことから設置の動きが本格化し、第二次大隈重信内閣時代の同年六月二三日、防務会議という名称で設置が実現した(39)。

こうした一連の反増師機運や運動、さらには国防会議設置構想に見られる政党勢力の軍備問題への関与の姿勢は、田中ら陸軍省中堅幹部をして増師実現の困難性を予測させ、その打開策を模索させることになったのである。

(1)　陸軍省編『明治軍事史――明治天皇御伝記史料』(以下『明治軍事史』と略す)下巻、原書房、一九六六年、一五一七頁。なお、日露戦争当時の日本の陸軍兵力は常備師団一三個、後備師団二個、後備混成旅団七個、後備歩兵旅団六個、独立重砲旅団一個であった。
(2)　同右、一五一八―一五二二頁。
(3)　これについて大江志乃夫は、「いわば、第一五、第一六師団の増設は、戦後の師団大増設の足がかりとするために講和条約のどさくさにまぎれての、臨時軍事費を利用した「かけこみ増設」の性格が強いものであった」(大江『国民教育と軍隊――日本軍国主義教育の成立と展開』新日本出版社、一九七四年、二〇九頁)としている。
(4)　『帝国国防方針』から由来する軍拡計画については、纐纈『近代日本の政軍関係――軍人政治家田中義一の軌跡』(大学教育社、一九八七年)の「第一章　大陸国家への道　第二節「帝国国防方針と田中の役割」」を参照されたい。また、最近における帝国国防方針に関する研究に黒野耐『帝国国防方針の研究――陸海軍国防思想の展開と特徴』(総和社、二〇〇〇年)があるが、二個師団増設問題との関連で「帝国国防方針」の検討はなされていない。
(5)　大山梓編『山県有朋意見書』原書房、一九六六年、二八七頁。
(6)　同右。
(7)　前掲『明治軍事史』下巻、一五六三―一五六四頁。
(8)　原剛「日露戦争後の帝国陸軍作戦計画とその訓令」『軍事史学』第一八巻第三号、一九八二年一二月、四八頁。
(9)　由井正臣「二箇師団増設問題と軍部」『駒沢史学』第一七号、一九七〇年五月、八頁。
(10)　原奎一郎編『原敬日記』第二巻、福村出版、一九六五年、(明治三八年一二月一四日の項)、一五八頁。
(11)　前掲『山県有朋意見書』三三六頁。また、参謀総長奥保鞏は、一九一一年一〇月六日に天皇に「師団増設ニ関スル件」を提出したが、それはロシアが着々と軍備増強を進めており、五年後には極東に約七〇個師団の兵力を展開する可能性があり、これに対応して日本陸軍の兵力を「帝国国防方針」で決定した五〇個師団に拡充する必要があるが、国家財政上の理由からとりあえず早急に二個師団の増設が必要とするものであった(前掲『帝国国防方針の研究――陸海軍国防思想の展開と特徴』一五二頁、参照)。

(12) 北岡伸一『日本陸軍と大陸政策――一九〇六―一九一八年』東京大学出版会、一九七八年、六七―七二頁。
(13) 臨時制度整理局設置については、山本達雄先生伝記編纂会編『山本達雄』(山本達雄先生伝記編纂会、一九五一年)参照。
(14) 前掲『原敬日記』第三巻(明治四四年一一月二〇日の項)、一八七頁。
(15) これについて前田蓮山は、その著『原敬伝』(下巻、高山書院、一九四三年)のなかで、「桂内閣の末葉から、財政緊縮の要望は、全くの天下の輿論であった。松方、井上両元老をはじめ、渋沢栄一、高橋是清、近藤廉平、早川千吉郎等財界巨頭も悉くその必要を認め、西園寺内閣成立と同時に、井上馨の名を以て、これを首相に建言した」(一七三頁)と記している。
(16) 前掲『原敬日記』第三巻(明治四五年五月二〇日の項)、二三一頁。
(17) 同右、(明治四五年八月三〇日の項)、二五〇頁。
(18) 同右、(明治四五年一〇月一八日の項)、二五七頁。
(19) 『東京経済雑誌』第一六七六号、一九一二年一二月七日、五頁。
(20) 信夫清三郎『大正デモクラシー史』Ⅰ、日本評論新社、一九五四年、一八三頁。なお、前掲『山本達雄』によると、山本蔵相の整理見込額は三七五八万円であったとしている(三二一―三二四頁)。
(21) 「明治四五年二月二二日付　寺内正毅宛田中義一書翰」国立国会図書館憲政資料室所蔵『寺内正毅関係文書』三一五‐九。
(22) 辛亥革命と陸軍の関係については、山本四郎「辛亥革命と日本の動向」(『史林』第四九巻第一号、一九六六年一月)、由井正臣「辛亥革命と日本の対応」(『歴史学研究』第三四四号、一九六九年一月)、野沢豊「辛亥革命と大正政変」(由井正臣編『論集日本歴史12　大正デモクラシー』有精堂、一九七七年)等を参照。
(23) 「明治四五年三月二〇日付　寺内正毅宛田中義一書翰」前掲『寺内正毅関係文書』三一五‐一〇。
(24) 「明治四五年四月三日付　寺内正毅宛田中義一書翰」同右、三一五‐一一。
(25) 前掲「二箇師団増設問題と軍部」一〇―一一頁。田中はこのとき六月一日に「京城」入りし、三日には早くも「京城」を出発している(山本四郎編『寺内正毅日記――一九〇〇―一九一八』京都女子大学、一九八〇年、五五三頁)。
(26) 前掲『原敬日記』第三巻(明治四五年八月一七日の項)、二四六頁。
(27) 同右、(明治四五年八月三〇日の項)、二五〇頁。山県はこの時、「但し陸軍が経費を節減して相当の財源を得たる上にても尚ほ増師不可なりとありては上原陸相の立場に困却すべし」と述べたと記されている。
(28) 西園寺・山県会談の際、山県は陸相から増師案を聞いていないと述べている(「大正初期山県有朋談話筆記」『史学雑誌』第七五編第一〇号、一九六六年一〇月、六七頁)。また、竹越与三郎『陶庵公――西園寺公望公伝』(叢文閣、一九三〇年)には、「西園寺が増師がやがて難問題となるから、桂に意向を打診したところ、今更二個師団問題でもあるまいと答えたので、この方面は大丈夫とみ、山県を打診しところ、山県はもはや自分が口を出す段階ではなく、天皇に詔勅を出して抑えてもらうべきだが、明治天皇在地のころならとも角、今上はまだ若いから心配をかけることは避けたいと述べたという」(二八一―二八二頁)との記述がある。

(29) 田崎末松『評伝田中義一――十五年戦争の原点』上巻、平和戦略総合研究所、一九八一年、三〇九頁。

(30) 田中の財界人や西園寺内閣の閣僚への説明の様子・内容については、井上馨侯伝記編纂会『世外井上公伝』第五巻、内外書籍、一九三四年、二八〇―二八二頁、前掲『山本達雄』三三三頁、参照。

(31) 前掲『原敬日記』第三巻(大正元年一一月九日の項)、二六〇頁。

(32) 『東洋経済新報』第六〇三号、一九一二年七月一五日、一〇頁。

(33) 『東京経済雑誌』第一六七五号、一九一二年一一月三〇日、四頁。

(34) 『東洋経済新報』第六一五号、一九一二年一一月一五日、四―六頁。

(35) 同右、第六一七号、一九一二年一二月五日。

(36) 『大阪朝日新聞』一九一二年一一月二八日付。

(37) 同右、一九一二年、一二月二日付。

(38) 『東京経済雑誌』第一六八二号、一九一三年一月二五日、一三頁。

(39) 国防会議設置構想は山県、桂ら陸軍首脳にも増師解決案として構想されていたが、それは結局軍備拡大を正当化する手段に過ぎず、国防会議構想をもとに大隈内閣時に設置された防務会議は軍備拡充、具体的には二個師団増設につき合意を取りつける機関として機能したのである。防務会議については、藤原彰「第一次世界大戦直前の日本軍部(2)」(『歴史学研究』第三九五号、一九七三年四月)参照。

三　増師問題の政治的意図

1　「二師団増設主張ノ意見書」と内閣の対応

増師問題が最終段階に入った一九一二(大正元)年一一月になって、田中らは増師必要論を説いた意見書を作成して各界に配布し、巻き返しを図ることになる。『田中義一伝記』には、この時期、上原陸相の増師要求に対し、行財政整理の実行によって事実上拒否していく姿勢を崩していなかった西園寺首相宛に、陸相の名で増師の「趣意書」が提出されたとする記録が記されている。しかも、「趣意書」は宇垣軍事課長が起草し、田中が加筆削除したとしている。(1)

同書にはその内容が要約されているが、一方、宇垣が同時期に「二師団増設主張ノ意見書」(2)(以下「意見書」と略す)を執筆し、田中らの加筆修正を受けた後、関係各方面に配布されていることも知られている。「趣意書」と「意見書」の内容と執筆時期がほぼ一致していることから、これらは同一のものと考えられるが、例証は現在のところ不可能である。(3)「意見書」が宇垣の上司である田中の指示により作成されていることから、この中に田中ら陸軍省中堅幹部の増師理由が最も具体的に述べられていることは間違いないであろう。

ただ、「意見書」は冒頭で、「進取的対外政策ノ背後ニハ常ニ相当ニ充当セル兵力ノ支援ヲ要スルコトハ過去幾多ノ歴史並ニ現在列国折衝ノ実況ガ吾人ニ証明教示スル所ニシテ茲ニ縷々弁説ヲ要セザルベシ」と述べ、大陸国家への発展には「進取的対外政策」が不可欠であり、それは軍事力の充実を基盤とするという陸軍の従来の主張を改めて明示している。ところが、この陸軍の主張はいまだ充分に各層に徹底理解されておらず、それどころか「邦家百年ノ大計ヲ達観セザル近視論者ノ非難攻撃ヲ蒙ルコトアルベシ」の有様であるとする。

ここで言う「近視論者」とは増師反対を唱える財界人、マスコミ関係者を指していると思われるが、続いて、「吾国政界今日ノ情態ハ恰モ此近視的政論ガ一部有力ナル政論家ヲ始メトシテ廟堂当路諸公マデヲモ眩惑セシメツツアラザルヤヲ疑ハザルヲ得ズ」として、政府関係者までが「近視論者」の反増師論に「眩惑」されている現状を批判する。特に西園寺内閣が推進している行財政整理は、陸軍の朝鮮二師団増設要求拒否の口実に過ぎないとし、そのような内閣の姿勢は、「邦家前途ノ発展ニ忠実ナラザル」政策と言わざるを得ないとした。

次に増師理由の説明に入っているが、増師理由の第一に、ロシアの軍事力増強がシベリア鉄道複線化によって一段と促進されている現状への対抗処置として、軍備拡充政策が必須の緊急事項となってきたことを挙げている。特にロシアの極東軍事力増強は朝鮮半島への脅威となっているとし、「朝鮮ニ二個師団増設ヲ以テ焦眉ノ急務ナリト為ス所以ノモノハ彼我ノ形勢ヲ仔細ニ折算シ邦家前途ノ為メ自己ノ責任上悠々黙視シ難キ痛切ナル事情ノ存スルモノト認メザルベカラズ」と説明している。

ロシアの脅威を朝鮮二個師団増設の理由に挙げているが、この時期の日露関係はこの年七月に締結された第三次日露協商により中国大陸における相互の勢力範囲を改めて確認済で、さらにロシアはヨーロッパ方面における三国協商(イギリス・フランス・ロシア)対三国同盟(ドイツ・オーストリア＝ハンガリー・イタリア)という対立構造の一角を担っており、アジア方面における紛争を極力回避する方針を固めていたことから、これまでになく良好の状態にあった。無論、日本陸軍にとって軍事能力の点でロシアが第一の仮想敵国であり、日本が大陸国家として発展していくうえでの阻止要因には違いなかった。しかし、少なくともこの時点でロシアが日本との間に軍事的衝突を引き起こすような意図は、皆無といって良かったのである。従って、「意見書」が説く対ロシア対抗策としての増師必要論は、現状を無視した内容であり、説得力に欠けるものであった。

「意見書」が二番目に挙げる増師理由は、辛亥革命以後の中国政策を積極的に展開し、日本の利権を列国と伍して獲得していくためにも軍事力の充実と動員による対応処置が必要である、というものであった。「意見書」は中国情勢を次のように要約している。

昨年末ニ於ケル支那ノ形勢ヲ達観セヨ長江沿岸革命ノ動乱発生以来清廷覆没シテ中華民国起リ外観聊カ小康ヲ得タルガ如シト雖各省督撫依然トシテ強大ナル兵ヲ擁シテ政令ヲ行ヒ中央政府ノ統一的威令ハ全ク地ヲ払ヒ地方ニ於テハ財政ノ窮乏其極ニ達シテ四百余州土崩瓦解ノ危機ハ将ニ到来セントス此ノ間ニ処スル列国ノ態度ハ何者モ相互利害ノ錯綜ヲ排シテ単独ヲ以テ支那問題ヲ正理ニ訴ヘテ解決スルノ実力ヲ有セザルヲ以テ外国領土保全ノ美名ノ下ニ互ニ相牽制シ内実ハ孜々トシテ自国ノ利益増殖発展ヲ図リ（『宇垣一成関係文書』、以下、『宇垣文書』と略す）

ここには、田中自身の「清国自ラ其国内ノ秩序ヲ保持スル能ハザル」[4]中国の主権国家としての統治能力への疑問と、大陸国家への発展に不可欠な資源供給地としての中国という認識があった。そうした認識を基にして、「異日支那問題最後ノ解決ニ際シテハ自衛上是非吾人ハ主動的地位ニ立チ少クトモ帝国永遠ノ安寧発展ニ適スル如ク之ヲ指導推移セシメザルベカラズ、即チ今日朝鮮ニ二個師団ヲ増設常置スルハ所謂対支那政策ノ主脚地ヲ鞏固ナラシムモノ」と言う。中国においてヨーロッパ諸列強の攻勢に対応し、「主導的地位」を確保するためにも軍事力の支援が不可欠であり、この時期を逃したならば日本の中国進出は痛手を受ける可能性のあることを指摘したのである。

中国政策について政府および軍事指導者の共通認識としては、日本資本主義の後進性、工業生産能力水準の低位性などの現状から、軍事力発動による利権獲得も不可避とする判断が強かったものの、この時期にはヨーロッパ諸列強との対立の回避、財政状況の悪化といった理由から陸軍の主張する中国政策の展開は抑制されていた。それゆえ、陸軍は消極的な中国政策を採用していた内閣の方針を転換させるため増師要求を強硬に打ち出したと考えられる。つまり、二個師団増設要求は陸軍の大陸国家構想を前面に押し出すことを意図した政治戦略の一環と位置づけられるものである。二個師団増設は純軍事的な効果以上に、そうした政治的意図を担った問題であり、田中はそこに本来の増師問題の意義を見出していたのである。増師問題をめぐって結果的に西園寺内閣は総辞職に追い込まれたが、陸軍にとって倒閣は、大陸国家構想という大なる目的完遂のための一手段であった。(5)

「意見書」は、この他に増師理由として、日露戦争中臨時に徴集し教育を行った兵卒が大正三年度より兵役満期となり、国防上重大な欠陥を招くことから、これを補完するためにも二個師団増設が必要であることを挙げている。そして、二個師団増設の「着手ハ戦時得員欠損ノ実況ヨリ打算シテ之ヲ大正二年度以降ニ遅延セシムルハ国防上実ニ危険ナリト謂ハザルベカラズ陸軍当局ガ国家財政状態ノ全然緩和スルヲ待ツ能ハズシテ二師団増設ヲ提議シタル理由亦茲ニ存スルナルベシ」とし、二個師団増設が名目は軍備拡充であっても、実際には兵力減耗の一部を補充する内容に過ぎないとした。

この処置に関連して、「寸時ノ遅緩ヲモ許サザル緊急ナル事情ノ伏在セルモノト認メザルベカラザルニ拘ハラズ当路諸公ハ唯一財政事情之ヲ許サザルノ口実ノ下ニ之ヲ拒否スルハ果シテ国家存亡ノ重責ヲ有セルモノノ行動トシテ首肯シ得ベキヤ」とし、行財政整理を楯に増師要求を拒否する政府を鋭く批判した。しかし、この理由づけも先述の通り、軍備充実を緊急要件とする内外情勢でなかった以上、増師理由としては弱いものであった。

つづいて「意見書」は、二個師団増師に必要な陸軍算出の経費を明示している。それによれば二個師団増設に要する経費は初年度約一〇〇〇万円、完成後の維持費は約七四〇万円程度であり、これらの経費は財政状況の現状を踏まえ、国家負担に全面的に依存するのでなく、陸軍所要経費の整理節約等によって出来る限り自己捻出する覚悟だとした。そして、財政との関連での増師問題を、「総合観察スルトキ二師団増設ハ東西ノ現状及既教育在郷兵ノ減少等内外ノ形勢ニ照シテ緊急止ム可ラザルハ明晰ニシテ一點疑ヲ挟ムベキ余地ヲ存セズ而シテ其ノ実施ノ計画モ有リ帝国財政ノ緩和ヲ阻害スベキモノニ非ラザルコトハ容易ニ理解シ得ルナルベシ」とし、増師を財政問題の点で拒否の理由とする内閣の姿勢が誤解によるものと断定した。そして、「意見書」は最後に、「存主自衛上欠ク可ラザルノ諸施設ヲモ犠牲トシテ之ヲ阻止放擲セントスル挙ニ出ヅルニ至リテハ吾人ハ実ニ偏見無能ニ驚駭セザルヲ得ズ諸公ハ何ヲ以テ至尊ノ御信任ニ答ヘ国民ノ信頼ニ報ヒントスルヤ敢テ明答ヲ煩ハサント欲スル所ナリ」と結んでいた。

「意見書」が具体的にどの方面に回覧され、どの程度の影響力を持ち得たかは今のところ充分には検証できていない。しかし、「意見書」が一一月中旬という増師問題をめぐる内閣と陸軍の対立が最後的段階に入った時期に作成されたことから、「意見書」からは、閉塞状況を何とか突破したいとする陸軍中堅幹部の狙いを充分に知ることができる。そのことは、以後、上原陸相によって体現される強硬姿勢によって現実化する。

すなわち、一九一二年一一月二二日に増師案が上原陸相より正式に内閣に提出されて以来、二八日に上原陸相は増師問題を討議する第二回目の閣議に先立ち、陸軍省において岡陸軍次官、田中軍務局長等と閣議での交渉内容を打ち合わせ改めて辞任をも含めた強硬態度で臨むことを確認した。その閣議の席上、政友会出身者の西園寺首相、原内相、松田法相、財界出身者の山本蔵相らの閣僚は、行財政整理と増師を同時に実現することが不可能であり、それらは別個の問題としてとりあえず行財政整理を先決すること、増師はこれを一時延期することを主旨とする発言を行った。これに対し上原陸相は次のような理由から、政府の妥協案である増師延期案にもあくまで抵抗する構えを見せた。

陸軍の整理は、師団増設を目的としたる整理である。如何に内閣の方針が行政整理の遂行であつても、整理と増師との問題は之を分離して之を考慮することは出来ない。増師に対する臨時費九百八十三万円は繰延費より支弁して余りがある。大正二年度に於ける経常費は、百十万円内外であつて、陸軍整理の二百万円、之を償ふて余りがある。若し夫れ新に国庫の負担を仰ぐものは、増師完成の後ち、二百八十万円に過ぎぬ。而かも其の中多少なりとも要求するのは、四箇年以後にある。(6)

もっとも上原陸相は、この閣議の席上で原内相から増師計画および陸軍整理の細目について説明を求められたのに対し、増師を内閣が受け入れるという条件がなければ説明に応じられないとして拒否する有様であった。その代わり

政府が進めている行財政整理は、海軍充実費の捻出にあると指摘して反論を行ったのである。(7)

2　寺内軍部内閣構想の挫折

二個師団増設の実現を強要する上原陸相の単独上奏の行動は、予定の政治行動とも言うべきものであった。それを示すものに、『寺内正毅関係文書』に残された「二個師団増設問題覚書」(8)と題する文書がある。それによると西園寺内閣の行財政整理政策の狙いは、政友会の声望を集めて政党内閣の基礎を強固にすることにあり、政友会は陸軍の強硬態度によっては内閣を陸軍の機先を制して総辞職させ、その原因と責任を陸軍に転嫁する意図を持っている、と陸軍側は判断する。それで内閣の予想される行動は、各省別の整理による陸軍の孤立化、陸軍大臣への辞職勧告、山県・桂ら陸軍最高首脳部への働きかけによる陸軍増師推進派の抑え込みにあるとした。

この文書が何月に作成されたか不明だが、陸軍の言う内閣の意図の真意は別にしても、西園寺内閣が採用した陸軍への対応はここで指摘された通りのものとなった。問題はこうした内閣に対する陸軍の行動である。それは文書中に六項目にわたり「陸軍ノ執ルベキ手順序」として箇条書き的に要約されている。それは一一月中旬以降の上原陸相に代表される陸軍の一連の行動において、ことごとく実行に移された内容であった。そこでは増師をめぐる内閣と陸軍との対立の意義を次のように述べている。

要スルニ現下ニ於ケル情況ハ単純ナル師団増設ニアラズシテ政府ハ此機会ニ於テ政党内閣ノ基礎ヲ作成セントスル底意ナルガ故ニ増師問題ハ之ガ犠牲タルニ過ギズ実ニ我国是ニ関スル重大ナル時機ナリ即チ日本帝国ハ民主国タルカ将タ君主国タルカ所謂ル天下分ケ目ノ場合ニシテ実ニ鞏固ナル意志ト堅実ナル協同ノ力ニ依リ大ニ協力セザル可ラズ(『寺内文書』)

ここにおいて最も注目されることは、陸軍が増師問題を軍備拡充問題をめぐる政軍の対立だけでなく、それ以上に政党内閣の是非をめぐる根本的問題として把握し、同時に深刻な危機意識を抱いていたことである。日露戦争後の権力状況は官僚、軍部、そして、新たに政党勢力の台頭による権力構造の三元化が進展しつつあり、特に政党勢力の台頭は官僚・軍部の地位低下を引き起こしつつあった。このような権力構造の流動化は、同時に支配内部における対立関係をも生起させる要因となっていた。その意味で言えば、軍部は増師=軍拡の実現によって、その政治的地位向上を図ることを第一義的な目標としていたとも考えられる。

また、行財政整理は行政組織の簡素化を目指したものであっただけに、官僚勢力の権限縮小を結果する可能性があった。それだけに行財政整理の阻止は官僚勢力にとっても重要問題であった。[9] そこに官僚勢力および陸軍が増師問題において歩調を合わせた基本的な理由があった。ただし、官僚勢力は本来的に反政党的姿勢を堅持しつつも、政策決定段階では陸軍と異なって柔軟な対応を見せていた。陸軍としては政党勢力の伸張がただちに陸軍の政治的地位低下を招くものと判断し、これに危機感を深めていたのである。

それは、行財政整理が一九一二年末にかけて一層具体化される状況にあったこと、西園寺内閣の陸軍への対応が予想以上に厳しいものであったことから一段と深刻となっていた。それで田中ら陸軍中堅幹部は陸軍の政治的地位を強化し、陸軍の政策を一挙に実現していくためにも、寺内を首班とする軍部内閣を着想したのであった。

その実現順序は次のようなものであった。まず、西園寺首相は、山県と面談して後任陸相を得られない場合、陸軍の増師要求が内閣の方針と相容れないことを奏上する見込みがあり、桂に御下問があったならば、桂を通じて内閣の奏上を却下するよう働きかける。次に、「首相ヨリ内閣総辞職ノ裁可ヲ奏請スルニ至レバ陛下ハ各元老ヲ宮中ニ召サレ御下問アラセラル可ク其場合ニ於テハ内閣ノ辞職ヲ勅許セラレ寺内大将ニ新内閣組織ヲ御下命アラセラレ然ル可キ旨桂大将ヨリ発言セラレ山県大山両元帥之ニ和セラレ井上侯ノ賛成ニ依リ決定スル如クシテ国是ノ貫徹ヲ謀ル」(『寺内文書』)ことで、懸案の寺内軍部内閣を一挙に実現する。そして、寺内内閣が実現した際には、元老井上馨から国防統一の必要性の訴えを受ける形で、これを機会に「海軍ノ野心ヲ根底ヨリ芟除シ国防上ノ鞏固ヲ謀ル」(『寺内文書』)というものであった。以上の内容からして寺内軍部内閣構想の目的が、政党内閣の打破、中国政策の積極化、海軍軍拡計画の阻止の三つにあったと要約できよう。

ところで、寺内軍部内閣実現の成否は山県、桂の動向にかかっており、彼らが寺内支持の姿勢を貫くことを前提としていた。しかし、軍事指導者というより政治指導者としての役割を担っていた山県や桂は政治的判断を優先せざるを得ず、必ずしも寺内支持を打ち出せなかったことは先述の通りである。政治的判断とは言うまでもなく民衆の反増師運動鎮静化のために、軍部内閣では不適当という判断である。田中自身はそうした山県、桂の立場を知っていただけに、逆に他の元老への動きかけを重視していた。しかし、結局、寺内軍部内閣構想は失敗に終ったのである。

西園寺内閣総辞職以後、後継首班選定をめぐり元老会議が一二月六日以降一七日までの間に一〇回にわたって開催された。そこでは首相候補として松方正義、山本権兵衛、寺内正毅、それに桂太郎らの名が挙がっていた。しかし、会議は調整困難に陥り、もはや元老勢力に従来の政治力が失われていることを露呈する格好となっていた。(10) これも政治および軍事領域における権力分立化傾向の一つの表れであったが、それ以上にこの時期高揚してきた民衆の反陸軍・反増師運動への対応に諸元老が苦慮した結果に他ならなかった。元老会議の開催中、田中らはあくまで寺内内閣の実現に向け活発な活動を展開する。

この間、田中は朝鮮の寺内へ内閣総辞職前後から首相選定経緯を逐次詳細に報告している。(11) 例えば、一二月五日発電の電文において、田中は次のように述べている。

内閣ハ本日総辞職ヲナシ明六日宮中ニ於テ元老ノ会議ヲ開カルル模様ナリ而シテ其結果ハ予定ノ通リ運ブコトト信ズ政友会ノ桂大将ニ拠ラントスルハ事実ナルモ大将ハ之レニ乗ルノ考ヘナシ又時機ニアラズト信ズ而シテ一般ニ閣下ノ鮮明ナル意志ヲ執ラレンコトヲ希望スルモノ多シ閣下ハ此際大将ト意思ノ疎通ヲ謀リ予定ノ方針ヲ以テ

事ニ当ラルレバ前途必ズ悲観スベキニアラズト信ズ而シテ桂内閣ヲ推薦セラルルノ意思ハ益々強固トナレリ就テハ閣下ニ対シ宮中ヨリ帰京セラレシコトヲ切望ス御帰京後ノ参考トナルベキコトハ更ニ申進ス(『寺内文書』)

つまり、寺内内閣実現の可能性が非常に高いとの判断を申し送っていたのである。その根拠に桂の動向を挙げており、同様の判断は後藤新平も抱いていると翌日の電報で報告していた。ところが、翌七日の電報では、元老会議での結論が遅延する見通しを述べ、井上馨、大山巌が松方正義に内閣組閣の要請を行い、松方がこれを辞退したことを報告した。松方内閣構想は牧野伸顕、松田正久等が西園寺に働きかけた結果だとの情報を桂より入手したとしている。

さらに、九日の電文では、次のように述べている。

松方侯ヲ起サントスル山県、井上、桂三公ノ運動ハ真面目ニシテ十中八九迄承諾セラルル模様ナリ他ノ方面ヨリ薩摩出身ノモノト海軍ト連合シテ松方侯ヲ起サント運動シツツアルガ故ニ彼レ是レ相応ジテ無理ニモ引キ出ス形成ナリ併シテ西園寺侯ハ松方侯ノ出ラルル事ヲ好マヌト云フモ事実ナリ(『寺内文書』)

要するに、元老間では松方内閣構想の理由は、緊縮財政論者の松方によって西園寺内閣と同様の路線を踏襲し、行財政の断行によって民衆の反増師要求を静めることが最良の政策であり、財政再建の方法であるとの判断があったからであろう。しかし、一〇日と一二日の電文には、松方内閣実現の見込みがなくなってきたこと、それに代わって平田東助、さらには山本権兵衛内閣案が提出されたが両者とも辞退したとしている。

この時点で首相候補者は大分絞られてきており、一二月一三日の電報で田中は次の如く、寺内軍部内閣構想が事実上失敗に終ったことを報告している。すなわち、「桂公ハ閣下(寺内のこと・筆者注)ヲ擁スベキコトヲ山県公ニ協議スベシト申サレ今朝山県公ニ於テハ桂公ハ国ガ破レル迄ハ立タヌト云フカモ知レヌガ是非桂ヲ起スノ外ナシ、彼レ若シ立タズンバ已ムヲ得ズ最後ノ御奉公ト思ヒ自等立ツベシト迄決心シ居ラレタリ、今日ノ会議ニテ大抵纏マルベキモ多少桂公トナルナラン」(『寺内文書』)とし、桂の出馬の可能性が極めて強くなってきたことを認めざるを得ないとした。

そして、田中はここに至って寺内の取るべき態度として、「閣下ハ堅ク朝鮮ヲ保持シ動カズ以テ他日ヲ待テ時局ノ改革ニ努力セラレンコトヲ切望ニ耐ズ」(『寺内文書』)と結んでいた。

こうして後継首班には桂が決定し、一七日から組閣に入り第三次桂内閣は二一日に成立することになる。田中は桂の後継首班決定経緯について一五日の電報で次のように報告し、山県が結局最初より桂出馬を目標として動いたことに不満の気持ちを抱いていることを吐露していた。

時局ハ遂ニ桂公ガ宮中ヨリ出ラルルコトトナリ其手順トシテハ詔勅ヲ発セラルルコトトナルベシ山県公、閣下ノ前途ヲ危マレアルニ加ヘテ西園寺侯辞職ノ際彼レノ言ヲ聞キテ益々其不可ナルヲ感ジ居ラレタル為メ初メヨリ桂公ヲ出スコトニ決心セラレタルモ平田子ノ献策ニテ一時松方侯ニ振リ込ミタル次第ナリ其他ハ勿論桂公ヲ出ス順序ヲ作ラレタルニ過ギズト考ヘラル桂公ヲ出ス為メニハ宮中ニ入ラレタル行掛リヨリ余程苦心セラレ自ラ任ニ当ルト迄ノ決心ヲ示シテ桂公ノ確執ヲ解カレタルモノナリ(『寺内文書』)

そして最後に、「小官ハ今回ノ義理合及ビ世間ノ融和上是非本省ヲ去ル必要アリ此儀御含ミ置キヲ願フ国防統一上ニ関シテハ必ズ目的ヲ達スルコトト確信ス決定次第更ラニ報告ス」(『寺内文書』)とし、増師問題の責任を取って軍務局長を辞職する決意であること、併せて陸軍の従来の主張を達成していくため「国防統一」を図ることが引き続き必要である旨を述べていた。

一方、田中等によって軍部内閣の首班に予定された寺内の動向と言えば、寺内自身は一一月に入った段階ですでに組閣への決意を披瀝していた。例えば、一一月一日付の田中宛書翰のなかで、「微力固リ其任ニ無之ト確信致候得共国家ノ難時ヲ傍観シテ飽餐ハ男子ノ可為処ニ無之ト存候間、若シ万一大降アラバ右ノ旨ヲ以テ御答可申上ト相心得申候⑿」と述べていたのである。しかし、桂内閣実現が決定的となった段階では、同じく田中に対し、「熱烈ナル御高配感謝ニ耐ヘズ併シ小生ハ一誠忠ヲ君国ニ報ズルノミニシテ名利ニ対シ最初ヨリ何等ノ欲望ナキ実ニ赤裸ナルモノナリ[13]」と無念の心境を返電文に託していた。

また、桂内閣実現の経緯については、「貴電ノ如キ山県公ノ決心ナレバ誠ニ御気毒ノ次第ナリ後藤男ニ御相談ノ上桂公ヲ起タシムル様尚男爵ヲシテ尽力セシメラレタク希望ス[14]」として山県が桂内閣実現に動いた以上やむを得ずとの判断を示し、こうなった以上官僚派の有力人物で、寺内内閣実現に積極的であった後藤新平の協力を得て陸軍の要求実現に向け努力していくことを求めた。田中の処遇については、「貴官此際現職ヲ去ラルルハ已ムヲ得ザルコトトナルベク適当ノ後任ヲ置カンコトヲ望ム[15]」と述べていたのである。

以上が田中と寺内との間で交わされた西園寺内閣辞職から桂内閣成立に至るまでの電文の概容である。これを見ると田中等陸軍中堅幹部の寺内軍部内閣構想が、必ずしも山県、桂らの充分な同意を得ていなかったこと、寺内・上原・岡・田中・宇垣の陸軍中枢ラインと、山県や大山等の陸軍出身の元老および桂等との間に状況認識について基本的な乖離があったことが知れる。

いずれにせよ、増師問題を突破口にして政党内閣を打破し、官僚勢力の支持を得て一挙に軍部内閣を成立させ、陸軍の懸案事項を解決しようとする陸軍中枢ラインの企図は、反増師運動の高揚を危惧した山県を中心とする元老勢力によっていったん阻止される結果となった。元老たちは桂内閣に対し、陸海軍の軍備拡充計画の一時延期と軍備問題を国防会議的制度のなかで漸次検討していくことを求めていたのである。ところで、後年田中は、この時の自らの行動を評して次のように語っている。

あの問題で内閣が倒れたのを、山県・桂一派の陰謀とするのは間違っている。おれどもが動いたのは、師団増設を必要とする陸軍多年の懸案を解決するために、無論あんなことになろうとは思わず、中堅どころの意見を結成して、内外に働きかけたのだから、元帥(上原のこと・筆者注)などは寧ろ却つて引き摺られた方で、煽動した方ではない。もしおれどもを嗾しかけたものがあるとするなら、それは桂公でも山県公でもない井上であった[16]。

額面通り受け取ることはできないにしても、増師問題が田中ら陸軍中堅幹部の主導によって展開されたこと自体は、その通りであろう。西園寺内閣総辞職の件については、先の文書で見てきた如く陸軍の計画的行動であり、また上原陸相がロボット的存在であったのも確かであろう。上原は後年自らこの時に増師実現の失敗問題に触れて、「大博奕に負け」たと述べて後悔の念を吐露している。[17] 上原は、この時田中等から、増師実現の公算が相当程度高いと知らされていたのである。増師問題の一方の当事者であった西園寺公望も後年次のように語っている。

二個師団の増設を否認するのではない。財政整理の後まで延期するというわけなのだから、山県にもそれに異存はなかったのだが、軍部内の大勢がきまって、山県の威力を以てするも、局面を変えることができなかった。……しかし山県も桂も、わたしを正面の敵として戦うなどというような馬鹿ではない。ことに陸軍問題でわたしを倒すというような拙なことはしない。[18]

ところが実際には、既述の通り、西園寺内閣は田中等に突き上げられた上原陸相の強硬姿勢と、これに呼応した山県の後任陸相推薦拒否を直接原因として総辞職したのであった。それで、「増師即時断行を痛論して已まず、輿論の喚起に努力しつつあった[19]」田中の行動の根底には、政党政治への根強い警戒心があったと思われる。政友会はこの時期、行財政整理だけでなく小選挙区制法案を議会に提出する動きも見せており、これらはいずれも政党政治の強化を目指したものであった。政党政治の強化発展は、陸軍の大陸国家論と必ず抵触するものと田中に予測させたのである。

これに関連して由井正臣は、「田中の西園寺内閣批判の基底には、政党政治を大陸政策展開の阻止的条件としてとらえ、これに対する姿勢が確実に据えられた[20]」と指摘している。また、坂野潤治は田中らの寺内軍部内閣構想と関連させて、「二箇師団問題で倒閣をはかり寺内内閣の樹立をめざしたときから、田中は政党勢力の重要性を十分に承知していた。寺内＝陸軍系内閣の樹立をめざす田中は、純政党内閣に反対であったが、彼の考える寺内内閣は、政党＝桂新党を基礎とする内閣であったのである。彼は決して君主内閣かあるいは政党内閣か、という単純な二者択一で事態を考えていたわけではなかったのである」[21]と述べている。

両氏の見解は基本的に異なっているが、それは由井が増師問題をめぐる田中の行動に焦点を当てて評価を下しているのに対し、坂野が田中の大正政変期以後の行動をも視野に入れて評価していることからくる相違である。実際、坂野が指摘するように、田中は大正政変を通して政党政治の有用性を認識するところとなり、政党組織へ強い関心を抱くようになった。それは大正政変で示された民衆の政治エネルギーを体制内に吸収していくためには、もはや政党政治への依存が不可避となったと考えるに至ったからである。その意味で、二個師団増設および寺内軍部内閣構想の挫折は、田中の政党観に根本的修正を迫る機会でもあったのであり、また、政軍関係の緊密化が不可欠な時代に入ったことを認識する機会でもあった[22]。

（1） 田中義一伝記刊行会編『田中義一伝記』上巻、原書房、一九八一年、四九三頁。
（2） 国立国会図書館憲政資料室所蔵『宇垣一成関係文書』四。
（3） 井上清は『宇垣一成』（朝日新聞社、一九七五年）のなかで、陸相趣意書と宇垣意見書は別々のものであると紹介している（七七―八二頁）。
（4） 田中義一「随感雑録」山口県立文書館蔵・国立国会図書館憲政資料室蔵『田中義一関係文書』八。
（5） これに関して由井正臣は、「陸軍増師の目的は、中国への植民地侵略にあたって、日本がその地理上の有利さと軍事力の強大によって、主導的立場にたとうとしたところにあった」（前掲「二箇師団増設問題と軍部」一一頁）とした。また、井上清は「辛亥革命後の中国に侵入し、列国との中国における勢力争いのための軍備を至急につくるという、これこそ当面の情勢に対応するものであった」（前掲『宇垣一成』八三頁）とする。さらに藤村道生も、「宇垣の増設論は漠然とした軍拡でなく、中国革命に干渉することを目的とした戦略兵団の配置を求めたものであったことがわかる」（「国家総力戦体制とクーデタ計画――寺内構想から陸軍パンフレット問題まで」三輪公忠編『再考・太平洋戦争前夜――日本の一九三〇年代論として』創世記、一九八一年、一〇七頁）とし、三氏とも増師理由を陸軍の中国政策との関連で把握している。
（6） 荒木貞雄編『元帥上原勇作伝』上巻、元帥上原勇作伝記刊行会、一九三七年、六〇九頁。
（7） 前掲『原敬日記』第三巻〔大正元年一一月二八日の項〕、二六八頁。

(8)「二個師団増設問題覚書」前掲『寺内正毅関係文書』四四〇‐一。なお、この覚書の大半を由井正臣は「二箇師団増設問題と軍部」(前掲、一三一‐一四頁)で紹介している。さらに、歴史学研究会編『日本史史料4　近代』(岩波書店、一九九七年、三〇〇‐三〇一頁)にも収載されている。
(9)これに関連して山本四郎は、「社会構造の変化のうえに立つ政府と藩閥官僚派との対立は、行財政整理の成否に集中されていた。行財政整理が成功すれば、藩閥官僚は窮地においこまれるであろう」(山本「明治より大正へ――政友会を中心とした政界の変遷」井上清編『大正期の政治と社会』岩波書店、一九六九年、三一頁)と指摘している。
(10)坂野潤治は後継首班選定において、「松方内閣論は緊縮財政維持の観点から、山本権兵衛内閣論は海軍軍拡の観点から、寺内正毅内閣論は増師実現の観点から唱えられたものであった」(前掲『大正政変――一九〇〇年体制の崩壊』一一八頁)としている。
(11)「時局ニ関スル来電　寺内正毅宛田中義一電報」前掲『寺内正毅関係文書』四四〇‐二。
(12)「大正元年一一月一日付　田中義一宛寺内正毅書翰」前掲『田中義一関係文書』。
(13)「時局ニ関スル来電　大正元年一二月一〇日付　田中義一宛寺内正毅書翰」前掲『寺内正毅関係文書』四四〇‐三。
(14)同右、大正元年一二月一三日付。
(15)同右、大正元年一二月一六日付。
(16)小泉策太郎『随筆　西園寺公』岩波書店、一九三九年、二六九頁。
(17)前掲『元帥上原勇作伝』上巻、六一九頁(大正二年一月二六日付　大和長次郎宛上原勇作書束)。
(18)小泉策太郎筆記・木村毅編『西園寺公望自伝』大日本雄弁会講談社、一九四九年、一四五‐一四六頁。
(19)前掲『世外井上公伝』第五巻、二八〇頁
(20)前掲「辛亥革命と日本の対応」一一頁。
(21)坂野潤治「大正初期における陸軍の政党観――田中義一を中心にして」『軍事史学』第一一巻第四号、一九七六年三月、五六頁。
(22)師団問題をめぐる陸軍と西園寺内閣との対立に関する研究は、本章で参照・引用した以外にも山本四郎の一連の研究がよく知られている。例えば、『大正政変の基礎的研究』(御茶の水書房、一九七〇年)、「大正政変」(『岩波講座日本歴史18　現代1』岩波書店、一九六三年)、「増師問題をめぐって」(華頂短期大学『研究紀要』第六号、一九六一年一二月)、「大正政変と軍部」(『歴史学研究』第二三四号、一九六八年三月)等がある。

四　大正政変期田中義一の政党観

1　桂新党構想への対応

二個師団増設問題の一方の中心人物の一人であり、陸軍中堅層のリーダーであった田中義一は、一九一二(大正元)年一二月一七日、その責任を取る形で軍務局長を辞任し、第三次桂内閣が成立すると同時に再び歩兵第二旅団(東京)長に復帰することになる。これより先、前節で引用したように、田中は辞職後も引き続き二個師団増設と寺内軍部内閣実現を目指す旨の意欲を明らかにしていた。[1]これに対し、田中への返電で寺内も、「此際現職ヲ去ラル、ハ已ムヲ得ザルコトトナルベク適当ノ後任ヲ置カンコトヲ望ム[2]」と答えて田中の辞職に同意を表明した。寺内としては、田中を陸軍批判の矢面に立たせることは将来的に危険であり、陸軍中枢から一旦身を引かせるのが得策である、との判断があったからであろう。

ところで、この時期まで繰り返されていた西園寺公望と桂太郎の相次ぐ政権たらい回し、いわゆる「情意投合」と称される官僚政治と政党政治の妥協による政権交替劇に、田中は少なからぬ不満を抱いていた。それは、こうした妥協政治が続く限り、増師実現は常に政治状況によって左右される不確定要素の大きな問題とならざるを得ず、そして、何よりも陸軍出身者である桂の政友会への接近が顕著であり過ぎる、と考えたからであった。[3]

事実、政友会の実質的な最高指導者であった原敬が、「他日藩閥若くは官僚の残党は孤塁を守りて余等に反抗する時もあらんと思はるれども、先以て藩閥若くは官僚は桂の英断に因りて表面には其跡を絶つべき事情となれるなり[4]」と日記に記すほど、政友会と桂との関係は親密となっていたのである。実際のところ、桂が政友会の指導者となって官僚と政党の大連合結成を果たす目論見を抱いているとの予想は、以前から存在していた。

しかし、桂が第三次内閣を組織するに至るまでに政友会内部では、桂との連携および陸軍との妥協を意図としていた原敬との方針とは別に、薩摩＝海軍との関係強化を進める勢力が有力となっていた。このことは、政友会＝原敬の連携によって第三次桂内閣を運営し、当面の最大課題となっていた陸海軍の軍拡計画の一年見送りを実現したいとしていた桂にとって、政権維持への不安感を助長させるものであった。[5] ましてや軍拡実現の是非をめぐって陸軍ばかりか、海軍も桂内閣への不信感を強めていたのである。[6]

こうした背景のなかで、これと前後して桂は自ら政権運営の基礎作りとして新党結成に乗り出した。桂はそれによって政友会員の一部吸収と、自らの本来の基盤であった官僚政党を合同し、言わば「情意投合」路線後の新たな支配基盤の再編強化を、新党結成という名のもとに推進しようとしていたのである。

山県有朋の「大正政変記」[7] に依れば、桂は大浦兼武(当時貴族院勅選議員)に一九一二(大正元)年一二月一八日、政党組織の意向を明らかにし、山県もこれに同意した旨を伝えたとしている(実際は山県不同意)。さらに翌年一月一三日、杉山茂丸(玄洋社社員)にも同趣旨の内容を語ったとし、さらに桂の山県宛書簡では、政党結成が議会解散を余儀なくされた段階で実行に移す計画であることを伝えたとしている。桂の新党結成には、山県をはじめ大浦、平田東助(当時貴族院勅選議員)など、いわゆる山県系の人物は反対の意向を示していた。

続いて、一月一九日になると桂は議会対策上、新党結成発表の必要を感じ、その旨を入江貫一(当時山県有朋秘書官)を通じて山県に伝えた。この時、桂は入江に向かって新党結成の理由を次のように語ったとされている。

余ハ従来内閣ニ立チ常ニ政党ヲ使用シ来リシガ之ガ為メ余ノ抱懐スル政策ノ十中八九ヲ行ヒ二三ヲ譲歩スルノ已ムナキニ終レリ然ルニ今自ラ政党ヲ作リ之ヲ左右スルコトヲ得バ抱懐スル所ノモノ一トシテ行ハレザルナク充分ニ邦家ノ為メ理想ヲ実現スルコトヲ得[8]

要するに桂は、新党結成によって官僚政治と政党政治の両方に影響力を行使できる政党を自らの政権基盤として組織し、山県の圧倒的支配下にある官僚閥や貴族院への優位性を確保しようとした。それと同時に政友会や陸海軍勢力への対抗力を身につけ、内に向けては「皇室中心主義」、外に向けては「帝国主義」を実行する「国民的大政党」の結成を意図したのである。(9)

桂の言う「国民的大政党」組織結成の狙いは、実際には政友会の切り崩しによって、その影響力を弱化させることにあった。しかし、政友会員への働きかけの結果は予想を大きく下回り、逆に政友会を海軍との連携に追いやることになる。特に政友会と海軍とが、陸軍の増師計画阻止の方針で一致していたことから、山県をはじめ陸軍は桂の新党結成の動向が結局は増師実現を不可能とする要因になると考えていた。そのため山県は桂に、増師実現との関連で慎重な行動をとるよう再三注意を与えていたのである。(10)

山県は陸軍の増師実現に活発な動きを見せていた田中と桂とを同一視していた。田中は増師実現と軍部勢力の基盤拡大を意図した寺内軍部内閣構想を目指しており、この時点で支配層は、少なくとも政友会・海軍連合、桂新党勢力、およびこれと一線を画す陸軍の三つの勢力に分立していたと言えよう。さらにこれらに加えて、桂新党勢力と陸軍に依然強力な影響力を保持していた元老山県の存在があった。

政治・軍事指導部内における権力の分立状況のなかで、桂はこの分立性を克服し、その主導権を握る目論見を持っていたのである。中央倶楽部など官僚政党の組織再編強化は、その具体的表現であり、(11)桂が第三次内閣を組織するのは、こうした一連の動向の展開過程においてであった。

それでは、桂の新党結成に代表される当該期の動向を田中はどのように把握し、対応しようとしていたのであろうか。以下、田中の寺内宛書翰を材料にして追っておきたい。

まず、田中は第三次桂内閣成立後の桂新党結成の動きについて、第三〇議会解散後確実に政治日程に上ってくるとの判断を示して、新党が結成された場合の対応を次のように記している。

万一海軍ハ政友会、陸軍ハ新政党ト云フ如キ分野ヲ作リ候テハ実ニ国家ノ為メ憂フベキ一大事ト被存候今後ノ要件ハ陸海軍協同シテ政党圏外ニ屹然タルコト肝要之儀ト存候又最注意ス可キハ世間ノ趨向ニ阿附シテ政府ニ権威ナク政府ニ権威ナケレバ遂ニ皇室ノ尊厳ニ関係ヲ及スベク世間ハ此欽定憲法ヲ英米流ニ解釈スルニ至ルベシ[12]（『寺内文書』）

ここでは陸海軍が政友会＝海軍、桂新党＝陸軍というように分裂する事態を「国家ノ為メ憂フベキ一大事」という表現で指摘し、陸海軍は政党と一線を画すべきとした。同時に軍と政党の組織としての相違性を明示して、政党主導の内閣成立を許容することは、憲法の英米的な解釈容認に繋がるとの見解を示している。田中は政党政治の伸張が軍部勢力の後退を招く結果となり、陸軍の緊急の政治課題であった増師が政党政治の党利党略に左右されることになると危惧したのである[13]。

もっとも桂新党の内実は、田中のイメージする政党とはほど遠いものであったが、新党結成の際、国民党の吸収過程でみせた桂の態度に、田中は少なからず不満を抱いていた。すなわち、同じ書翰の中で、「桂公ガ政党ヲ組セラル、ニ到ツテモ国民党ニ頭ヲ下グル様ニ立チ至リタルハ遺憾ノ極ニ御座候」と述べ、国民党内の改革派に対する屈従的な対応は桂新党の将来にとって重大な影響を及ぼすものになるとしていたのである[14]。

つまり、桂新党が本質的に官僚政党としての性格を持つものであったとしても、既成政党への対応ぶりから、必然的に政党の論理で行動を余儀なくされる可能性があるとしたのである。ここから田中はこの時期、政党が民意あるいはブルジョアジーを代表する政治勢力であり、それを絶対主義勢力たる軍部・官僚・元老等に対抗・対立する政治的な存在と位置づけていたと考えられる。

2　政党観の変容

第二次西園寺内閣瓦解の原因は、増師要求をあくまで強行しようとした陸軍の反政府的対応にあったことが明らかになるにつれ、政友会の地方支部、商業会議所、新聞記者団などは、「閥族打破・増師反対・憲政擁護」をスローガンにしたいわゆる憲政擁護運動を全国各地で展開するに至った。

この運動は、徐々に政治力を身につけてきたブルジョアジー、特に産業ブルジョアジーと、これを政治的に代弁する政党勢力(政友会、国民党)が、絶対主義勢力や藩閥勢力を権力主体の座から引きずり降し、自らを新たな権力主体として躍進させ、政策決定過程への参与あるいは影響力を確保する意図を持ったものであった。そして運動の展開過程で民衆の一定の役割を背景としつつ、最終的に藩閥内閣たる桂内閣打倒を目指したのである。

憲政擁護運動によって第三次桂内閣が打倒されるまでの一連の過程は、いわゆる大正政変と呼ばれる。田中はこの産業ブルジョアジーを中核とする、反政府運動への民衆の広範な参加によって内閣が打倒されるという、明治国家体制が始まって以来の最大の政変をどう見ていたのであろうか。

田中は一九一三(大正二)年二月一五日付の寺内宛書翰において、「最近ノ政変ハ、実ニ言語ニ断ヘザル有様ニ有之、其模様ハ疾ク御承知ノ儀ト存候、実ニ一般社会ノ状態ガ彼様ニ険悪ニ推移致候テハ、皇室ノ尊厳ヲ傷ヒ、国体ヲ危クスルニ至ルベクト憂慮ニ堪ヘザル次第ニ御座候(15)」と記し、憲政擁護運動にみられた民衆の活発な動向が絶対主義権力あるいは天皇制支配構造そのものを揺がす可能性のあることを指摘していた。さらには、社会主義者の台頭や無政府状態の出現まで予測しており、過敏とも言える反応には、本質的に絶対主義的軍事官僚としての田中の政治観が露呈される。そのことは、混乱した情勢では、軍隊の治安出動による事態収拾と軍事力の政治的使用による軍事的秩序の確立を最適の方法と考えていたことからも知れる。

一方、大正政変で倒れた第三次桂内閣を継いだ山本権兵衛内閣(一九一三年二月二〇日成立)について、田中は次のように分析している。

　山本ノ政友会ノ蔭武者タルハ新シキコトニハ無之、此人或ハ勅諚ニ依リ、政友会ノ鎮撫効ヲ奏セントスルヲ見テ出動ノ機会ヲ逸センコトヲ恐レ、自ラ乗リ出シタルニハ相違無之（『寺内文書』）

すなわち、山本首相が政友会の「蔭武者」として、「西園寺原等ノ方々ニ利用セラレタルノ形勢ハ歴然」と断定していた[16]。海軍・薩閥を代表する藩閥勢力の一方の雄であった山本の政友会への妥協的姿勢に、田中は大きな不安を抱いていたのである。従って、山本内閣の出現は、同書翰の最後で述べた如く、陸軍の危機を示すものであり、「国家ノ危機」に直結するものであるとした。

　それでは、田中の言う「国家ノ危機」の内容とは一体何であったのか。それは政友会と海軍に後押しされた山本内閣が、「陸軍ニ強要ヲ加ヘテ整理ヲ要求シ増師ト云ハズ本年ヨリ徴募スル人員ヲ増加シテ其場ヲ繕フ位イニ過ギザルコト、被存候名ヲ長閥ニ借リテ陸軍ヲ破壊スルカノ感モ有之大ニ注意ヲ要スルコト、存候[17]」というものであった。

　山本内閣が行財政整理方針を内閣の重要課題として打ち出した背景には、陸軍の増師拒否に本来の狙いがあると考えた田中は、長閥対薩閥という藩閥次元での対立が不可避と見なすに至っていたのである。こうした対立状況の出現を所与の前提として、これへの対応を迫られた田中が構想したものは、結局、桂新党への梃入れであった。桂新党の内実は別としても、政党組織の存在を認めようとしなかった田中にしてみれば、これは大きな方針転換であった。

　すなわち、田中は寺内に対し、病気回復の見込みがなくなってきた桂に代わり、桂新党を援助するよう進言していたのである。増師実現の見送りを不可避とする山本内閣の行財整理方針は、田中にとって政友会の「横暴」と映った。そこでこの「横暴」と対抗するため、「一時過渡時代ノ便法トシテ大隈ヲ総裁タラシメ各自寛大ナル交譲的体度《(ママ)》ヲ持シテ国民党トモ昔ノ大同団結的ニ収容所ヲ設クルノ外策有之間敷ト被存候左スレバ之ヲ操縦スルニモ左程困難ニハ無之又若干歳月ノ後ニハ適当ナル変体ヲ与フルコトモ出来可申[18]」と述べ、政友会との対抗上桂新党に国民党を加えて、反政友会連合を結成するのも「一時ノ便法」としている。ここで言う国民党とは、桂新党に参画した党内改革派でなく、政友会との連携を強化しつつあった反改革派＝犬養派のことを指していよう[19]。

田中がこの時点で依然民衆に人気が高く、改進党以来一貫して政党政治家の代表者としてのイメージが強かった大隈重信を新党の総裁に推挙したいとする考えを明らかにしたのは、大隈を反山本内閣運動に利用する政治的狙いがあったからである。田中自身が政党政治の必要性を身をもって痛感し、それに理解を示したという訳では決してない。あくまで政治的均衡論から出たものであり、その限りでは機会主義的な田中の思考領域から一歩も抜け出たものではなかったのである。

事実、田中は、「大隈ガ政綱トシテ昔ノ如ク政党内閣主義ヲ持スル時ハ新政党ト主義ニ於テ不相容次第ニ候得共併シ之レハ大隈ノコトナレバ何カト融通モ附キ可申ト被存候[20]」と述べ、田中の構想する新政党が政党内閣主義を標謗せず、皇室中心主義を基調とする政党組織であったことを明らかにしていた。

その後山本内閣は、同年六月に総額七〇三七万円に達する行財政整理の大綱を発表したのを契機に、文官任用令の改正によって政党人の官界進出の道を開き、また陸海軍官制改正の着手によって反軍閥感情を高めていた民意に答えようとしていた。その背景には政友会の強力な支持があったことは言うまでもない。山本内閣の攻勢に比べて新党参加者のなかで最も期待していた後藤新平（当時貴族院勅選議員）、平田東助らに対する田中の不満は、新党の役割期待が充分に満たされないことから生じた焦燥感の表れでもあった。そのことは次の文面から明らかであろう。

陸軍ガ原松田ノ膝下ニ趨ルガ如キ状態ト相成候テハ由々敷ク陸軍ノ威信ヲ損ジ成立ノ根本ヲ破壊シ自ラ陸軍ヲ政党ノ渦中ニ投ズルニ等シカルベク此際寧ロ局面ヲ一変シテ時勢ニ相応シ且ツ陸軍ノ威信ヲ保ツ丈ケノ手段ヲ取ルノ要可有之存候[21]（『寺内文書』）

政友会の対抗勢力として桂新党を支援し、これを強化するという田中の思惑は、結局効を奏さず、再び陸軍を政党の圏外に置くことで陸軍としての威信の保持を図るしかないという消極的姿勢を吐露していたのである。それには、山本内閣下において完全に海軍優位・政党優位の指導性が確立された、とする政治判断が田中にあったからである。

さらに、別の書翰で田中は、「昨今ノ問題ハ増師ニアラズシテ大権ノ問題ニ推移シ、陸軍ハ今将ニ政党ノ陸軍タルノ偏ヲ作ラントスル危機ニ迫リ居リ候[22]」とまで追いつめられた心境を記していた。つまり、陸軍の政党政治への従属という状況のなかで、今や増師実現の是非をめぐる問題にとどまらず、「大権の問題」というところまで事態は深刻化しているというのである。

田中は同時に陸軍内部にあっても山本内閣の木越安綱陸相が陸軍の懸案である増師要求を内閣で強く主張せず、政党内に取り込まれてしまっていること、また頼みの山県も現状打開の有効な手を何一つ打とうとしないことに、次のような強い不満を寺内にぶつけている。

此ノ際苟モ軍服ヲ着スル者ハ傍観ス可キ時ニ無之若シ陸軍ガ個人ノ関係ヨリ陛下ノ陸軍ヲ政党ニ売ルト云フ場合ニハ寧ロ過般宇佐川閣下ニ伝言仕候通リ秘密ニ進言シテ陸軍ヲ危地ヨリ救フノ手段ヲ講ズル外方法ハ有之間敷（中略）小生ハ万已ヲ得ザル場合ト観察セバ進デ渦中ニ入リ局面転回ノ手段ヲ取ル覚悟ニ御座候何人カ進デ危機ヲ脱逸スルノ方法ヲ講ズル者ナケレバ陸軍ハ最早地ニ落テ軍紀モ結束モ軍人ノ志気モ擲シ去リ陛下ノ大権ハ根本ヨリ破壊セラル、ニ至ル可ク実ニ憂慮ニ堪ヘザル次第ニ御座候[23]（『寺内文書』）

ここでは田中の政党（直接には政友会）への不信感が、政党非認の理由づけにされているのである。そして、「陸軍ヲ危地ヨリ救フノ手段」、あるいは「局面転回ノ手段」とは、「一個旅団ヲ定数外ニ増加シテ、昨年ヨリハ余儀ナク其始末ノ為メニ増師ヲ決行セザルヲ得ザル破目ニ陥レテ陸軍ノ目的ヲ達成スル[24]」というものであった。田中は、あくまで軍備増強を強要し続け、それを突破口にして山本内閣の倒閣を果たし、寺内軍部内閣構想を実現しようとしたのである。それによる最終目標は、政党主導の政治状況を一挙に打破することにあった。

このことは田中の政党連携論放棄を意味するものであったが、別の見方をすれば、田中は政党への対応をめぐって極めて柔軟な姿勢で臨んでいたと言い得る。要するに田中は、陸軍の政策実現に協力・支援する可能性の有無によって、政党との連携あるいは否認の姿勢を決めようとしたのである。

しかも、憲政擁護運動の展開によって藩閥内閣が打倒されるという、ドラスティックな政治変動によっても、田中の基本的な政党観に変化はなかったと思われる。なぜならば、田中の視点からは、当該期の政党は憲政擁護運動の主体であった産業ブルジョアジーや民衆の政治エネルギーを政党組織に充分吸収し切れておらず、現実課題としての陸軍増師要求を抑制できるだけの政治勢力になっていない、とする判断があったからである。

仮に大正政変によって触発された危機感が田中に存在したとすれば、それは支配権力内部の枠内における権力闘争レベルでの危機内容であって、階級レベルのそれでなかったことは確かであろう。それゆえ、田中は政治状況の変動によって自らの政党対策、あるいは状況に応じて政党観を変容できたとも言える。このことは、田中の当該期における政治観から抽出されたものというより、大正政変が明治国家が始まって以来最大規模の民衆騒擾を引き起こしつつも、藩閥の桂内閣に替わり、同じく藩閥の山本内閣の出現によって運動が収束に向かい始めるという、大きな限界性を持った運動でしかなかった点に規定されたものと言えよう。その意味でも大正政変という政治変動の過程でみせた田中の反応は、まさに政治リアリストのそれであった。そして、田中義一という陸軍の軍事エリートの政治観や政党観に示された内容から、大正政変という政治的大事件を通して、政軍関係の積極的な調整と妥協により、政軍指導層の一定程度の統一性が求められていた政治状況にあったことが理解される。

問題は、ここで言う政軍関係の構築がいずれの主導権の下に進められるのかという、政軍関係の構造を規定する内容に関わる問題が露呈し始めていたことである。次に、その規定要因は一体何によって形成されていくのかを念頭に据えながら、当問題をめぐる政治と軍事、さらには経済領域における相互関係を中心に追っていきたい。

（1）「大正元年一二月一五日付　寺内宛田中書翰」国立国会図書館憲政資料室所蔵『寺内正毅関係文書』四四〇-一。

（2）「大正元年一二月一六日付　田中宛寺内電報控」同右。

（3）これに関連して坂野潤治は、『財部日記』を引用紹介し、宇都宮太郎（当時参謀本部第二部長）、財部彪（当時海軍次官）、それに田中の陸海軍中堅幹部が合同し、彼らが桂の政友会接近による「情意投合」路線の固定化に不安を感じていたとしている（前掲『大正政変――一九〇〇年体制の崩壊』七二頁）。

（4）前掲『原敬日記』第三巻（明治四四年一月二六日の項）、八四頁。

（5）桂は原に対し、「此際は事務整理の外一切中止（減税問題も海陸増設問題も）しては如何」と提言している（同右、第五巻〔大正元年八月一二日の項〕、一二四五頁）。

（6）陸海軍の桂内閣への対応については、前掲『大正政変――一九〇〇年体制の崩壊』の第三章で詳細に論述されている。

（7）山本四郎『大正政変の基礎的研究』（御茶の水書房、一九七〇年）の「資料編」に所収。

（8）同右、六四三―六四四頁。

（9）徳富蘇峰編著『公爵桂太郎伝』坤巻、原書房、一九六七年、七〇〇頁。桂新党は、一九一三（大正二）年一二月二三日に立憲同志会（一九一六年一〇月一〇日解党）の名で結党された。党幹部には加藤高明（総理）、大浦兼武、大石正巳、河野広中、若槻礼次郎、安達謙蔵、箕浦勝人、片岡直温、島田三郎等がいた。

（10）例えば、「大正元年一一月七日付　桂宛上原書翰（附山県有朋意見書）」国立国会図書館憲政資料室所蔵『桂太郎関係文書』六五-一、「大正元年一一月二八日付　桂宛山県書翰（増師問題処理ノ意見）」同右、七〇-一五〇、「大正元年一二月一〇日付　桂宛山県書翰〔増師問題処理ノ方針〕」同右、七〇-一四九等を参照。

（11）桂新党に参加した大蔵官僚の若槻礼次郎（後首相）は、『古風庵回顧録――若槻礼次郎自伝　明治・大正・昭和政界秘史』（読売新聞社、一九五〇年）のなかで、「桂公は、今までの政友会との妥協には相当懲りておられ、政友会も国民の一部を代表しているだろうが、自分も国民の一部と共に政局に当り、議会で大いに闘おう」（同書、一九四頁）と述べたとしている。また、桂の新党結成の意欲については、岡義武・林茂校訂『大正デモクラシー期の政治　松本剛吉政治日誌』（岩波書店、一九五九年、三―四頁）、参照。

（12）「大正二年二月二日付　寺内宛田中書翰」前掲『寺内正毅関係文書』三一五-一三。ほぼ同様の箇所は、前掲『大正政変の基礎的研究』（四五三頁）や坂野潤治の「大正初期における陸軍の政党観」（『軍事史学』第一一巻第四号、一九七六年三月、五五頁）においても引用紹介されている。

（13）山本四郎は、この点に関連して、「田中のこの時期における政治思想は、元老とほとんど変りがなかった」（前掲『大正政変の基礎的研究』四五四頁)として、田中の政治思想が山県流の超然主義であると指摘している。
(14)「大正二年二月二日付　寺内宛田中書翰」前掲『寺内正毅関係文書』三一五-一三。
(15)「大正二年二月一五日付　寺内宛田中書翰」同右、三一五-一四。
(16)同右。
(17)「大正二年七月一五日付　寺内宛田中書翰」同右、三一五-一六。
(18)同右。
(19)坂野は、田中が改進党時代以来の犬養の師である大隈重信を桂新党の総裁に推したのは、犬養を反政府側にひきつけるためであったとしている(前掲『大正政変――一九〇〇年体制の崩壊』一五七頁)。
(20)「大正二年七月一五日付　寺内宛田中書翰」前掲『寺内正毅関係文書』三一五-一六。
(21)「大正二年一〇月二八日付　寺内宛田中書翰」同右、三一五-一九。
(22)「大正二年一一月二日付　寺内宛田中書翰」同右、三一五-二〇。
(23)同右。
(24)同右。

五　陸軍の危機認識とその打開策

1　産業ブルジョアジーとの連携

第一次西園寺内閣(一九〇六年一月七日成立)の採用した積極政策によって国家財政が膨張した結果、内閣は第二四議会(一九〇八年三月二六日開会)を契機に、行財政整理方針の採用に踏み切った。これに伴い、西園寺内閣は破綻の危機にあった国家財政を立て直すため、酒税、砂糖税、煙草税等の増徴を実施することになった。それは、全国の実業団体の反対を引き起こすことになる。

そうした背景にあって、財界人は第一〇回総選挙(一九〇八年実施)を転機に政界進出を本格的に開始した。この時、豊川良平(三菱管事)、中野武営(東京商業会議所会頭・関西鉄道社長)、仙石貢(九州鉄道社長)、片岡直温(日本生命保険会社社長)、岩下清周(北浜銀行専務取締役)等が政界進出を果たし、戊申倶楽部を結成した。[1] その狙いは政界進出によって、財界・資本家層の利益擁護を直接に議会レベルで確立することにあった。

そうしたなかで、陸軍の執拗な増師要求は、ブルジョアジーの反陸軍・反閥族打破の意識を高め、増師を支持する閥族・官僚政治への批判を強めることになった。ブルジョアジーの軍備論は総じて「経済的軍備論」[2]であり、資本蓄積や市場拡大を阻害する非経済合理的軍拡論には反対であったのである。[3]

ただし、ブルジョアジーも一枚岩ではなく、軍拡が生じる増税負担を最も大きく受ける産業ブルジョアジー、あるいは都市中小ブルジョアジーの階層が政治的に最も鋭く反応した。桂内閣を支持した渋沢栄一(渋沢財閥創設者)、益田孝(三井合名理事)に代表される金融ブルジョアジーとは、必ずしも同一歩調を採った訳ではなかったのである。なかでも、大正政変期の憲政擁護運動は、交詢社に集まった産業ブルジョアジーの主導によって展開されたもので、これが最も反陸軍の姿勢を明らかにしていた。彼らは政友会組織へ参画し、支持を与えた。政友会もこれを受けて彼らの政策要求を取り入れることによってブルジョア政党としての性格を色濃くしていったのである。[4]

大正政変期に入って、これら産業ブルジョアジーによって支援された犬養毅(当時立憲国民党常務委員)、尾崎行雄(当時政友倶楽部役員)等が中心となって結成した憲政擁護会は、「政党主義の発揮」を標謗することで世論を反映する政党政治の確立を基本運動方針とした。[5]また、産業ブルジョアジーの利益を支持してきた経済雑誌『東洋経済新報』は、大正政変期において一貫して軍閥の横暴や官僚の擅権を批判する論陣を張り、政党政治の発展を主張していた。それによって産業ブルジョアジーの政治的地位向上を目指したのである。[6]

これに加えて東京商業会議所会頭の中野武営は、一九一二(大正元)年一一月三〇日、陸軍の一方的な軍備拡張が国庫の財政状況を悪化させ、それが増税の原因となって産業ブルジョアジーの利益を損うとの判断のもとに、こうした事態を防ぐための国防会議設置を要求していた。国防会議は、「帝国の国防を整正」[7]することを目標に掲げ、産業ブルジョアジー自ら国防方針を提起することで、経済合理性を無視した陸軍の軍拡路線に歯止めをかけようとしたのである。

軍拡、増税などを政治争点としながら進行した産業ブルジョアジーの政治的地位向上は、大正政変期において彼らの政治的発言権の拡大を「憲政擁護・藩閥打破」のスローガンに結実させた。それは絶対主義勢力に対し産業ブルジョアジーの支援する政党勢力への権力移行を求めたものであった。ただ、民衆の広範な運動への参加はあったものの、実際には民衆が求める「憲政擁護」の確立、「憲政常道」の既成事実化と政治的権利拡張という成果は、生み出すことなく終ってしまった。そのことは大正政変が結局、支配権力内部の権力主体の位置確定をめぐる動揺と対立を具現したものに他ならなかったことを如実に示すものであった。[8]

ところで、大正政変は現実の政治過程において桂内閣対政友会、陸軍対海軍、絶対主義勢力対ブルジョアジー、長閥対薩閥、金融資本対産業資本といった「支配内部における多元的な矛盾・対立」[9]の噴出という形をとって出現した。従って、当時支配内部にあってこの政治状況に身を置いた者は、ほとんどの場合いずれかの勢力の利害に関わっており、勢い政変に対する政治分析も本質を見抜くにはほど遠いものがあった[10]。

そこから窺い知れるのは、支配内部における根深い対立と矛盾の実相であり、それゆえ、大正政変は、一面において支配権力内部におけるそれらの調整と解消を希求したものと考えられる。問題はその調整と解消の方法にあった。そのなかにあって、尾崎行雄が喝破した如く、「憲政擁護は、ただ一内閣を倒すためでなく、閥族の根城を破って、立憲政体の基礎を確定する」[11]ことにあるという主張は、有力な調整・解消方法であった。しかし、この点は絶対主義勢力のなかでも特に陸軍の受け入れられないところであった。

その理由は、尾崎の主張は立憲政体の確立こそ議会多数派の政権掌握という政治構造の創出を目指したものであり、少数者による絶対主義的な支配政治構造を根本から覆す内容と論理を持つものであったからである[12]。すなわち、軍部に代表される絶対主義勢力が最も警戒したものは、ブルジョアジーの多様な政策要求を吸収しようとする政党内閣主義であった。

このことは前節で触れた如く、田中の書翰でも明らかであったが、今少し田中以外の軍事官僚の見解を拾っておこう。それは田中の大正政変観、政党観との差異を明らかにすることで、彼の陸軍内部の位置を確定しておきたいからである。まず、参謀総長長谷川好道は、寺内宛書翰のなかで次のように桂新党の動向を観察していた。

桂公ガ新政党ヲ組織シ之ヲ基礎トシテ内閣ヲ組織スルト云フニ到リテハ徹頭徹尾同意スル能ハズ、寧ロ此際最モ頑固ナ超然内閣ヲ組織シ解散ニ継グニ解散ヲ以テシ猶且止得ザレバ奈翁(ナポレオン)ノ例ニ倣ヒ銃鎗突貫ヲ以テ人心ヲ新ニスル外カ無之[13](『寺内文書』)

桂新党による新たな政党組織結成の動向には、軍事クーデターによる軍事政権樹立による政党排除しかないとする極めて過激な見解を明らかにしていたのである。特に長谷川は尾崎行雄等の憲政擁護・憲政常道を求める運動が、天皇制国家の支配原理そのものに触れる内容であり、国体の破壊に繋がるものと受けとめていた。この点では田中と同一認識と見なすことができる。それでも、田中が桂新党を政友会と同等・同質の政党組織とは見ず、国民党の利用を意図していた点と比較して対照的であった。[14] また、上原勇作派の一人であった参謀次長大島健一は、上原宛の書翰で次のように述べていた。

国防を営利之犠牲とし大権事項を党議にて決するやり口にて外交も財政も行れ候有様故、此政治期には純正なる政客之攻撃は不免事と被存、随而内閣の運命も如何歟と存候。併し幾度交迭候も政友会なる基礎之上に成立する内閣にては別段出色之事も有之ましくと存候。願くは為国家政党已外に超脱せる公正有力なる内閣の現出を見度候[15]（『上原勇作関係文書』）

ここでは党利党略によって国防方針が左右される政党政治は容認できないとし、政党の干渉を一切受けない超然主義内閣の出現を待望している旨が明らかにされている。大島は長谷川の如く実力行使の手段を提起してはいないが、政党に超越する内閣が軍部内閣を指すことは想像に難くない。大島も要するに政党完全拒否の見解であり、田中と比較しても政党対策面ではより保守的であり、長谷川に近い立場であろう。

長谷川、大島の見解は軍が堅持する統帥権独立の原理原則の徹底化であり、それによる軍の政治からの完全な独立にあった。その主張の真意は、いかなる政治変動にあっても軍の政治的位置の不変性を貫くことにあった。この点からすれば田中が見せた政党観、政党対策は極めて柔軟な反応であり、おそらくこの時点では陸軍内にあって少数意見であったであろう。しかし、今後予測される政党勢力の伸張という事態に対応し、これとの妥協点を見出し、支配権力内部の統一性を保持していくのには、田中的な政治的資質が不可欠とする判断も陸軍内部では存在したと思われる。

つまり、長谷川や大島に代表される軍事官僚と、新興著しい産業ブルジョアジーや政党勢力に一定程度の政治的評価を与え、これとの妥協も辞さず軍部の政治的地位を向上させるという課題を達成しようとした田中の政党観との間には根本的な差異が認められる。陸軍が大正政変を契機に政治的力量を身につけてきたブルジョアジーや政党勢力との妥協・対抗関係のなかで、自らの地位や正当性を確保していくためには、もはやこれら新勢力との連携が不可避となっていたのである。

その意味で、このことにいち早く着目し、現実の政治行動に具体化していったのが他ならぬ田中であった[16]。そのことをもう少し明らかにするため、次に山本内閣期の陸海軍軍制改革問題を取り上げ、それがいかなるインパクトを軍部に与え、田中がどう対応したかを探ることにする。

2　軍部大臣現役武官制改革問題の妥協

第二次西園寺内閣瓦解の原因は、増師を強硬に要求する上原陸相が単独上奏して辞職し、陸軍が後任の陸相を出すことを拒否したことにあった。これは軍部大臣現役武官制(一九〇〇年五月確立)を根拠としたものであった。歴代内閣は軍部の意向に沿わない限り軍部大臣を得ることが不可能となり、逆に軍部はこれを楯にとって随意に倒閣に追い込んだり牽制することによって自らの政策要求実現を図ることができたのである。同時にそれは政党出身者が軍部大臣に就任することを阻止したものでもあった。従って、憲政擁護運動が展開するなかで、世論の軍閥横暴を諫める声は、軍の政治的独立を保障した統帥権独立制とこの軍部大臣現役武官制への攻撃となって表れた。

この世論の動向を受け、第三次桂内閣成立直後に開かれた第三〇議会(一九一二年一二月二七日開会)に元田肇(政友会)、尾崎行雄等は、桂内閣に「内閣の措置及政綱に関する質問主意書」[17]を提出した。その第二項には、「現行官制によれば陸海軍大臣は現役大中将に限れり。現行内閣は之を以て憲政の運用に支障なしと認むるか」との質問事項があり、これに対し桂首相は「憲政の運用に関し別に支障あるを見ず」との回答を行っていた。

しかし、その後、憲政擁護運動が発展していくなかで、桂は側近の田健治郎(当時貴族院勅選議員)に、「陸海両相以文官可任之革新[18]」と語っていた。陸軍出身者で藩閥の代表者の一人であった桂にしてさえ、陸海軍大臣現役武官制の改正を口にするほど、国民世論の藩閥および軍部批判は激しくなっていたのである。

桂内閣総辞職を受けて成立した海軍出身の山本権兵衛内閣は、陸海軍大臣現役武官制改革に積極的であった。政友会を与党とする山本内閣は、予想された通り、この問題を内閣の重要課題に取り上げることになったのである。政友倶楽部(尾崎行雄派)と国民党は、一九一三(大正二)年二月二七日に再開された第三〇議会へ当問題に関する質問書を共同提出したが、これに答えて山本首相は、「陸海軍大臣に関する現行任用制度は、憲政運用上、支障なきを保し得ないのであります。就ては政府はこれに対しまして、慎重審議を尽しまして、相当の改正も施さんことを期して居ります[19]」と述べ、改革実施を政治日程に入れることを明らかにしていた。

山本内閣になって、この官制改革問題の熱心な推進者は、内務大臣として入閣していた原敬であった。彼は軍閥打倒を求める国民世論に答え、政友会がそうした世論を政策実施に反映できる政党であることを示し、軍部、特に陸軍の権限抑制と政治的地位の相対的低下を目指していたのである[20]。

翌三月八日、衆議院で犬養毅、林毅陸(政友倶楽部)等は、山本政友会内閣が軍部大臣現役武官制を憲政運用上支障あると考えるかどうか、という質問を行った[21]。山本首相はこれに対しても三月一一日に先の質問書と同様の答弁を行い、官制改革問題はこうして議会の席上で公言されるところとなり、改革実施の機運が高まっていった[22]。

山本内閣の官制改革の動きは、政友会や憲政擁護運動の軍閥批判に応えるものであったが、山本内閣の斎藤実海相も官制改革に異議なき旨を述べ[23]、木越陸相も、「該問題を以て政府と争ひ、内閣更迭の一因となるが如きことは、将来増師問題解決の支障と為るなきを保せず[24]」との理由から、山本首相の官制改革の意向に賛同していた。

これに対し陸軍は、山本内閣が官制改革実施の意向を固めつつあったことを察知し、反発を強めていた。例えば、陸軍次官岡市之助は、山本の議会答弁の前日、寺内宛に次のような電文を送って、これらの動きへの対抗処置を主張していた。

山本伯ハ陸軍大臣留任ノ際、陸海軍省ノ官制改正ハ不同意ノ趣明言セラレタルニ拘ラズ政友会ノ強情ヲ余儀ナクセラレ明日議会ニ於テ今後改正スベキコトヲ答弁セラルル由ナリ因ヨリ陸軍大臣モ不同意ナレドモ総理ノ為メ説服セラレタル模様ナリ仍チ其責任者上今後遠カラザル日ニ於テ自ラ対処スル内意アリ[25]（『岡市之助関係文書』、以下『岡文書』と略す）

では、陸軍の反対理由はどこにあったのであろうか。参謀総長の長谷川好道は、「軍務上は予後備役大臣でも差し支えないけれども、予後備役士官は政党に加入することを許されているから、政党に加入した者を陸海軍大臣に任用するときは、軍の秘密漏洩の恐れがある[26]」という見解を示している。予後備役の軍人の政党加入は、事実上認められていなかったことから、これは事実に反しているが、任用資格の範囲を広げることは、それだけ政党介入の可能性が大きくなるという見解であった。ここでも政党への警戒心が反対理由の根本になったのである[27]。強硬な反対論者は陸軍の元帥奥保鞏等の長老連に多かったが、中堅の岡なども「増師問題ノ不成立ハ勿論陸軍ニ対シ亦更ニ非難攻撃ヲ受クルモ止ムヲ得ザルコトナリ[28]」とまで考えていた。

こうした経緯のなかで、長谷川は四月二四日に官制改革の不適当なことを上奏するに及んだが、すでに山本首相は官制改革の必要性を上奏済で天皇から承諾を得ていたことから、陸軍反対派も改革実施を認めざるを得なかった[29]。閣議は五月二日に陸海軍大臣現役武官制の改正を決定した。その結果「現役」の二字を削り、軍部大臣の任用資格を予備役および後備役にまで広げることになり、六月一三日にその旨が公布された。

陸軍が官制改革反対を断念した理由は、確かに直接には天皇の意向があったものの、その背景に増師問題との関連があった。すでに木越安綱陸相は、陸軍内強硬派の攻撃にも拘らず山本内閣入閣当初において、増師との関係から官制改革は致し方なし、との判断を明らかにしていた。その後、寺内も結局は官制改革を実施した方が得策だとする次のような内容の書翰を岡宛に送付している。

目下再ビ陸軍部内ニ破綻ヲ生ゼシガ世上ノ非難モ再ビ高マルベキ憂フル際ナレバ此場合陸軍省ハ此問題ヲ絶対ニ拒マズ体能ク形ヲ拵サヘ或意思ノ言明ハ別トシテ謂ハユル柔能ク剛ヲ制スル意ヲ以テ後ノ増師問題ヲ都合能ク片付クルノ工夫ヲ凝サレテハ如何[30]（『岡文書』）

この考え方は田中も同様であり、寺内宛書翰のなかで、「官制問題ノ解決ハ却テ増師問題ヲ不成立ニ終ラシムルノ恐レモ有候ニ付此際ハ寧ロ官制問題ヲ懸案中ニ置キ増師ノ実行ヲ強請セシムル方策ノ得タルモノト心得居リ候[31]」と述べ、増師実現との交換条件にて官制改革実施を認めようとしていた[32]。増師実現との交換取引きに加えて参謀本部の権限強化を果たそうとする柔軟な政治的対応を寺内、田中という陸軍主流が採用したことにより陸軍内の官制改革反対派も矛を収める格好となったのである。こうして、陸軍は山本内閣との間に妥協を成立させたが、以後、陸軍はこの妥協による成果を最大限に利用し、結局は増師実現を果たすことになる。

この一連の過程でみせた田中の見解は、山本内閣が政友会の支援を受けている限り、一方的な強硬論は政友会を返って利するだけというものであり、いわば政党的な対応による均衡論を採用していくことが、増師実現の近道だとする判断を持っていたのである。それと同時に田中は、この官制改革問題のなかに政党政治の存在を鋭く感じ取っていたがゆえに、深刻な危機感をも抱いていた。すなわち、田中は官制改革の是非をめぐって山本内閣と陸軍の対立が深刻化していたこの年の三月、「帝国建軍ノ根本義擁護ニ関スル議」と題する文章を作成していたが、そのなかで官制改革が憲法の運用上有害であり、それを敢えて強行しようとするのは政党の権限強化のためである、との判断も示していた。その内容を引用しておきたい。

方今政党内閣主義ヲ懐抱スル政治家中ニハ現行陸海軍省官制ヲ以テ内閣組織ノ要義ニ矛盾セリト為シ之ガ改正ヲ主張スル者アリト雖是レ全ク帝国憲法ニ照シ謬見タルヲ免レズ蓋シ行政各部ノ官制ヲ定メ文武官ヲ任免スルハ帝国憲法第十条ニ拠リ全ク天皇ノ大権ニ属シ行政上ノ必要ニ依リ適当ニ之ガ制度ヲ定ムベキノミナラズ帝国憲法上国務大臣ノ任命ハ一ニ天皇ノ御信任ニ係リ国務大臣ハ各自直接輔弼ノ責ニ任ズベキモノニシテ彼ノ英米ニ於ケルガ如ク議会ニ多数ヲ制スル政党ニ於テ内閣ヲ組織スルガ如キ主旨ニ非ラザルコトハ明白ニシテ此等論者ノ唱導スル所ハ畢竟憲政ノ効用ヲ誤リシ一ニ政党政派ノ権力維持ノ便否ヲ基礎トシ而モ神聖ニシテ且他邦ニ卓越セル特長アル帝国憲法ノ根本ヲ破壊セムトスルモノニアラズシテ何ゾヤ[33]（『田中義一関係文書』、以下、『田中文書』と略す）

ここに見られるのは明治憲法の絶対主義的解釈であり、それ自体相当無理な解釈ではあったが、田中は、英米流の自由主義的でブルジョア的な政党政治の導入を断固拒否するという、以前からの基本的政党観を全く崩していなかったことが知れる。従って、憲政の正常な運用を理由とする政党側の官制改革要求こそ、逆に憲法解釈の誤りから発したもので、政党内閣制は憲法違反としていたのである。田中にしてみれば、政党の官制改革要求こそは、明治憲法の絶対主義的解釈を排除し、自由主義的解釈、即ち英米流の憲法解釈の既成事実化を狙ったものとの考えがあったのである。

それゆえ、最終的に増師実現を意図して内閣との妥協を試みはしたが、根本的な政党観は、やはり一貫して不変であった、とみるのが妥当であろう。現実の政治過程では妥協を通じて陸軍の政策実現を企図した田中も、本質的には反政党主義者であり、この二面性を併せ持っていた点に注目すべきである。それだけに妥協によっても増師要求の目処が立たない状況に陥ると、山本内閣と歩調を合わせて増師実現に熱意を見せない木越陸相を激しく批判するのである[34]。また、行財政整理実施を発表して増師実現に消極的な姿勢を採る山本内閣には、「名ヲ長閥ニ借リテ陸軍ヲ破壊スル[35]」ものであるとして、露骨な敵意を見せていたのである。

(1) 大久保利謙『日本全史10　近代Ⅲ』東京大学出版会、一九六四年、二二頁、参照。
(2) 信夫清三郎「大正政治史の根本問題」(『真説　日本歴史』第一一巻、雄山閣出版、一九五九年)、一二頁。
(3) 東京商業会議所会頭中野武営は陸軍増師要求問題に関連し、「増師問題と吾々の立場」と題する記事のなかで「抑も我が商業会議所が戦後の経営に関して主持せる唯一の方針は、国力を涵養し、実業の発展を期せんとするにあり、即ち偏武的政策及び政府万能主義の政策を根本より釐革して以て財政を鞏固にし、苛重なる税制の整理を謀らざるべからずと云ふにあり」と述べていた(『東京商業会議所月報』第五巻一二号、一九一二年一二月、一頁)。
(4) 交詢社に集まった主な人物には、朝吹英二(元鐘紡専務)、門野幾之進(千代田生命社長)、池田成彬(三井銀行常務取締役)、本多精一(大阪朝日新聞記者)、菊地武徳(代議士・元時事新報記者)、小山完吾(代議士・時事新報記者)等がいた。
(5) 住谷悦治他編『講座日本社会思想史2　大正デモクラシーの思想』芳賀書店、一九六七年、二八頁、参照。
(6) 例えば、『東洋経済新報』の社説「なんぞ官制の改革に着手せざる」には次のような主張がみられる。「(陸軍)の跋扈を逞ふし、跳梁を極めしむる所以は一に官制の結果に外ならず。何となれば今日の官制にして存する限り、陸海軍の畠より出たるものにあらざる限り、如何なる政治家と雖、陸海軍人の前に其の膝を屈するにあらざれば、断じて内閣を組織する能はざればなり。(中略)是に於て、時局を解決する根本問題は実に現行官制に改革を行ひ何等の軍歴なきものにして陸海軍の大臣次官たることを得せしむるにあり。而して是れ実に軍閥以外に於ける満天下の宿望なり」(同誌、第六一六号、一九一二年一一月二五日、八八二頁)。この意味でも産業ブルジョアジーの組織であった全国商業会議所連合会(一八九四年一一月結成)の動向は注目すべきである。例えば、同会は一九一二年一〇月、第一九回大会(東京開催)で決議した政府提出建議において、政府が早急に解決すべき課題を次のように挙げている。すなわち、「(一)政費の膨張、負担の過重、(二)政費分配の不当、軍事費の過重、産業費の過少、(三)官業の膨張、民業の圧迫、(四)通貨の膨張、物価の騰貴、(五)対外貿易の逆調、兌換制度の危機」(『大阪朝日新聞』一九一二年一〇月二一日付)である。そのためには政府が行財政整理に取り組むよう要求していた。しかし、これらが実現されるためには、産業ブルジョアジーの政党への梃入れが不可欠であるという認識が強く存在していたのである。
(7) 『大阪朝日新聞』一九一二年一二月二日付。
(8) 上杉重二郎は、「議会政治の発展」のなかでこの点に関し、「護憲運動の展開はともかくブルジョアジーの成長を語っている。このことはまた議会多数派が政権につくべきだとの通念がつくりあげられようとしていたこと、いわゆる「憲政常道」の確立が支配階級にとって便利な機構と考えられるにいたったことを示している」(『新日本史講座7　資本主義時代(下)』中央公論社、一九四九年、三二頁)と述べている。また、中瀬寿一は、「憲政擁護思想の進出と展開——第一次護憲運動の指導理論」のなかで、「彼ら(ブルジョアジー)は、軍部官僚と徹底的に抗争して純ブルジョア政権を確立しようとは、思ってもいなかった。ただ、自分たちの経済的利益を確実にまもるために、従来のような絶対主義勢力のひとりよがりな専制をおさえ、自らの政治指導権をおもむろにうちたてていくことを志向したのであった」(『史学雑誌』第七二編第二号、一九六三年二月、五〇頁)としている。当該期都市小ブルジョアジーの政治的動向を追究した研究に、江口圭一『都市小ブルジョア運動史の研究』(未来社、一九七六年)がある。

(9)　前掲「憲政擁護思想の進出と展開——第一次護憲運動の指導理論」五九頁。

(10)　例えば、桂に近い立場にあった徳富猪一郎(蘇峰)は、「要するに憲政擁護運動の総勘定は、久しく政界の正面に跋扈したる長閥を退治して、政界の一隅に雌伏したる薩閥を、歓迎したりと云ふに過ぎず。(中略)裸体なる事実は、長閥征討、薩閥擁護の一向にて足れり」(徳富『大正政局史論』民友社、一九一六年、一六三頁)として、結局は藩閥次元での抗争であったとしている。また、政友会所属代議士であった木下成太郎は、「悲惨なる境遇に置かれし彼等閥族は其死期に際する悶絶を華やかにせんとして政党組織に着手し、立憲同志会なるものを設置して其末路を糊塗せんとせり。彼の国民党の脱党者が旧中央倶楽部員と共に呉越同舟せし一団は、閥族政治家の走狗に非ざれば傭徒なりと云ふを得んかな」(木下『大正政変を顧みて』一九一四年、一三頁)と述べている。

(11)　『尾崎行雄全集』第一〇巻、平凡社、一九二七年、一一二頁。

(12)　京口元吉は、「大正政変は、山県を中心とする保守的な超然内閣主義の官僚一派の跳梁跋扈に対して、政党内閣主義を憲政常道と信じて疑わない政党者流が、それに同情する民心を背景として敢然たって戦を挑んだものであって、大正七年九月の原内閣以後の政党内閣時代を生み出すべき前哨戦であった」(京口『大正政変前後』白揚社、一九四〇年、六―七頁)としている。また、石井金一郎は、「大正の政変」のなかで、「民党のスローガンに「閥族打破・憲政擁護」が掲げられ、而も民党の圧倒的勝利に終ったこと、その意味においても、いわゆる「政党内閣時代」に路を開くものであった」(広島大学史学研究会『史学研究』第五〇号、一九五三年四月、七二頁)として、京口と同様に大正政変を政党内閣制確立の一里塚として積極的に評価している。

(13)　「大正二年二月一八日付　寺内宛長谷川書翰」前掲『寺内正毅関係文書』三八-三五。

(14)　北岡伸一は、田中のそうした対応を能動的で柔軟な政党観の持主であった証拠だとしている(『日本陸軍と大陸政策——一九〇六—一九一八年』東京大学出版会、一九七八年、一三二頁)。

(15)　上原勇作関係文書研究会編『上原勇作関係文書』東京大学出版会、一九七六年、一四六頁。

(16)　これに関連して藤原彰は、「第一次世界大戦直前の日本軍部(1)」のなかで、「軍部は、大正政変前後の政治的危機の中で、ブルジョアジーや政党との対立を深めたのではなく、むしろそれとの接近癒着を深め、帝国主義勢力の推進者となることによってその存在意義を見出したのである」(『歴史学研究』第三八三号、一九七二年四月、六〇頁)と指摘している。軍部は大正政変期以降徐々にブルジョアジーの軍事的レベルにおける代弁者としての地位を演じ始めるところとなり、ブルジョアジーもその資本蓄積水準の低位性、市場の狭隘性といった日本資本主義の内的矛盾を埋めるため、軍部との協力を不可避とするに至った。

(17) 前田蓮山『歴代内閣物語』上巻、時事通信社、一九六一年、四四三頁。

(18) 国立国会図書館憲政資料室所蔵『田健治郎日記』第四冊、二〇五(大正二年一月八日の項)。

(19) 井上清『宇垣一成』朝日新聞社、一九七五年、九一頁、参照。田中は「大正二年二月二日付　寺内宛田中書翰」のなかで、こうした桂の態度につき、「今回桂公ノ政党ハ、却テ陸海軍ノ大臣ニ関スル官制ヲ改正スル主張ヲ為スニ至ルベキ懸念有之」(前掲『寺内正毅関係文書』三一五-一三)と記して、いち早く警戒の必要があることを説いている。

(20) 前掲『歴代内閣物語』下巻、三〇頁。原敬はその日記に、「陸海軍大臣は現役に限るの規定を改むる事は国内の輿論を緩和する」(前掲『原敬日記』第三巻(大正二年三月六日の項)、二九七頁)と記している。なお、陸海軍官制改正問題については、前掲『大正政変の基礎的研究』の第二節「陸海軍官制物語」(一八一―二〇七頁)が最も詳細で、本節もこれに多くを負っている。

(21) 大日本帝国議会誌刊行会編『大日本帝国議会誌』第八巻、一九五六年(復刻版)、一五一四―一五一七頁。

(22) 同右、一五四九頁。

(23) 中村菊男「大正政変と林毅陸」慶應大学『法学研究』第三四巻第九号、一九六九年九月、一二四頁。

(24) 徳富蘇峰編述『公爵山県有朋伝』下巻、原書房、一九三三年、八七七―八七八頁。

(25) 「大正二年三月一〇日付　岡市之助電報控」国立国会図書館憲政資料室所蔵『岡市之助関係文書』一六-一〇。同じく岡はこの前日にも上原勇作宛書翰のなかで、「今後も例の官制問題有之、此義は実に難問題にして心痛致居候。世の中益複雑と相成り軍国主義に対しては実に非常に困難なる政局と相成り申候」(「大正二年三月九日付　上原宛岡書翰」前掲『上原勇作関係文書』一五〇頁)と述べていた。

(26) 前掲『歴代内閣物語』下巻、三七頁。

(27) 山本四郎は、前掲『大正政変の基礎的研究』のなかで、防衛庁防衛研究所戦史部所蔵の「参考資料(4)大正二年六月一三日の勅令第一六四号案」(同書、一八九―一九二頁)と題する資料を紹介し、陸軍中堅層の官制改革への反対の動向を明らかにしている。また、陸軍には官制改革自体政党の陸軍攻撃だとする受止めも強く、その際の陸軍の取るべき対応について木越陸相は、「陸海軍官制改正顛末　大正二年三月一一日付　山県宛木越書翰」のなかで、「陸海軍官制ノ現役大中将ハ憲政ノ運用上差支ナキヤノ問ニ対シ、最初支障ナキノ答弁ヲ為ス筈ナリシモ、政党ノ関係ナルヤ、総理大臣ハ改正ヲ言明セサルトキハ、現内閣ノ進退ニ関スル事件トナル旨ヲ陸軍大臣ニ説述セラレタリ」(国立国会図書館憲政資料室所蔵『山県有朋関係文書』第七巻ノ内其三)と述べ、倒閣の決意を披瀝している。さらに、西園寺公望は陸軍の官制改革反対理由を、「結局本音は、政党人の大臣になることを防禦するためにやったものと思はれる」（原田熊男述『西園寺公と政局』第五巻、岩波書店、一九五一年、五三頁）と述べている。なお、陸軍の官制改革反対論の内容については、宇垣一成（当時陸軍省軍事課長）の「陸海軍大臣問題に就て」（角田順校訂『宇垣一成日記』Ⅰ、みすず書房、一九六八年、八八―九五頁）が詳しい。また、岡市之助も、山本内閣による官制改革実施が明らかになった時点で、「官制問題も其原因（明言を憚り候。他日に譲候）の為め改正候事に解決致候」（「大正二年四月二七日付　上原宛岡書翰」前掲『上原勇作関係文書』一五頁）という書翰を送付している。若干異なった反対論に内閣の軍部大臣統制能力の点から、半澤玉城は、「陸海両相の資格を予備役に拡張したりと云ふが如きも又世相を美にするの虚飾的改正に外ならず。何となれば予後備軍人は其原理より見て時代の落伍者若しくは老朽無能の将士にあらずや、加之現役軍人をだに閣員に奏薦し得ざる内閣が果して陸海軍を指揮し統理し得ずも威望と力量とを有すと為すべき乎」（半澤『大正政戦史』国民時報社、一九一四年、四八頁）と記している。

(28)　「大正二年四月（日付不明）　寺内宛岡電報控」前掲『岡市之助関係文書』一六―一一。

(29)　「大正二年四月二六日付　寺内宛岡書翰」同右、一六―一二。

(30)　「大正二年四月三〇日付　岡宛寺内書翰」同右、一七―一三。

(31)　「大正二年五月一日付　寺内宛田中書翰」前掲『寺内正毅関係文書』三一五―一五。

(32)　北岡伸一は、陸軍の妥協の理由として、山本首相が反陸軍の強い世論の支持を受けていたこと、山県が積極的な反内閣の行動に出なかったことを挙げている（前掲『日本陸軍と大陸政策――一九〇六―一九一八年』一四五頁）。

(33)　国立国会図書館憲政資料室所蔵『田中義一関係文書（田中家文書）』一四。同資料は、小林幸男「海軍大臣事務管理問題顛末」（近畿大学法学会『法学』第一二巻第一号、一九六三年九月、九二―九三頁）でも紹介されている。

(34)　「大正二年五月一五日付　寺内宛田中書翰」前掲『寺内正毅関係文書』三一五―一五。

(35)　「大正二年七月一五日付　寺内宛田中書翰」同右、三一五―一六。

六　おわりに――反政党観の助長

陸海軍官制改革問題で山本内閣に一歩妥協した形となった陸軍は、次に参謀本部の権限強化によって軍内部の組織再編に乗り出した。田中は、編制・動員に関する事項の責任を、内閣の一員である陸軍大臣に置くことが政党の介入を受ける主要な原因だとし、それを解消するために編制・動員の権限を陸軍省から、天皇直属の軍事機関であり、統帥権独立制や帷幄上奏制などの特権制度によって、その自立性を法制的に堅固に保護された参謀本部に移行することを考え、実行に移そうとした。

いわゆる、田中の参謀本部強化論は、第三次桂内閣期に早くも表れている。大正政変で桂内閣が危機に陥った時点で、寺内宛に、「此際特ニ必要ナルハ参謀本部ノ活動ニ有之候又今後ノ趨向ヲ考フレバ寧ロ以前ノ如ク動員編制ヲ参謀本部ニ移シ以テ政党以外ニ堅固ナル基礎ヲ確定シ置クコト肝要ト被存候」(1)と述べ、政党の干渉を回避するため編制・動員の権限を陸軍省から参謀本部に移すとしたのである。編制・動員事項を陸軍省の管轄事項に置く限り、それが予算的処置を伴うものだけに内閣の政策や方針に左右されることは必至であった。政党勢力はこの点を利用して軍拡を押えようとしていただけに、田中の議論は軍内部で説得力を持つものであった(2)。

しかし、陸軍の参謀本部強化論は、世論やジャーナリストによって次の如く批判を受けることになる。例えば、陸軍予備役将校であった西本國之輔は、「禍を貽せる軍相官制改正」と題する記事において、参謀本部強化の理由を、「長閥軍人が文官出身の軍部大臣を観るまでは輿論必ず急追撃し来るべきを予想し、参謀本部に籠城せんとするの方針を採りたるものに外ならず。即ち若し将来文官にして陸軍大臣たるものあらば、参謀本部を以て之に対抗し、徹頭徹尾陸相を苦しめ立往生せしめんとするか、又大臣を通じて内閣を操縦せんとするの猾策たるの余りに明々白々たらずや[3]」と述べ、田中をはじめとする参謀本部強化論の政治的意図を見抜いていた。

つまり、西本は参謀本部強化論が政治の軍事への介入あるいは干渉を制度的に排除しようとするもので、それは同時に統帥権独立制を楯にしての軍事の独立性を改めて強調する行為とみなしていたのである。このような露骨な政治意図は憲法上においてもいくつかの疑義が提出されるに至る。

例えば、政友倶楽部員で法学者であった林毅陸は、「是れを立憲政治の本義より考ふるも、憲法上輔弼の責に任ずべき国防大臣をして可成多くの権力を有せしめ、同時に可成多くの責任を負はしめざる可からず。所謂る天皇に直隷すると称する特別機関をして、絶大の権限を有せしむるは決して喜ぶべき現象に非ず、否これぞ正しく憲政の運用を妨碍するものなれ[4]」と述べて、予算問題によって規制されるべき編制・動員の権限が、全く政治の力の及ばない参謀本部に取り込まれることは、憲法運用上重大な障害となるとした。特に林の批判は、憲政擁護運動が掲げた「憲政の常道」の実現を求めたものであり、その限りで政党的・ブルジョア的権利の獲得を念頭に置いたものであった。

それは一連の反陸軍の動きを背景として、軍事に対する政治の統制を強化していこうとする目標を示したものであった。同時に、そこには、「憲政の常道」を実現するためには、陸軍の統制が焦眉の課題であることが強く意識されてもいたのである。

そのような議論が喚起されるなかで、しかしながら参謀本部強化論は、まず一九一三年六月三日に「統帥命令等省部間協議案[5]」としてまとめられ、同月六日には陸軍三長官(陸軍大臣・参謀総長・教育総監)が「三官衙業務担任規定」の必要性を上奏し[6]、翌七月八日に「陸軍省、参謀本部、教育総監部関係業務担任規定[7]」を作成上奏して一〇日に裁可となった。

これによって統帥命令、編制、動員、人事に関する権限が参謀本部に移譲され、陸軍省より権限の範囲において優位に立つことになった[8]。具体的には戦時編制、作戦計画、訓令、動員計画令・同細則、年度動員計画令・同細則、動員令、復員令、動員軍隊の任務・行動、軍隊の外国派遣、同軍隊の任務行動といった業務の起案者およびこれら業務の最終決定権の保有者を参謀総長としたのである[9]。

軍事行政の主要事項の決定権のほとんどを参謀総長が保持した背景には、政党勢力の伸張という事態に対応して統帥権独立制の徹底強化を図る配慮があったことは明白であった。反陸軍・反軍拡の世論が高揚するなかで、陸軍は参謀本部の強化を官制改革の実施と引き換えに実施し、政治的独立化促進の作業を怠らなかったのである。

こうした統帥権独立制の制度レベルでの徹底化は、以後反陸軍の世論に比例して進められ、その結果陸軍の自立的展開の幅を広め、政治的発言権を高めていくところとなった。その意味で当該期陸軍官制改革と参謀本部の権限強化は、陸軍の政治的地位強化の変遷のうえで一つの画期点となった[10]。

ところで、陸軍の軍拡の主張を執拗に続けていた田中等の陸軍中堅幹部連と陸軍上層部との間に、軍拡の方法論をめぐって微妙な食い違いが生じ始めていた。田中を筆頭とする中堅幹部連は、可能な限り諸勢力間との対抗のなかで政治の軍事からの介入あるいは干渉の機会を与えまいとし、場合によっては依然として硬直な態度を崩そうとはしなかったが、陸軍上層部としては、反軍感情が諸勢力間に一定程度潜在している状況下では、強引な軍拡が徒に反陸軍感情を強めるばかりであり、とりあえずは山本政友会内閣との妥協によって次の機会を待とうとしていた。そのような意味で、田中の一連の行動は陸軍上層部からは、その役割への一定評価の反面で敬遠される空気が表面化しつつあったのである。

こうした状況を背景にして、田中の外遊計画が突然浮上してくる。一〇月に入って田中は寺内宛に、「一身ノ上カラハ小生ハ苦心ヲ此旅行ノ為メニ売リ又公事ヨリ見テ小生ヲ邪魔ニシテ外国ニ放逐シタルガ如キ状況ニ不相成様注意ヲ要スルトハ上原中将閣下之意見ニ有之小生モ至極尤モノ儀ト存其辺ニハ特ニ注意ヲ払フ覚悟ニ御座候[11]」と書き送り、陸軍内部での対立状況を暗に指摘していた。田中は山県とも会見し、外遊への山県の賛同を得た[12]。一方、寺内も上原宛書翰のなかで、「田中の事御意見承知仕候。貴説御尤も存候得共当初自分の考にては彼の希望を充し候方公私為将来利益に可有之、今日増師問題又は陸軍部内之打破主仕事の如き極度くよくよ思ふ必要も無之乎と存候故に御座候[13]」と書き送っている。山県、寺内、上原等の軍上層部によって、陸軍中堅幹部の代表者で増師問題、官制改革問題で最も活発な論陣を張っていた田中は、この時点で政争から隔離されることを余儀なくされたのである。

田中の陸軍中央からの後退は、そのまま陸軍の政治活動の一時的後退を意味するものであった。このことは、この時点で田中の政治的中堅軍事官僚としての位置がほぼ確定していたことの証明でもあった。同時に当該期における陸軍内部の実質的な主導権が、田中に代表される中堅層に下降しつつあったとも言い得るのである。

大正政変で顕在化したブルジョアジーの政治領域への本格的登場や政党の伸張という新たな政治状況の出現が、陸軍内部の政党観あるいは政治観の変容を必然化させていた。それゆえ、陸軍では自らの正当性を保持し、存在理由付けの作業が急がれるところとなった。その意味で田中は、そうした陸軍の時代的要請に最も適合し得る人物の一人であった。そのことは第一次世界大戦前後期における陸軍および田中と、ブルジョアジーとの連携による大陸政策の推進という実態を見ても明らかである。

そこで田中等の中堅軍事官僚達に期待された次の役割は、陸軍がこれら政党勢力とのより強力な連携によって、新たな時代の権力構造のなかで、強力な政治的発言力を確保・拡大する方向性を見出していくことであった。そのことは新たな政軍関係を構築していくうえで、軍エリートの存在が明確化されたことをも意味しており、これ以後、田中を筆頭とする軍事エリートが、多様なアプローチを試みる過程で、漸次軍主導による政軍関係の構築を企図していくことになるのである。

そのような点からしても、二個師団増設問題に表れた軍事エリート層の、とりわけ政党政治との対抗と妥協の必然性への自覚は、その後の日本の政軍関係の基本的な枠組みを検証していくうえで、極めて重大な材料を提供しているように思われる。すなわち、表向きの対抗関係による組織の正当性確保と同時に、その一方で、実質的には妥協関係の積み重ねのなかで、軍拡と権限強化を果たしていくことが合理的だとする判断が浸透していくのである。

　そうした判断はその後に本格化する政軍関係の構築過程のなかで、とりわけ第一次世界大戦における戦争形態の総力戦化という事態を受けて、一層明白な形となって表出する。確かに戦争形態の変容は、日本の政軍関係に決定的な要素として浮上してくるが、それ以前に政軍関係の調整と統合への動きが、様々な事実を通して存在していたのである。

(1) 「大正二年二月二日付　寺内宛田中書翰」前掲『寺内正毅関係文書』三一五 - 一三。

(2) これとの関連で田中と同主旨の議論は少なくない。例えば、退役陸軍歩兵少佐田辺元二郎は、「軍制改革意見」と題する記事のなかで、「軍部の利益本意ならば、編制・動員の如きは依然参謀本部の業務として、陸軍省の俗務以外に独立せしむることを有利なりと信ずれば、勢ひ陸相は内閣と進退を共にせざるを得ざるべく、従つて国防を政争の渦中に捲き込み易き弊害の一部を除去するの主旨に合するが故である」(『太陽』第一九巻第五号、一九一三年四月一日、一三七頁)と述べている。

(3) 『日本及日本人』第六〇九号、一九一三年七月一日、二三頁。

(4) 同右、第六一〇号、一九一三年七月一五日、三二頁。

(5) 「大正二年六月三日付　寺内宛岡書翰」前掲『寺内正毅関係文書』二三七 - 一〇。

(6) 陸軍省編『陸軍省沿革史――自明治三十七年至大正十五年』上巻、巌南堂書店、一九六九年(復刻版)、一五―一八頁。

(7) 防衛庁防衛研修所戦史室編『戦史叢書　陸軍軍需動員(1)計画編』朝雲新聞社、一九六七年、一三一頁。

(8) 参謀本部強化の実態については、井上清「大正期の政治と軍部」(井上『日本の軍国主義Ⅲ　軍国主義の展開と没落』新版、現代評論社、一九七五年所収)を参照。なお、藤原彰は「第一次世界大戦直前の日本軍部(1)」(『歴史学研究』第三八三号、一九七二年四月)のなかで、「彼等(陸軍・筆者注)は官制改正問題を長引かせながら、それと引きかえに参謀本部の強化と増師の実現を図ろうとした」(六二頁)と軍部の意図を要約している。

(9) 前掲『戦史叢書　陸軍軍需動員(1)計画編』一三三頁―一三四頁。

(10)　その意味で大江志乃夫の『統帥権』(日本評論社、一九八三年)は、統帥権が軍部の政治的地位向上に決定的な役割を果したことを政治過程の実際に即して解説した著書だが、当該期における参謀本部の権限強化が、大正政変を契機とする政党政治の伸張への対応策であり、その後の政軍関係の構造と展開に決定的な役割を担った点についてはほとんど触れられていない。
(11)　「大正二年一〇月六日付　寺内宛田中書翰」前掲『寺内正毅関係文書』三一五-一七。
(12)　「大正二年一〇月一〇日付　寺内宛田中書翰」同右、三一五-一八。
(13)　「大正二年一〇月一一日付　上原宛寺内書翰」前掲『上原勇作関係文書』三三五頁。

第二章　第一次世界大戦後期政軍関係の変容

一　はじめに

一九一四(大正三)年七月二八日に開始された四年間にわたる第一次世界大戦は、従来の戦争と比較して戦争形態や使用された正面整備などの諸点において全く異なった国家総力戦としての様相を示すことになった。そこでは兵力動員数や戦闘で消費された膨大な武器弾薬、戦車・飛行機・潜水艦等に象徴される近代兵器の登場などにより、経済・工業の全面的動員によって、はじめて戦争遂行が可能となる事態が現実となったのである。

これに関連して、第一次世界大戦の敗戦国となったドイツ帝国の参謀総長であったハンス・フォン・ゼークト(Hans Von Seeckt)は、ドイツの敗北の原因を「大戦の長き消耗的闘争の結果、遂にドイツ側が連合国側の豊富夥多な人員並に物資に圧倒せられたことによって決定せられたのである」(1)と述べて、将来の戦争がより徹底された国家総力戦となることを予測した。こうして、第一次世界大戦が当初から総力戦として戦われたこと、また将来における戦争が一層徹底化された総力戦になるとの予測は、参戦諸国間の共通認識となっていた。

日本は、日英同盟の遵守を理由に連合国側に立って第一次世界大戦に参戦し、地中海に駆逐艦などの小規模艦隊を派遣してドイツ海軍との交戦に従事した。日本陸海軍はドイツ東洋艦隊の撃破と、その根拠地である中国の青島・威海衛の攻略を目標とする作戦行動を展開した。それと同時に日本陸海軍は、大戦進行中から積極的に参戦武官をヨーロッパの戦場に派遣し、総力戦の実態調査や参戦諸国の戦争指導および戦時動員の現状の把握に努めた。それで、陸海軍の派遣武官から総力戦の実態が本国に詳細に伝えられ、それは膨大な量の刊行物となって関係方面に配布されていくことになった[2]。

総力戦への衝撃と反応は陸海軍人だけに留まらなかった。例えば、山県有朋は当時山口県知事の職にあった林市蔵宛書簡(一九一七年一〇月一五日付)のなかで、今後の戦争に勝利するためには、「国民を挙げ、国力を尽くし、所謂上下一統、挙国一致の力に依らざるべからず[3]」と記し、大戦終了を待たず、すでに世界の趨勢が総力戦段階に達しており、そのための対応策の作成が急務である旨の見解を披瀝していた。山県のような軍事指導者でもあり、また官界にも隠然たる勢力を持つ実力者がそのような見解を述べていただけでなく、政党人のなかにも同様の認識を表明する者も少なくなかった。その代表が当時国民党総裁であった犬養毅である。犬養は一九一八(大正七)年一月に開催された国民党大会の席上で、「全国の男子は皆兵なり、全国の工業は皆軍器軍需の工場なり[4]」と述べ、国民皆兵主義の徹底と工業動員の必要性とを経済的合理性を基調としつつ促進すべきである、と主張していた。

このような国家総力戦体制構築への動きは、直線的に進められた訳ではないにせよ、第一次世界大戦後における日本の政治指導や国家目標の有り様を大きく規定したことは事実であった。しかしながら、当該期が大正デモクラシーの時代とされるように、国民の政治参加への期待も機会も確実に増大していたこともあって、政治・軍事指導部が上から統一的かつ画一的に国家総力戦に対応する国家機構を再編するのは困難な状況であった。二個師団増設問題で典型的に示された如く、政党勢力が大正デモクラシーの時代背景によって勢いを増していく状況にあっては、必然的に軍事官僚達の構想する国家総力戦体制構築のシナリオは困難を極めることになる。

本章では、第一次世界大戦後における政軍関係の特質を明らかにするために、国家総力戦体制の構築過程における中堅軍事官僚たちの総力戦構想が、どのような論理と行動を通して実現されていったのかについて追究していくことを主な目的としている。具体的には、大正末期から昭和初期にかけ、田中義一を筆頭とする中堅軍事官僚の政党への接近という形で実現される新たな政軍関係の展開の背景に、国家総力戦体制の構築という国家目標が存在していたことを検証することである。

第一次世界大戦後における国家総力戦体制の構築が重要な政治目標として、政治・軍事指導者の共通課題に設定されるためには、もう少し時間の経過を待たなければならなかったが、陸・海軍の中堅軍事官僚達は、その時代状況の変転と国家総力戦という戦争形態の変容への対応について、すでに大戦中から構想を練り始めていた。彼等は大正デモクラシー状況のなかで、本質的に反デモクラシーの組織原理から構成される軍事組織が、総力戦体制の構築という軍事的かつ政治的な目標を達成する中心的な役割を演じ、同時に軍事組織としての存在理由を積極的に高めていこうとすれば、時代状況を踏まえた政治スタンスの確立が急務であるとする意識を強く抱くようになっていたのである。その新たなスタンスとして選択されようとしたのが政党との連携であり、大戦後の政軍関係はこの新たな戦争形態への対応過程によって大きく規定されることになった⑤。

以下、最初に国家総力戦として戦われた第一次世界大戦への衝撃と対応過程を追い、次いで来たるべき総力戦体制に適合する国家機構の再編過程で大枠としての共通課題として設定されることになる総力戦体制構築をめぐる政府指導部内の動向を整理する。それによって、こうした課題克服の結果として案出された軍部と政党との関係が、どのように変容していったかを追うことにする。すなわち、第一次世界大戦後の政党政治の展開と日本陸海軍の役割とが、当該期における政軍関係の変容に果たした意味を読み取ろうとする試みである。それで本章では、総力戦体制の構築が、政治エリートと軍事エリートたちの共通目標として共有される過程で、政軍関係もまた総力戦体制対応型の構造と性格を前面化していくことになった点を特に強調していく。

（1）　ゼークト（篠田英雄訳）『一軍人の思想』岩波新書、一九四〇年、八三頁。同書の原題は、Hans von Seeckt, *Gedanken Eines Soldaten und Zukunft des Rriches*（Berlin : Verlag für Kulturpolitik, 1929）。なお、ゼークトの著作には、Hans von Seeckt, *Moltke, ein Vorbild*（斉藤栄治訳『モルトケ』岩波書店、一九四三年）、Hans von Seeckt, *Deutschland zwischen Ost unt West*（Hamburg : Hanseatische Verlagsanstalt, 1933（斉藤栄治訳『ドイツ国の基本的諸問題』育生社弘道閣、一九四三年）等がある。

（2）　日本の国家総力戦体制構築に向けての動きについては、纐纈『総力戦体制研究――日本陸軍の国家総動員構想』（三一書房、一九八一年）で詳細に論じたことがある。なかでも陸軍は、一九一五年一二月二七日に臨時軍事調査委員会を陸軍省内に設置して研究報告書を作成配布している。

（3）　徳富蘇峰編述『公爵山県有朋伝』下巻、原書房、一九六九年、二八八頁。

（4）　鷲尾義直編『犬養木堂伝』中巻、原書房、一九六八年、四〇六頁。また、軍人ではあったが、宇垣一成は、「未来の戦争は軍の交戦、軍の操縦術に止まらずして国家を組成する全エネルギーの大衝突、全エネルギーの展開運用により勝敗が決せられる」（角田順校訂『宇垣一成日記』I、みすず書房、一九六八年、三二七頁）とする見解を述べ、また、寺内正毅内閣の内務大臣であった後藤新平の「大調査機関設置」構想も、総力戦準備機関設置構想とも指摘可能なものであった。すなわち、後藤は大戦終了後欧米を視察した結論から、「施政者並ニ識者ハ此ノ実勢力ノ要求ヲ精察研究シテハ国家ノ経済発展ヲ図リ、内ニ向テハ産業ノ進展統制並ニ産業ニ従事スル各階級ノ調和協力ヲ得ルノ策ヲ樹テ、新ナル国際的大戦争ニ勝利ノ栄冠ヲ贏チ得ンコトヲ企図ス」（鶴見祐輔『後藤新平伝　第九巻』国民指導者時代〔前期上〕、太平洋協会出版部、一九四四年、一六二頁）として国家総力戦への対応を急ぐべきとの見解を明らかにしていた。それは原料問題、動力問題（石炭、石油、水力）、食糧・生活必需品生産分配問題、人口問題、危険思想、国家観念など多岐にわたり、国家の長期的視野に立つ対策を講じることを念頭に据えていた。

なお、後藤新平の大調査機関設置構想については、季武嘉也『大正期の政治構造』（吉川弘文館、一九九八年）所収の「第三部　第二章　後藤新党をめぐる動向」（三二七―三六一頁）、北岡伸一『後藤新平――外交とヴィジョン』（中公新書、一九八八年）等が参考となる。後藤新平の評伝については、鶴見祐輔『後藤新平伝』（全四巻、後藤新平伯伝記編纂会、一九三八年）、沢田謙『後藤新平伝』（大日本雄弁会講談社、一九四三年）、三井邦太郎編『吾等の知れる後藤新平伯』（東洋協会、一九二九年）等がある。また、異色の外務大臣として、ユーラシア大陸を貫く同盟を構想した後藤新平の動向を分析した三宅正樹「後藤新平の「新旧大陸対峙論」」（三宅正樹『ユーラシア外交史研究』河出書房新社、二〇〇〇年）がある。

（5）　第一次世界大戦後における総力戦体制構築過程が当該期以降における政軍関係の重大な変動要因となったとする筆者の視点に関連して、参考となった主な論文・文献に、木坂順一郎「軍部とデモクラシー」（『国際政治』第三八号、一九六四年四月）、由井正臣「総力

戦準備と国民統合」(『史観』第八六・八七冊、一九七三年三月)、山口利昭「国家総動員研究序説」(『国家学会雑誌』第九二巻第三・四号、一九七九年四月)、藤村道生「国家総力戦体制とクーデター計画」(三輪公忠編『再考・太平洋戦争前夜——日本の一九三〇年代論として』創世記、一九八一年)、李炯喆『軍部の昭和史』(上・下巻、日本放送出版協会、一九八七年)、雨宮昭一『近代日本の戦争指導』(吉川弘文館、一九九七年)、黒沢文貴『大戦間期の日本陸軍』(みすず書房、二〇〇〇年)等がある。

二　第一次世界大戦の衝撃と対応

1　政治・軍事指導部の国家総力戦認識

第一次世界大戦が軍事、政治、経済、思想などの国家の保有する諸能力を戦争に向けて全面的に動員する、いわゆる総力戦として戦われたことは、支配諸勢力のなかでも軍中堅層に強い関心を引き起こすことになる。彼らは将来の戦争が、第一次世界大戦で出現した総力戦形態を一層徹底化したものになると予想していた。そこで彼らは将来の総力戦に備えて、国内政治体制の再検討と、総力戦段階に適合する新たな経済構造の構築を目指す総力戦体制研究に着手していくのである。

陸海軍は第一次世界大戦の開戦当初から、ヨーロッパ各国の駐在武官や観戦武官を動員して大戦に関する様々な調査・研究に従事させ、その結果は『海軍差遣者報告』、『欧州戦争実記』、『偕行社記事』などの刊行物を通じて関係者各機関に提供された。また、陸軍では一九一五(大正四)年一二月に臨時軍事調査委員会を、海軍では同年一〇月に臨時海軍軍事調査委員会を設置した。

これら本格的な大戦研究機関は、大戦期間中に早くも膨大な量の成果を生み出していく。その結果、陸海軍内に総力戦準備の気運を高めただけでなく、政財界にも総力戦準備政策への関心と研究の必要性を痛感させることになった。そして、総力戦準備に向けての提言は、一九一五年に入り、一般の雑誌、出版界にも主要なテーマとして活発に取り挙げられ、多数の評論と単行本の刊行が相次ぐことになった。

陸・海軍の調査機関が作成した研究報告書の類を含め、そこから見られる特徴は、総力戦段階に適合した軍装備の編制、近代化の促進、膨大な軍需品製造に耐え得る軍需工業動員体制の確立、総力戦に向けての国民の精神・思想動員の必要性を説いていることである。大戦期間中から陸軍の要職を歴任していた田中も、活発な講演活動を通じて総力戦準備政策の必要性を説き、具体的な総力戦準備政策の提言や総力戦準備機関の設置を要求していた。

例えば、参謀次長に就任していた田中は、一九一五年一二月三日に開催された在郷軍人会の席上、「今後の戦争は、軍隊や軍艦のみが戦争するのではなく、国民全体があらゆる力を傾け尽して、最後の勝敗を決するのであって、即ち国家総力戦である[⑤]」と演説し、早くも国家総力戦の概念を披瀝していた。田中は陸相時代にも全国の在郷軍人会や青年団組織で講演活動を積極的に消化し、また、出版を通じて広く一般の国民にも総力戦認識の向上を求めていたのである。そこでは、「欧州の戦争は国を挙げての戦争である。ひとり軍人のみの戦争でないといふことが明らかにされて居るのである[⑥]」といった内容で、総力戦段階においては、国民と国家とが一致団結して戦争目的に邁進することの重要性を説いていた。田中がいち早くこのような総力戦認識を抱くに至った背景には、大戦研究を通じて大戦の実態を充分把握できる参謀本部の中枢に位置していたことが考えられる[⑦]。

そして、総力戦思想の宣伝普及を目指した理由は、田中が従来より説いてきた「良兵即良民」思想が、大正デモクラシー状況下における反軍思想の高揚によって力を失ない、これへの対応処置として新たに総力戦概念を導入することで国防思想教育の強化を意図したことにあったと思われる。田中の目標とする国防体制とは、現役軍人と、これを挟んだ青年団、在郷軍人会組織の日常動員による「国民の軍隊化」であった。ただ、大正デモクラシー状況のなかで「軍隊の国民化」もあわせて説くには至ったものの、それは軍隊民主化が目的ではなく、軍隊と国民のより一層の一体化を総力戦準備の理由により推し進めようとしたものであった。

このことに関連して、田中は数年を経て政友会総裁に就任した後の「政党存在の意義と党員の覚悟」と題した講演で、政界進出の動機を「私は数回の戦役を経て、又最後に於ける此欧羅巴の大戦の状況に考へ、痛切に感じたことは、先ず最初に日本の軍政と云ふものを根本に変えなきやいかぬと云ふ感が起つた」[8]からであるとし、総力戦認識が軍政のあり方まで根本的な修正を迫るものであることを明らかにしていた。その内容は次のようなものであった。

どうしても国防と云ふことは軍人の国防と云ふ観念を廃めにやいかぬ。国防と云ふことは軍隊や軍艦と云ふ範囲で終始するものぢやない。国民全体の生活と云ふことが既に国防の一部であると考へて居る。……従て国防と言ふことを軍人が料理するのだと云ふ狭い配意を持つことを根本から変へにやいかぬ。国防は国民の国防である以上、今日の国防の総ての組織を国民化して行かなくちやいかぬ。[9]

田中にとっての国防とは、狭い意味での軍政の領域に留まらず、国民全体の日常的動員を前提にした体制が準備されたものであり、国防は軍人の専管事項ではなく政治全体の、換言すれば国民全体が担うべき課題だとしたものである。田中にすれば、軍事は政治から独立し、政治からの一切の干渉を否定し得る存在と見なす、日本陸軍の伝統的かつ思想的特質を根本的に修正すべきことを説いたのである。[10] さらに、田中の言う「国防組織の国民化」をより具体的な総力戦準備政策の視点から位置づけた場合、次のようになるとしている。

軍事上最も必要と唱へられて居ることは動員と云ふことである。動員とは人馬を戦時に必要な程度に之を組織する――編制をすると云ふことである。併し従来の如き左様な範囲の狭い動員では将来何等の役に立たぬのである。であるから所謂動員は総動員でなければならぬ。総ての方面に渡つて悉く動員をされにやならぬ。……然らば総ての物件が悉く戦時の用に立つと云ふものであるならば、平素から従来の如く唯小さい範囲に於ての計画でなくして、国家全体の上にそれだけの考を持つて行かなくちやならぬ。従て其動員と言ふことは所謂国家総動員と言ふことでなきやならぬ。[11]

総力戦準備政策の窮極の達成目標は、国家総動員も平時から国内政治経済体制の中核に位置づけるものであった。それによる国家総動員体制の確立は、田中に限らず大戦終了後から一九二〇年代初頭にかけて、多くの論者が説いていたことであった。そのなかでも田中の国家総動員への着目は先駆的なものであり、田中は参謀次長の地位にあった当時、部下を動員し、国家総動員研究に従事させた。なかでも、参謀本部第一課の森五六大尉に命じて作成させた「全国動員計画必要ノ議」と題する総力戦体制樹立計画案のなかに、国家総動員体制の典型的な青写真を見出すことができるのである。⑫

「全国動員計画必要ノ議」は、その冒頭で「動員」の定義を、「軍事上ハ勿論国家全般ノ組織ヲ平時ノ態勢ヨリ戦時ノ態勢ニ移スニ要スル事業ノ全部ヲ総称スルモノトス」⑬とし、従来の純軍事用語としての動員との基本的差異を明らかにしている。一九一七（大正六）年段階で、田中は総力戦準備の最終目標として、「国家全般ノ組織」の戦争に向けての「動員」の必要性を認識していたのである。同報告書は、将来予想される総力戦に備えて全国動員計画の作成が不可欠とし、その達成目標を次のように記している。

開戦初期ニ於ケル作戦軍ノ迅速ナル決戦ヲ期待セントセハ充分ナル交戦兵力ノ充実豊富ナル軍需品ノ準備並戦時激増スル此等ノ需要ニ適応シ得ル国力ノ養成ヲ必要トス爾後戦争持久ノ止ムヲ得サルニ至ラハ遂ニ挙国対挙国ノ国力競争トナリ勝敗ノ岐ルル所一ニ平時蓄積セラレタル国力総量ノ多寡ト其組織カ戦時ノ運用ニ適スルヤ否ヤニ在リテ存ス之レ実ニ挙国一致国力ノ涵養発達ニ努力シ以テ国勢ヲ戦時ノ要求ニ適応セシムル如ク組織スル所謂全国動員計画ノ必要ナル所以ナリトス⑭

ここには総力戦が将来開始された場合には、全国動員計画の実現によって平時から軍の動員と同時に、「国家全般ノ組織」の動員の実施が円滑に進められるよう準備しておく必要が説かれていた。この認識からして、日本の現状は大戦の教訓を充分に汲み取っていないとした。つまり、大戦においてドイツが全国動員計画の実施によって緒戦に勝利したのに反し、イギリス、フランスは充分に準備しなかったため、劣勢を挽回するのに時間を要することになった、としてこの教訓を真剣に受け止めるべきだとしたのである。「帝国ノ現状」と題する項では、大戦参加国の動員計画の実態と日本の立ち遅れを指摘した後、計画実施の際の課題について次のように記している。

抑モ国防計画ト之ニ適応スル平時諸設備ノ完備トハ両々相俟チテ始メテ戦時偉大ナル能力ノ発揮ヲ期待シ得ヘキモノトス、故ニ此ノ施設ハ独リ軍事当局者ノ計画ヲ以テ其目的ヲ達成スルコトヲ全然不可能ニシテ寧ロ国防ノ大目的ニ順応スル如ク国家事業トシテ統一的ニ指導シ軍ノ整備ト生産力ノ増進トヲ互ニ平衡セシメサルヘカラス、而シテ各部ノ連繋ナキ施設ハ仮令一時国民利福ノ増進ニ資スルモノアリトスルモ戦時ノ変態ニ適応セシムルコト困難ニシテ遂ニハ国軍ノ活動ヲ防ケ所謂経済戦ニ敗ルルノ失態ヲ招クニ至ルコトナシトセス、之レ実ニ国家ノ大方針ヲ樹立シ之ニ依リテ国務ヲ統一シ以テ円満平滑ナル調和ニ依リテ国力ノ涵養増進ヲ企画セサルヘカラサル所以ナリ⒂

ここで重要なのは、総動員計画を確実に実現していくために、統帥＝軍事と国務＝政治との調和が必要であるとしていることである。そこには、一段と徹底された総力戦段階においては、軍事と政治の区別を取り払い、両者の統一性によって初めて総動員体制が確立される、とする認識がこの時点で定着しつつあったことを示している。しかし、この総力戦計画実施の具体的目標と、実施を担当する主体をどこに置くかの点では、この文面を見る限り判然としない。そこで、最後に同報告書は、当面準備すべき計画として次の八項目を挙げている。

一、平戦両時学校及社会ニ於ケル国民教育上軍事ノ要求ニ順応セシムヘキ事項
二、戦用資源ノ調査（人、馬、物件ノ全部ニ亘ル）
三、通信、運輸機関ノ整備及之カ戦時運用計画（所謂鉄道船舶動員計画）
四、軍需品又ハ同類似産業ノ保護奨励
五、軍需品諸工業ノ拡張計画（所謂工業動員計画）
六、軍需品及生活必需品ノ原料調達ニ関スル調査又戦時補給計画

七、軍資金ノ調達及戦時ノ金融ノ調節計画（六及七所謂経済動員計画）
八、戦時殊ニ開戦当初ニ於ケル社会ノ変態ノ整理方案[16]

そして、これらの諸計画を国政との調和を図りつつ、国務と統帥との統一機関によって実現していこうとする。その際、統一機関の委員長には内閣総理大臣か、勅命により任命される元帥、委員には国務大臣、参謀総長、海軍軍令部長等を構成員とするとされた。

準備計画として挙げられた事項は、これ以後数多く刊行された国家総動員計画の内容をほぼ網羅したものであり、軍用自動車補助法（一九一八年三月二五日公布）や軍需工業動員法（一九一八年四月一七日公布）等の法整備が進められる契機となった[17]。また、軍需局（一九一八年五月設置）、陸軍省工政課（一九一八年六月設置）、国勢院（一九二〇年五月設置）、資源局（一九二七年五月設置）等の国家総動員を目的とした準備機関をも相次いで設置させることとなった。さらに、そこに盛られた国家総動員思想は、臨時軍事調査委員永田鉄山によって作成された「国家総動員に関する意見」（一九二〇年五月）に集大成されるところとなった。

こうした一連の総力戦政策に共通することは、その実施機関に軍事官僚を大量に配置することで、結局は、統帥優位の方向で国家総動員体制を確立しようとする意図が明瞭になっていることであった[18]。田中としては国務と統帥との調和の必要性を総力戦認識から痛感していたものの、実際には軍主導型の総力戦政策を推進しようとしていたのである。そのことは、これ以後における総力戦政策の展開過程で徐々に顕著となってくる。その原点も実に同報告書に内包されていたのである。

田中の総力戦政策構想は、整理すれば、「軍隊の国民化」と「国民の軍隊化」を在郷軍人や青年団組織の活用によって促進すること、平時から工業力を中心に国家の諸力を総動員する体制を早急に確立すること、の二点に要約される。このうち「軍隊の国民化」と「国民の軍隊化」の着想は、総力戦段階に適合する「国防」概念の国民への注入を意図したものであり、軍隊と国民とを密接不可分な関係として位置づけることにあった。

それは、従来のように純軍事のみを対象とした「国防」ではなく、政治・経済・思想問題をも対象領域に含むものとされていたのである。田中自身が大戦終結の年に、「国民精神が緊張していなければ、それだけ国防の要素が悉く完備されないものである」[19]と述べて、いわゆる「平時の戦争論」を説いたのも、その真意は「国防」とは、あらゆる領域に直接的または間接的にかかわる問題であり、しかも「国防」を絶対無比の国家的課題として国民全体に意識化させようとしたためであった。

特に一九二〇年代に入り、八幡製鉄所の大ストライキ(一九二〇年二月五日開始)、日本初のメーデー(同年五月二日)など労働運動が高揚するなかで、田中は在郷軍人会や青年団組織の役割への期待を一段と大きくしていった。すなわち、田中は、一九二二(大正一一)年一〇月三一日にイタリアで政権を掌握したファシストの運動に着目し、「その国家にあって一身なき奉公の精神と、一糸乱れざる組織力及び統制力とは驚くべき遉に軍人を主力とした団体だけあると首肯される。これあればこそ、あれだけ赤化した伊太利を救ひ、社会党や共産党の如きを、遂に蹴落とすことが出来たのである」[20]と述べ、その在郷軍人会をイタリアのファシスト党に擬することで、国家主義的な性格を強化しようとした。

さらに、田中は一九二四(大正一三)年一月に上京した各地の在郷軍人会連合分会代表に対し、「社会主義を抑えて国家の秩序を保ち、国民の生存を安固ならしむることに向つて努力したのは、各国を通じて在郷軍人である」[21]と述べ、在郷軍人の役割が社会主義赤化思想を抑圧し、「在郷軍人の努力を集中すべき当面の急務な思想の善導」[22]にあると断定した。すなわち田中の示した「国民の軍隊化」や「軍隊の国民化」の実際目的は、結局、「国防」思想の国民への注入を在郷軍人会や青年団などの組織を媒介に常態化し、総力戦体制を支える国家主義的軍国主義的イデオロギーを再生産していこうとすることにあった[23]。そのことは、田中が総力戦体制を確立する条件として、国民の思想的精神的動員の重要性を深く認識していたことを示すものであったと言える[24]。

実際、第一次世界大戦の教訓から軍部を中心に国民の思想的精神的動員への関心が深まり、臨時軍事調査委員会発行の「交戦諸国の陸軍に就て」(一九一八年七月作成)[25]には、「民心の動員」の種々の動員のうちに「精神動員」を挙げ、総力戦を戦い抜くうえで不可欠な国民の愛国奉公や犠牲的精神を獲得し、民心の鼓舞統一を図ることがその目的であるとしていたのである。すなわち、田中の発言を待つまでもなく、田中を代表とする総力戦体制構築を志向する軍事官僚[26]は、「国防」問題への無条件の支持と、長期戦に耐え得る強固な精神的思想的団結が最も必要であるとしていた。[27]そのような意味での団結を根底から動揺させる社会的諸矛盾の表出は、最も警戒するものであったのである。

それで、これら軍事官僚は、一九二〇年代初頭における大正デモクラシー運動や、さらには社会主義運動や軍縮要求の世論の顕在化に深刻な危機感を抱き、その結果、現状における政治・経済・社会諸制度の改革への関心を膨らませることになったのである。[28]それは、一九三〇年代に入り、「国家改造運動」に連動していく。

しかしながら、一九二〇年代の状況は、総力戦体制構築を志向する田中等の軍事官僚の危機感を一層増幅するものであり、特に第二次護憲運動に象徴される政党勢力の伸張は、必ずしも政軍関係の調和による国家的団結を結果させるものではなかった。田中にしても、ここに最大の苦悩と焦燥があり、「軍隊の国民化」や「国民の軍隊化」を標榜しつつ、最終的には約三〇〇万とされる在郷軍人を中核として、国内の国家主義的かつ軍国主義的再編に全力を挙げる他なかったのである。田中はその経験を通して、在郷軍人会や青年団組織の一層の強化を図る一方で、軍人としての身分の限界を自覚し始めていた。それで、田中の政界進出の背景には、大戦を教訓とする総力戦認識と、これへの対応過程のなかにその理由を見出すことも可能なのである。

2　政軍連携の模索と実行の条件

第一次世界大戦に出現した一連の画期的な兵器群は、従来の兵器体系をその根本から転換させるものであった。そして、新たな兵器体系への転換の事実は、日本陸海軍に深刻な衝撃を与え、総力戦段階の兵器水準から現状の日本が遥かに立ち遅れていたことを充分に認識させるところとなった。そこから新たな兵器体系の日本への導入や生産のため、従来とは全く異なった発想からする軍需工業の充実と、その動員体制の確立が緊急要件であることを田中を筆頭に一部の軍事官僚に自覚させることになった。

例えば、臨時軍事調査委員会が作成した「欧州交戦諸国ノ陸軍ニ就テ」には、参戦諸国の工業動員の実態が詳細に紹介され、第二版(一九一七年六月発行)には、「工業動員」の必要性について、戦争の勝敗の決定要素として国内軍需工業動員の整備充実の重要性を指摘していた[29]。名称を「交戦諸国ノ陸軍ニ就テ」と変更した第四版(一九一八年一二月発行)でも、巨大な軍需品消耗を不可避とする将来の総力戦では、「工業動員」の重要性は一段と高まり、「工業動員」行政は統一的な中央機関によって運営し、官民合同を推進して軍産連携を深めること、また対外的には原料資源の確保・輸送および需要供給の統制も組織化することなどが提言されていた[30]。

この段階で軍需工業動員論の広範な普及と、その政策化を目指し、森五六、鈴村吉一、宇垣一成、近藤兵三郎、吉田豊彦、筑紫熊七等の中堅軍事官僚群が一斉に内部雑誌等を通して論陣を張ることになる[31]。国家総動員思想が、各領域・各分野別に均等に定着し、その主催者が共通して総力戦認識を抱くことこそ、国家総動員体制確立の要件と田中は認識していたのである。

そして、精神・思想動員と並んで重視したのは、この工業・経済動員であった。田中が、「戦時の国防は又一つの大なる経済競争である。平時の経済戦に負けるものが戦時の国防に勝てる道理がない[32]」と述べる時、そこには国防に従属する経済動員体制と、それを支える経済構造の創出への目標が率直に表明されていた。ただ、その場合に田中の意図した工業・経済動員がいかなる内容を指すかは定かではない。そこで、田中の信頼の厚かった中堅軍事官僚が作成した資料を手掛かりにして、とりあえず要点を整理しておきたい。

例えば、田中は参謀次長時代に参謀本部第二部第五課兵要地誌班長であった小磯国昭（後首相）を重用し、小磯を中国に派遣して資源調査にあたらせた。その成果をまとめた「東部内蒙古調査報告　経営資料」および「帝国国防資源」（小磯少佐私案、一九一七年六月作成）は、軍需工業動員に不可欠な工業原料の供給対象地として中国資源への着目と、その実態および搬入手段につき提言を行っている。

小磯は同書のなかで、総力戦段階では、経済戦の優劣によって勝敗が決定されるとし、その場合に戦時自給経済の運用を必須の条件とした。そして、それを支える物理的基盤としての資源の確保については、「支那ノ供給力ニ負フ所将来益々多カラントス」[33]と記し、中国資源への強い関心を示している。大戦を境にして、日本の対中国政策の展開が一段と強硬となっていった背景には、総力戦体制構築を追求する軍事官僚の資源供給地としての中国という位置づけが大きく存在したことは明らかであった。総力戦段階に適合する巨大な軍需工業の発展と、経済動員の平時準備のためには、これに見合う膨大な量の資源が必要であり、それが中国への経済的軍事的侵略を絶えず引き起こす原因となっていくのである[34]。

これら軍需工業動員必要論の展開は、結局、軍需工業動員法（法律第三八号）の成立となって具体化する。同法の基本的な目標については、同法制定に深く関与したとされる鈴村吉一陸軍砲兵少佐の論文「工業動員」のうち、次の点に注目しておきたい。

工業動員ノ第一要義ハ民間工場ト政府トノ関係ヲ律スルコト即チ是ナリ只製造品ヲ注文スベキヤ或ハ之ヲ管理若シクハ徴発シテ製造命令ヲ下スヘキヤハ問題ナルモ要スルニ戦争ノ要求ニ基ヅク軍需品ヲ最モ迅速ニ見精良ナル品ヲ補給スルノ処理ニ到達スルヲ本旨トスル[35]

要するに軍需工業動員法の意図したものは、総力戦段階に対応可能な軍需品の大量生産を保証する軍需品生産部門の底辺拡大と、高度な近代兵器生産を可能とする工業技術能力の普及であった。大戦の教訓として、軍需品生産のうちでも特に高度な兵器体系への転換が急務とされ、さらに弾薬消費量の驚異的な増加が示した継戦能力の比重の増大は、軍需品生産がもはや陸海軍工廠による生産体制のみでは補充し切れなくなることを予測させていた。そこから、軍需品生産の民間企業への依存体制が不可欠となってくるのである。

鈴村とともに軍需工業動員法の草案づくりに重要な役割を果たした吉田豊彦は、「我軍事工業ト民間工業トカ如何ナル連繫ヲ確保シタナラハ克ク国防ト産業トノ調和点、語ヲ換ヘテ言ヒマスレハ此軍事工業ト民間工業トノ相関点ヲ発見スルコトカ出来ルカ又軍事上ノ要求ニ如何ニスレハ順応スルコトカ出来ルカト云フコトニ就キマシテハ官民共ニ全力ヲ傾注[36]」することが重要であると指摘している。言わば、兵器・弾薬生産の民間依託の促進を、同法制定の主要な目的としたのである。

今日的視点からすれば、軍産連携必要論とでも表現できる課題の設定は、田中等総力戦体制の構築を追求してきた軍事官僚群が、大戦の教訓から得た重要な結論であった。それは、従来軍事技術の民間レベルの向上や、兵器生産の民間依託あるいは官民合同による技術交流など、極一部を除いて等閑に付されてきたものであっただけに、画期的な発想の転換が行われたことになる。田中を中心とするこれら軍事官僚群は、同法成立後において軍産連携の促進と、これによる軍装備の近代化および軍編制の合理化に乗り出すことになる。そこで、田中がこの時期最も関心を払った航空兵力の創出と育成の内容を中心に概観し、田中の軍装備充実構想とその具体的実践の経緯を見ておきたい。

田中は、まず参謀次長時代に「国防方針」の改訂作業を実施し、一九一七(大正六)年六月、所要兵力として平時二〇個師団、戦時二〇個師団の計四〇個師団とする新国防方針を決定した。それは従来と比較して平戦時いずれも五個師団の削減を内容とするもので、その代わり削減と引き換えに軍装備の近代化と継戦能力の向上が意図されていた。五個師団数の削減計画が予定されたとはいえ、実際には軍備拡充計画の一環として位置づけられていた。しかし、大戦の期間中、ロシア革命の勃発によって陸軍第一の仮想敵国帝政ロシアが消滅したことは、これら軍備拡充計画の根拠を失なわせていた。そこで拡充計画の理由として、大戦に出現した総力戦段階に適合した軍近代化、三単位編制・軍団制の導入など一連の軍制改革の必要性を挙げていたのである。

原内閣の陸軍大臣に就任した田中は、標準兵力二五軍団の編制を目標とし、これに総経費二〇億円を投入して二五カ年の継続事業とする内容の陸軍拡充案の実現に向け活発な論陣を張った。しかし、この時期、「軍国主義的ロシアの崩壊後に於ける、我国の陸軍拡張には、道理上から正面の反対を絶叫すべきである。増師問題から僅か数年ならずして、又復這の大拡張案に軍団編制などと云ふカーキー色の服を被せて、政党内閣の劈頭に押し立てて現はれ来つた」(37)とする、田中の陸軍拡充案への反対の世論が目立ち始めていた。

これら自由ジャーナリズムの共通した反対論には、田中の主張する軍備拡充案の根拠とする第一次世界大戦の教訓が説得力に欠けるとしたものが少なくない。それは、大戦後における国際政治状況は、客観的にみて軍備縮小を求める世論が高揚しており、軍備拡充の必要性も緊要性も見出し得ないとするものであった(38)。こうした世論の動向を見て取った田中は、財政難を理由に陸軍の軍備拡充案に反対する高橋是清蔵相の意見の合理性と、原首相の仲介もあって、とりあえず軍備拡充案を取り消すことになった。『田中義一伝記』によれば、この時田中が拡充案を取り消した理由として次のことがあったと記している。

ヨーロッパの戦乱の教訓にもとづいて、将来の軍備に変革が来るのは必至である。したがってこの際いたずらに旧套を追った軍備拡張に固着するのは、必ずしも得策でない。むしろ既存部隊の自動火器や大砲などの充実、すでに一部の編制を見た電信隊、飛行隊などの整備をはかりつつ、新時代に応ずる軍備についての研究調査を急いで、その成案を得て適当の時期に本格的な軍備充実を行うのが賢明である(39)。

田中は、新国防方針の決定や今回の陸軍軍備拡充案を貫く発想において、大戦に特徴的であった大量兵力の継続的集中的動員を注視するあまり、結局は常備兵力の肥大化のみに関心を奪われてきたことを批判的に総括したうえで、実際には平時における軍装備の近代化や、軍需工業生産能力の飛躍的向上の必要性を改めて確認していたのである。それは同時に、軍需工業の発展が民間企業の活性化と連動するものであり、軍産連携の強化が結局は軍備拡充達成の合理的方法である、とする判断を明らかにしたものであった。

その軍産連繋の代表例として、田中が積極的に関与した陸軍航空兵力の創出と育成を挙げることができる。田中は、第一次世界大戦で出現した潜水艦、戦車、航空機の登場に強い関心を示し、なかでも航空兵力の立ち遅れを痛感していた。そのため田中は陸相就任と同時に井上幾太郎(後航空部本部長)を陸軍省に呼び、航空兵力充実計画の推進を命じていた。

その後、井上は田中によって臨時航空技術練習委員会委員長に任命され、航空兵の育成に着手する。田中は井上を全面的に援助し、委員会の必要経費をシベリア出兵の臨時軍事費から捻出するほどの熱の入れようであった[40]。その田中は陸相時代の一九一九(大正八)年には、陸軍省航空課や航空学校(所沢)の新設、フランスからの航空将校の招聘、航空隊の中隊増加、一九二〇(大正九)年には航空大隊(二個)の増設、航空局の新設、陸軍航空制度委員会の設置、民間航空事業の奨励、航空学校分校の設置等、この二年間に陸軍航空行政の原型をほぼ作り上げていたのである[41]。

田中の意を受けた井上は、これら航空兵力の充実を図るにあたっては、「兵器行政を陸軍伝統の本筋から脱却し、民間工業に依嘱せしめること」[42]を目指し、航空機製造を民間工業へ全面的に依存することにしていた。航空機製造に関しては、軍工廠での生産実績が乏しかったという点もあったが、陸軍はこの時点で中島、三菱、川崎、石川島に航空機製造を依託していたのである。

このなかでも特に海軍出身の中島知久平と田中・井上との関係が深く、中島は以後陸軍の航空機の主力生産者として不動の地位を獲得していくのである[43]。航空機生産を象徴とする軍産連携の動向は、軍事技術の民間移転、民間工業の活性化等、経済的メリットを有していただけに徐々に顕著なものとなりつつあった。しかし、田中、井上らの主唱する航空兵力充実論が、陸軍内で大方の支持を受けていた訳ではなかった。軍需工業動員体制の確立の点においてはある程度認識が共有されていたものの、軍備充実の内容をめぐっては明確な対立が表面化しつつあったのである。

それは総力戦段階における軍備形態、兵器体系の内容をめぐる基本的対立点を含んだものであり、いわゆる「根本改革派」と「現状維持派」と称される二派の対立である。(44) 前者が田中を中心とする軍近代化促進を主張するグループであり、後者が上原勇作参謀総長を頂点とするグループであった。上原らの主張は多数の近代兵器体系への転換は、日本の工業生産能力水準からして不可能であり、たとえそれを保有し得たとしても補給維持に困難を来たすであろうというものであった。上原らは、田中らが進めている常備軍の削減と、航空兵力の充実に象徴される軍装備の急速な近代化・機械化に批判的であったのである。(45)

こうした両派の対立は、田中・井上が進める航空兵力充実計画をめぐって一層深刻化し、特に一九二一(大正一〇)年六月の空軍独立問題をめぐる両派の衝突は、陸軍内部における主導権争いとも重なって以後の総力戦準備政策の展開上一つの節目となった。先の空軍独立問題では、イギリスのような空軍省設立はならなかったものの、陸軍の主導権は田中―宇垣のラインに握られることになる。

さらに、清浦内閣における後任陸相問題では、上原が強く推していた福田が敗れ、田中の推薦した宇垣が陸相に就任するにおよんで、田中―宇垣ラインの優位は決定的となった。これら一連の両派の対立・抗争は、長州閥と薩摩閥との派閥争いと評されたが、その背景には大戦後の総力戦段階にいかに対応していくかをめぐる政策レベルでの対立が存在していたのである。

すでに陸軍省を中心に各主要部署は軍制改革派の中堅軍事官僚群によって占められており、国際的な軍縮機運と連動した国内での軍縮世論の高揚は、一層量的レベルでの軍備拡充の実現を困難なものとしていた。従って、当該期において、総力戦準備政策の一環としての軍備充実を図ろうとすれば、肥大化した常備師団数と兵員数とを思い切って削減することで軍縮を実行し、そこで浮いた経費を軍装備の近代化に転用する方法しか残されていなかった。

五個師団相当の人員整理を断行した二次にわたる山梨軍縮[46]に続いて企画された宇垣軍縮(一九二四年七月)では、陸軍制度調査委員会によって「陸軍自ラノ経費ヲ以テ自給自足シ之カタメ戦略単位(師団)ノ減少ヲ敢テ行ハントスル……編制上ノ改善ニハ最大ノ経費ヲ投入シ以テ航空機其ノ他ノ新兵器ヲ整備シ国軍内容充実ノ実効ヲ挙クルコト[47]」が目的とされた。そして、一九二四(大正一三)年八月一三、一六、一六日の三日間にわたって開かれた軍事参議官会議では、この陸軍制度調査委員会の報告をめぐり上原派の尾野実信、福田雅太郎、町田経宇等が強硬に反対意見を展開した。しかし、結局、押し切られて四個師団の廃止、兵員数約四万名に達する削減が断行された。軍縮の内実は陸軍当初の計画通り、削減によって浮いた経費は全て航空戦力強化等の軍近代化のために転用されることになる。それは実質的な軍装備体系の転換を目指した、文字通りの軍備拡充策であったのである[48]。

その意味で宇垣軍縮は、大正デモクラシー運動の高揚に伴う軍縮要求の世論に応え、政党政治の発展に伴う政党による軍事問題への介入の余地を狭め、軍部の自立性を証明して見せた高度な政治的判断でもあった。それは同時に大戦を教訓とする田中らが進めていた国家総動員体制確立の方向が、具体的に国策レベルで検討課題となる契機ともなった。

すなわち、宇垣軍縮を契機に、国内では軍縮をめぐる政争も世論も鎮静化し、その一方で国家総動員機関の設置への動きが活発化していくのである。それは、第五〇・五一議会における国防論議の結果として、「国防ノ基礎ハ国家総動員ニ在リ[49]」とする基本認識に立ち、国家総動員機関設置準備委員会(一九二六年四月)の新設となってまず具体化する。陸軍はこれに軍務局長の畑英太郎を委員に、軍事課員の永田鉄山を幹事として送り込み、その主導権を握ろうとした。同時に陸軍省は省内に統制課と動員課から成る整備局(整備局長松木直亮、統制課長西村迪雄、動員課長永田鉄山)を新設(同年一〇月)して、陸軍独自に国家総動員機関の業務内容事項の研究準備に入った。

国家総動員機関設置準備委員会の一年に及ぶ審議の結果、一九二七(昭和二)年四月二〇日に成立していた田中義一内閣のもとで、総動員資源の統制運用を準備する資源局が設置されることになる。内閣総理大臣の管理下に置かれた資源局の設置は、田中等陸軍の軍制改革派中堅軍事官僚が主張してきた国家総動員構想が、ここに来てようやく制度的に定着し始めたことを意味していた(50)。

こうして、大戦を教訓とする総力戦政策の着想と、その具体策としての国家総動員構想は、田中の手によって国策化し、そこに日本陸軍も自らの存在意義と政治的地位の保証を求めるに至った。さらに言えば、この資源局設置によって第一次世界大戦以来、軍部が主張してきた国家総動員の思想が、国家全体の政策目標として掲げられ、次第に制度化されていくことになったのである。こうして、軍部は合法的に政治に関与していく制度的・客観的条件を得ることになった。

ここで言う「資源」とは、「人的物的有形無形に亘り依つて以て国力の進展に資すべき一切の事物を包擁する(51)」ことを示しており、それは田中が説いてきた国家総動員思想を端的に集約したものであったのである。このことから、大戦以降、田中が中心になって進めてきた国家総動員政策の具体化は、紆余曲折を経ながらも一定の成果を得てきたと言えよう。

そこでの問題は、資源局設置前後における国家総動員政策の実際政治過程での実践とその内容である。財界、官界、政界など他の政治主体との関係が必然的に問題となってくるのであり、なかでも当該期においては政党勢力が軍部の目指す国家総動員政策にいかに対応するかが最大の課題となるはずであった。この問題との関連で、田中は政界への接近を顕在化させ、政友会総裁に就任することで、軍事から政治へとその活動領域を広げていくことになる。そこで、次節では田中の政界入りの背景とその動機とを追うことで、政軍の接近という政治過程を整理しておきたい。

(1) 臨時軍事調査委員会の詳細については、黒沢文貴「臨時軍事調査委員会について」(『紀尾井史学』第二号、一九八二年一二月)、纐纐「臨時軍事調査委員会の業務内容」(『政治経済史学』第一四七号、一九八〇年一一月)等を参照されたい。なお、黒沢論文は加筆修正後、前掲『大戦間期の日本陸軍』の「第一章　日本陸軍の第一次大戦研究」に再録されている。

(2) 臨時海軍軍事調査委員会については、斉藤聖二「海軍における第一次大戦とその波動」(『歴史学研究』第五三〇号、一九八四年七月)、黒沢文貴「臨時軍事調査委員会と田中軍政」(桜井良樹他編『国際環境のなかの近代日本』芙蓉書房出版、二〇〇一年)等参照。

(3) 例えば、国民党総裁犬養毅の産業立国論、寺内内閣の内務大臣後藤新平の大調査機関案、寺内首相の経済ブレーン西原亀三の「戦時経済動員計画私儀」(一九一七年三月)等がある。これらの問題について、纐纈は前掲『総力戦体制研究』で詳しく触れている。

(4) 主な単行本を列挙すれば以下の通りである。三宅覚太郎『欧洲戦争日録評論』(報効学舎、一九一五―一九一六年)、楠瀬幸彦『国民皆兵主義』(黒潮社、一九一六年)、大日本文明協会編『欧洲大戦の経験』(大日本文明協会、一九一六年)、二宮治重『欧洲戦と列強の青年』(川流堂小林又七、一九一六年)、山田毅一『軍政と国民教育』(放天義塾、一九一七年)、山口圭蔵『欧洲大戦と日本の将来』(宝文館、一九一七年)、佐藤鋼次郎『国民的戦争と国家総動員』(二酉社、一九一八年)、大庭久吉『国防争議評論』(二酉社、一九一八年)、仏教連合会編『時局講演集　第一回、第二回』(仏教連合会、一九一八―一九二〇年)、横山雄偉『世界戦争に現れたる日本陸軍首脳者の無能力』(横山出版部、一九一九年)、宇都宮鼎・佐藤鋼次郎『国防上の社会問題』(冬夏社、一九二〇年)。

(5) 田中義一伝記刊行会編『田中義一伝記』上巻、原書房、一九八一年、四二〇―四二一頁。

(6) 田中陸相講話「軍生活と在郷生活」『田中義一関係文書』五九、一二七頁。

(7) 総力戦の概念を本格的に理論化したレオン・ドーテ(Leon Dote)は、一九一八年に『総力戦』(*La guerre totale*)を刊行し、総力戦は政治的・経済的・工業的・知性的・通商的・金融的諸領域の動員によってのみ遂行可能な戦争形態であるとしている。

(8) 立憲政友会編『政治講座』日本政治学会、一九二六年、三頁。

(9) 同右、四頁。

(10) 竹村民郎は、『独占と兵器生産――リベラリズムの政治構造』(勁草書房、一九七一年)のなかで、この発言から田中が従来のドイツ流の政軍不分離の原則に基づく国防思想を放棄し、政軍分離の原則を主張する西園寺―原の線に急速に接近した、としている(一〇九頁)。

(11) 前掲『政治講座』九―一〇頁。

(12) 「全国動員計画必要ノ議」の主要部分は、前掲『総力戦体制研究』に収録(一九九―二〇五頁)している。

(13) 同右、一九九頁。

(14) 同右、一九九―二〇〇頁。

(15)　同右、二〇一頁。
(16)　同右、二〇一―二〇二頁。
(17)　両法案については、原田敬一「近代日本の軍部とブルジョワジー」『日本史研究』第二三五号、一九八二年三月、参照。
(18)　木坂順一郎「軍部とデモクラシー」『国際政治　平和と戦争の研究Ⅱ』第三八号、一九六九年四月、七頁、参照。
(19)　田中義一「国民指導の方針」(日蓮宗宗務院編『布教講習会講演録』第四輯、日蓮宗宗務院、一九一八年)、一五―一六頁。
(20)　田中義一『大処高処より』兵書出版社、一九二五年、一四七頁。
(21)　帝国在郷軍人会本部「皇太子殿下の御結婚奉祝のため上京の連合分会代表者同席上に於ける本会々老田中大将口演要旨」『田中義一関係文書』。
(22)　同右。
(23)　一九二五年(大正一四)年三月、在郷軍人会は規約改正を行った結果、「在郷軍人会修養ノ対境ヲ戦時ニ限ルモノノ如ク速断スルノ嫌ヒアリシヲ以テ其ノ決シテ然ラサル所以ヲ明カニシ」(『戦友』第一七九号、一九二五年五月)とされたように、平戦時の区別なく思想動員を果たす役割が一段と強化されるにいたった。
(24)　古屋哲夫は、「民衆動員政策の形成と展開」のなかで、「日本の場合、報徳会、青年団のような諸団体を国体イデオロギーのもとに動員し、反革命思想戦線を形成することが総動員政策の一つの前提となるものであった」(『季刊現代史』第六号、一九七五年八月、二六頁)としている。
(25)　同書の第四版には、「民心ノ動員ハ実ニ国家総動員ノ根幹ヲ為スモノト謂フヲ得ベキナリ」(三〇頁)と記されている。
(26)　例えば、田中の部下であった宇垣一成もその日記に次のように記していた。「軍人は素より国防の直接責任者なるや、軍人のみが国防の全責任者にあらずして国民全般が共に国防の責を分つべきものである。故に吾人将校としては殊に勉むべきは一般国民をして国防の必須を感得せしむることと同時に、軍備充実の負担を潔く満足して国民に応ぜしむるにある」(角田順校訂『宇垣一成日記』Ⅰ、みすず書房、一九六八年、三二五頁)。
(27)　『偕行社記事』には、国家総動員の主要目的の一つとして思想動員への強い関心を喚起している記事が少なくない。例えば、高須武次郎は「一般国民ニ軍事思想ヲ普及セシムヘキ具体的策案」のなかで、「全国動員ハ国防ヲ完備シ兵役義務ヲ公平ニシ併セテ軍事思想ヲ振起スルノ方策ナリ」(同書、第五三四号、一九一九年、三五頁)と述べている。
(28)　吉田裕「第一次大戦と軍部」(『歴史学研究』第四六〇号、一九七八年九月)、戸部良一「第一次大戦と日本における総力戦論の受容」(『新防衛論集』第七巻第四号、一九八〇年三月)等参照。

(29)　前掲『総力戦体制研究』三六頁、参照。
(30)　同右、三八頁、参照。
(31)　臨時軍事調査委員会は、同時期に『臨時軍事調査委員　第二年報』（一九一八年一月）のなかで、「工業動員要綱」を発表して軍需工業動員論の集大成的論文を掲載している。
(32)　田中義一「国家総動員の要素と青年訓練の意義」沢本孟虎編『国家総動員の意義』青山書院、一九二六年、二六一頁。
(33)　参謀本部編『帝国国防資源』防衛庁防衛研究所戦史部図書館蔵、一九一七年六月、一一頁。同資料は、纐纈前掲『総力戦体制研究』に収録（二〇六—二一二頁）。
(34)　これに関連して鈴木隆史は、「総力戦体制と植民地支配」のなかで、「総力戦準備の進行に対応して、日本帝国主義の中国大陸にたいする植民地支配の衝動を、たえず促迫する基本的要因の一つがあったことを看過することができない」（『日本史研究』第一一一号、一九七〇年四月、九一頁）と指摘している。
(35)　『偕行社記事』第五二四号附録、一九一八年、一八頁。
(36)　吉田豊彦「軍事上ノ見地ヨリ器械工業ニ対スル希望ニ就イテ」（国立公文書館蔵『各種調査委員会文書講演綴』第三六巻）、五頁。なお、吉田豊彦には『軍需工業動員ニ関スル常識的説明』（偕行社、一九二七年）の著作があり、同書には陸軍大臣宇垣一成、海軍大将鈴木貫太郎、陸軍中将筑紫熊七等が序文を寄せている。宇垣は、その序文の冒頭で「世界大戦ノ勃発以降欧米諸列強争テ国家総動員ノ考究ニ力メ各其方策ヲ樹テ資源ノ増殖、用途ノ統制等纖細ノ末ニ至ル迄モ遺ス所ナカラントス」（一頁）と記している。
(37)　逸名氏「軍団仮面の陸軍大拡張案を難ず」『中央公論』一九一八年一一月号、二八頁。
(38)　例えば、そうした反対論者として著名であった吉野作造は、「陸軍拡張に反対す」（同右）などの論文で活発な発言を行った。
(39)　前掲『田中義一伝記』下巻、一八三頁。
(40)　井上幾太郎伝刊行会編『井上幾太郎伝』井上幾太郎伝刊行会、一九六六年、二三六頁。また前掲『田中義一伝記』下巻（二一〇—二一六頁）にも田中の航空兵力充実への関心の深さを記している。
(41)　前掲『田中義一伝記』下巻、一八七—一八八頁。
(42)　陸軍航空本部編『小笠原中将想ひ出の記』陸軍航空本部、一九三九年、六三頁。
(43)　竹村民郎は、前掲『独占と兵器生産』のなかで、中島知久平の海軍退官の背景には、航空兵力の将来性を予見した中島と、田中・井上らの陸軍航空行政の実力派との連携があったとしている（一〇九頁）。
(44)　『大阪朝日新聞』（一九二二年一月一五日付夕刊）でこの表現を使い、「歩兵繰典」（一九二三年改訂）の改訂をめぐる二派の対立を紹介している。

(45) 例えば、「現状維持派」の一人であった田中国重は、日本の国力からして第一次世界大戦と同様の長期戦は不可能であり、大量の常備師団を平時から保有し、開戦に際してはこれを一気に投入することで短期決戦型の軍備形態を徹底すべき事を再三説いていた(「大正一三年七月二九日付　上原元帥宛田中書翰」『上原勇作関係文書』東京大学出版会、一九七六年、二六九頁)。これに対し軍制改革論者は出版・講演等を通じて活発な論陣を張っていた。例えば、橋本勝太郎(陸軍中将)は、『経済的軍備の改造』(隆文館、一九二一年)のなかで、「現今の戦争、特に大戦の実験は、科学応用の優劣巧拙が、直に戦闘の勝敗の決に関すること、大なる証明せられた」(一七一頁)として、現状維持派の大量常備師団保有政策を批判している。なお、両派の対立の内容については、纐纈前掲『総力戦体制研究』の「第四章　軍部批判の展開と陸軍改造計画」(七三―一〇〇頁)で詳しく触れている。

(46) 山梨軍縮については、藤原彰「軍縮会議と日本陸軍」『歴史評論』第三六号、一九七八年四月、参照。

(47) 「大正一三年七月三一日付　陸軍制度調査委員第一次報告」(陸軍省『密大日記』一九二四年、五冊の内一)、防衛庁防衛研究所戦史部図書館蔵。

(48) 宇垣は軍縮の意義について、日記に次のように記している。「国民の声に聞き国民の休戚に配慮したるの軍部の態度は多年陸軍に対する国民の面白からざる感情を一掃し、両者融和一致の端が開けたりと申して宜しい。之れも今度の仕事をなした一理由である。即ち輿論を先制して国防力の改善を図り、軍備縮小と地方の休戚との関係的自覚を国民に警醒し、及軍民一致融和挙国国防の端緒を開くと云ふ此三点が今日迄余り世間に公言し得られざる、余の胸中に潜みおりし理由である」(前掲『宇垣一成日記』I、五月一日の項、四六四頁)。宇垣軍縮に関する論文は多いが、古屋哲夫は「民衆動員政策の形成と展開」のなかで、「宇垣軍縮は、師団削減を代償として、軍の勢力を一般社会のなかに拡大させるとともに総動員対策を国策レベルに登場させるという役割を果たしたのであった」(『季刊現代史』第六号、一九七五年八月、三三頁)と述べ、宇垣軍縮を田中―宇垣ラインによる国家総動員政策の国策化の契機と位置づけている。

(49) 「国防ノ基礎確立ニ関スル建議案」(大日本帝国議会誌刊行会編『大日本帝国議会誌』第一五号、一九三〇年)、八六〇頁。

(50) 資源局設置に至る経緯およびその具体的役割などについては、前掲『総力戦体制研究』の「第三章　国家総動員の法整備とその実施機関」を参照されたい。また、関連論文に、山口利昭「国家総動員研究序説――第一次世界大戦から資源局設置まで」(『国家学会雑誌』第九二巻第三・四号合併号、一九七九年四月)がある。

(51) 資源局「資源の統制運用準備施設に就いて」(陸軍省『甲輯第四類　永存書類』一九二八年、所収)、防衛庁防衛研究所戦史部図書館蔵。なお、資源局は、第一次世界大戦後に登場した国家総動員構想の本格的な制度的表現でもあった。

三　国家総力戦体制構築への展望

1　政党内閣の成立と政軍関係の調整

原内閣の陸相時代に原をはじめ政友会党員や財界、官界に多数の知己を得た田中は、そうした人脈形成を通じて政界進出の機を窺うことになる。その一方で、原敬内閣以後の国内政治状況は極めて流動的となり、政界再編をめぐって混乱し始めていた。つまり、第一次世界大戦以来、原内閣時代までは大戦景気に触発された急速な経済成長を背景として政治経済両面にわたる積極政策が展開されていたものの、原敬暗殺（一九二一年一一月四日）と前後して積極政策の限界や失敗が露呈されつつあったのである。

すなわち、激しい財政膨張や物価高騰に促迫された国内経済政策の修正、ワシントン海軍軍縮会議（一九二一年一一月）に代表される国際的軍縮機運を背景とした国内軍縮世論の形成、普通選挙実施を求める国内民主化の動向、社会運動や労働争議の活発化等の重要課題の出現は、支配各層に共通した危機意識を抱かせるところとなった。その危機意識は原敬暗殺によって一段と増幅され、原敬内閣以後の政治状況は、支配各層による危機克服策の一環としての政界再編をめぐり動揺を続けることになる(1)。

日本政党史上初の本格的な政党内閣とされた原政友会内閣は、実際には田中陸相率いる陸軍、山県の強い影響下にある官僚勢力および枢密院、それに貴族院最大派閥の研究会といったいわゆる非選出勢力と、衆議院に絶対多数を確保する政友会のいわゆる選出勢力との協調関係のうえに成立した内閣であった。確かに原内閣の閣僚は陸海軍大臣以外、ほとんどが政友会党員で占められ、その限りでは政党内閣であったが、内閣を支える基盤という面では中間内閣的な性格から脱し切ったものではなかった。つまり、本来の意味での政党内閣とは、ここで言う非選出勢力の干渉を一切排除し、これから自立した選出勢力のみが主体となる内閣を指すのである。

原内閣を支えた非選出勢力と選出勢力とは、山県と原という両勢力を代表する人物の強力なリーダーシップに支えられていたが、原暗殺に続いて山県も病死(一九二二年二月一日)し、両勢力の安定した関係は崩壊し始める。一方、政友会内閣時代に反政友・反山県系官僚勢力と野党憲政会とは、それぞれの思惑を秘めつつ、政友会に代わる新たな政界再編構想を打ち出していくことになる。それが前者による「挙国一致内閣」路線と、後者による「政党内閣」路線である[2]。

この場合の「挙国一致内閣」路線とは、反山県系官僚派の後藤新平系官僚派と長州閥と対抗する薩摩派、それに政友内閣時代一貫して少数野党であった革新倶楽部等が「挙国一致」をスローガンに連合し、政権形成を目標とするものであった。政友会は衆議院に絶対多数の選出勢力を維持していたものの、原・山県死去後、その政権維持能力は低下していた。しかし、「挙国一致内閣」路線への参入は、政友会の支持基盤の一層の崩壊に拍車をかけることが明らかであり、それとは一線を画していくことになる。

原内閣を継いだ高橋是清内閣が総辞職すると、一九二二(大正一一)年六月一二日、薩摩派官僚と貴族院(研究会・交友倶楽部)を基盤とする海軍出身の加藤友三郎が内閣を組織し、次いで一九二三年九月二日、第二次山本権兵衛内閣が成立した。政権を失なった政友会は、山本内閣には閣外援助を行ったものの、政権の座から遠ざかる一方であった。そして、一九二四(大正一三)年一月七日、「挙国一致内閣」路線の延長として清浦奎吾内閣が成立し、基本的に政党政治の排撃の姿勢を明確にすると、政友会は政党政治の本筋に戻るため、「憲政常道」論に基づく「政党内閣」路線へと基本姿勢を転換していくことになる。

つまり、政友会は伝統的な政権形成構想としての「情意投合」路線や「挙国一致」路線とも決別することで、非選出勢力との協調・連合関係を放棄し、選出勢力のみを主体とする、文字通りの「政党内閣」路線による政権形成を実現しようとしたのである。ここに政友会は長年敵対視してきた憲政会と提携し、政党政治の確立を目標とする第二次護憲運動を開始した。そして、政党政治排撃を掲げる清浦内閣打倒を宣言し、護憲運動を活発化させていったのである。

原敬死後、高橋総裁を支えた政友会の実力者横田千之助は、普通選挙制度や健全財政を求める国民世論に応えていくことで、政党としての基盤を広く大衆のなかに見出すこと以外、将来における政党政治の確立は期待できないと考え、この方向で党刷新を図ろうとした(3)。横田を中心とする政友会総裁派は、党内の根強い反対を押し切って憲政会、革新倶楽部との間に護憲三派連合を結成し、政党勢力の連携を強化した。しかし、政友会内では、これに反対する床次竹二郎を中心とした反総裁派(一四九名)が脱党して政友本党を結成した結果、政友会の議席は一二九議席と激減してしまった。政友会は、清浦内閣が一九二四年五月一〇日に実施した総選挙においても二四議席を失なうことになる。それは憲政会が四八議席増によって一五一議席となり、一挙に党勢を拡大したのと対照的であった。

同年六月七日、加藤高明憲政会総裁を首班とする護憲三派内閣が成立する。しかし、主要閣僚は憲政会が占め、政友会と革新倶楽部は憲政会に妥協することで党勢維持を図るのが精一杯の状況であった。横田ら政友会幹部は党勢挽回を目的として、普通選挙制の施行、貴族院改革の断行などを主張して世論の支持を求めたが、それは憲政会とも競合するものであり、成果はあまり挙がらなかった。党内に深刻な焦躁感が充満する最中、党刷新の指導者横田が病死(一九二五年二月)し、さらに高橋総裁も党運営に限界を感じて辞職の決意を固めるに至る。

こうした状況のなか、政友会幹部は横田・高橋に代わる政友会の指導者＝総裁の選任という作業に入ることになった。その過程で政友会は、横田が示した「政党内閣」路線を一層発展させていく方向に進むか、あるいは原内閣が示した非選出勢力との提携を再開して、「情意投合」路線あるいは「挙国一致」路線を志向するか、を問われることになったのである。[4] 田中の名が高橋総裁の後任として有力候補に挙がったのは、このように政友会が将来の方向を選択する一つの過渡期にあたっていた。

政友会内部における田中擁立工作の経緯は諸説が存在し、また田中への期待感も様々であった。後継総裁の選任にあたって有力な発言力を持っていたはずの高橋総裁自身は、辞職にあたって後任問題に積極的発言を差し控えており、ただ順当な人事として党内最大の実力者であった横田を考えていたとされる。[5] しかし、横田の死去後、党内からの選出の線が消え、党外からの招聘が決定的となる。

田中擁立工作は、横田自身が生前から西原亀三、森恪ら田中に近い人物を使って田中との接触を開始し、横田死去後は横田の意志を継いだ政友会幹部小泉策太郎が中心となって田中擁立を実現させたとするもの、[6] あるいは久原房之助(久原鉱業株式会社創立者)が長州出身の軍人三浦梧楼に田中擁立を依頼し、三浦が横田と小泉に進言したとするものなど諸説がある。[7] しかし、ここでは田中擁立工作を担った人物の確定は問題ではなく、田中が何を期待されて擁立されたかがより重要であろう。そのことを見る前に、まず田中が政友会および政友会周辺にどのような評価を得ていたかを整理しておく。

第二代の政友会総裁で山県死後、準元老格として政界に大きな発言力を持っていた西園寺公望は、総裁後継問題について松本剛吉と面談した際、「此先き政党の首領に良いものがあれば別だが、今日の有様では中間内閣が出来ても仕方がないではないか」[8] と述べている。西園寺は政友会内部からの選出の可能性を事実上無理と判断し、田中擁立の動きがあることを承知したうえで、「此先き田中でも総理をやると云ふ様なことのある時は余程気を附けねば、田中は後藤と組みし居るとか、又は西原が附き居るとか、又は勝田が附き居るとか、久原が蔭に居るとか、種々なる悪評もあることゆえ、注意せねばならぬ」[9] と述べていた。

西園寺としては強力な指導者不在の政友会内部からの選出が無理である以上、党外からの招聘も不可避としつつ、さらに貴族院を主体とする清浦内閣に代わって政友会が政権を奪回するには、「中間内閣」的性格を持った政権形成が現実的だとした。西園寺の言う「中間内閣」が具体的にどの種の内閣を指しているかこの限りでは判然としないが、清浦内閣のような「超然内閣」と、原内閣の「政党内閣」との中間に位置する内閣、例えば、加藤友三郎内閣に近い線を考えていたのであろう。その意味で、西園寺は田中周辺の人物である原、勝田主計、後藤など、かつての寺内「超然内閣」の演出者たちの動向に警戒し、危惧を抱いていたのである。

実際のところ、田中が総裁に就任し政友会内閣を組織していくまで、これらの人物や小泉策太郎、山下亀三郎（後、山下汽船社長）、福原俊丸（研究会常務）などが田中のブレーンとして活躍することになる。これらブレーンは、内政においては「産業立国論」をスローガンに積極財政と地方利益予算規模の拡充による基盤拡大を図り、外交においては欧米協調路線の修正による中国・満蒙地域への積極的進出政策の採用を打ち出していく。特に外交面では、基本的に欧米協調路線を堅持していた西園寺は、この路線選択問題ゆえに田中擁立に警戒心を抱かざるを得なかったのである。[10]

田中を政友会総裁に招聘する際、当然問題視されたのは、田中が現役軍人であることであった。たとえ退役したとしても山県死去後陸軍に隠然たる影響力を持ち、さらに在郷軍人会、青年団などの組織を事実上支配していたことからくる国民世論の反応であった。横田にしても生前に正力松太郎（読売新聞社長）から田中擁立の可能性を問われたのに対し、「イヤ未だ自分は決しかねているんです。何しろサーベルを吊っているだけにねえ」[11]と答え、軍出身の田中擁立に慎重な態度を見せていたのである。高橋総裁としても同様に、田中の陸軍大将の肩書への国民の心証を懸念していた。[12]

また、田中の在郷軍人会との関係についても危惧する向きが少なくなく、田中自身も総裁就任後においてさえ、古島一雄（革新倶楽部幹部）に選挙に勝つ見込みを問われた際、「おお！　それはある。俺は在郷軍人三百万を持つているでのう！」[13]と答えるほど無自覚であった。古島はこれを聞いて、田中が政党政治家としての根本認識を欠いているとの判断を、それ以来持ち続けることになったと回想している。

確かに田中は原内閣時代、陸軍内部の軍備拡充計画の強硬突破論を批判して内閣と歩調を合わせ、閣内の信用を勝ち取り、それが田中擁立の布石となった、とされている。しかし、田中擁立が政友会内全体の大体の合意を得たのは横田の死後であった。このような田中評の存在は、一貫して政友会とその周辺に不安を与え続けていたのである。それにもかかわらず田中擁立工作が進展するのは、政友会内の党内事情と、政友会の置かれた政党としての客観的条件が田中を必要としたからである。高橋総裁等によって田中擁立工作の張本人とされた小泉策太郎は、後日この問題について次のように記している。

原内閣で政党政治の基礎が定まったと思った壺が外れ、高橋内閣の後を加藤友三郎大将が継承するに迫んで、時運が中間内閣に逆転してからは、田中内閣も亦望み無きにあらずと信じて、私かに神器を窺覦したこともある。(14)

すなわち、この時点で小泉ら政友会幹部の田中擁立構想の底流には、原敬を継いだ高橋内閣後における政党政治展開への展望を抱かず、「政党内閣」路線と「挙国一致」あるいは「超然内閣」路線との中間内閣の継続が当面の政権形成への近道だとする判断が存在していたのである。それは、結局のところ原内閣を支えた非選出勢力と選出勢力との協調・連合関係の成立を再び目指したものと言える。

その背景には、現実の政治過程において、加藤友三郎内閣、さらに清浦奎吾内閣と非政党内閣路線が定着するかの様相を呈しつつあったことが考えられる。小泉らは、田中を党首として「非選出勢力」と「選出勢力」との接合の役割を期待し、その上に政友会単独内閣を構想していたのである。ただ、貴族院を背景とする清浦超然内閣成立を契機として起こった第二次護憲運動によって政党内閣成立の機運が高揚してくると、軍出身の田中擁立への動向は抑制されることが考えられた。実際、田中擁立に積極的であった政友会幹部連も、政党内閣成立への期待感のなかで田中擁立を躊躇し始める。

そうしたなかで、あくまで田中擁立実現を目指す小泉や久原らは、党内での説得工作を活発化していく。ところが、加藤高明憲政会総裁を首班とする護憲三派（憲政会・政友会・革新倶楽部）内閣が成立する（一九二四年六月一一日）に及び、敢えて田中擁立工作を続けることは一層困難となった。

すなわち、田中擁立＝田中内閣実現を目指す小泉らの構想には、憲政会と対抗して政友会単独内閣を成立させ、政友会の党勢を拡大することが中心に考えられていたのである。田中はそのための切り札的存在だった。しかし、高揚する政党政治の確立を求める国内世論のなかで、軍出身の田中を党首に迎えようとするのは、あまりに時代の流れに逆行する行為だと見られたのである。

この一方で、護憲三派内閣といっても実質的には憲政会主導の内閣運営が明らかになるにつれ、政友会内部では憲政会に対する不満が増大し、結局田中を党首にして単独内閣を組織すべきである、との機運が高まってくる。そのなかで、公然と加藤内閣打到を口にする党員も目立ってきた。そして、一九二四（大正一三）年秋になって高橋総裁の辞職が決定的となるや、党内の多数が田中擁立に一定の不安を抱きながらも賛同し、現段階における政権形成の一方途として田中内閣実現に向けて加藤内閣打倒を本格化していくのである。

第一次の護憲運動が民衆の広範な運動を基盤に展開したものであったのに対し、第二次護憲運動は、政党を主体とする政治運営の実現を目指したものとしての性格が強いものであった。それは実際に政権形成のあり方をめぐる諸政党間の協調と対立の側面が前面に出たものであったのである[15]。

この意味で護憲三派内閣における政友会が、単独政権形成の可能性を求めるとすれば、政策主張を含め党としての性格を、憲政会との対照性において明瞭にしていく必要があった。そのためにも政友会は再び軍部、長州派官僚、貴族院など非選出勢力との関係を密接にすることで強力な政治力を結集し、それを背景として政友会独自の政策を打ち出そうとしたのである。そのことは、結局、政友会が第二次護憲運動の成果と目標とを反故にし、政党政治の確立に向かうのではなく、原内閣的な中間内閣を選択しようとしたことを意味していた。そして山県・原が担った非選出勢力と選出勢力との接合の役割を今回担わされたのが田中であり、それが田中擁立の最大の理由であろう。

政友会周辺はこの時期、田中以外の総裁候補として後藤新平、伊東巳代治など非選出勢力の実力者の名を挙げていたことからも、党の支持基盤を非選出勢力に求めていたことが知れる。こうした政友会の政界再編構想は、「田中新総裁と云ふことの根本原因は、三派協調打切り、政友会独立行動を云ふことにある」⑯と喝破された如く、その意図は明らかであった。

一九二五(大正一四)年四月一三日、政友会議員総会で田中の総裁就任が承認された。次いで五月一四日の政友会臨時大会で田中の第五代政友会総裁が正式に決定する。田中の総裁就任後、政友会内部では、「新たに田中義一を迎へたので、政友会単独内閣を作って見たい気分が横生して、茲で地租委譲で一戦して内閣不統一で総辞職せしめ、そしてその後は政友会で単独内閣を組織しようと云ふ魂胆が生まれてきた」⑰と指摘されるような空気が支配的となった。田中が総裁に就任したことは、政友会が本来の意味での政党に脱皮する機会を自ら放棄し、基本的に欧米協調主義、普選断行によるブルジョア民主主義の発展を掲げる憲政会との差異を強調することで、結果的には「反動」政治の方向に進み、「右傾化」していく重要な転換点となったのである。⑱

2　軍事官僚との連携の模索

原敬政友会内閣の成立による政党内閣時代の幕開けは、大正デモクラシー運動のひとつの大きな成果であった。それは軍閥・官僚主導の政治運営に歯止めをかけ、民衆の政治参加の機会とその可能性を飛躍的に増大することになった。同時に、議会に基盤を置く選出勢力が、官僚・軍部など、いわば非選出勢力との対抗基軸を形成し、選出勢力優位の政治運営への展望を開いたものとされた。より具体的に言えば、普選運動に象徴される民主化要求が普通選挙法の施行を勝ち取り、農民労働党や労働農民党などの無産政党が相次いで結成された。それに、天皇制権力の支柱であった軍事機構も、その民衆の軍備削減要求に宇垣軍縮の断行で応えるほかなかったように、民衆は政治の行方を左右する力量を蓄えつつあったのである。

こうした諸政策のなかで、治安維持法や治安警察法の公布など、国内の反動政策も強行されはしたが、清浦奎吾反動内閣が憲政会・政友会・革新倶楽部の三政党による第二次護憲運動によって打倒されたことからも、政党政治を中心とする国内政治の趨勢は、もはや動かし難いものに思われた。しかし、第二次護憲運動の結果、憲政会総裁の加藤高明を中心とする護憲三派内閣が誕生し、普通選挙法を成立させた前後から、政党政治の動きに不可解な事態が生じる。すなわち、原内閣を成立させ、政党政治に先鞭をつけた政友会の総裁に、多くの有力な生え抜きの有力党員を抑えて、非選出勢力出身者の田中義一(陸軍大将)が既述の経緯のように迎えられたのである。

犬養毅政友会内閣まで続いた政党内閣の時代に、軍出身者が政党の総裁に就任したのは田中だけである。「憲政の常道」が確立されようとする矢先の軍人出身の総裁の登場は、原敬によって開始された政党内閣時代のなかで特異な事件ではあったが、国家総力戦体制の構築という国家目標の設定から導き出された政軍関係の新たな構造の萌芽とでも言えるものであった。日本陸軍の実力者であった田中義一が政友会に総裁として要請された政治過程は、当該期における政軍連携の象徴的事件と言えるのである。

それは政軍のいずれの陣営からも相互補強的な意味合いのもとに実現したものであったが、総裁就任を決意するにあった田中自身が語ってみせた受諾理由のなかに、政軍連携の基本的な論理が要約されている。すなわち、一九二五(大正一四)年一一月一九日、政友会総裁田中義一は、和歌山市で行った講演のなかで政界入りの動機を、「私ノ理想ヲ実行スルノハ政治ノ仕事デアル今日立憲政治ノ世ニ於テハ政党ヲ離レテ政治ハ出来ナイノデアル……私ハ何トカシテ従来ニ於ケル政党ノ行方ヲ根本カラ改メ一般ハ政治ヲ更始一新シタイト苦心シテイル」[19]と語っている。

前段では、政党を主体とする「立憲政治」の政治形態が定着化しているとの判断に立ちつつ、政党への積極的参加によって田中自身の言う「理想」を実現するのだとする。しかし後段では、国家の利益・目標が一政党によって代表され、一政党の党利党略に左右されることへの不満を表明し、政党の根本改革を説く。これは、政党政治への痛烈な批判でもあった。田中としては政党と言えども、国家の意志を代弁する政治組織であり、その意味で加藤高明内閣のような政党政治の展開は、好ましくないとしたのである。

ここに表れた田中の政党認識は、基本的に田中が政党政治の確立の必要性を必ずしも認めていないことを示すものと読み取れる。一定程度の政治制度の民主化は認めるものの、憲政会が求めるブルジョア民主主義の発展のなかに政党の大衆的基盤拡大と、天皇制国家の安定を志向したような発想は見られないのである。それでは田中は政党組織に何を求めたのか。同講演のなかから抽出してみる。

従来ノ如ク小手先ノ政治ハ断ジテ避クベキデアル之ガ為メ新ニ産業立国ノ根本政策ヲ標榜シテ立ツタノデアル而シテ国防ヲ根本的ニ国民化シ経済産業教育等一切ヲ此意義ニ胚胎セシメ之ニ依リ国家総動員ノ意義ヲ徹底セシメ又中央集権ノ弊風ヲ打破シテ地方分権トシ総テノ事柄皆市町村ヲ基礎タラシムル事ヲ期スルノデアル[20]（『田中文書』）

ここには田中が政友会を指導していくにあたって政策立案上の基本的な問題関心と政策構想の概略がいくつか取り挙げられている。そのうち産業立国策を国家総動員政策との関連で見ておこう。

田中の言う産業立国策は、「所謂産業立国策は、この疲弊せる産業に活力を与へ、混乱せる事業界に画然たる統制を敷く、依て以て我が国民経済組織をキリリと引締め直ほさうといふ政策であり[21]」、その主目的が経済の統制化にあるとした。その際、経済の統制化とは積極的な産業振興策を国家の指導のもとに進め、基幹産業を重点的に強化するため思い切った財政援助を断行するというものであった。それで、産業立国策について田中は、同年一一月一四日の政友会中央大会で次のように述べている。

今や我が帝国は政治上、経済上、思想上、最も重大なる時期に際会し、之が台頭の適否は国運の隆替を決せんとするの分水嶺に立つて居るのであります。……此の時に際し非常なる決心を以て産業振興の方途を確立するに非ずんば邦家の前途、洵に容易ならざるものであることを思はねばなりません。是れ我党が敢て産業立国を標榜して、国民の覚醒を促さんとする所以であります。[22]

ここには一九二〇年代半ばを迎え、経済の低迷や政治の変動という状況のなかで、国家の危機をどう克服し、かつ強力な国家を形成していくかに田中の関心が向けられている。そして、その課題を克服する政策として産業の充実を国家の指導のもとに推進し、これに国民が一致団結して協力することこそが不可欠とする。田中が示す国家像とは、国民を国家の政策に強制動員し、強固な支持取り付けを可能とする強権国家であった。ただ、それを政友会の名に置き換えているものの、それは国家の代弁者としての政友会であって、決して国民の代弁者としての政友会では到底なかったのである。その場合の国家とは、経済政策の積極主義を基調とした産業立国策を支持するブルジョアジーと、これに協力する官僚層を中核とする国家のことである。それで、産業立国策を具体的に進めていくための方法として、田中は国家総動員論を持ち出して、次のように述べている。

此難局を打開するが為には、国民の総動員をなして、生産の増加を計り、内は生活の安定を得、外は国運の発展を求めなければならぬと信じます。是れ即ち我が立憲政友会が産業立国を提唱して天下に呼号し、国民の共鳴を促す所以であります。消極退嬰の方針は、如何なる時と雖も不可でありますが、特に現下の状況に在りては、積極進取の一途在るのみと信じて疑はぬのであります。産業立国の方針を実施するに就いては、部局的に種々の計画が必要であります。例えば交通の整備、金融の改善、関税政策の確立、生産組織の改善等でありますが、要するに政治も、経済も、教育も、軍備も、外交も、此の大方針を基調として整備する必要を存ずるのである。[23]

産業立国策の主な目的は積極財政政策の採用による経済活動の活性化にあったが、それ自体は原内閣期に見出されたように政友会の伝統的政策に過ぎなかった。この時期、政友会の政権形成が間近いという党内の機運も手伝って、財政緊縮や行財政整理などを掲げる憲政会の政策を「消極退嬰の方針」と批判することで、両党の相違性を浮き彫りにしていたのである。田中は、産業立国策の具体的方法として国家総動員論を持ち出すが、この場合の国家総動員の意味は、次のようなものであった。

国家総動員ノ要素ハ独リ軍事ノミデハナイ農業工業教育学問技術運輸交通地方行政其有ユル方面ニ関係シテイル我々ハ如何ニシテ此ノ目的ヲ達成スベキヤ宜シク国防及国家総動員ノ見地ヨリ各々其ノ職トスル所ニ奮励努力シ以テ国家ノ発展隆興ニ向ヒ邁進スベキデアル……国家総動員トハ国民挙ツテ順序正シク整然ト国家ノ仕事ニ向ヒ努力邁進スル事デアル此ノ意味ヲ国民ガ善ク了解シ始メテ経済産業教育其他アラユル事項ニ努力シ国家観念皇室観念ガ旺盛トナルノデアルコトヲ私ハ痛切ニ感ジタノデアル(24)(『田中文書』)

田中の言う産業立国策とは狭義における産業振興政策ではなく、政策展開上国民相互の間に明確な目的意識を共有させてこそ実現するものであり、またその意義が求められるものであることを特に強調した。その目的意識とは、「国家ノ発展隆興ニ邁進」する国民意識の培養であり、その結果として「国家観念皇室観念ガ旺盛トナル」ことである。

この内容から、田中は政友会総裁としての立場で、天皇制国家の守護者としての軍人が保有する国家＝天皇への忠誠心を、産業立国策、国家総動員論などのスローガンによって喚起しようとしているのである。田中にとって、この両面性は矛盾することなく、おのずから政策主張のなかに一定の整合性を得て論理化されている。一党の党首という前に、国家＝天皇を政治の分野において守護し、発展させていくことが自らの役割と位置づけていたのである。

結局田中の軍人時代の思想からの本質的な変化はなかったのであり、政友会はそうした田中の体質と適合する程度に保守化、右傾化していった。政友会としても田中を党首に載くことで、その独自性を全面に打ち出そうとしていたのである。そのためには、当該期の政治状況が田中の指摘するような国家全体の危機として国民に把握される必要があった。要するに、危機の時代ゆえに危機克服策として国民の無条件的な国家＝天皇への忠誠心が絶えず培養される必要があり、国家への積極的支持が不可欠であるとしたのである。

我々ノ直面セル現実ハ幾多ノ政治上経済上ノ憂慮スベキ現象デアリマス之ヲ匡救スルノ道ハ区々タル施設政策ノ末ニ存ラズシテ国家民生ノ共同協力ヲ基調トスル有機的政治組織経済組織ノ根本改造ニ在ルト信ズ其ノ意味ニ重キヲ置イテ政府ノ政策ヲ支持セント欲スルノデアル[25]（『田中文書』）

田中が示した「危機」の内容は不明瞭であったが、「国家民生ノ共同協力」によって克服すべき対象とは、他の講演で主張したように、「欧州諸国は世界の国際関係を変動し我々は一等国の虚名を握つたまま旧式政治の舞台に取り残された[26]」現状の打破であった。田中の目から見れば、危機克服のため国民の精神や、思想レベルにおける国家＝天皇への動員を必要としていたのにもかかわらず、国内の政治的民主化を求める諸運動の実体は、結局国家を分裂させる原因となると映っていた。そこで田中が党総裁として政友会に期待したものは、次のようなものであった。

現今ノ日本ハ所謂対内対外ノ国難ニ遭遇シテ居ル際デアリマスカラ之レニ処スベキ政党ノ任務モ洵ニ容易ナラヌモノガアリマス即チ平常ノ場合ト異ナリ今後ノ我ガ党員タル者ハ互ニ「国難一掃ノ業者」デアルト云フ意気ヲ以テ国政ヲ担当シテ行カネバナラヌト思ヒマス之ト同時ニ此重大ナル任務ヲ果タスニ就イテハ我党如何ニ自ラ任ズルトモ決シテ一党一孤ノ力ノ能クスル処デハナイト云フコトモ互イニ深ク慮ツテ国民諸君ノ後援ヲ得ナケレバナリマセヌ特ニ普通選挙法モ発布セラレマシタ今日ニ於テハ従来ノ政党ノ地盤、党員ノ多寡等ニ就キマシテモ亦自ラ新タナル考慮ヲ加フベキモノガアロウト思ヒマス[27]（『田中文書』）

国家の危機＝「国難」の状況下での政党の役割は、「政党内閣」が掲げる政治レベルでの民主化ではなく、「挙国一致」によって一切の政争を排除し、〈同一目的〉に向けての政治運営にあるとしたのである。ここでは、その〈同一目的〉を「国難一掃」の用語で示しているが、その後に来るものが国家の諸分野全般にわたる国家＝天皇の名による強権支配・統合であったことは間違いない。田中はその意図を持って国家総動員論を展開し、政治的目的を達成しようとしたのである。従って、普通選挙制の施行によって予測される党の基盤や党員の拡大は、強権支配・統合の実現と同時並行的に矛盾なく進められるべき性質のものと考えられていたのである。

それで政党組織の拡充強化は、政治レベルの民主化を目的としたものでなく、より広範に国家総動員を実施し、その成果をもって念願の「大陸国家」日本に適合する強固な支配体制を創出することにあるとされたのである。そのために田中は軍事の世界から政治の世界に転出を決意し、活動領域を広げることで自らの指導のもとに政治目的の実現を期そうとしたのであろう。政党組織、なかでも政友会は、田中のそうした意図を実現する格好の場を提供したのである。

これに関連して、石上良平は田中の政界進出の理由を、「(田中が)山県の後継者となるには、山県、桂、寺内の如く総理大臣になる必要がある。そして総理大臣になるには、政党の党首とならねばならず、政友会こそ自分の取って用うべき政党である、と彼は考えたのであろう」[28]と指摘する。しかし、田中自身が総理大臣の地位を求めていたとしても、それは自らの政策実現の手段であって、目的ではなかったはずである。田中は政治の舞台に身を置くことで、天皇制国家の守護者としての役割を果たす自覚と決意を示したのである。政党政治家としての素養には乏しく、政党の運営技術の点では文字通り素人であったため、勢いブレーン政治に依拠せざるを得ない面もあった。それでも田中自身の政治的素養や軍人としての国家観・天皇観は、当該期の政友会が明白にしつつあった体質と一致し、田中と政友会とが相互に政治目的を同じくしていたことは確かであった[29]。

田中は政友会入りの抱負と動機をあらゆる機会に活発に発言していくが、そこに顕著に見出されるのは天皇制イデオローグとしての田中の存在である。これまで引用してきた田中の発言通り、言わば単純明快な国家主義の反復は、少なくとも政党政治の展開上特異とも言えるものであった。

客観的に見れば、国の内外にわたり決して危機の時代とは認定し難いこの時期に、敢えて危機設定を行い、この危機克服策として国家総動員論を持ち出し、政治争点をこの一点に集約することで国内の政治的経済的矛盾を棚上げにし、政友会のもとに挙国一致体制を創出することが田中の狙いであった。それがいかなる結果に終わったかは、後の約二年間にわたる田中内閣の政治運営が明白な答えを出している。しかしながら、当該期の田中が、少なくともそのような役割を自分に課していたことは間違いなさそうである。世論はそうした田中の政治進出を、どのように評していたのであろうか。例えば、渡辺鉄蔵(東京帝国大学経済学部教授)は田中の総裁就任の意味を次のように記していた。

高橋政友会総裁が其地位も辞して、陸軍大将田中義一男に之を譲つたことは、夕立後の晴天の霹靂として政界の事情を知らざるものを驚かした。世間は囂々として起つて、此変化を目して、政友会が既に憲政会との道伴れを止めて之れに反噬すべき時期なりとし、それには現総裁が護憲運動に参加し、又護憲内閣に列して居る関係上、転向の機会を作ることが困難であるとなし、其の機会に遭遇したる場合と雖も、総裁が内閣の一員として共に傷つくことは、将来の政権に接近する機会を握るに不都合を生ずるものとして之等の事情を解決するために総裁の取替を行なつたものである。(30)(『中央公論』)

つまり、田中の総裁就任には、護憲三派内閣を打倒することによって、政友会単独内閣による政権形成が意図されたことを正確に見抜いていたのである。そして、より重要な問題は、政友会自体が政党政治発展の機会に、敢えて軍出身者を党首に擁立する程度に右傾化・反動化していることだとする批判が込められていたことである。そのことに触れ、渡辺はさらに次のように記している。

普通選挙の実施されんとする此時勢に於て、政党の名誉を顧みず、忍耐持久の確固たる精神もなく、おめおめと一陸軍々人を党首としていただいたことに就いては、政党としての心理、行動について疑念と軽蔑の目を以て迎へられることは自業自得のことであると云はざるを得ない。[31]

普通選挙制の施行という政治制度の民主化が進行している矢先に、民主化の動向と相容れないはずの軍出身者田中の総裁就任は、渡辺からみれば政党の敗北であり、政党への国民の期待を裏切るものであったのである。こうした批判は当該期のマスコミに種々目立っており、たとえば三宅雪嶺は、「早速、普選実施の時代となり、政党は自党から党首を出すやうにならねばならぬ。今回は止むを得ぬとし、今後其辺に注意し、政党をして政党らしく発達せしめるやうにありたい[32]」と指摘し、政党政治の展開上政友会の成熟度に疑問を呈している。また、次のように田中が軍出身者であることへの批判も少なくない。

高橋氏の去るや、其似而非なるムッソリニ流の武断政治憧憬の片影を、其拠る在郷軍人会の機関誌、戦友に示せる以外に、又何等国民に対して充分肯定せしむるに足る政治的理想を公表した事はなく、従って西園寺の如く、曾て国民の前に其政治的思想的輪郭の明らかならざる田中大将が、何等政治的訓練なき身を以て突然作った既成政党の党首の位置に宛ら鶩の巣を奪取する郭公の如く舞ひ下って来た。[33]

確かに田中の名は当時国民の間に著名ではあったが、それは軍人田中義一の域を出るものではなく、田中の政治的理想や、総裁就任に至る政治的経緯については充分な予備知識があったわけではなかった。其の軍人田中が戦争の時代ならともかく、平時においてしかも護憲運動が生起した直後、政権形成の可能性が強い政党の総裁に就任する事の意味は実際理解し難いところであった。ましてや、田中自身の普通選挙制への対応が、「国民訓練ガ我々ノ理想ノ如ク実施セラレ且又在郷軍人会青年団ノ二大集団ガ我々ノ理想ノ如ク発展スレバ普通選挙ノ如キハ当然立派ニ成功スベキモノデアル[34]」と述べる程度のものであれば、「政治的訓練なき身」と指摘されても仕方のないところであった。

いくつかの田中評のなかには、軍人出身者を党首に迎えることの意義を、批判的な視点から、次の如く軍縮世論の反映と見る向きも存在した。確かに当該期は国際的軍縮機運の高揚と、国内財政の悪化という条件のなかで、軍備縮小は重要な政策課題となっていた。すでに二次にわたる山梨軍縮と、さらに宇垣軍縮が実施されたところであった。

こう云う時勢に方つて田中義一将軍の政界に出て来たのは何の為か。どうせ陸軍は縮小の運命にある。縮小するのが国家の為である。併し陸軍に声望なき人の手ではなかなか実行が六つかしい。其中に文官出身の陸相も出来るとする。こう云ふ素人の手でいい加減に縮小などされては滅茶々々だ。どうせやるなら、自分の如き絶対の威望あるものの手で、合理的に縮小したい。……若し斯う云ふ心掛けで、政界に投じて来たものならば、彼は実に見上げた男であり、彼の政界入りは極めて重大の意義を生ずる。[35]

田中は軍備縮小問題に関連して、「我々の軍備に関する根本意識も亦従つて機宜に適せざるを得ない[36]」と述べて、軍備の合理的な整備および近代化への意向を表明していた。同時に宇垣軍縮で示したように国内の軍縮世論を逆にリードすることで、国防に関心を高める必要性を充分に認識していたことは、これまで見てきた通りである。

それで、田中の政界入りの主要な動機に軍備・国防問題の解決があったことは疑いがないが[37]、田中の言う「機宜」に適する軍備が宇垣型の実質的軍備充実策であったことは繰り返す必要はなかろう。軍備問題で政界入り後の田中の役割があるとすれば、それは国防への国民の関心喚起と支持取り付けであり、中国への積極外交の物理的裏付けとなるべき軍備拡充の必要性を、政治・外交問題との関連で政友会の重要政策に取り挙げることであった。

(1) 当該期の政治状況については、鳥海靖「原内閣崩壊後における「挙国一致内閣」路線の展開と挫折」(東京大学教養部『人文科学紀要』第五四号、一九七二年三月)、伊藤之雄「護憲三派内閣の形成と展開」(近代日本研究会『年報近代日本研究6　政党内閣の成立と崩壊』山川出版、一九八四年一〇月)、伊藤之雄「護憲三派内閣への政治過程」(『日本史研究』第二五九号、一九八四年三月)、松尾尊兊「政党政治の発展」(『岩波講座日本歴史19　現代2』岩波書店、一九六三年)等を参照。

(2) 前掲「原内閣崩壊後における「挙国一致内閣」路線の展開と挫折」六七―六八頁、参照。

(3) 当該期の横田の思想と行動については、荒木武行『横田千之助論』(大観社、一九二五年)、高田一夫『政治家の決断』(青友社、一九六九年、二五〇頁以下)等参照。

(4)　護憲三派内閣成立前後の政治過程については、前掲「護憲三派内閣の形成と展開」および前掲「政党政治の発展」、土川信男「護憲三派内閣期の政治過程」(前掲『年報近代日本研究6』)等参照。

(5)　石上良平『政党史論原敬没後』中央公論社、一九六〇年、二四七頁。なお、原敬内閣から開始され、犬養毅内閣によって終焉する政党の史的展開を第一次世界大戦後の国内権力状況の変遷に視点を据えて論述した論文に成沢光「原内閣と第一次世界大戦(一・二)」(法政大学『法学志林』第六六巻第二号、第三号、一九六九年二月)がある。

(6)　山浦貫一『森恪』高山書院、一九四三年、四九一頁。森恪についての評伝は他にも、小島直記『洋上の点――森恪という存在』(中央公論社、一九七八年)等がある。

(7)　田中擁立工作の内容については、石上前掲書のほかに、升味準之輔『日本政党史論』(第五巻、東京大学出版会、一九七九年)が各種伝記類をもとに諸説を要約紹介している。

(8)　岡義武・林茂校訂『大正デモクラシー期の政治　松本剛吉政治日誌』岩波書店、一九五九年、〔大正一四年三月三日の項〕、三七七頁。

(9)　同右、三七八頁。

(10)　久原房之助は田中の強力な支持者として広く知られており、「不明瞭な党費の捻出力、それが今日の政党に於ける総裁たる第一条件である。田中さんはこの条件を、久原房之助氏によって充たされていた」(保利史華『田中義一――宰相となるまで』第一出版社、一九二八年、二一三頁)とされるように、田中の政治資金としての役割を担った。久原自身も「僕はあの男(註・田中のこと)に、大陸政策をやらしてみたかったのだ」(山崎一芳『久原房之助』東海出版社、一九三九年、九六頁)と語り、田中総裁、田中内閣の実現によって対中国積極外交の展開を期待していた。

(11)　木舎幾三郎「ひとり言――政友会の思ひ出」(上)『政界往来』一九四〇年九月号、一一六頁。

(12)　前掲『政党史論原敬没後』二三三頁。

(13)　鷲尾義直編『政界五十年　古島一雄回顧録』三元社、一九五一年、二三五頁。

(14)　小泉策太郎「原さんの遭難から田中総裁の登場まで」(六)『中央公論』一九三五年九月号、二四九頁。なお、同記事は、小泉策太郎『懐往時談』(中央公論社、一九三五年)に収録された。

(15)　伊藤之雄は前掲「護憲三派内閣の形成と展開」のなかで、「横田と小泉が高橋総裁の辞意を積極的に慰留せず、田中を後継総裁に擁立する動きを示したのは、政・本合同や次期政権へ向けての政界再編成を考慮したためであろう」(五九頁)と述べ、田中擁立の理由を「政界再編」にあったとしている。
(16) 「被衣を取れ！」「覆面を脱げ！」田中政友会新総裁！(巻頭言)」『中央公論』一九二五年五月号。
(17) 平野嶺夫『岡崎邦輔伝』晩香会、一九三八年、二九頁。岡崎邦輔の自伝に『憲政回顧録』(福岡日日新聞社、一九三五年)がある。
(18) 坂野潤治「政党政治の確立」『岩波講座日本歴史9　近代3』岩波書店、一九八五年、参照。
(19) 田中義一「軍事ヨリ政治へ」前掲『田中義一関係文書』一一八。
(20) 田中義一「産業立国策の遂行と海外発展」同右、一五七。
(21) 田中義一「我が党の主義本領――産業立国を標榜して国民の覚悟を促す」『政友』第二九七号、一九二五年一二月、二頁。
(22) 田中義一「第一線に立つて民衆に訴ふ――我が産業立国と更始一新の新意義」同右、第二九八号、一九二六年一月、三頁。
(23) 同右。
(24) 前掲「軍事ヨリ政治へ」。
(25) 「立憲政友会臨時大会に於ける田中新総裁の演説(草稿)」前掲『田中義一関係文書』一二一。
(26) 田中義一「国家民生の共同協力を俟つ」『政友』第二九一号、一九二五年六月、二頁。
(27) 「政友会支部長会議ニ於ケル田中総裁ノ演説要領」前掲『田中義一関係文書』一二四。
(28) 前掲『政党史論原敬没後』三四〇頁。
(29) 田中内閣における対中国政策については、坂野潤治「日本陸軍の欧米観と中国政策」(細谷千博・斉藤真編『ワシントン体制と日米関係』東京大学出版会、一九七八年)、同「政党政治の中国政策」(近代日本研究会『年報近代日本研究2　近代日本と東アジア』山川出版、一九八〇年)参照。
(30) 渡辺鉄蔵「政党軍閥に降服す」『中央公論』一九二五年六月号、一八頁。
(31) 同右、二一頁。
(32) 三宅雪嶺「政友会論」『改造』一九二五年五月号、二三四頁。
(33) 相馬由也『私と俎上の四将軍問題』文成社、一九二六年、三〇八頁。
(34) 前掲「軍事ヨリ政治へ」。
(35) 前掲「被衣を取れ！」「覆面を脱げ！」田中政友会新総裁！」。
(36) 「大正一四年五月一四日　政友会臨時党大会での田中総裁演説」前掲『田中義一伝記』下巻、三九三頁。
(37) 宇垣陸相は、田中の政友会入りと軍縮問題との関連を次のように記している。「田中大将の政党入りは、予定の筋書きに多少の手違いを生じて小なる政友会の総裁にならねばならぬ羽目になった。夫れには陸軍人事の整理も事態を急がしめた一因とも見ねばならぬ」『宇垣一成日記』I、〔大正一四年四月二二日の項〕、四六一頁。

四　おわりに――総力戦体制構築への展望

第一次世界大戦を契機とする総力戦体制構築への志向が権力総体のなかで合意されていく過程は、従来の政治・軍事・経済諸領域の権力の分立性、任務内容の分業性という構造が根本から修正を余儀なくされる過程でもあった。換言すれば、将来において生起する可能性の高い総力戦という戦争形態は、軍事領域のみ単独で対応可能なものではなく、軍需品の膨大な消耗を不可避とする戦争形態であるために、当然に軍需工業の拡充が平時から求められる。

また、飛行機や潜水艦の登場に示されたように戦場の空中・海中への拡大という問題は、当然ながら非戦闘員の被害や生活環境の破壊という事態の飛躍的広がりを迫ることになる。こうした事態が予測されたからこそ、寺内正毅内閣期における軍需工業動員法の制定が構想されたのであり、また原敬内閣期には、国勢院の設置による国力の積極把握と増強のための機関が不可欠とされる認識が生まれてきたのである。

換言するならば、総力戦段階では軍事が自立的な存在として固有の機能を発揮する範囲が狭まり、むしろ政治領域や経済領域を中心とした非軍事領域の軍事化が必須の条件となることから、政治と軍事という二つの領域設定自体が無意味化する。本章では、軍事エリート層の代表である田中義一の主張と行動を詳細に追ったが、その田中が自ら強調するような「軍隊の国民化」と「国民の軍隊化」のスローガンに集約されるように、総力戦段階では政治と軍事の一体化・一元化という方向が、原則的には政治主導の形式を踏まえて設定されることになる。国民の動員や民需工業の軍需工業への戦時における転換への準備が法的かつ制度的レベルに限定されず、国民の精神や意識のレベルにおいても追究されることになるのである。

本章では、第一次世界大戦が国内の政治構造に根本的な改編を促したことを現実の政治過程を追うことで明らかにしてきたが、それは要約するならば、総力戦に対応する政治システム(=総力戦体制)の構築であり、その新たな政治システムの採用を軍事の側から最も強く意識し、政治領域と軍事領域の接合に積極的に動いた軍事官僚が「国防の国民化」を説いた田中義一であった。

確かに、本章第二節で既述した如く、新たな政治システムの構築過程においても、その実施機関には大量の軍事官僚が配置され、総力戦体制の主導権を掌握しようとしたことは確かであったが、そのことが直ちに軍事官僚たちが政治領域の中核的存在として台頭著しい政党勢力を無視しようとしたことにはならない。なぜなら、総力戦体制構築の必須の条件としての「国民」および企業の戦時動員(=国家総動員体制)を確立するための最大のポイントが、「国民」の軍事的動員にある点を軍事官僚たちは強く意識していたが故に、その「国民」の認知をうけて初めて成立する政党勢力(=選出勢力)の役割への期待が確実に高まっていたからである。

実際、第三節で追究したように、原敬政友会内閣が成立し、政党政治の時代が開かれると、田中義一は総力戦段階における政党政治の有用性を認識したうえで、政党への接近を試みることになるのである。つまり、田中や宇垣一成等、言うならば総力戦派の軍事官僚達は、国家総力戦体制構築上の観点から政党政治との接合を図ったのである。

もちろん、軍部内で田中的な観点が完全に了解されていた訳ではなかった。福田雅太郎や上原勇作等の旧態依然たる軍事官僚の存在は決して無視できなかったのである。実際に、彼等は田中・宇垣等との激しい対立を招くことになった(1)。

確かに政友会総裁に就任し、さらに内閣を形成するに至る田中の政党観は、本来的意味での政党政治の実践とは相当の距離感が認められる。にもかかわらず、田中は総力戦体制の構築を図るために政界入りを果たし、政党政治の流れに積極的に参入することになった。田中自身の政党認識や田中を迎え入れた政友会の党内事情に多くの問題を孕みながら、ともかく、田中を媒介として軍事と政治が共同歩調を選択せざるを得なかったのである。当該期の政軍関係を取り巻く政治状況は、第一次世界大戦を境に確実に変容してきたのである。

その変容は、さらに様々な課題の克服をめぐり、必ずしも一直線にという訳ではなかったにせよ、明らかに政軍関係の構造に基本的な枠組みを設定するところとなった。そこでは、繰り返し論じたように、総力戦の戦争形態に対応する総力戦体制構築への課題設定と、政党政治に対する民衆の期待感と不信感という矛盾に満ちた反応が、結局のところ政治と軍事の関係を相互依存的なレベルに転換させていったのである。

このようにみてくると、日本の政軍関係の基本的な性格は、この第一次世界大戦を挟んでの、政治＝政党政治の展開と、軍事＝総力戦体制の構築という、二つの主要な課題への対応のなかで決定されていったと指摘できよう。すなわち、総力戦への対応が諸勢力間で概ね合意され、総力戦体制構築への展望のなかで、合理的な政軍関係の構築が同時的に構想されもしていったということである。そして、もう一つの問題は、総力戦体制の構築過程で実体化していく政軍関係の構造が、明治国家自体の憲法構造によっても大きく規定されていったことである。そこでは明治憲法によって規定された政治と軍事の相互関係が、政軍関係の本格的な修正と改編という課題のなかで急速に浮上してくるのである。

(1) これに関連して雨宮昭一は、総力戦体制構築をめぐる軍内部の諸勢力の対立状況に触れ、「彼等(田中・宇垣)は藩閥、特に軍内部における長州閥の遺産を相続しながら、政党勢力と妥協し、しかもその中で政戦両略を一致させようとする。もう一つは上原勇作や福田雅太郎等に代表される統帥権独立制度を厳密に守り、どちらかと言えばその制度の下での純武人的タイプである。だから政党勢力による統帥権独立制度の修正、およびそれに妥協する田中・宇垣には鋭く対立する」(雨宮『近代日本の戦争指導』吉川弘文館、一九九七年、二五一頁)と論じている。

第Ⅱ部　大正期における内政・外交をめぐる政軍関係

第三章　シベリア干渉戦争時の戦争指導と外交指導

一　はじめに

本章はシベリア干渉戦争時の戦争・外交指導の実態を、政友会総裁にして日本における政党政治の開拓者とも言うべき原敬首相と、陸軍中堅官僚として山県有朋の後押しを受けて重大な役割を担うことになった田中義一という、当該期を代表する政治エリートと軍事エリートの言動を中心に据えて追究整理しようとするものである(1)。この場合、原敬を政治、田中義一を軍事の代表とするには若干条件を付さなければならない。なぜなら、原敬がたとえ総理大臣の職にあったとはいえ、いわゆる「政治」の全てを代表していた訳ではなく、また戦争指導という領域に全面的かつ圧倒的な力量を発揮したのでもない。確かに、原の強力なリーダーシップを否定するものではないが、政権政党の政友会内部や政府内部には、原首相との間に明瞭なスタンスの違いを見せた勢力も存在したのである。

そのことは陸軍の田中義一に「軍事」の全てを代表させることに躊躇せざるを得ない理由と同じである。しかしながら、政軍関係の側面からシベリア戦争時の戦争・外交指導の実態を把握するうえで、当該期の政軍を代表する主要人物として原と田中の動きに着目することの妥当性については大きな異論はないであろう。

ところで、日本陸軍がロシアへの出兵を着想するのは、第一次世界大戦の最中、連合国軍の一員であった日本に対し、ヨーロッパ戦線への参戦が要請されたことに起因する。参謀本部は、一九一七(大正六)年一〇月に「欧州出兵ニ関スル研究」[2]を作成したが、その内容は、出兵自体には極めて消極的な姿勢に終始したものであった。日本陸軍としては、ヨーロッパ戦線に兵力を投入する経済的余力がなかったという現実的な理由と同時に、政治的かつ軍事的なメリットを具体的に見出すことができなかったのである。

しかしながら、同年一一月のロシア革命とボリシェヴィキ政権の影響力がシベリア地域にまで及ぶに至り、陸軍内部では「居留民保護」を名目とする出兵論が検討され始める。[3]この「居留民保護」を名目とする出兵構想は、極めて消極的かつ防衛的な方針であった。しかし、一九一八年に入るやボリシェヴィキ政権の影響力をシベリアから遮断し、ロシア革命を奇貨としてシベリアをヨーロッパ・ロシアから分離し、日本の影響下にシベリアを独立させる極めて積極的かつ攻勢的な方針が浮上してくる。

このような方針は当然ながら陸軍の独自の方針に留めることは不可能であり、欧米諸国との連繫問題や対ボリシェヴィキ政権問題という外交問題としての性格を突出させるものであった。そこから、陸軍のシベリア出兵計画は必然的に軍事問題として以上に、外交という政治問題として、つまり、政治領域と軍事領域の両方に及ぶ問題として処理されねばならなかった。そこから基本的には陸軍の出兵構想を中心としながらも、寺内内閣の後を継いだ原敬内閣は、重要な外交政策としてシベリア出兵に関わる戦争・外交指導上の政軍関係の調整と連携という課題に向き合うことになる。

とりわけ注目すべきは、一連のシベリア出兵が政党政治の開始時期にあって、言うならば民意を直接反映する有力政党を背後にした原内閣が、民意を従来必ずしも評価してこなかった陸軍との協調関係を、どのような形で構築していったのか、という問題である。以下、その点に留意しながらシベリア出兵政策をめぐる政軍両当事者の対立と妥協の政治過程を追究し、シベリア出兵の構想から出兵断行に至るまでの政治・戦争指導をめぐる寺内正毅内閣および原敬内閣（政治）と、参謀次長から原内閣の陸軍大臣に就任する田中義一（軍事）との連携の特徴を指摘していくことを主要な課題としている。

そこで本章では、前章と同様に、政治エリート（原敬）と軍事エリート（田中義一）の動向をてがかりに、政軍関係の展開過程を追究し、最終的にシベリア出兵という第一次世界大戦後初の軍事行動における政治・軍事指導が、全体的には政治主導のもとで展開されたことを明らかにしていく。そこでは、田中が原内閣の一閣僚であったという点に留まらず、国際的な動向をも睨みながら、社会主義政権への対応に完全を期するためには、少なくとも外交レベルでは政軍関係が安定した協調関係を保持せねばならず、また、そのことが当該期における政軍関係の質にも決定的な影響力を発揮することになった点を強調していきたい。

（1）　シベリア出兵に関する本格的な研究は、細谷千博『シベリア出兵の史的研究』（有斐閣、一九五五年）を嚆矢とし、井上清「大正期の政治と軍部」（井上清編『大正期の政治と社会』岩波書店、一九六九年）、原暉之『シベリア出兵――革命と干渉　一九一七―一九二二』（筑摩書房、一九八九年）等がある。研究論文に、藤村道生「シベリア出兵と日本軍の軍紀」（『日本歴史』第二五一号、一九六九年四月）、吉田裕「日本帝国主義のシベリア干渉戦争」（『歴史学研究』第四九〇号、一九八一年三月）、百瀬孝「シベリア撤兵政策の過程」（『日本歴史』第四二八号、一九八四年一月）、最近の研究に平吹通之「シベリア出兵決定経緯と陸軍」（『軍事史学』第三四巻第二号、一九九八年）、井竿富雄「シベリア出兵構想の変容」（九州大学法学会『法政研』第六六巻第四号、二〇〇〇年）、井竿富雄「陸軍におけるシベリア出兵構想の変容」（九州大学政治研究会『政治研究』第四八号、二〇〇一年三月）等がある。なお、井竿の論文は井竿富雄『初期シベリア出兵の研究――「新しき救世軍」構想の登場と展開』（九州大学出版会、二〇〇三年）に収録されている。また、関連論文に高橋秀直「原内閣の成立と総力戦政策」（『史林』第六八巻第三号、一九八五年）、高橋秀直「総力戦政策と寺内内閣」（『歴史学研究』第五五二号、一九八六年）等がある。纐纈が最も注目し、参考としたのは雨宮昭一『近代日本の戦争指導』（吉川弘文館、一九九七年）所収の「第二章　政党政治と戦争指導」（七九―一七九頁）である。

（2）　参謀本部編『西伯利出兵史――大正七年乃至十一年』（復刻版、第一巻附録編）、新時代社、一九七二年、七―二一頁。

（3）　例えば、ロシア革命勃発の月（一九一七年一一月）に、「居留民保護ノ為極東露領ニ対スル派兵計画」（同右、二九―三三頁）が作成されていたが、実は当該期には既に満州とシベリアの二方面からの出兵計画が検討され始めていた。

二　出兵の経緯とその構想

1　帝政ロシアの崩壊と出兵政策

軍事的威圧を背景とする「対華二十一カ条要求」(一九一五年)と、協調的姿勢を内容とする「日支親善」促進というおよそ整合性を持ち得ない二つの政策方針を柱とした寺内内閣の対中国政策は、当該期の欧米帝国主義列強間における一定の均衡関係のうえに成立したものであった。ところが大戦勃発の結果、まず軍事的・経済的側面で既存の均衡が破綻を来たすことになる。なかでも最大の問題は、ヨーロッパ主戦場に位置せず、イギリス、フランスなどの連合諸国への武器輸出などを通じて、発言力を高めることが確実視されていたアメリカの台頭であった。

この間、対中国政策に忙殺されてきた日本政府および日本陸軍は、大戦勃発と同時に早くも戦後におけるアメリカのアジア地域への参入に、いかに対応していくかで苦慮することになったのである。例えば、当時参謀本部付の身分であった田中は、寺内宛に次のような書翰を送付していた。

今後交戦各国ガ疲労困憊ニ陥リタル場合ヲ見計ラヒ容易ニ戦局ノ均衡ヲ破リ得ル時ニ於テ一面露国方面ニ出兵ヲ装イ他面米国ト協同シテ平和克服ノ首働者タルコトヲ策スルガ如キ外交的芝居ヲ演ズルト云フ意気込ミヲ持ツト云フコトモ今ヨリ考ヘ置ク可キモノト被存候(1)(『寺内文書』)

従って、大戦期間中の田中は、日露協約や英仏露の三国協商側との関係強化によって中国から獲得した利権の確保を図ろうとした。この意味でも、田中の対中国政策における強硬姿勢と妥協姿勢の二面性は、様々な手段を駆使し、とりあえず、大戦終了時までに日本の利権を不動のものとしたいとする意図の政治的表現であったのである。その点から、田中にとっても対米政策はこれまで以上に配慮を要する課題となっていた。

ところが、一九一七(大正六)年一一月七日(ロシア暦一〇月二五日)に勃発したロシア革命により、ロシア帝政がボリシェヴィキによって打倒され、連合国戦線から脱落したことは、当該期日本の大陸政策の展開に重大な影響を及ぼすことになった。すなわち、帝政ロシアの崩壊は、極東地域における力の均衡関係に大きな変化をもたらし、とりわけシベリアに「力の真空状態」(2)を出現させたのである。さらに、それまでの四次にわたる日露協約の事実上の消滅は、極東における日露両国の協同戦線の構成が中国本土をも範囲としたものであっただけに、中国とくに北満地域に日本が勢力を拡大していくうえでの阻害要因が取り払われたことを意味した。

これに加えてロシアの戦線離脱は、ヨーロッパ東部戦線が実質的に消滅したことをも意味し、ヨーロッパ主戦場でドイツはイギリスやフランスと対峙する西部戦線への兵力集中を行うことになった。そのためイギリス、フランスの両軍は勢い苦戦を強いられるに至った。これにともないイギリス、フランスは極東政策の後退を余儀なくされた結果、日本は北満さらに沿海州方面への支配権獲得の絶好の機会を得ることになったのである。そこで従来より「大陸国家」日本の発展のため、その具体的な支配地域を北満から東部シベリアに至る範囲とし、併せて東支・シベリア両鉄道の管理権獲得を目標としていた日本陸軍は、ロシア革命勃発後、直ちに東部シベリア、なかでも沿海州の占領計画の作成と情報将校の派遣を開始することで、「大陸国家」日本への足固めを企図することになる。

ところで、原内閣の陸軍大臣に就任した田中は、将校を前に出兵目的を「満州、蒙古、朝鮮、而シテシベリアヲ含ム広大ナル緩衝地帯ヲ設定スル」(3)ためとし、それによって日ソ両国の衝突を回避することにあった、としている。つまり、軍事上の意味を強調しているが、一方では、「西伯利亜ノ宝庫ヲ開拓スヘキテアル、斯クテ人口問題モ食糧問題モ国家ノ富強策モ自ラ解決シ得ヘキテアル」(4)とする経済的な意味を重視する議論も国内には少なくなかった。

この機会に日本陸軍は、沿海州を勢力圏内に確保して、日本海を日本の内海とし、いわゆる〝日本海内海構想〟の実現を期そうとした。同時に満州と沿海州は、日本本土防衛上の前進拠点化し得る、西部シベリアおよび中国本部(華北・華中)への侵略拠点として極めて高度な戦略要地と位置づけられていたのである。

ロシア革命勃発直後から、日本陸軍はこうした好機を生かすため、シベリア占領計画作成を早々に開始する。そうしたなかで、一九一七(大正六)年一二月二六日、イギリス政府から日本政府に対し正式にシベリアへの共同出兵が提議された。これより先の一二月一七日、外交官調査委員会で、このシベリア出兵問題が最初に議題に挙がって以来、出兵提議への対応と日本陸軍のシベリア占領計画作成と作戦準備とはすでに当該期最大の課題となっていた。大戦勃発および対独戦の宣言と同時に起きたヨーロッパ戦線への出兵問題の消極的対応とは異なり、今回の場合は同じ出兵でも全くその意味を異にしていた。

それで、終始一貫して出兵計画を指導した田中の対応を、次の二つの「意見書(草案)」から整理しておきたい。まず、「シベリアニ関スル田中参謀次長ノ意見(草案、大正七年)」には、当問題およびシベリア出兵の目標が要約されている。

今日ノ如キ情況ニ於テハ自重ハ即チ国ヲ危スルモノニシテ寧ロ露国人ノ敵慨心ヲ利用シテ独墺勢力ノ東漸ヲ防止シ又此機会ニ於テ我国ノ実存ニ関スル支那ヲ包容スルノ途ヲ講ジ且ツ連合与国ニ対スル信義ヲ全テフシ以テ悲惨ノ境遇ニ在ル極東ノ露国人ヲ懐柔シテ自治国ヲ作ラシメ将来之ヲ指導シテ富源豊カナル地方ヲ開発スルノ地歩ヲ占ムルハ此時ヲ逸ス可ラザル、若シ事無キヲ冀ヒ空シク手ヲ拱シテ傍観スルガ如キハ信ヲ列国ニ失ヒ我国防上沿黒両州ヲ独墺勢力下ニ委シテ戦略的包囲ニ陥リ日本海ノ制海権ヲ喪失スルノミナラズ列国就中独墺露人ノ軽侮ヲ招キ延イテ支那人ノ侮慢ヲ買イ遂ニ自ラ何事モ為ス能ハザル境遇ヲ招クモノト云ハザル可ラズ(5)(『田中文書』)

ここでは、シベリア出兵の積極的意味を「独墺勢力ノ東漸」の防止に求め、中国(特に北満)の支配権拡大という従来の目標が「連合与国ニ対スル信義」を果たすことで認知され、同時に欧米列強の批判回避が可能となる、とする判断を示した。そして、この好機を把えて有効な対処行動に出なければ、かえって欧米列強との関係を悪化させるばかりか、中国への影響力の相対的低下をも招かざるを得ないという論理を展開する。田中は、基本的に日本陸軍とほぼ同一の見解を抱く支配層全体の意向、すなわち日本帝国主義が内包する膨脹主義的体質にできる限りの抑制を利かせつつ、その代表的見解を記していたのである。

外交調査委員会において出兵の是非、出兵内容・目的についての議論が続いているなかで、同じく一九一八(大正七)年七月頃に作成された「シベリア出兵計画ニ関スル田中参謀次長ノ意見(極秘・草案)」(6)では、その冒頭に「今ニシテ此計画ヲ中止スルガ如キコトアラバ帝国政府ハ信ヲ露国穏健分子ニ失ヒ連合与国ノ疑念ヲ招キ更ニ又露国「ボルシェビキ」ハ已ニ日本ノ行動ヲ偵知シアルヲ以テ彼等ノ信用ヲ得ルコト到底不可能ナルベシ」と記し、改めて連合与国への信義を貫くための出兵という論理を強調した。さらに田中はボリシェヴィキ政権を敵対視し、これを打倒すべきである、という日本政府の取るべき方針を次のように要約している。

すなわち、田中はイギリス、フランスなど連合諸国からのシベリア出兵の要請への対応策として三案を提唱した。このうち第一案としては、連合諸国に対し日本との同一歩調を採ることを進言し、これに応じない場合には「日本ハ自衛上必要ト認メ単独ニ軍事的勧誘ヲ継続ス」として日本が積極的に軍事干渉の主導権を握り、その必要性の論理を見出していく方向を打ち出した。第二案としては、具体的な出兵準備を進め、同時に「英仏米支ニ同一歩調ヲ執ラシムルコトヲ勧誘ス而シテ米国ヲ除ク他ノ与国若シクハ英仏之ニ同意スレバ直ニ軍事行動ニ移ル」こととした。ここでは連合国中アメリカの参加がない場合でもイギリス、フランスなどの連合諸国が同一歩調をとる場合には、軍事干渉政策を採用すべきだとし、アメリカへの配慮は相対的に低い。以上の二案にはアメリカの動向に左右されない外交・軍事上の選択肢が用意されていたのである。

しかし、第三案では、「与国中一国タリトモ(就中米国)之レニ同意セザレバ兵ガ援助ヲ与ヘズ」として、上記二案と対照的に出兵決定に条件をつけていた。アメリカの同意調達の重要性を挙げて、アメリカへの配慮を再優先しているのである。最終的には、首相・外相・陸相の三者間の協議によって、いずれの案を採用するかは決定を委ねるとしながらも、田中の結論は予測および期待を含め、次のような内容となっていた。

右熟議ノ結果若シ第三ノ方法ヲ執ルコトニ決定セバ米国ノ同意ヲ得ベキ確認ヲ介セザル限リ速ニ西伯利亜自治確立ノ促進運動ハ遺憾ナガラ之ヲ中止シ派遣諸官ハ至急呼ビ返ス処置ヲ執ルヲ要ス(7)(『田中文書』)

これら二つの意見書のうち、前者の狙いは田中を中心とする参謀本部が独自に進めていたシベリアにおける「独立自治」国の形成と、これへの公然たる兵力援助によって日本の支配権確立を図ることにあった。それは参謀本部の強硬方針をストレートな形で表明したものであり、これに対し後者の場合は、より慎重に大戦の趨勢による極東情勢の変化と将来予測を充分に視野に入れた極めて巧妙な政治判断と言うべきものであった。換言すれば、前者の意見書がシベリア出兵の目的を明らかにし、後者がその目的達成の手段を述べたものと見なすことができる。この場合、注目されるのは後者の意見書における第三案への配慮とその内容であり、「米国ノ同意」獲得の重要性に対する認識である。

実際、田中は寺内首相宛の書翰においても、一九一八(大正七)年に入って、協同出兵が避けられなくなってきた実状を述べつつ、逆に「協同必シモ不可ナルニハ有之間敷寧ロ日本一国ノ仕事ノ如ク見ユルヨリハ都合宜シキカトモ考ヘラレ候」として協同出兵の合理性を説き、「各国ノ武官等ハ将来日本ガ極東ニ勢力ヲ張ルコトヲ予防セントシテ活動シツツアル」現実からすれば、これら連合諸国との軋轢を回避し、帝国主義諸国相互間の利害の調整を図りつつ当面日本の目的達成を進めるべきだ、とする考えを示していたのである(8)。

こうした田中の対アメリカ姿勢は、後にアメリカとの協同出兵の目的・方法・兵力規模をめぐる国内各層の意見調整が迫られた時、重要な決定要素となってくるのである。そこで、次に参謀本部を中心とする日本陸軍のシベリア出兵計画の内容と、そこにおける田中の役割を見ておく。まず、参謀本部は将来における対ロシア・ドイツ作戦準備として一九一七(大正六)年一一月に早くも「居留民保護ノ為極東露領ニ対スル派兵計画」を策定した。そこでは具体的な派兵計画として次の内容を挙げている。

一、沿海州ニ臨時編制ノ混成約一旅団ヲ派遣シ主力ヲ浦塩ニ一部ヲハバロフスク及其他ノ要地ニ配置シ居留民ヲ保護シ鉄道並電線ヲ掩護ス

二、北満州ニ同一ノ兵力主トシテ満州及朝鮮駐剳部隊ニテ編制ス、此ヲ派遣シ主ヲ哈爾賓ニ一部ヲ齊々哈爾其ノ要地ニ配置シ居留民ヲ保護シ鉄道及電線ヲ掩護ス(9)(『西伯利出兵史』)

その翌年には状況の変化に即応して、「沿海州増加派兵計画」(一九一八年一月末)および「後貝加爾州方面ニ対スル派兵計画要領」(一九一八年二月)が策定され、先の派兵計画に若干の修正が加えられた。さらに、翌三月には一層本格的な出兵計画として、「極東露領ニ関スル出兵計画」を策定し、沿海州方面に約一万九〇〇〇名、後貝加爾州方面に約五万一〇〇〇名の合計約七万名に及ぶ派遣軍の出動計画を陸軍省に通知したのである。そして、この兵力使用に要する経費として出兵後一年間で約三億円という数字を示していた(10)。二月二八日、陸軍中央部では出兵計画作業の推進のため田中を委員長とする軍事協同委員会を設置していた。同委員会を中心に、以後出兵計画は使用兵力の決定、資材の準備、日中軍事協定締結、軍事行動準備機関の設置、「セミョーノフ」支隊への援助、年度動員計画の変更などの作業を着々と進めることになった。

これら一連の計画によって陸軍、実質的には参謀本部の主導による出兵計画が秘かに進められた。そこにおける参謀本部の意図が、北満から東部シベリアに至る地域の支配権確立と、東支・シベリア両鉄道の管理権掌握にあったことは明らかであった(11)。出兵問題が当該期における外交・軍事政策の主要課題として表面化し、世論の動向をも含めて議論の対象となった時点で、陸軍はすでにいつでも作戦の発動が可能な準備を完了していたのである。これに関連し

て菊地昌典は、「シベリア出兵の可否を論ずる世論がわきあがっていた大正七年春の段階では、すでに侵略計画は完成し、あとは、口実つくりを、軍隊を上陸させればよかったのである[12]」と記していた。

それで陸軍の当面の目標は、作成された作戦計画と出兵目的を達成するため、でき得る限り早い段階で日本陸軍の方針が寺内内閣の方針に採用されるよう工作を開始することであった。ここで田中参謀次長の陸軍上層部や長老、および政界各層への説得活動が開始される。

2　出兵説得工作の展開

ここで、山県有朋の出兵問題への対応を見ておきたい。山県は「時局意見」(一九一八年三月一五日)のなかで、「頃者内外頻リニ我カ国ノ出兵ヲ慫慂及主張スルモノアリ苟クモ敵国ニシテ支那ノ辺境殊ニ満蒙ノ地ヲ侵シ帝国ノ安寧又ハ利権ヲ脅カスモノ有ルニ於テハ我帝国ノ存立上又ハ東亜ノ治安ヲ保持スルカ為ニ寸時モ之ヲ黙示スヘカラス直ニ起テ之ヲ掃蕩スヘク此ノ時ニ当リテ復タ何ソ連合与国ノ意途如何ヲ顧慮スルニ遑アランヤ[13]」と述べ、日本は利権獲得の対象地である満州確保の意味からしても直ちに出兵し、ソビエト政権を打倒すべきだと主張した。

しかし、その一方で出兵の目的を当面ドイツ勢力の極東進出への対抗に置くにしても、陸海軍を動員した際の軍需品補給は、イギリス、アメリカの援助に期待する他ないとした。従って、「此等諸国ノ意向ヲ明ニセスシテ疎忽ニ我カ態度ヲ決セハ他日謂フ可カラサルノ危地ニ陥ラサルヲ得ス是レ亦予カ終始対露政策ニ関シ英米ノ意途如何ニ注目スル所以ナリ[14]」としてイギリス、アメリカとの協調関係の維持を出兵の前提条件とする見解を明らかにしていたのである。原敬は、これに関連して、山県有朋との会見の席上、「軍器軍需品等万一の場合には米国に仰ぐの外なし[15]」と記していた。

さらに、この後に作成したと思われる「西比利亜出兵意見」(一九一八年)においても、「一旦出兵シタル以上ハ容易ニ新政府ノ希望ヲ容ルルコト能ハサルヘシ遂ニハ新政府トモ干戈ヲ交ヘ随テ露国全体ヲモ敵トナスノ場合ニ立到ルコトヲ覚悟セサルヘカラス」[16]として出兵方針の重大性を指摘しつつ、その一方で仮に連合諸国が日本軍の撤兵を要求した場合、日本が窮地に陥ることがないよう連合諸国との事前の交渉が必要とする先の意見書にはなかった見解を提示していた。

山県が連合諸国、なかでもアメリカとの関係をここに至り配慮せざるを得なかった理由は、軍事費の調達先としてアメリカへの依存が不可欠であったからである。この意見書で、そのことを次のように記していた。

英仏両国ニ向テ軍事費ノ公債ヲ募集スルコト不可能ナリ然ルニ米国ハ已ニ主義ニ於テ帝国ノ出兵ニ反対スルモノナレハ是亦帝国ノ募債ニ応スルコト覚束ナキノミナラス米国ニ貯蓄シアル我カ金貨ヲスラ回収スルコト困難ナルヘシ帝国ハ独力ニテ軍事費調達ノ見込ナルヤ如何[17]（『山県有朋意見書』）

それは、直接の問題として軍事費調達という形で表れていたが、実際にはアメリカへの金融的依存を不可避とする日本資本主義の後位性に規定された日本の外交・軍事政策のあり方にかかわる問題であった。少なくともこうした実情を出兵政策上の最大の課題と考えた山県は、出兵問題が現実化すると、アメリカと共同歩調を採ることが結局は本来の目的を達成するための必須の条件とする判断を抱いていたのである。そのため山県は、すでに北満・西部シベリアを含めた地域への出兵の事前調査を本格化し、大島健一陸相をはじめ、陸軍上層部へ早期出兵の説得工作を活発に進めていた田中に、次のような電文を送付して、一連の行動を差し控えるよう注意を促していた。

東清鉄道、我軍事上ノ必要ナルハ勿論ナルモ日本ガ之レニ対スル国策ヲ断行セントセバ万般準備ヲ要スベシ由来英仏ノ対露政策ニ就テハ予ノ同意セザリシコト御承知ノ通ニナリ況ンヤ日本政府ガ之ニ半随シテ国策ノ一貫ヲ欠クハ甚ダ憂慮スル所ナルガ近時英ノ政策変化シ来リ日本独リ不利ノ地ニ陥レルノ観アリ宜シク深謀熟慮世界ノ大勢ト日本ノ実力トニ鑑ミ以テ国家永遠ノ利害ヲ図ラザルベカラズ軍略ト政略トハ時宜ニ因スルコト勿論ナルモ今日ノ場合之レヲ混淆セザルヲ要ス[18]（『田中文書』）

この場合、山県は「世界ノ大勢ト日本ノ実力」に対応した外交・軍事政策の合理的展開が必要と考えていた。従って、山県からすれば田中の一連の行動は、これらの日本の内情と世界の現状への認識不足が顕著なものと見なさざるを得なかったのである。これに関連して、雨宮昭一は、「近代における戦争指導の構造と展開（上）」のなかで、この電文を引用し、「山県は明らかに日露戦争の戦争指導の形態――すなわち対外関係の重視に基づく〈政略主導の両略一致〉、その具体的内容たる〈兵政二権の政府への集中と両略を担う各機関の機能的分業と統一〉――と基本的に同一の構想を、シベリア出兵についても有していたのである。その構想をもってそれと反する参謀本部の行動を批判した[19]」とし、山県が政戦両略一致の方針に従わない参謀本部、直接には田中の姿勢を修正しようとしたとしている。

この視角からすれば、田中は政略に戦略を優先させようとし、少なくとも政略主導による軍事・外交路線の変更を迫ろうとしていたのである。それは明らかに山県の政略主導による政戦両略一致の原則を逸脱するものであった。山県の政略主導のスタンスは、欧米諸国への金融依存体質から脱却できないでいた日本資本主義の内的矛盾に規定されたものであったが、田中の構想する戦略主導の確保の要求は、「大陸国家日本」の構想実現のためには軍事力への依存も不可避であること、シベリア出兵が戦争である以上、戦略主導による戦争指導体制の確立が早急に必要であること、これと関連して軍の統帥権独立の本来の制度的特権が実際の政治過程のなかで充分に機能できる国内状況を創り出したい、とする諸点から出ていたと考えられる。

閣内に本野一郎外相のような強硬な出兵論を説く閣僚を抱えていた寺内首相も山県同様、この時における出兵には慎重な態度を取り続けていた[20]。そのため田中は、当面この寺内首相への説得工作に全力を挙げることになる。例えば、田中は、一九一八年に入って、シベリアにおける反革命政権樹立を企図して様々な工作を行っていた。そのなかでホルワット援助を促すため、寺内首相宛書翰のなかで次のように記している。

> 該方面（東部シベリア地域のこと・筆者注）ノ情況ハ刻々変化致ス次第ニ付閣下本来ノ目的ヲ達成スル為ニハ「ホルワット」ニ対スル事ヲ速ニ御決行相成ル様切望ニ堪ヘズ候然ラザレバ遂ニ捉ヘ得ベキ機会ヲ逸スルニ至ルベキカト愚考シ候[21]（『寺内文書』）

つまり、日本政府がホルワット援助に直ちに踏み切るよう督促している。その際、援助の方法として続けて以下のように記している。

> 今直ニ外交上ノ形成ヲ取ルハ不得策ニシテ寧ロ単純ニ軍事当局者間ノ相談ト云フ位イノ意味ヲ以テ形式張ラズシテ事実上ノ効果ヲ挙グルト云フ方法ヲ採ル方得策ノ様ニ感存候御再考相勧度候愚考シ候[22]（『寺内文書』）

要するに表立った援助ではなく、欧米列強との摩擦を回避するためにも、軍事情報機関による工作に一任する形で支持を取りつけるのが田中のとりあえずの方針であった。田中としては、シベリアへの本格的出兵が可能な内外での条件が整うまでに着実に既成事実を積み重ね、軍隊の投入が具体的な効果を収め得る条件を確保しようとしたのである。もっとも、これら田中の動向は山県、寺内らの充分熟知するところであり、田中はさらに説得するための理由づけに苦慮した。そこで寺内首相に、次のような書翰を送付することになる。

> 今日ハ反過激ノ思想モ時ト共ニ各方面ニ於テ向上致シ居リ候間之ヲ見殺シニ致スハ過激派ハ勿論穏健分子モ日本ノ頼ミ難キヲ怨ムト共ニ米国ニ信頼スルニ立チ至ルハ明瞭ニ有之候テハ一応閣下ノ御考慮ヲ乞ヒ御意志相伺ヒタル後陸軍大臣及大蔵大臣ニ交渉スル積リニ御座候[23]（『寺内文書』）

ここでも田中はアメリカの存在を意識しており、アメリカがシベリア地域への本格的参戦を開始する前に軍事的投入を行い、アメリカの先手を打とうとしていたのである。

一方、出兵反対論者のなかで、田中にとり最も手強い相手が政友会総裁原敬であった。しかも、原の反対論はこの時点で山県・寺内のそれと基本的に一致したものであった。原は一九一七年暮の日記に、「今日の急務は我国防を充実して何事が来るも之に備ふるの決心を要すべし、万一露独が我に戦端を開らく場合あるも、此場合には疲れたる英仏は頼むに足らず、若し米国を味方とせば少くも軍資の便を得る位のことは之あるべし」[24]と記している。その原はソビエト政権の登場によるソビエト政権あるいはドイツとの戦争の可能性は認めはするものの、それ以前に国防の充実を当面の課題とすべきだとする。そして、戦争開始の場合には、アメリカの援助が不可欠であるとし、平戦時に関係なくアメリカとの協調関係の維持が、結局は日本の大陸における地位向上と、利権拡大への合理的方法とする考えを示していた。

それで原は「内地に於ける出兵論は陸軍側より出たるものにて、陸軍が只陸軍本位にて大局を解せず、其説の行はれざるや、田中義一等は山県を動かし、山県より寺内を圧迫せんと企て居るものの如し」[25]と田中ら陸軍の行動を強く批判する見解を抱いていた。これに加え、この時点で出兵反対論、正確には出兵慎重論者であった山県・寺内にも警戒の念を持っていたのである。

原はこれら陸軍の「大局」を解しない行動を「陸軍外交」と呼称し、これを激しく批判していた。原は、一九一八(大正七)年八月七日の伊東巳代治との会談で、「陸軍側は米国の意向如何に拘らず必要を認めたる時は何時にても西伯利亜出兵せんとするが如き噂あり」と述べていたのである。[26]アメリカからの協同出兵提議がなされる以前においては、特に原に代表されるような、日本資本主義のアメリカへの従属性を充分自覚した外交政策の運営こそ現実的対応だとする、いわゆる〝対米協調派〟が有力であった。田中にしてもそうした日本の現実を自覚していたものの、「大陸国家」に適合する経済的軍事的基盤を北満および東部シベリアに求めようとしたのである。[27]

そこで、田中はこれら有力な出兵反対論者あるいは慎重論者をさらに強力に説得していくために、別の手段による出兵実現を目指すことになる。それは、日中軍事協定の締結によって中国政府から北満方面への出兵要請を引き出し、これを口実に出兵への足掛かりを得ようとするものであった。

軍事協同委員会は、設置直後にシベリアへの軍隊派遣準備計画として七項目の手続きを決定していた。そのなかの「日支陸軍共同防敵軍事協定ノ締結」には、「時局ニ対スル出兵及将来発生スルコトアルヘキ対露、独作戦ニ於テ支那軍隊ヲシテ我ニ協力セシメ且軍需ノ補給等ニ関シ相互密接ナル幇助ヲ必要トスルノ関係上支那ニ対シ日支軍事協定ノ締結ヲ提議(28)」することにしたと記されていた。田中にすれば、この協定締結の狙いを、混迷していた日本の対中国政策における段祺瑞、徐世昌ら北京政府への軍事力援助と、それによる日本優位下の日中「提携」の実現に置いていた。しかし、それ以上に日本軍のシベリア出兵時における作戦および軍隊の展開への協力を取りつけることが当面の目標とされていたのである。これに関連して北岡伸一は、「日本がシベリア作戦を遂行するために、中国の同意および協力を確保することを意味した(29)」と指摘している。

さて、その協定案には、「北満州、東部蒙古及極東露領方面ヨリ西比利亜ノ東部ニ対シテ」は、主として日本軍が中国軍に対し指揮権を保持するものとされていたのである。従って、田中としては、この協定締結が日本側の一方的条件提示による成立という形式でなく、中国側の要望により日本がこれを応諾したという形式を採ろうとした。これこそが欧米関係との摩擦を回避する手段であると同時に、中国の要請による日本軍の北満、東部蒙古・極東露両方面への出兵を実現するための格好の口実と考えたのである(30)。その意味で田中が、一九一八年二月二日、中国駐在武官坂西利八郎少将宛に、「日中軍事協同問題ニ関シ先方ヨリ提議セシムル様(31)」とする電文を送付したことからも、田中の協約にかける期待がいかに大きなものであったかが知れよう(32)。

日中軍事協定はその後、三月二五日に日中間に協同防敵に関する公文交換が行われ、続いて五月一六日に陸軍協同防敵協定、五月一九日に海軍協同防敵協定が成立した。日本政府はこれによって北満への軍隊派遣と駐留権とを獲得し、東部蒙古および東部シベリア方面への軍事的介入の足掛かりを手にしたのである(33)。しかしながら、協定締結の目的が日本軍のシベリア出兵の国際政治上における口実を得ることにあったことは明らかであり、それは出兵に向けて進めていた政治工作の行詰りを打開しようとした田中らの苦肉の策であった[34]。これに対して田中らの協定締結の狙いを見抜いていた原は、日中軍事協定について次のように日記に記している。

其条文は極めて簡単にて、独逸の勢力露国に加はり必要なる行動を取るべき場合には日支協同運動をなすと云ふに在り、其体裁は支那より求めたる様になり居るも、是れは支那側の請求により彼より求めたる体裁となしたるものにて、事実は我国より求めたるものなり[35](『原敬日記』)

ここには協定が北京政府への援助と引き換えに、日本の駐留権を「協同防敵」の名によって獲得し、強引に日本の当該地派遣の既成事実を作り上げようとする「陸軍外交」への批判と、これを抑制できない日本政府への不満が併せて記されていたのである。

こうして日本陸海軍は日中軍事協定により北満地域への軍隊派遣の条件作りに一応成功したものの、欧米列強の干渉を排除して軍隊派遣の口実を得るという企図は、必ずしも国内支配層間で一致を見ていた訳ではなかった。つまり、山県や寺内らにとって最大の課題は日中「提携」路線の確立であり、シベリア出兵は却ってアメリカに中国への干渉の口実を与えかねない問題だけに回避すべき問題であった。

特に寺内内閣は、一九一七(大正六)年一月五日に領土保全・内政不干渉・列国協調を骨子とする対中国政策を決定して以来、借款を通して中国への経済的支配と親日政権の育成を目指していた。それだけに田中らの一連の出兵工作とは基本的に一線を画していたのである。原敬も日中軍事協定成立以後において、連合国共同によるシベリア出兵案がイギリス、フランスから提議され、それが外交調査委員会での中心議題に挙がって以来、一貫してアメリカへの配慮の必要性を説いていた。

例えば、原は一九一八年六月一九日の日記に、「此際殊に注意すべきは日米の関係なるべし、日米間の親密なると否とは殆んど我国将来の運命に関すと云ふも不可なし、而して日米間動もすれば疎隔せんとする要因は、西伯利亜に於ても支那に於ても我に侵略的野心ありとの猜忌心に在り、故に苟くも其猜忌を深からしむるの行動は努めて之を避くる事は総ての点に於て我国の利益なるべし(36)」と記していた。

従って、これら山県・寺内・原らの見解は、相互に視点の差こそあれ、ほぼ一致した外交方針として大方の支持を受けていたのである。その意味で田中らの行動は、これら支配上層部との軋轢を深めこそはしたが、決して一致点を見出し得るものではなかった。そのため田中ら出兵論者は次第に孤立する事態に追いこまれていったのである。しかし、一九一八年七月八日のアメリカ政府からの限定出兵の提議は、窮地に陥っていた田中ら出兵論者を救う結果となった。同時に田中は、支配上層部への出兵工作過程のなかで、出兵計画の実現には、特に原を中心とした諸政党や財界との緊密な関係を必要とするという認識をも一段と深めることになった。それは、田中の原への政策的接近という形で具体的に表れてくる。

(1)　「大正四年二月三日付　寺内宛田中書翰」国立国会図書館憲政資料室所蔵『寺内正毅関係文書』三三二一-三三二。当該期における田中の対米認識については、三谷太一郎『増補　日本政党政治の形成——原敬の政治指導の展開』(東京大学出版会、一九九五年)、坂野潤治「日本陸軍の欧米観と中国政策」細谷千博・斎藤真編『ワシントン体制と日米関係』(東京大学出版会、一九七八年)等を参照。

(2)　細谷千博『シベリア出兵の史的研究』有斐閣、一九五五年、五二頁。

(3)　田中義一伝記刊行会編『田中義一伝記』下巻、原書房、一九八一年、四頁。また、高橋治はシベリア出兵を詳細に論じた『派兵』(第一巻、朝日新聞社、一九七三年)のなかで、陸軍少尉家村新七(第一四師団第一五連隊所属)の「シベリア出兵の真の目的は沿海州を占領することにあったんだ。その理由は地図を見ればわかるように、沿海州を日本の領土としておかなければ、日本の国防は成り立たんのだ」(三四頁)とする証言を紹介している。

(4)　菱沼右一『西伯利亜』民友社、一九一九年、二頁。

(5)　山口県立文書館蔵・国立国会図書館憲政資料室蔵『田中義一関係文書』四九。

(6)　同右、五〇。

(7)　同右。

(8)　「大正七年二月一二日付　寺内宛田中書翰」『寺内正毅関係文書』三三二一-六二。

(9) 参謀本部編『西伯利出兵史――大正七年乃至十一年』(復刻版)上巻、新時代社、一九七二年、二〇頁。
(10) 同右。
(11) 上原勇作関係文書研究会編『上原勇作関係文書』東京大学出版会、一九七六年、一五〇頁。
(12) 菊地昌典『ロシア革命と日本人』筑摩書房、一九七三年、iii頁。
(13) 大山梓編『山県有朋意見書』原書房、一九六六年、三五五頁。
(14) 同右、三五六頁。
(15) 原奎一郎編『原敬日記』第四巻、福村出版、一九六五年、〔大正七年三月三〇日の項〕、三七六頁。
(16) 前掲『山県有朋意見書』三七九頁。
(17) 同右。
(18) 「大正七年四月三〇日付　山県元帥ノ対露政策ニ関スル暗号電報」前掲『田中義一関係文書』五三。
(19) 雨宮昭一「近代における戦争指導の構造と展開(上)」茨城大学『教養部紀要』第八号、一九七六年三月、五八頁(後に雨宮『近代日本の戦争指導』吉川弘文館、一九九七年、所収)。
(20) この時期、寺内首相の見解は、「1、露国再興ノ為ニ必要ナレバ出兵ヲ断行スルコト不可トセズ　2、独露連合ノ兵来ルトキハ直ニ出兵セザルベカラズ　3、此機会ニ乗ジ一部ノ露領ヲ占領セントスルノ企画ヲ有セズ　4、今日出兵名分如何ニヲ疑ハザルヲ得ズ。日本従来名分正シカラザル戦争シタル歴史ナシ」(鶴見祐輔『後藤新平』第三巻、後藤新平伯伝記編纂会、一九三七年、八八〇頁)というものであった。また、寺内首相の出兵論には、「西伯利亜出兵論(大正七年三月一三日付意見書)」(『寺内正毅関係文書』四四一‐一〇)があるが、その内容は山県とほぼ同様であった。
(21) 「大正七年二月一五日付　寺内宛田中書翰」『寺内正毅関係文書』三三二‐六四。
(22) 同右。
(23) 「大正七年四月二七日　寺内宛田中書翰」同右、三三二‐七〇。
(24) 前掲『原敬日記』第四巻〔大正六年一二月二八日の項〕、三五〇頁。
(25) 同右、〔大正七年四月四日の項〕、三七九頁。
(26) 同右、〔大正七年八月七日の項〕、四二九頁。
(27) この時期において出兵強硬論者には田中を筆頭に、上原勇作(参謀総長)、中島正武(参謀本部総務部長)、福田雅太郎(参謀次長)等がおり、外務省内でも本野一郎(外務大臣)、松岡洋右(外務書記官・首相秘書官)、木村鋭一(政務局第一課首席事務官)等がこれに呼応していた。一方、同じ外務省内にも原と同様の立場に立つ者として、幣原喜重郎(外務次官)、小幡酉吉(政務局長)、小林欣一(政務局第一課長)、武者小路公共(同第二課長)等がいた。
(28) 前掲『西伯利出兵史――大正七年乃至十一年』上巻、二一頁。
(29) 前掲『日本陸軍と大陸政策――一九〇六―一九一八年』二一九頁。
(30) これに関連し、関寛治は、「日中軍事協定にいたる日本の政策決定過程は、このシベリア出兵問題とデリケートにからみあい、かつシベリア出兵問題との間に明白に確認できる相互作用をおよぼしあった」(関寛治『現代東アジア国際環境の誕生』福村出版、一九九六年)と指摘している。
(31) 外務省編『日本外交文書』大正七年第二冊上巻、外務省、一九六九年、二六七頁。
(32) 田中の同協定への執念がいかにつよいものであったかについては、元帥上原勇作伝記刊行会編『元帥上原勇作伝』(下巻、元帥上原勇作伝記刊行会、一九三八年、一一九―一二〇頁)参照。
(33) 前掲『シベリア出兵の史的研究』一一七―一二〇頁。
(34) 前掲『現代東アジア国際環境の誕生』二五七頁。
(35) 前掲『原敬日記』第四巻〔大正七年五月二七日の項〕、三九八頁。
(36) 同右、〔大正七年六月一九日の項〕、四〇六頁。

三　田中の変容と原への接近

1　出兵をめぐる支配層の動揺

アメリカからの共同出兵提議の内容は、出兵の目的をチェコスロバキア軍支援、出兵対象地域をウラジオストックにそれぞれ限定し、兵力量を日米双方とも七〇〇〇名とするものであった。そして、目的を達成した後は直ちに撤兵する旨の日米共同宣言を発表する、としていた。要するに「限定出兵」の条件のもと、日米が全く対等の立場で出兵に踏み切ろうとしたのである。このアメリカの共同出兵提議に対し、寺内内閣はそれまでの慎重論を転換させた。つまり、一九一八(大正七)年七月一二日の閣議で出兵提議承諾を決定するとともに、その出兵内容については日本政府としての独自の判断から、アメリカの「限定出兵」の枠を大きく踏み出すものとなっていたのである。

寺内内閣でも以前から出兵断行論者であった後藤新平外相(一九一八年四月二三日就任)は、外交調査委員会委員伊東巳代治に対し、「帝国ノ地位ニ顧ミルトキハ単ニ浦潮ニ出兵スルノミヲ以テ足レリトセス西比利亜方面ニモ出動スル必要アリ」[1]と述べたように、出兵内容については「非限定」出兵を断行し、シベリア地方まで射程に収めた政略としての出兵を意図していたのである。

この点では陸軍の出兵論を代表する田中と全く同一のものであった。田中はアメリカからの出兵提議を知らされると、上原参謀総長に、「どうせ出兵するなら用兵上必要なる兵力を派遣すべきを具申し」[2]たのである。反出兵論の最大の理由がアメリカの一貫した出兵反対姿勢にあったことは既述の通りであり、この条件がなくなった以上、出兵断行への機運が高まりつつあったことは確かであった。出兵の閣議決定後の問題は、むしろアメリカの「限定出兵」論を打破していく政策の実現と、何よりも国内における「非限定出兵」論による意志統一にあった。実際、原に代表される強硬な反対論は未だ根強く、出兵決定後において外交調査委員会を舞台に激しい論争を引き起こすことになったのである。

寺内内閣および陸軍にとって最大の対抗勢力であった政友会総裁原敬への説得工作は、七月一二日の閣議における出兵決定後から後藤新平外相(翌一三日)、山県有朋(一四日)、寺内首相(一五日)と連日続けられていた。しかし、結局原は妥協せず、論議の舞台は外交調査委員会の場に移された。そこで原は、「非限定出兵」を唱える寺内首相をはじめ、各閣僚等が、「米国の提議を機として浦塩に一箇師団出兵し、西伯利亜には米国に必要なることをのみ申送り……、先づ一箇師団を送り、必要次第追加する」[3]考えを隠そうとしないことに強い反発を表明し、それが結局はアメリカとの協調関係の阻害要因となるとしていた。

しかし、七月一七日の外交調査委員会では、原らの反対を抑える形で次のようなアメリカへの回答電報要旨が作成された[4]。それは焦点となっていた二つの問題、即ち兵力量については「帝国政府ハ差向キ多数ノ兵力ヲ派遣スルノ意ニ非スト雖モ予メ之ヲ限定スルコトヲ得ヘキ性質ノモノニアラスト思考ス」と述べて、兵力量の決定は日本政府の独自の判断により決定されるとする見解を示した。それは事実上大量動員の可能性を示唆するものであったのである。また、出兵対象地域については、「帝国ハ地理上ノ関係ヨリ自国ノ安寧及緊切ナル利益ニ最重大ナル危険ヲ感セサルヲ得ス従テ前記「チェック、スロワック」軍支援ノ方針ニ伴ヒ発生スヘキ形勢ニ因リテ西伯利ニ出兵セシムル場合アルヘシ」として、シベリア地域への出兵構想を暗に示唆していた。

こうした経緯のなかで、日本陸軍は、七月二〇日に寺内首相を含めた大島陸相、田中の三者会談によって第三師団および第一二師団の動員と出兵地域の拡大とを申し合わせた[5]。陸軍としては、アメリカの出兵提議を受け入れつつも、内容的には決して「限定出兵」ではなく、従来から構想してきた「自主的出兵」の具体化に向け、大規模な出兵によるシベリア地域への軍事力の展開と、資源収奪の達成目標を一挙に実現する意向を公然と表明していたのである。それは言うまでもなく、アメリカの「限定出兵」の要請から真っ向から対立する内容であった。その点で、出兵内容についてもあくまでアメリカとの協調を維持し、配慮が不可欠とする原らとの間に根本的な相違が存在することになった。

ところが、石井菊次郎駐米大使から回答書を受け取ったポーク米国務次官は、七月二五日に石井大使と会談し、再度限定出兵の徹底を要請した。その会談においてアメリカ政府は強い不満を表明し、その結果、日本政府は兵力数を一万から一万二〇〇〇名の間に限定し、西部シベリア方面への出兵については、必要が生じた場合、あらためて協議するとの妥協案を提示した。これによってアメリカ政府は、基本的に限定出兵を日本政府に確約させ、両政府の一応の妥協が成立した。こうした経緯を経て、八月二日に日本政府は出兵宣言を発表し、日本陸軍は八月一二日に、アメリカ陸軍は同月一九日に、それぞれウラジオストックに上陸した。実質的なシベリア出兵の機会を得ることに成功した日本政府ではあったが、この間における日米交渉の内容と日本政府の対応姿勢について、日本陸軍は次のような見解を持っていた。

過般来我政府ノ措置ハ頗ル優柔不断出兵ニ関スル米国ノ提議ヲ受ケテ既ニ二週日未タ使用兵力スラモ確定スルコトヲ得ス用兵上ノ見地ヨリスル参謀本部ノ企画献策ハ毎ニ政府ノ干渉、抑圧ニ防ケラレ其機ヲ逸スルノミナラス動モスレハ純然タル統帥事項ニ迄モ容喙ヲ敢テセントシ而モ朝令暮改当事者ヲシテ徒ニ奔命ニ疲レシムルノ情態ニアリ(『西伯利出兵史』)(6)

陸軍、なかでも参謀本部は、従来のシベリア出兵計画を実行に移すためにも、対米関係においては非妥協的態度を日本政府が採用するよう圧力をかけると同時に、出兵兵力量と出兵地域・作戦計画への政府の干渉を断固排除していく姿勢を表明していた。その意味でも対米協調を第一とする方向での今回の出兵計画は、大陸への侵攻によって陸軍の役割を正当化し、「大陸国家」日本の構想実現を意図した参謀本部の従来の計画自体を否定する危険があった。それに加えて、原の発言に代表された政党による兵力量や作戦計画への干渉は、統帥権への介入という軍部としては絶対に拒否すべき問題をも生起させていたのである。[7]

なかでも、先にアメリカ政府が日本政府の「非限定出兵論」に拒否の回答（七月二五日）を行い、これを契機にして結局、七月一二日の「非限定出兵」を内容とした閣議決定の修正を余儀なくされたことは、陸軍に深刻な危機感を抱かせることになった。[8] 陸軍は、特に政友会を率いる原の言動を統帥権独立への赤裸々な介入と見ており、上原参謀総長は、そうした政友会の攻勢に抗議する意味で辞職さえ仄めかす有様であった。[9]

この間陸軍は、国内における危機意識を抱く一方で、ウラジオストック出兵を大規模なシベリア出兵へと転化する計画実現に着手していた。[10] その際、とりあえず北満州および東部シベリア地域への出兵が意図され、その口実とされたのが日中共同防敵協定であった。すなわち、七月二四日に上原参謀総長の名で斎藤季治郎在中国日本公使館附武官宛に、「日本ノ東部シベリア出兵ニ関シ中国ノ協力要請方訓命ノ件」[11]を訓電し、同協定の第一一条に基づいて中国側からの日本軍派遣要請に応えるという形式で出兵を正当化しようとした。しかし、その内実は同日、田中が斉藤宛に発した次の訓令の内容に明らかにされている。

帝国ノ企画ハ仮令支那側ニテ異議アリトモ爾他ノ連合与国トノ関係ニ鑑ミ要スレハ之ヲ実行スル考ナルヲ以テ其含ニテ交渉スルヲ要ス[12]（『西伯利出兵史』）

ここに集約された通り、参謀本部は出兵の計画断行への強い意志を抱いていた。その際、参謀本部が政府内部に示した出兵理由は、参謀本部が後押ししていたセミョーノフに対し、過激派およびドイツ軍による攻撃がさし迫っているとするものであった。[13] その結果、参謀本部は八月九日に満鉄沿線に駐屯していた第七師団に動員を下令し、これを受けた日本政府は同月一三日に満州里に向けての出兵を正式に宣言したのであった。これと前後して参謀本部は東部シベリア占領の意図を次のように記している。

一、列国ヲシテ絶対且永遠ニ極東露領ニ於ケル帝国ノ優越権ヲ承諾セシメ東部西伯利亜及之ニ近接スル支那領土ヲ抱擁スル地域ニ帝国ノ勢力ヲ確実ニ扶植スルコト

二、上記地帯ノ前方ニ於テ帝国ニ好意ヲ有スル確実ナル統治機関ヲ擁立シテ有力ナル緩衝地帯ヲ形成セシムルコト(14)

この間、一貫して参謀本部の出兵拡大方針を指導していた田中の行動と日本政府の兵力増員の実施は、アメリカの反発と懐疑心を買うことになった。国内的にも対米協調を基軸にした日本帝国主義の発展を目指した原や、これを支持したブルジョアジーからの不満が再び高揚しつつあり、米騒動への対応に苦慮していた寺内内閣はこれを機会についに一九一八年九月二九日に総辞職し、原政友会内閣が登場することになった。その結果、政府の内外では参謀本部および田中ら陸軍中堅層の出兵計画への危惧がしだいに顕在化してきていた。例えば、次の記事はそのことを端的に示していた。

後藤は政界の驕児なり。田中は軍閥の驕児なり。驕児、驕児の尻を突き、驕児、驕児を煽るに於て、天下の風雲収まらんとするも得ず。実に出兵論の渦中に掉し、巧に航行したる者は田中なり。彼にして、何等飛躍をなすことなくんば、外交の暗礁今日の如く危険ならず、出兵論の明滅風中の燈火の如くならざりしや、未だ知るべからず(15)。

参謀本部の拡大出兵を結局容認することになった日本政府の出兵政策に、アメリカ政府はしだいに態度を硬化させるに至った。すなわち、アメリカ政府にとって北満州および東部シベリア地域への日本軍事力の展開は、本来アメリカのウラジオ出兵が当該地域への日本の進出阻止を実際の目的としていただけに、何としても容認し難いものであった。アメリカにとって当該地域への日本帝国主義の勢力扶植は、ただちに中国・アジアにおけるアメリカの侵出拠点

の喪失を意味するものであったのである。[16]

さて、九月二九日に成立した原内閣の出兵政策を見る場合、その前提として先の寺内内閣の出兵政策への日本陸軍の反応を整理しておく必要があろう。既述の通り、日本陸軍の不満は外交調査委員会での統帥権への干渉に対する反発や、兵力量をめぐる上原参謀総長の辞任問題となって表出していた。このことは、この時期田中と会談の機会を持った小泉策太郎の次のような原宛書翰から知れる。

参謀本部側の現政府に対する不平不満は外間の想像以上にして、田中の如きも一に局面展開を時務の急となし、首相に対しては頻りに落馬の時機を誤らざらん事を諷言せるやに御座候[17]（『原敬関係文書』、以下、『原文書』と略す）

ここでは、田中と寺内首相との関係が相当程度冷え切っていることを伝え、さらにその理由を、「近来寺内の態度は極めて不鮮明に糊の誤魔化しにて、徒らに内閣の体面を文飾するに努めるが如く想像され候」[18]と分析していた。また、この時期山県からも見限られつつあった寺内首相については、次の書翰を送付していた。

田中の如き暗中飛躍に憚からず、彼が極めて近き将来の政変を信ずるには、蓋し相当の根拠あるべく愚考仕候。一部の観測者は武人閥が陸軍拡張を遂行する為に此内閣の存在を必要とし、無理にも当来の議会まで尻押しを為すべしと説く者あれど、陸軍側と政府との関係は外間の想像に及ばざる程に離反せる特徴は、閣下夙に御明察あるべく存候[19]（『原文書』）

これら小泉の書翰からは、田中が寺内内閣の出兵政策自体へ不満を抱いていると同時に、米騒動への対応からして寺内内閣の政治的指導力が低下しているとの見方を強めていたことがうかがえる。田中は、国内政治の内乱と、対米関係の悪化という内外にわたる政治的行詰りが鮮明となっていた寺内内閣への支持が、逆に陸軍自体の行動を制約する結果になると見なしていたのである。それだけに田中としては、いち早く寺内内閣との連携に根本的修正を断行し、日本陸軍の地位保全のため陸軍のよって立つ基盤の再検討と、国内におけるより強力な政治指導力を発揮し得る内閣登場を期待するに至っていた。そうした意味で強力な政治指導者として田中が期待していたのは原敬であり、ここから田中と原との接近が具体化するのである。原と田中の接近過程およびその背景にこそ、当該期日本の置かれていた国際環境に規定された日本型政軍関係の実態が凝縮されていたと指摘できよう。

そのことは、この時点で大戦を契機にして従来の政治支配の限界が明らかとなり、米騒動(一九一八年)に象徴される民衆の政治舞台登場への対応が、早急の課題であることを田中自身が充分に認識していたことを示していた。田中としては、大戦後における民衆の登場という新たな政治状況のなかで、これからの「大陸国家」日本の形成においては支配層間の意志統一だけでなく、民衆の支持が不可欠となってきたことを痛感していたのである。その意味でも民衆の支持が強かった原に田中が接近した理由は、民衆の政治エネルギーの吸収能力を持った政党勢力からの陸軍支持取り付けにあったと考えられる。田中はこの時点までは政党を陸軍の対抗勢力と捉えており、その変容ぶりは顕著であった。

これに関連して田崎末松は、田中の原への接近が「田中の立場からすれば原に同調すること自体、田中が「帝国国防方針」案の策定以来、陸軍の首脳として主張しつづけてきた「対外強硬路線」の全面的否定に通ずる矛盾に直面するという危険にさらされるということであった」とし、田中が変節したとする。[20] それはともかくとして、田中は原内閣の陸軍大臣に就任する。次に、この前後における原内閣の出兵政策と、田中の出兵構想の変容ぶりを整理しておきたい。

原敬が寺内から政権を受け継ぐ場合、シベリア出兵政策は対米協調関係の維持発展を阻害する要素が強かったため、原内閣としてもそれは最大の懸案事項となるはずであった。その場合、参謀本部の強硬な出兵拡大路線の抑制が課題であり、そのために原は対陸軍工作を組閣直前から鋭意進めていた。山県を頂点とする諸元老等絶対主義勢力の支持取りつけに成功しつつあった原は、参謀本部に強い影響力を行使し、拡大派の指導者であった田中の閣内取り込みにも成功したのである。それによって間接的に陸軍、特に参謀本部の行動を抑制することを意図した。この意味で、原にとっても田中への接近は重要な課題であった。

このことから田中と原の出兵政策自体の位置づけが、当面の問題となるはずであった。少なくとも参謀次長時代の田中からすれば、内閣主導の出兵政策を対米協調堅持のうえに展開するといった原の考えと、基本的に一致点を見出すことが困難なはずであった。しかし、田中の原内閣組閣前後における発言には、以前の強硬路線を修正しようとする意図が明白に読み取れる。例えば、一九一八年九月一六日の原の日記には次の記述がある。

西部西伯利出兵の事に就ては、田中も其不得策且つ不必要と思惟する事、余と同論なり、其他軍備上の事に就ても余は大体を内話せしに、大体に於ては田中も同論なるが如く云へり、但事実上即ち具体的問題とならば如何なる考案あるや知るべからず[21]（『原敬日記』）

原としては、田中の入閣を山県・田中の圧倒的影響下にあった陸軍の出兵政策再検討の好機としたい考えであった。その上に立って、田中が自ら出兵政策自体の修正の必要性を自覚していたことは、原が田中陸相実現へ踏み出した大きな理由となっていた。原は田中を推す山県との一定の関係維持のためにも山県―田中ラインと協調関係を確保していくことが重要であり、それこそが国内政治安定化の条件と考えたのである。それが、原をして強固な政治力を発揮し得る方途でもあった。

こうした背景のなかで成立した原内閣は、まず一〇月下旬にシベリアからの減兵措置を実行に移し、第一次案として約一万四〇〇〇名の削減、第二次案として派遣軍総数を約二万六〇〇〇名まで削減する案を提起した。これらは一二月一九日に閣議決定が行われた。また、東支鉄道管理問題についても原則的に国際管理方式に切り換えることとし、翌年一九一九（大正八）年二月一〇日に鉄道協定を成立させることになった[22]。

原内閣の出兵兵力の削減計画とその実行は、日本の出兵政策の予想外の拡大に警戒の念を強めていたアメリカ政府の対日姿勢緩和に効果を示した。原内閣の課題であった対米協調関係の成立に、とりあえず成功することになるのである。そして原内閣が次々と打ち出した削減計画を支えたのは、田中陸相の協力的な態度であった。この時点で田中の出兵政策の位置づけはどのようなものであったかを、次の原の日記から引用してみたい。

田中云ふ、西伯利に於ける軍隊は西部には英仏の要求あるも進行せず、而して今や最初の目的たりしチエックスロバック救済の目的を達して殆んど大軍駐屯の必要なきに現在の儘に差置くに於ては各国の疑惑を免がれざるのみならず、米国の不快も改らず又費用も莫大にて何の為めに此巨資を投じて大兵を置くやと議会の質問に遇ふも答弁の道なき如きは国家の為めに得策ならざれば、治安を保つべき守備隊に止めて他は召還し即ち平時編成に改めては如何[23]

田中はこれより先、一九一八年一〇月二二日の外交調査委員会の席上、犬養毅委員の日本軍の西シベリア侵攻の可能性に対する質問に、「目下西比利亜ノ状態ニ顧ルトキハ如何ナル場合ニ於ケルモ結局五箇師団ヲ出動シテ果シテ所期ノ目的ヲ達成スルコトヲ得ルヤト問ハルルニ於テ自分ハ其ノ目的ヲ達成スルコトモ亦不可能ナリト断セサルヲ得ス[24]」と答弁して、大兵力の展開が必ずしも好結果を得ておらず、むしろ少数兵力で鉄道守備といった実利性の高い目標に絞ることが好ましいとする見解を明らかにしていた。

ここから田中が、従来の出兵一辺倒の路線を大きく修正したことを窺い知ることができる。田中にしても、アメリカ政府の日本に対する警戒心をこれ以上深めさせることは、結局は日本を外交上不利な状況へ追いやるとする判断を持つに至っていたのである。さらには、大戦後における「大陸国家」日本の形成上、アメリカとの協調関係が絶対不可欠の要素となってきていること、何よりも米騒動を契機に登場した民衆の政治エネルギーが、巨大な軍事費を消費する陸軍への批判となって具体化する懸念が強かったこと等が方針転換を余儀なくさせた理由と考えられよう。

そのため田中は、出兵拡大派の中心であった参謀本部の行動に規制を加えつつあった。原内閣が打ち出した削減計画に全面的に協力した田中が、その撤兵措置の裁可を天皇から得た後、参謀本部に判断の余地を与えず一方的にこれを通牒したことからも相当程度の強い決意が見られるのである。ところが、そのような田中の態度は、当該期陸軍全体の動向と必ずしも一致するものではなく、特に上原参謀総長や宇垣一成参謀本部第一部長等は、原内閣成立前後にかけて西部シベリアまで出兵範囲を拡大しようとしていた。

それは、一九一八(大正七)年九月二〇日、「東欧新戦線構成ニ関スル研究」の作成となって示された。[25] その内容は、全ての常備師団のシベリアへの投入を前提としたものであり、これまで以上の大規模な出兵計画であった。しかし、短期間に西部シベリア全域を占領下に置こうとするこのような大規模な出兵計画は、対米協調下における「大陸国家」日本の形成を企図する田中の許容するところではなかったのである。

ここにも、田中が自ら求める「大陸国家」日本の形成のより現実的な手段として、国内的には政党勢力との、また、国際的にはアメリカとの協調関係のなかで所期の目的実現への道を選択しようとしたことが知れる。それは第一次世界大戦、シベリア出兵、米騒動など、内外の新たな政治状況の展開に規定された選択でもあった。それこそが大戦後のアジア地域における帝国主義諸列強との角逐に耐え抜き、そこに日本帝国主義の基盤を扶植していくうえで、より合理的な判断とされたのである。

2　撤兵決意の背景

このように、原内閣のシベリア政策は、まず削減計画の断行をもって開始されたものの、一九一九(大正八)年の五月に入ると軌道修正が目立ち始める。これ以後、原内閣のシベリア政策は必ずしも一貫したものではなく、参謀本部との基本的対立点を残しながら流動的な姿勢を見せていくのである。そのなかにあって田中陸相は、原内閣の路線を忠実に踏襲することもあれば、また、先取り的に軌道修正のレールを敷くというスタンスにより、原内閣の陸軍対策を容易にするのに重要な役割を演じていくことになった。

田中陸相のスタンスは、出兵拡大を強行に主張して、一元的に実行されるべき戦争指導に混乱を招いていた参謀本部を牽制するものであった。田中陸相のように、陸軍内にあっても戦争指導の一元化に積極的スタンスを示す有力者が閣僚として存在したことは、結果として陸軍への非難を相対的に緩和することになり、そのことは陸軍内における田中の地位を一層確固なものとすることになった。さらに、田中陸相は、政党・財界からも一定の評価を得ることになる。ところが、原内閣は一九一九年五月一七日オムスクのコルチャック政権の承認を行い、西部シベリア地域への干渉政策を打ち出すに至った。田中陸相も五月一七日に開催された外交調査委員会の席上、「オムスク政府ヲ公然承認シ対露方針モ一定スル以上ハ向後出兵ノ要求アルモ我帝国トシテハ素ヨリ辞スヘキニ非スト信ス」[26]と答弁し、これまで否定してきた西部シベリア地域への侵出意図を明らかにしていた。

原内閣が新たな出兵政策を打ち出した背景には、ロシア革命の影響が極東から日本に波及していくことをとりあえず西部シベリア地域で遮断すること、極東ロシア地域への必要以上の肩入れが、当該地におけるアメリカとの対立を派生させる恐れがあったため、日本軍事力の西部シベリア方面への展開によってこれを幾分でも緩和しようとしたこと、などが考えられる。しかし、そのことは沿海州を中心に東部シベリアにおける権益を確保し、大兵力の投入による大陸侵略の拠点確保を意図していた参謀本部の強硬な反発を受けることになった。すなわち、参謀本部はこの時期に至っても極東ロシア第一主義を採用し、東シベリアを根拠としてコルチャックに対抗していたセミョーノフへの肩入れを強化していたのである。

参謀本部は、一九一八(大正七)年一一月二七日には「極東露領諸機関指導要領」を作成し、大谷喜久蔵浦塩派遣軍司令官名で各部隊にホルワットおよびセミョーノフ擁立方針を徹底させる旨の通達を発するほどであった。同年一二月八日にオムスクのコルチャック政権支持の方向が首相・外相・陸相・海相によって確認された後も、参謀本部はセミョーノフに対する支持を続けていた。しかし、田中は、これを陸軍大臣の権限によって抑制するという強硬方針をとり、一二月一二日に大谷司令官宛に、「セミヨーノフノ行動ハ兎角慎重ヲ欠キ延テ我政府ニ煩累ヲ及ホシ我国民ノ同情ヲ没却セシム彼レニシテ大局ヲ観ルノ明ナク徒ニ感情ニ起リ成功ヲ急キ其不謹慎ナル行動ヲ継続スルニ於テハ断然彼レニ与フル援助ヲ中止スル」(27)という強い調子の電報を発し、参謀本部および派遣軍が原内閣の出兵政策に従うべきことを命じていた。こうした経緯を経て一九一九年五月のコルチャック政権承認に漕ぎつけるに至ったのである。そこには田中の強い協力があったことは明らかであった。

参謀本部の強硬方針は、このような田中の行動によって一時的にせよ抑制できた。一方で原内閣の出兵政策に大きな影響を与え続けていたのは、政友会の有力な支持勢力である財界であった。すなわち、大戦景気によって獲得された過剰資本の投下対象地域としてシベリア、特に極東ロシア地域への財界の関心が次第に高まっていたのである。例えば、一九一八(大正七)年八月九日には目賀田種太郎(前日本帝国政府特派財政経済委員長)を委員とする臨時西比利亜経済援助委員会が発足したのを皮切りに、翌一九一九(大正八)年一月一八日には三井、三菱、久原、古河、住友ら大企業を結集した極東興業団が組織された。さらに、関西の財界も「対露貿易ノ保証ニ関スル嘆願書」を政府に提出し、シベリア地域への貿易枠の拡大を求めていた。そして、同年五月二日には臨時西比利亜経済委員会の早川千吉郎(三井銀行理事)委員と木村久寿弥太(三菱合資会社総理事)委員が原内閣にコルチャック政権承認を迫った経緯があった。原内閣がオムスクのコルチャック政権承認を打ち出した直接の契機がこの財界の要求にあったのである(28)。

その後、コルチャックと紛争を続けていたセミョーノフが屈伏し、シベリアがコルチャック政権によって一本化され、日本政府もこれに本格的援助を開始した。しかし、原内閣の出兵政策もようやく安定し始めるかと思われたのも束の間であった。加藤恒忠がオムスク政府への全権大使に赴任した直後から、当のコルチャック政権の基盤が必ずしも万全でないことが徐々に明らかとなっていたのである。

七月(一九一九年)に入るとコルチャック政権は一層の危機に直面し、同月一一日の閣議ではコルチャック政権を支援し、当該地域へのボリシェヴィキ勢力の浸透を阻止する目的で軍隊派遣の必要性を討議することになった。これにより事態は急展開し、同月一五日にはオムスク在住の松島鹿夫総領事から日本軍派遣の要請があり、さらに同月一八日には駐日ロシア大使クルペンスキーが日本軍二個師団の派遣を要請するに至った。これを機会として、原内閣は西部シベリア地域への増派の是非、あるいはシベリア政策全体の再検討を迫られることになったのである。

田中はこの事態のなかで、八月一三日に外交調査委員会に覚書きを送付し、「世界的大変乱ニ伴フ国民思想ノ動揺ハ未タ楽観スヘカラサルモノアリ、況ヤ朝鮮ニ於イテハ帝国ハ既ニ該派ノ侵襲ヲ受ケタルヲ自覚シ今ニ於イテ大ニ之ニ処スルノ途ヲ講セサルヘカラサルナリ」[29]と述べたうえで、植民地朝鮮のほかに、満蒙地方への「該派」=ボリシェヴィキ軍の「侵襲」を阻止するため、西部シベリア地域への相当程度の軍事力の投入の必要性を説いたのである。

この西部シベリア地域への大兵力投入構想は、田中の従来におけるシベリア政策から明らかな様変りを示していた。そこでの、田中の増派構想は従来の攻撃的出兵というより、防禦的出兵という性格の強いものであった。参謀本部も既に西部シベリアの増派計画を決定しており[30]、田中の出兵構想は八月一四日に閣議で検討事項となった。そこでは、経済的非合理性を理由に反対論をとなえる高橋是清蔵相と田中との間で激しい議論が戦わされた。西部シベリア増派問題は、翌一五日に開催された外交調査委員会においても取り挙げられ、活発な論戦が行われた。そこで田中は次のような見解を披露していた。

我帝国ハ過激派ノ東漸ヲ捍禦スル為緩衝地帯ヲ構成シテ自衛ノ策トスルコトヲ以テ刻下ノ急務ナリト認メサルヲ得ス……此際各位ニ於テモ貝加爾以東ノ地域ニ於ケル秩序ノ維持ハ我帝国ノ任務ナリトスル方針ヲ一定スルノ刻下ノ最大急務ナルコトヲ確認セラレンコト国家ノ為渇望ノ至ニ堪ヘス[31](『翠雨荘日記』)

田中は、過激派＝ボリシェヴィキ派の極東ロシア方面への侵入阻止を理由に、西部シベリア地域への増派容認を要請した。しかし、田中の増派論はあくまでも原内閣の一貫した対米協調路線の枠内での増派論であった。そのことは、増派による軍事費の肥大化や欧米列強との関係悪化への危惧の念を表明した犬養・平田委員の質問に、田中が「国運ヲ賭シテ西比利亜ノ行動ヲ続行セサルヘカラサル乎ト云ヘハ軍事上ノ見地ハ別トシテ国策ノ上ニ於テ最モ考慮ヲ要スコトハ待タサル所ナリ」[32]と答弁したことからも窺える。

要するに田中の増派論においても、原内閣の対米協調関係堅持という「国策」上の課題が「軍事」上のそれよりも明確に上位に位置づけられていたのである。この結果、九月八日には当問題に関し派遣軍司令官大井成元、シベリア駐在大使加藤恒忠に対し、原首相、田中陸相、内田康哉外相、加藤友三郎海相らが同席のうえ、内閣の総意として対米関係に慎重を期して当分現状維持を図る旨の訓示が行われた。因みに、大正八年(一九一九年)九月八日付の原の日記には、「露国は如何相成るものとするも現情に於て西伯利は我勢力を維持すべく而して後の変化を待つの外なし、又列国との協調は飽まで之を努め就中米国とは十分の疎通を常に保たざるべからずとの趣旨を余より訓示し尚ほ陸相及び外相より各方面に亘りて訓示したり」[33]と記されていた。

これ以後も原内閣のシベリア政策は動揺し続けるものの、対米協調関係継続という枠内からは一歩もはみ出るものでなく、田中の増派論も実際には極めて限定的な内容を有したものであった。それでも田中は陸相として増派論の実行と対米協調関係の継続という二つの政策をめぐって、次第に手詰りの状態に陥っていくことになる。その苦しい心境を第二五回外交調査委員会の席上、次のように吐露していた。

幸ニシテ米国ト協調ヲ持続シ得ルモノトセハ一日モ早ク増兵ノ実ヲ挙ケンコト我陸軍ノ希望シテ止マサル所ナリ米国ニシテ万一増兵ニ同意ヲ表セサルトキハ果シテ如何ニ処スヘキト言ヘハ、帝国トシテハ我軍隊カ此ノ危険状態ニ陥ルコトヲ袖手黙視スヘキニ非サルヲ以テ場合ニ於テハ何等歟ノ処置ヲ取ラサルヲ得ス、去レハトテ今日ニ至リ撤兵ヲ断シテ為スヘキニ非ス我出動軍隊ニシテ西日利亜ノ地ヲ撤去セン乎其影響ハ忽チ鶏林八道ニ及ホスヘク又満蒙ノ力ハ北満ニ在リ撤兵ハ則北満ノ力ヲ拋棄スルノ意義ナルコトヲ解セサルヘカラサルナリ(34)(『翠雨荘日記』)

事態は相当程度深刻化していたのであろう。増派を断行したとしてももはや事態収拾の見込みは乏しく、たとえ、その場合でもアメリカの同意調達の可能性は全くなかったのである。かえって強引な増派の断行は、撤兵策の採用をも困難にする恐れさえあった。こうしたことは、この時点でシベリア政策自体がすでに破綻していたことを意味するものであった。

この田中の発言と前後して、一九一九年一一月一五日にはソビエト軍の攻撃を受けコルチャックなどのオムスク政府首脳はオムスクを放棄し、一一月二一日の閣議で田中陸相は六〇〇〇名の増兵案を提出した。しかし、これにも高橋蔵相の「今後我独力にて西伯利の安寧を維持する事は財政上困難のみならず、其理由にも乏し、内政上にも如何あらんか、米国に交渉し彼と共同か否らざるも彼の後援を約するに於ては妨なかるべきも否らざれば撤兵するに如かず」(35)との発言が内閣の多数を代表するところとなった。すなわち、田中の提案は事実上否定されたのである。田中は同日の閣議で、ここに至っては増兵か撤兵か二者択一の時期に来ていること、万一の増派に対応可能な準備だけは進めておくことの確認と了解を求めるのが精一杯であった。

動揺を続ける原内閣は、一九二〇(大正九)年一月九日、アメリカが突如シベリアからの撤兵を決定した時点で、撤兵に向けて閣内での意志統一を進めつつあった。例えば、一月九日、原首相は田中陸相と会談した際、「余は此儘駐屯する事は列国猜忌の焦点となり又費用も莫大にて且つ国論も如何あらんかと思ふ、去りながら同地方は特殊の関係もある事なれば軽々に撤兵するが如き事も不可能なる事勿論なり、故に将来の計をなすに好機会を捉へて居留民を集めて奇麗に撤兵し、浦塩を守備し又支那と共に其領土に在る東清鉄道を守備する事に止むる事となして此局面を一変[36]」すべき方法を提示した。

田中も、「実は撤退の場合も内心には考慮し居れり、最初の出兵はチエック救援なるに因りチエック退去せざる間は各地を守備し、彼等退きたる後は浦塩其他の地点に退くも可なるに因り、撤退の場合には其名義を取るを可なりと内々考へ居れり[37]」と答えている。両者の間では撤兵の方法と条件とにおいて、ほぼ完全な一致を見ていたのである。そして、一月一三日の閣議ではとりあえずウラジオストックまでの撤退を条件として、五〇〇〇名から六〇〇〇名の兵力を満州に派遣し、ソビエト軍を対象とする防禦体制を固め、満州地域の安全確保を図ろうとした。こうして、シベリア撤兵の第一歩ともいうべき西シベリア地方のザバイカルおよびハバロフスク地方からの撤兵が決定された。

この間、田中の提唱する撤兵条件の一環としての増派論は純軍事的な意味以上に、一貫して強硬論を主張していた参謀本部への一時的妥協としての意味を持つことになった。すなわち、田中が原首相に述べた「陸軍部内の感情[38]」とは、参謀本部を中心とする陸軍の強硬な撤兵反対論を示していたのである。ザバイカル・ハバロフスク地方からの撤兵政策を既成事実化しようとしていた田中にとって最大の難関は、この参謀本部をいかに統制するかにあった。

その後、一九二〇(大正九)年四月四日のウラジオストック事件、五月二五日のニコライエフスク事件など日ソ両軍の軍事衝突が発生し、これを経て六月一日にハバロフスクからの撤兵が閣議で正式に決定された。こうして参謀本部の根強い撤兵反対論にもかかわらず、もはやシベリア全域からの撤兵に向かって確実に動き出したのである。シベリアからの完全撤兵政策は、同年暮に山県有朋と原首相とが会談した際、山県から切り出され、この時は原首相が山県の提案に反対する格好となっていた[39]。

山県としてはすでにアメリカがシベリア撤兵に着手し、日本の出兵継続姿勢に反発を高めていたことに注意を喚起しようとしていたのである。それまでにも原内閣は六月二八日にサグレエンおよびザバイカル撤兵声明、九月一〇日の哈府撤退に関する件などを次々に閣議決定していたが、この山県の完全撤退の申し入れを機会に、部分的撤兵方針から完全撤兵方針へと転換していく。百瀬孝は、この山県の態度について、「山県の生涯で終始変わらぬものが、不利な戦争を避ける気持ちと対列強協調論である。英米の認める範囲では対外膨張を図るが、英米が反対するなら撤回する」[40]とした。それは英米先進帝国主義国家に規定された日本帝国主義の従属性を自覚したものであったのである。

そして、一九二一(大正一〇)年一月二二日に再開された第四四帝国議会でもシベリア政策をめぐる論戦が行われた。野党憲政会は、原内閣にシベリア全面撤兵を繰り返し要求した。原内閣は、この時点で表向き依然として撤兵反対であり、撤兵政策の事実上の決定は、四月八日の閣議の席上田中陸相の発言であった。すなわち、田中は閣議の席上、山東からの撤兵と同時に「西伯利問題に付是れも好機を捉へて撤兵を得策とす」[41]と発言し、初めて公式にシベリア全面撤兵論を提案した。これに対し原首相は、翌五月一六日にシベリア、満州、朝鮮などに対する統一的政策を新たに打ち出すため各地軍司令官、総督、領事を東京に召集し、会議(後に東方会議あるいは満朝会議などと呼称される)を開催することで田中が提案した全面撤兵方針を内閣の統一方針として承認することになった[42]。

すでにこの時までに、原内閣が全面撤兵方針を採用するのは、もはや時間の問題とされていた。その理由としてアメリカ、イギリスの日本批判が日本の国際的孤立化を深めていたこと、同時に世界的な平和主義の機運が高揚してきたこと、などが挙げられる。また、各国でソビエト新政権承認への動きが定着しつつあり、日本だけがこうした国際政治の流れに逆行することは、あまりに危険が大きいと考えられたのである。さらに、国内政治の動向についても、山県や野党憲政会の撤兵を合理的選択とする発言が極めて時宜を得たものであったこと、そして、大戦景気が下降気味になってきた経済動向にあって、巨額の出兵費がすでに相当の負担となっているという共通認識が形成されつつあったことである。

また、軍当局者にしても、シベリア出兵自体の目的の不明確さが露呈するに従い、兵士の軍紀の頽廃ぶりが顕著となってきたこと、戦域の拡大に伴い兵站が延び切り軍需物資の補給がすでに限界を越え、そのうえ兵力の分散配置が強要されたことからソビエト政権のゲリラ戦による各波攻撃によって予想をはるかに越えた出血を強いられ、勝利への見込が立たなくなってきたこと、国内の反軍国・反陸軍の国民感情が顕在化しつつあったこと等の理由により、撤兵反対論の根拠が希薄になりつつあった状況を認めざるを得なくなっていた(43)。

こうした情勢があったとはいえ、田中はなぜこの時期に撤兵要請を直接閣議で言明するに至ったのであろうか。最も重要な原因は、既述のように国の内外の状況への現実的対応の結果であろう。参謀次長時代に田中が率先して主張した極東ロシア、さらには西部シベリア地域への軍事力投入の最大の理由は、そこに政治的空白が生じたことであった。

しかし、一九二〇(大正九)年四月六日、ウェルフネディンスク(後チタに移る)に成立した極東共和国は、次第に安定を得て日本政府に不干渉を要請しており、少なくとも国際政治上干渉の正当性は失われていたのである。もっともウラジオストック派遣軍司令官であった大井成元(一九二二年一月、立花小一郎に交替)が出兵目的を、「今回ノ出兵ハ政治、外交ノ方面カラ為サレルノテアツテ普通ノ国防作戦トハ余程趣カ異ナル(44)」と出兵兵士に訓示したごとく、出兵自体のなかに明確な軍事目的が用意されていた訳ではなかったのである。むしろシベリア政策は純粋に政治・外交領域の問題であり、それゆえに政治・経済状況の変化によっては、撤兵の可能性も常に存在していたと言えよう。

その意味で、軍事上の観点からすれば中途半端な軍事力展開の最中ではあっても、田中がこの時点で撤兵に踏み切ったのは、現実的な対応と言うことができる。本来シベリア出兵が非軍事的性格の強いものであったことは、当事者であった田中自身が充分自覚していたことであり、またそうであればこそ閣僚の一人としての地位からも政治的判断をもって撤兵策を主張し得たのである。それと同時に、シベリア政策の展開に当初より主導権を発揮した田中にしてみれば、自らの手でその決着を早期につけ、次の政治状況に対応する時間的余裕を確保しようとしたのであろう。

実際のところ、このシベリア政策の転換が客観的にみて田中と陸軍の双方に深刻な痛手を与えたとしても、田中自身この期間中にその代償として得た政治的〝成果〟は、決して小さくはなかった。それは田中が描いてきた「大陸国家」日本形成の構想を修正することであり、今一つは政党との接近を確実なものとすることで、大戦後の国の内外の状況に適合していく政策を政戦両略の一致によって創出していく必要性の確認と、その実戦の手掛かりを摑んだことであった。

とりわけ、シベリア出兵をめぐる政治過程において、原と田中という政治と軍事を代表する二人によって、戦争指導をめぐる政軍関係の基本的な枠組みが形成され、相当程度に合理的な判断が打ち出されていった歴史事実は注目される。同時にこの二人によって提示された政軍関係の在り方についていえば、一つの典型事例を示したということ以上に、後の政軍関係の展開に重大な影響力を発揮するものとなった。より具体的には、シベリア出兵の開始期に特に顕著であった、いわゆる「陸軍外交」が原と田中による政軍関係の調整という基本的なスタンスにより調整され、その弊害を最小限に抑え得ることになったことである。そこでは、対立より協調による政軍関係の構築を展望させるに充分な事例を残すことになった、と言えよう。

ところで田中は、一九二二年四月八日の閣議で病気を理由に原首相に辞意を表明した。田中は「只今倒れては遺憾なり、何れは是非とも閣下と共に再び政局に立つを望むに付、静養を此際になさん」[45]と述べたが、原首相の強い慰留を受け入れ、辞職を見送った。田中は前年二月二六日に狭心症を発して以来、体の不調を常に訴えており、東方会議の最終日である五月二五日、再び辞意を表明した。結局、六月一八日になって辞表が受理され、後任には田中の強い推薦もあって六月九日付で山梨半造が就任した。こうして三年近くにわたった田中の陸相時代が終ったのである。田中はその後暫くの猶予を得たのち、第二章で見たように、今度は政友会入りを果たすことで、本格的に政治の舞台に戻ることになる。

（1）　小林龍夫編『翠雨荘日記――臨時外交調査委員会会議筆記等』原書房、一九六六年、一二六頁。

(2) 前掲『田中義一伝記』下巻、二頁。
(3) 前掲『原敬日記』第四巻〔大正七年七月一六日の項〕、四一七頁。
(4) 前掲『西伯利出兵史』上巻、二四頁。
(5) これらの経緯については、細谷千博「シベリア出兵をめぐる日米関係」(細谷『ロシア革命と日本』原書房、一九七二年)参照。
(6) 同右、二八頁。
(7) 出兵をめぐる参謀本部、政党、内閣の争点については、雨宮昭一「戦争指導と政党——外交調査会の機能と役割」(『思想』第六二二号、一九七六年四月、後に同『近代日本の戦争指導』吉川弘文館、一九九七年、収録)を参照。
(8) 前掲「近代における戦争指導の構造と展開」(下)参照。
(9) 前掲『原敬日記』第四巻〔大正七年八月七日の項〕、四二九頁。
(10) この経緯については、前掲『シベリア出兵の史的研究』二三五頁以下を参照。
(11) 前掲『日本外交文書』大正七年第一冊、一九六八年、九二八—九二九頁。
(12) 前掲『西伯利出兵史』上巻、二三七頁。
(13) 黒羽茂「シベリア干渉戦争と日本の立場(上)」(『日本歴史』第一八一号、一九六三年六月)、J. W. Morley, *The Japanese Thrust into Siberia, 1918*(New York : Columbia University Press, 1972), pp. 131-133 等参照。
(14) 前掲『西伯利出兵史』上巻、二三七頁。
(15) 鉄拳禅「軍閥の驕児」『中外新論』第二巻第九号、一九一八年九月、九四頁。
(16) この点については、前掲「シベリア干渉戦争と日本の立場」(上)、大浦敏弘「極東ロシアに対する米日干渉とその破綻についての一考察(一)」(大阪大学『阪大法学』第一二巻、一九五四年一月)等を参照。
(17) 「大正七年八月九日付　原宛小泉書簡」原敬文書研究会編『原敬関係文書』第一巻(書翰篇一)、日本放送出版協会、一九八四年、五五六頁。
(18) 「大正七年八月一一日付　原宛小泉書簡」同右、五五七頁。
(19) 同右。
(20) 田崎末松『評伝田中義一——十五年戦争の原点』下巻、平和戦略総合研究所、一九八一年、八七四頁。また、高橋治は、田中と原の接近理由として二つの見方を挙げ、「田中が牛を馬に乗り換えたとみるものである。同時にそれは元老政治と呼ばれたものが、最早通用しなくなったとの認識を必然的に伴っている」とし、さらに、「原敬に接近することにより、必然的に原が打出して来るであろう対陸軍抑圧策に、体制内から歯止をかけようとした」(前掲『派兵』第二部、二〇九—二一〇頁)としている。
(21) 前掲『原敬日記』第五巻(大正七年九月一六日の項)、三頁。
(22) 前掲『ロシア革命と日本』一四八頁。
(23) 前掲『原敬日記』第五巻(大正七年一二月一八日の項)、五〇—五一頁。
(24) 前掲『翠雨荘日記』二七三頁。
(25) 前掲『西伯利出兵史』上巻、二三六頁。宇垣一成もその日記に原内閣の第一の重要課題として東欧新戦線構成に関する方針決定を挙げている(角田順校訂『宇垣一成日記』I、みすず書房、一九六八年、一七九頁)。
(26) 前掲『翠雨荘日記』五〇一—五〇二頁。なお、コルチャック政権承認問題については、細谷千博「日本とコルチャック政権承認問題——原内閣におけるシベリア出兵政策の再形成」(前掲『ロシア革命と日本』所収)等参照。
(27) 「大正七年一二月一二日発大谷司令官宛田中陸相電報」防衛庁防衛研究所蔵『西受大日記』大正七年第二冊。
(28) 前掲「日本とコルチャック政権承認問題——原内閣におけるシベリア出兵政策の再形成」一二八—一二九頁。
(29) 同右、一四八頁。
(30) 前掲『西伯利出兵史』上巻、三五六頁。
(31) 前掲『翠雨荘日記』六四一—六四二頁。
(32) 同右、六四五頁。
(33) 前掲『原敬日記』第五巻、一三八頁。
(34) 前掲『翠雨荘日記』七二八頁。
(35) 前掲『原敬日記』第五巻(大正八年一一月二二日の項)、一七四頁。
(36) 同右、(大正九年一月九日の項)、二〇〇頁。
(37) 同右。
(38) 同右、(大正九年一月一二日の項)、二〇一頁。
(39) 同右、(大正九年一二月八日の項)、三一九頁。
(40) 百瀬孝「シベリア撤兵政策の形成過程」『日本歴史』第四二八号、一九八四年一月、八七頁。
(41) 前掲『原敬日記』第五巻(大正一〇年四月八日の項)、三七一頁。
(42) 東方会議の内容とその意義については、雨宮昭一「シベリア撤兵過程と東方会議」(『歴史学研究　別冊特集』一九七九年度歴史学

研究会大会報告、青木書店、一九七九年一〇月、前掲『近代日本の戦争指導』所収)を参照。

(43)　この問題については、前掲「シベリア出兵と日本軍の軍紀」および前掲「日本帝国主義のシベリア干渉戦争」等を参照。

(44)　男爵大井成元大将述『西伯利亜出兵に関する思いでの一端』外務省調査部第一課・特第十号、一九三九年五月、一六頁。

(45)　前掲『原敬日記』第五巻〔大正一〇年四月八日の項〕、三七一頁。

四　おわりに——日本型政軍関係の原型

シベリア干渉戦争の戦争指導をめぐる政府内部の動きを政軍関係という視点から見直した場合、以下のように要約できよう。すなわち、近代日本の政軍関係は政治指導・戦争指導のカテゴリーで言えば、日清・日露戦争時までは政治指導と戦争指導の未分化の時代であったが、日露戦争を契機に軍人および軍事権力が肥大化する。換言すれば、軍部の成立による両指導機構の分化の傾向が顕著となる。こうした傾向に拍車をかけたのは、原敬内閣成立から始まった政党政治の時代における戦争指導領域への政治指導の介入という実態である。その分化の制度的条件として、統帥権独立制度があった。

しかしながら、大正期に入って政党組織が有力な政治勢力として登場してくると、政治指導と戦争指導の協調あるいは一体化への志向が強まってくる。それは、決して政党側だけの要求に留まらず、政治・外交領域との共同歩調の必要性を痛感し始めていた軍部側にしても同様のスタンスを採用したいとする軍事官僚の一群が浮上する。雨宮昭一が、そうした実態に触れて、日露戦争後から満州事変(一九三一年九月)までを、「政党—議会勢力が統帥権運用に直接関連する最高国策決定に参加しはじめた時期であり、同時に日露戦争までの戦争指導の形態の崩壊の徴候とその形態を克服しようとする新たな戦争指導の形態とが、初めて現実的、具体的に政治過程に明確な姿をとって登場し始めた時期」[1]と指摘しているように、当該期政軍関係は、従来型から脱却して、新たな関係構築に進むことになる。

それは、同じく雨宮の指摘を借りれば、「機能的には政略主導の政戦両略一致、機構的には政治・軍事両権の政府への集中とその下における政治軍事両当局者の機能的分業関係との統一[2]」ということである。政治指導と戦争指導の未分化から日露戦争を契機に両者が分化するに至ったということ、戦争指導の自立化傾向の清算と、その清算の仕方としての両者の合理的一体化ということである。端的に言えば、両権の政府への「集中」システムの採用および政治機能と軍事機能の「分業」システムの確立である。この集中と分業の位置づけと役割分担の明確化こそが、日本型政軍関係の実態と言える。その原型が浮き彫りにされた事件が、シベリア出兵をめぐる政府と軍部との対抗と調整の政治過程である。

本章で追究してきたように、シベリア出兵政策は、軍事領域の問題以上に、欧米諸列強との外交折衝の過程で一貫した強力な政治指導が要求される問題であったこともあって、政軍関係の調整と合意は必要不可欠であった。そのことを熟知していたのは、陸軍の大局を踏まえない勝手な動きを「陸軍外交」と呼称して、これを牽制・批判し続けた原敬だけではない。一方の実力者であった山県有朋も同様のスタンスを持していたことは、その言動からも明らかであった。

特に対米関係重視と政軍関係の緊要性とを説く山県の基本スタンスは、田中の自在な行動をも、最終的にはその統制下におくことに成功していく。そのことは、その後の田中をして政軍関係の一体化が、最終的には日本の大陸国家化にとって極めて重要なポイントであることをも認識させることになっていくのである。そのことは、田中がシベリア出兵断行後においても、常に対米協調関係を基本軸に据えて増派と撤退計画などの判断を行ったことに明示されている通りである。

政軍関係の調整が、当該期において一直線に進められた訳ではないが、外交調査会の設置によって政府主導の政治・戦争指導が展開され、同調査会には後藤新平に代表される官僚や財界から積極的な支持や参加が実現した。その意味では、「権限の集中と機能の分業」という政軍関係の構造は、一定程度同調査会によって具体化されていったと言えよう。

田中義一は、その後政友会入りを果たす。そして、総裁に就任し、政友会を率いて政権を担うことになるのは第二章で見た通りだが、一連の田中の政治行動に貫徹しているものは、日本型政軍関係の構築のためには、軍事の政治への接近が必須の条件であり、しかもそれは政治主導（＝政略主導）による政戦両略の一致を要するというスタンスである。二個師団増設問題で見せた反政党的姿勢は、シベリア出兵政策の展開過程のなかで、山県の影響をも受容しながら、姿を消していたのである。(3) こうした点でシベリア出兵政策の展開過程は、日本型政軍関係の原型が固められていく歴史的な転換点であったと言えよう。

原内閣期におけるシベリア出兵問題の処理に当たり、政軍関係は全体を通してみた場合、良好な関係を構築しはしたが、そのことが直ちにシベリア撤兵以後の、すなわち一九二〇年代の政軍関係の円滑化に連続した訳ではなかった。むしろ、出兵から撤兵にかけて、原首相を中心とする強力な政治指導が展開されただけに、軍部内からの政党政治への反発も、その反動をも含めて極めて大きくなっていったのである。その反発は確かに厳しいものがあったが、しかし国際的な軍縮機運の高まりと国際平和の実現を求める内外の世論を追い風とした政党政治の躍進のなかで、軍部はその政治的発言力を削がれ続けたのである。そのような状況のなかで、軍部が一定の政治的役割を果たし続けるためには、大陸政策や総力戦体制構築の一方の担い手として、その正当性を確保していくことが求められていた。そのような認識を深めるうえで、このシベリア出兵から撤兵に至る一連の政治過程は、軍にとっても大きな教訓となったのである。

（1）前掲『近代日本の戦争指導』九〇頁。
（2）同右、九一頁。
（3）田中の政界入りの背景については、纐纈『近代日本の政軍関係——軍事政治家田中義一の軌跡』（大学教育社、一九八七年）の「第七章　政界進出の背景と目的」（二〇三—二四六頁）で詳述した。

第四章　陸軍の軍制改革問題をめぐる政軍間の抗争と妥協

一　はじめに

日本陸海軍は、第一次世界大戦終結の直前から、対中国二一カ条の要求に対する中国での反日民族運動の激化、対ドイツ戦争の完遂とこれに関連する南洋諸島のドイツ領占領、日本の本格的な中国進出を契機に大戦後生起すると予想されたアメリカ、イギリスなど欧米諸国との対立、といった日本を取り巻く国際情勢の新たな展開を想定しつつ、軍備拡充の準備に着手していた。

すなわち、一九一七(大正六)年三月、陸海軍は国防方針の改訂作業に着手し、それぞれの「国防整備案」を起草して軍備拡充構想を打ち出した。「国防整備案」は、翌年五月に陸海軍の協議によって一体化した成案に調整され、翌六月一二日に上奏、同月二九日に裁可となり、新国防方針として策定された。それによると仮想敵国が従来のロシア、アメリカ、ドイツ、フランスの順から、陸軍はロシア、アメリカ、中国の順へ、また海軍はアメリカを第一の仮想敵国とするとし、海軍は八隻の戦艦隊二と、八隻の巡洋戦隊一の合計二四隻から編制される主力艦隊案、いわゆる「八八艦隊案」の実現を図ることになった(1)。

これに対して一九一八(大正七)年九月二九日に寺内正毅内閣に替わって登場した原敬内閣は、四大政綱の一つに「国防の充実」を掲げ、大戦景気を背景に軍備拡充に意欲をみせていた。それは第四二帝国議会において、陸軍の四

億八二八二万円、海軍の九億一四四五万円という追加継続費を認めたことからも明らかであった。(2)

このような機運のなかで、海軍の軍備拡充が、第一次世界大戦後におけるアメリカの海軍力増強への対抗という意味もあって、国民から比較的好意的に受け取られていた反面、ロシア帝政の崩壊で事実上陸軍第一の仮想敵国が弱体化している現状は、陸軍の軍備拡充の理由を説得力のないものにしていた。そこで陸軍は軍備拡充の理由を、第一次世界大戦に登場した近代兵器の飛躍的向上に基づく軍近代化の必要性、欧米先進諸国の陸軍が第一次世界大戦で採用した軍編制上の三単位制や軍団制の導入に代表される軍制改革の断行、といった点に求めようとした。こうしたなかで陸軍は、標準兵力二五個軍団の編制を達成するため総経費二〇億円を投入し、これを二五カ年の継続事業とすることを骨子とした陸軍拡充案を主張するにいたった。

この陸軍拡充案に対し、原首相は軍拡論者と目されていた田中義一を閣内に取り込み、対米協調の促進、軍部の政治介入抑制、政党政治の強化等の政策を実現するため、軍備拡充の面でも内閣がその主導権を握り、できる限り軍部の要求を押え込もうとした。そのため原首相は軍部の特権制度の改革に意欲をみせることになった。植民地総督の武官専任制から文武官併用制への改訂、原首相の臨時海軍大臣事務管理就任の実現は、その成果であった。しかし、これら一部実現したものはあっても、全体的にみれば不徹底な改革に留まっていた。

ただ、ここでは陸軍の軍備拡充案が経済的な合理性を充分に踏まえたものであるかどうかの点で、軍部と政党との対立が生起したに過ぎず、その意味で政党の軍制改革の要求は、最初から限界性を含むものであった。その政党がそれ以上の非妥協的な軍制改革要求や軍部批判を展開していくためには、大正デモクラシー運動に支えられた軍備縮小の世論形成を待たなければならなかった。

本章は以上の状況を踏まえ、まず、第一次世界大戦後、総力戦段階に適合する軍事力の再編強化を一大目標とする軍部、特に陸軍のいわゆる総動員政策が、大正デモクラシーを契機とする政党政治の展開や軍縮を要求する世論の抵抗のなかで、いかに進められていったかを追究する。そこでは、軍部批判の世論に後押しされた政党による軍制改革と、これへの抵抗を試みる軍事官僚の一連の対応過程を中心に論じていく(3)。

より具体的に言えば、総力戦に対応する軍装備の近代化や大量生産が、日本の工業能力水準の低位性によって終始規定されていったことと、そこから軍装備の有り様をめぐる陸軍内部の対立・抗争がどう克服されていったのか、という問題を念頭に据えながら、あくまで軍備充実策を要求する陸軍(軍事)と、国内経済の再建と日米関係を中心とする協調外交路線を推し進めようとする原敬内閣(政治)との対立と妥協の過程を明らかにしたい。

次いで、総力戦体制構築という国家目標を背景にしつつ、当該期における政軍関係の特徴を指摘していきたい。より具体的には、第一次世界大戦後、陸軍を中心に進められた一連の総動員政策の実態と性格とを明らかにすることによって、当該期における政軍関係の焦点となった陸軍を中心とする軍拡計画と軍制改革問題の実際を追うこと、そのことを通して軍事＝軍拡計画、政治＝軍制改革問題の直接当事者としての軍部と政府・政党との対立の構造と、その両者が総力戦体制の構築という国家目標の前に妥協を重ねていく過程を整理する。つまり、本章の狙いは、前章に続き、国内政局の動きのなかで、政軍関係の基本構造が定着化していく過程と、その背景を明らかにすることにある。

(1)　一九一八(大正七)年の「帝国国防方針」が第一次世界大戦で出現した戦争形態の国家総力戦化に規定された内容であることについては、黒野耐『帝国国防方針の研究——陸海軍国防思想の展開と特徴』(総和社、二〇〇〇年)の「第三章　第一次大戦と大正七年国防方針　第二節　大正七年国防方針の思想」(一六七—一八九頁)を参照。また、日本陸軍が第一次世界大戦中から総力戦の実態に関する研究を開始していた事実については、山口利昭「国家総動員研究序説」(『国家学会雑誌』第九二巻第三・四号、一九七九年四月)、纐纈「臨時軍事調査委員会の業務内容」(『政治経済史学』第一七四号、一九八〇年)等を参照。

(2)　なお、一九一八年度の直接軍事費は五億八〇〇七万円で歳出総額の五八%を占め、以下一九一九年度が八億五三六〇万円で六五%、一九二〇年度が九億三一六四万円で四六・八%、一九二一年度が八億三七九二万円で四一・九%、一九二二年度が六億九〇二九万円で四五・五%であった(藤原彰『軍事史』東洋経済新報社、一九六一年、二七一—二七二頁)。

(3)　大正デモクラシーが、総力戦に対応する軍備充実を課題としていた陸軍に与えた規定性については、本書の「第二章　第一次世界大戦後期政軍関係の変容」でも触れたが、以下のように多くの研究がある。藤原彰「総力戦段階における日本軍隊の矛盾」(『思想』第三九九号、一九五七年九月、後に同『日本軍事史』上巻、日本評論社、一九八七年、所収)、今井清一「大正期における軍部の政治的地位(上・下)」(『思想』第三九九・四〇二号、一九五七年九月・一二月)、木坂順一郎「軍部とデモクラシー——日本における国家総力戦準備と軍部批判をめぐって」(『季刊　国際政治』第三八号、一九六九年四月)、芳井研一「日本における総力戦体制の構築」(『日本史研究』第一三一号、一九七三年)、由井正臣「総力戦準備と国民統合」(『史観』第八六・八七号、一九七三年三月)、吉田裕「第一次世界大戦と軍部——総力戦段階への軍部の対応」(『歴史学研究』第四六〇号、一九七八年九月)、山口利昭「国家総動員研究序説——第一次世界大戦から資源局設立まで」(『国家学会雑誌』第九二巻第一・二号、一九七九年四月)、戸部良一「第一次大戦と日本における総力戦の受容」(『新防衛論集』第七巻第四号、一九八〇年三月)、藤村道生「国家総力戦体制とクーデター計画」(三輪公忠編『再考・太平洋戦争前夜——日本の一九三〇年代論として』創世記、一九八一年)、横山久幸「日本陸軍の軍事技術戦略と軍備構想について(一・二)」(『防衛研究所紀要』第三巻第二号、二〇〇〇年三月)、纐纈『総力戦体制研究——日本陸軍の国家総動員構想』(三一書房、一九八一年)。なかでも、黒沢文貴『大戦間期の日本陸軍』(みすず書房、二〇〇〇年)が、当問題について、最も体系的かつ具体的な論証を行っている。また、官僚のなかにも大正デモクラシー状況に適合する陸軍改革案を提示する軍事官僚もおり、例えば、佐藤鋼次郎は『軍隊と社会問題』(成武堂、一九二二年)のなかで、陸軍改造案として軍隊の社会化や軍隊デモクラシーの徹底などの項目を挙げていた。

二　軍部批判の展開と政党の軍制改革案

1　大正期における軍部批判の展開

大正期における軍部批判の展開は、大戦中から台頭してきた吉野作造らに代表される大正デモクラシー運動を背景にしたものであった。吉野は当時の自由ジャーナリズムの代表的総合雑誌とされた『中央公論』誌上において、いくつかの軍部改革論、軍備拡充反対論を中心とする論文を発表していた。[1] 吉野に代表される軍部批判は、一九二二（大正一一）年に最も盛んとなった。この年『中央公論』三月号は、「陸軍軍備縮小論」と題する特集を組み、それには水野広徳の「陸軍軍備縮小の可否と其の難関」と三宅雪嶺の「陸軍の縮小と軍事思想の改善」が掲載された。

このうち水野は、ここ一年間で陸軍軍縮論が急速に高まり、各党派が提携して帝国議会に陸軍縮小案を次々と提出するに至った状況について、それが各党派の党略に基づいた点が多いとしつつも、「批判的民論の趨勢に敏感なる政党をして斯かる党略に出でしむるに至りたる一事に徴するも、少くも世論の趣向を察知することができる」[2] とし、政党の軍部批判がある程度民意を反映したものであるとしていた。さらに水野は、陸軍軍備縮小論の根拠が、陸軍第一の仮想敵国ロシア帝政の崩壊によって日本軍の相対的な軍事力軽減の余地が生じたこと、平時兵力の整理縮小による国家経済の再編、という二つに要約できるとしていた。しかも、これらの論議は、結局、国民生活の安定、民力の涵養、産業の振興、純軍事的問題としては兵器の改善、軍人の優遇、軍隊の再編による能率の向上に帰結するとした。

要するに、ロシア、中国に対し積極政策を採用しないとすれば、軍装備は国内および朝鮮・台湾の治安維持に必要な兵力の保持だけで充分とする議論が中心であった。従って、常備兵力は内外情勢に応じて可能な限り少数精鋭化を目指し、その代わりいったん戦時に至った場合には、短期間で大量の兵力動員可能な体制を準備することが必要であるとしていた。軍事力の規模の規定は、国策の規定を前提とすべきであり、それがない場合、軍事力は無限に自己増殖していく性質を持つものであることを併せて説いている。また、軍縮論のうち、軍制改革に関するものに兵役年限の問題があった。それは兵役年限を短縮して、軍事教育の能力向上を図れとするものであった。水野は最後に、軍部が特権制度を楯にとって、軍制改革の要求に耳を貸そうとしない現状を次のように鋭く批判している。

今日軍閥の跋扈は其の罪素より軍閥にあるも、一は又憲法上不合理にして官制上不可解なる制度の存在を認容する国民も其の責ありと云ふべきである。此の制度にして先づ改廃せらるるにあらざれば国民が如何に声を嗄して陸軍の縮小を絶叫するも、彼等軍閥は帷幄上奏権の堅砦に立て籠り、大臣補任の官制を武器とし、国民の要望に応ぜぬであらう。之を以て陸軍縮小を行ふべきや否やを決するには、先づ大陸に対する我国策の確立を要し次に縮小の必要ありとせば、軍閥の武器たる官制を改革し、軍閥の城砦たる帷幄上奏権を廃止することが必要である。(3)

さらに『中央公論』の一九二二年一二月号は、「全然失敗に畢りたる西伯利亜出兵の全部撤退を機として軍閥を葬るの辞」と題する特集を組み、軍閥に打撃を与えるために軍備縮小の世論形成と、それを実施するための具体的活動の開始、陸海軍大臣文官制の導入、軍部の政治介入反対、帷幄上奏権などの特権制度廃止が必要であるとする内容の論文をいくつか掲載した。こうした自由主義的ジャーナリズムの動向と併行して、各政党間においても軍部改革論が打ち出されてくる。

政党のうち軍部改革論の先陣を切ったのは国民党であり、政友会との対抗上から最も積極的であった。国民党はまず一九一九(大正八)年三月二五日、第四一帝国議会(一九一八年一二月―一九一九年三月)へ、「陸海軍大臣及台湾・朝鮮総督並関東都督任用資格に関する質問主意書」を提出し、軍部大臣と植民地長官の武官専任制を改め、文官制の導入を主張した。もっとも、国民党のこの主張は、第一四回総選挙(一九二〇年五月一〇日実施)で政友会が大勝したことから立ち消えとなった。

翌一九二一（大正一〇）年一月二〇日の国民党大会で総裁犬養毅は、産業立国主義に代表される新たな軍備改革論を発表した。それは、経済、軍事、国際関係を柱とし、これらが相互に補完し合う、調和のとれた国家政策の採用を主張したものであった。すなわち、経済については財政整理と軍縮を実施して産業の生産性を向上させ、国際市場において充分対抗できる経済力を身につけること、国際関係については世界に向かって産業第一主義を貫くことで、日本の平和主義国家としての立場を明確にすること、といった内容であった。犬養が提唱したこのいわゆる産業立国論は、経済的合理性を踏まえたうえで総力戦段階における効率性の高い軍事力の保持と、工業生産能力の強化向上を目指したものであっただけに、政財界や総力戦段階に適合する軍事力創出への動きを強めていた軍部内革新派ともほぼ一致できる内容のものであった。

一方、これまで軍部批判には消極的であった憲政会、政友会も第四五帝国議会（一九二一年一二月―一九二二年三月）において軍部批判に踏み切り、第四五帝国議会はあたかも〝軍部批判議会〟の様相を呈するに至った。ここにおいて諸政党から軍制改革案が相次いで提出されることになった。その最初は、一九二二（大正一一）年一月二八日、尾崎行雄と島田三郎が連署して衆議院に提出した「陸海軍軍備及特例に関する質問主意書」であり、軍部大臣文官制の導入、軍部大臣の帷幄上奏権廃止などを内容とするものであった。

次いで二月一日には憲政会の野村嘉六が軍部大臣現役武官制と帷幄上奏権の廃止要求を骨子とする質問主意書を、さらに二月七日には政友会が「陸軍の整理縮小に関する建議案」を提出し、同時に政友会幹部の大岡育造が本会議で軍部の特権制度批判を行った。また、三月六日には国民党の西村丹治郎と植原悦二郎が「陸海軍大臣任用の官制改正に関する建議案」を提出した。これは閉会前日の三月二五日の本会議で可決され、各政党間は軍部大臣文官制の導入の点で完全に一致することになった。

先の建議案提出者の一人であった植原悦二郎は、建議案提出理由のなかで軍備縮小要求と軍部大臣現役武官制の関係について触れ、「此官制を改めて掛らなければ、徹底的に我国の国力と、我が国民全体の要望するが如き海陸軍整理も不可能」(4)と述べ、総力戦段階に適合する軍事力創出のためにも、単に軍事領域を専門とする軍人が軍部大臣となるのではなく、広い知識と視野を持つ人物をこれに当てるべきだとしていた。この軍部大臣の任用資格拡大の主張は、政党政治強化の阻害要因とされていた軍部大臣現役武官制を打破し、政党が軍事を統制できる制度を確立したいとする政党の従来からの考えを実現しようとするものであった。

こうした一連の経過のなかで、ワシントン海軍軍縮条約が調印された翌日の一九二二(大正一一)年二月七日、既述のように政友会が「陸軍の整理縮小に関する建議案」を、また国民党も「軍備縮小に関する決議案」をそれぞれ衆議院に提出した。これらの軍縮要求には、まず現有の軍事力を再検討あるいは削減することによって経済との調整を行いつつ、総力戦段階に適合する軍事力の創出を目指すという考えが盛り込まれていた。

提案者の一人であった大岡育造は、将来の戦争が一層高度な総力戦の形態をとることは必至としたうえで、近代兵器の開発装備と総力戦を遂行・指導できる有能な軍幹部の養成を急務とし、同時に国民に対しては軍事思想の普及を目的とする軍事教育の導入を図るべきだと説いていた。

犬養毅も持論の産業立国論の立場から、具体的施策として、兵役一年、陸軍学校関係の削減、常備師団の一〇個師団削減、軍事給与増額、兵器の改良充実、学校・青年団への武器貸与と精神教育の充実を挙げていた(5)。なお、政友会、国民党提出の両案は、「政府は陸軍歩兵の在営年限を一年四箇月に短縮し且各種機関の整理統一を実行し以て経費四千万円を減少せらるることを望む」(6)ことを骨子とする「陸軍軍備縮小建議案」として一体化された(7)。これは両党の共同提出という体裁をとって議会で審議に付され、一九二二年三月二五日の衆議院本会議で可決された。

一連の軍縮要求は、国内的には一九二〇(大正九)年三月頃から表れた戦後恐慌による財政的危機と、国際的には一九二一(大正一〇)年七月のアメリカ大統領ハーディングの提唱に基づく、主に主力艦の削減を骨子としたワシントン海軍軍縮会議開催に代表される軍縮機運を背景としていた。軍縮運動の代表的なリーダーであった尾崎行雄は、自ら衆議院に提出した「軍備制限決議案」が、一九二一年二月一〇日に本会議で三八対二八五の大差で否決された後も怯むことなく、軍縮要求運動の全国化を目的に全国遊説を行い、大きな反響を得ることに成功した。尾崎の軍縮要求運動は自由ジャーナリズムにおいて多くの支持を獲得し、『中央公論』は繰り返し軍縮論関連の論文や記事を掲載し、同様に『東京朝日新聞』は社説「軍備縮小決議案」(一九二一年二月一二日付)、『東洋経済新報』は論説「軍備制限と軍閥の勢力」(同年二月一九日)等を相次ぎ掲載していた。

さらに、同年九月一七日、軍縮要求運動を組織的に進めていくために、尾崎行雄、島田三郎、吉野作造、堀江帰一の四名が発起人となって軍備縮小同志会が結成された。これには各界から軍縮支持者が多数参加し、「軍備縮小、軍国主義打破、平和政策確立」などをスローガンとし、軍備縮小の実現に向けて活動を活発化していくことになった。また、武藤山治を中心とする日本実業組合連合会も、それより先の同年三月から軍備縮小運動を開始しており、そのなかで武藤は軍縮の実現による「健全財政を脅かす軍事費の過重負担からの解放、余剰金の民間工業育成への投入」等を主張していた。武藤に代表される中小ブルジョアジーの軍縮要求に対し、独占ブルジョアジーも軍縮運動に乗り出しており、同年一〇月には郷誠之助を団長とし、渋沢栄一、井上準之介、和田豊治、藤山雷太、団琢磨らを発起人とする実業視察団が欧米各国を歴訪して、日本が平和主義を目指す国家であり、そのためにワシントン海軍軍縮会議の成功を希望していること、経済政策においても国際事情との協調を推進していくこと等を説いて回ることになった。

2　陸軍の危機意識と軍備改造計画

既述のように、このころ大正デモクラシー運動を背景にした軍制改革・軍備縮小を要求する世論の形成と、議会における軍備縮小建議案の相次ぐ提出、さらに原内閣で顕著となった政党の対軍部政策など、一九一九(大正八)年初頭から活発となった一連の軍部に対する抑制策が顕在化しつつあった。例えば、原内閣は組閣とほぼ同時に、それまで武官専任制が堅持されてきた朝鮮・台湾・関東州などの植民地あるいは租借地の総督や都督(関東州の場合)の任用資格につき、官制を改正して武官に限定せず文官でも任用可能とした。言うならば、軍部の牙城とされてきた植民地官僚の地位の見直し策を打ち出したのである。これに対し、特に陸軍は深刻な危機意識を抱くことになった。それは次の文からも明らかである。

昨今ニ於ケル世間ノ状態ヲ観ルニ言論ノ自由ヲ楯トシ漫リニ国防ニ関スル諸件ヲ論議シ……不確実ナル言論ヲ弄シテ無稽ノ国民ヲ誘惑シ人ヲシテ所謂国防方針ナルモノハ他ノ政務ト撰フ処ナク衆議ヲ以テ左右シ得ヘキカノ感想ヲ抱カシメ其勢延テ国是ノ遂行ヲ沮害スルニ至ルナキヲ保セス……政党者流又ハ一部ノ陸海軍ニ対スル野心家等ハ此ノ心情ヲ洞観シ之ヲ利用シテ……益世間ヲ煽動シテ両者ノ言論ヲ紛糾セシメテ遂ニ議会ノ問題タラシメ……政党間ノ論議ニ訴ヘシメ以テ軍令ノ独立ニ拘束ヲ加ヘントスルニアラサルカ勢ノ赴ク処此ノ如キ趨勢ヲ馴致スルナキヲ保セス之レ建軍ノ基礎ヲ危クスルモノニシテ実ニ寒心ニ堪ヘサルモノアリ(8)(『田中文書』)

ここには危機意識の反面で、軍部が持つ帷幄上奏権、統帥権独立制、軍部大臣現役武官制に代表される特権制度を根拠とした制度的特権意識、また天皇の直属機関としての軍隊という精神的特権意識が、その根底に強く流れていることが知れる。このように軍隊が他のいかなる機関にも制約されない存在だとする観念に固執する軍部にとって、大正デモクラシー運動を背景とする軍部批判の展開と、平等主義を基調とする民主主義思想の軍隊内への浸透の可能性は、天皇を頂点とした絶対主義的な階級組織である日本軍隊の政治的かつ精神的地位を動揺させる危険な問題と捉えられたのである。

なかでも植民地官僚の任用資格の拡大に続き、特に攻撃の中心とされた軍部大臣(＝陸軍大臣と海軍大臣)の任用資格問題について、軍部はいったん任用資格が文官にまで拡大されて政党人が軍部大臣に就任した場合、軍隊は国家＝天皇の軍隊ではなく、党派性に左右される不安定な軍隊となり、既存の軍隊的秩序の崩壊は必至である、と考えていた。民主主義を建前とする政党の軍部への統制は、「民主主義は軍隊組織の最も力強き溶解剤(9)」とされたように、軍部が最も警戒したものであった。

そこで軍部は一連の軍部批判に対抗するため、まず政党が最も強く要求していた軍部大臣官制導入への批判を展開し、軍部大臣現役武官制の根拠と正当性を主張していくことになった。それは「統帥権神聖論」、「軍部大臣エキスパート論」、「文官不適格論」などを内容とするものであった。

こうして軍部の巻き返しが徐々に開始されるにつれて、軍部批判は政党間の党略と絡んで段々と足並みが乱れ、軍制改革案も妥協的な結果しか得られなくなっていった。政党政治が対軍部政策の面で、最も力を得ていた時期においてさえ、政党間の足並みが乱れたことは、軍部の政治的反攻に一層の弾みをつけることになった。特に総力戦体制構築との関連で重要なのは、政党や世論の軍部批判と軍部の巻き返し策との対立が、総力戦体制を構築していくうえで決定的な障害となるとする認識を軍部内に植え付けたことであった。

そこから、総力戦段階に適合した軍装備の近代化と国民の軍隊への理解を深めるための政策を強力に促進すべきであるという主張が現れるに至ったのである。それは最初、軍以外の場所での活動を制限されていた現役軍人に代わる退役軍人の一群によって、出版物や講演などを媒介にして実行されていた。

例えば、陸軍歩兵中尉中尾龍夫は、一九二一(大正一〇)年に『軍備制限と陸軍の改造』(文正堂書店)を出版したが、そのなかで軍備制限・軍備整理の目的は、あくまで軍近代化のための費用を自前の予算から充当することにあるとした。すなわち、陸軍予算の基礎となる軍事費は約一億八五〇〇万円の経常維持費であって、これは現行制度の改廃がない限りほとんど変化のないものとの理由から、具体的に次の三つの軍制改革によってこれに代えようとしたのであった。

第一に現在の二年在営制を一年四カ月に短縮し、これによって二四六四万円を節減すること、第二に全国で四二カ所ある旅団司令部の廃庁によって五二〇万円を節減すること、第三に騎兵旅団の全廃によって三五〇万円を節減すること、である。これらの節減によって合計三三三四万円の整理が可能であるとした。[10] この整理による節減経費を以後三年間国防上の欠陥の補塡に充当すれば、陸軍の装備は面目を一新することができ、さらに三年後からは軍備整理を行わずとも年々約三三〇〇万円を陸軍予算から削減できるとした。これらの節減経費で、中尾は新式兵器の充実、特に航空隊の大拡張を実行することが必要であると説いている。ところで中尾が算出した約三三〇〇万円の節減経費は、翌一九二二年に実施された山梨軍縮による三五〇〇万円のそれとほぼ同額であった。

陸軍中将橋本勝太郎は、中尾と同時期に『経済的軍備の改造』(隆文館)を出版している。橋本はその序文において、軍部および国防が軍人だけの専業であった時代はすでに過去のものとなっており、今やそれは一般国民が双肩に担うべき事項である、との基本認識を明らかにしている。そして、第一次世界大戦の教訓から、軍事作戦においては、開戦劈頭での戦力集中による速戦即決の戦法採用が肝要であるとし、それを実行するためには戦争に向けての平時準備が重要であると説いた。

また、国防の意識について橋本は、「平時より国民挙つて、軍事国防、即ち広き意義における国力の涵養発展に努力し、国難に際しては、国家の諸機関が相互動員的に其の全効程を発揮発展し得る施設と決心を以つて、和衷協同虚心担懐に活動す[11]」と記している。ここには総力戦的発想を充分に読み取ることができるが、橋本は他の箇所で総力戦の戦争様相を「国民戦争」という用語で表現している。

すなわち、橋本は第一次世界大戦が結果的に四年にわたる長期戦になった理由を、参戦諸国の国民の間にこの「国民戦争」への認識が希薄であったこと、それに国民総動員の準備が不足していたことに求めていた。この二つが解決された場合には、長期戦は生起しないはずである、としたのである。橋本は、速戦即決を目標とする作戦行動を可能にするには、人口約六〇〇〇万人として陸軍二六二万五〇〇〇人、海軍八七万五〇〇〇人、後方勤務二五〇万人の合計約六〇〇万人の動員兵力が不可欠としている。これと同時に総力戦準備のための軍制改革として、国力は軍備と経済の相乗積で換算されるという視点から、軍備と経済の調節を最優先で行うべきであるとしている。他にも一般各種学校、地方青年団の軍事知識普及、軍隊と国民の軍事訓練強化による精兵の大量養成を図ること、などをあげている。そして、これらの軍制改革は、「国家総動員を目標として画すべきである」[12]と結論していた。

陸軍大佐小林順一郎も、一九二四(大正一三)年に『陸軍の根本改造』(時友社)を出版していた。小林は現在の陸軍が大戦後六年を経過したのにもかかわらず、依然として歩兵小火器主体の旧装備、旧戦術に固執する大戦前型の軍隊であり、今こそ根本的改造の断行によって近代的軍隊に転換しなければならないとした。陸軍の根本改造は、何よりも国民全体の協力によってはじめて可能であるとした。その内容についても徴募、編制、装備、戦争補充機関の準備施設の完成、軍隊と国民との関係改善など全般的な問題にわたっていた。これら陸軍の根本改造は、単に陸軍のみの問題ではなく、国民全般に課せられた問題であるとしていた。

小林は、国家総動員組織の発達した国では第一次世界大戦で人口一〇〇〇万人に対し、少なくとも五〇万あるいは六〇万の軍隊を戦場に派遣し、戦闘に必要な兵器弾薬を補充していたとしている。フランスの場合、人口三八〇〇万人のなかから、その約七%に当たる二七〇万人の軍隊を五年の長期にわたって戦地に維持していたとし、その比率からすれば、日本の場合には現在人口七〇〇〇万を有しているから、少なくとも戦時三〇〇万人(一五〇個師団相当)が動員可能な国家総動員体制の樹立を急がねばならないとした。この場合、重要なのは三〇〇万の動員兵力を支える軍需品の生産補充工業能力の確保であるとした。小林は、国家総動員体制の樹立が、「平時に於ては恐るべき経済的武器となり、国防策としては国民的国防の内容となって厳然としてその威信を示して居るのである」[13]と結論している。

これら陸軍改造計画案が、比較的軍装備の近代化の点に重点を置いていたのに対し、陸軍中将佐藤鋼次郎は、一九二二年に『軍隊と社会問題』(成武堂)を出版して、これまでとかく社会一般と隔絶されていた軍隊の合理化・社会化によって、一般社会のなかでの軍隊の存在に正当性と権威性を得ていく作業が必要であると説いている。そのためには学校教練の実施、在郷軍人会、青年団、少年義勇団などの活動を通して、国民のなかに広く軍国主義的気運を高めていくことが肝要であり、それが総力戦体制構築の前提とならなければならないとした。

このように、大正デモクラシー期における各方面からの軍部批判の展開は、軍内部から自己変革が不可避とする危機意識を助長することになったが、それが直ちに軍全体の意思として全体化するには至らなかった。しかしながら、大正デモクラシー状況を背景とする政党政治のさらなる伸張のなかで、軍部が一定の政治的発言力を確保しつつ、それと対抗していくためには、軍部組織自体の大胆な構造変革が求められていることは確かであった。

そのような軍を取り巻く新たな状況のなかで、軍は自らの手で率先して「軍縮」を断行することによってしか、その存立基盤の動揺は回避できないとする危機意識を高めていった。そして、日本型民主化への動きのなかで、それに適合的な政軍関係の構築という課題に向き合うことになり、陸軍創設以来初めての「軍縮」の断行に結実していくのである。

(1) 例えば「陸軍の拡張に反対する」(一九一八年二月号)、「軍隊の非文明」(一九一九年二月号)、「軍事思想の普及」(同年四月号)、「徴兵制度改革の急務」(同年六月号)、「軍隊生活の内面的改革の必要」(同年一一月号)、「学校における兵式体操の研究」(同年一二月号)、「国防計画の根本義」(一九二〇年一〇月号)等がある。

(2) 『中央公論』一九二二年三月号、八二頁。水野広徳は、この他にも『中央公論』誌上で、「華盛頓会議と軍備縮減」(一九二一年一〇月号)、「軍備縮小と国民思想」(一九二二年一月号)、「軍事上より見たる海軍協定」(同年二月号)、「帷幄上奏権と統帥権」(同年五月号)、「軍部大臣開放論」(同年八月号)などを発表している。水野については、粟屋憲太郎他編『水野広徳著作集』全八巻(雄山閣、一九九五年)、評伝に大内信也『水野広徳——帝国主義日本にNoと言った軍人』(雄山閣、一九九七年)等がある。

（3）『中央公論』一九二二年三月号、九一頁。
（4）大日本帝国議会誌刊行会編刊『大日本帝国議会誌』第一三巻、九四七―九四八頁。
（5）同右、第一二巻、六五五―六五六頁。
（6）同右、一二七三頁。
（7）同右、一二七三頁。尾崎行雄は『軍備制限論』（紀山堂書店、一九二一年）のなかで、軍備縮小の理由を、「陸軍を多少なりと整理すれば、国家の費用の上に於て相当の倹約が出来、それを他の教育なり生徒なりの事業に振り向けるとすれば、それだけ国の富と力とを増大する事となる。そればかりでなく、間接的利益としては、整理によつて兵役に服する事を免除された壮丁が、生産事業なり、他の事業なりに従事することが出来るから、無形ではあるが之も亦国の力を増す事となるのである。」（同書、八〇頁）と記していた。
（8）「時弊ニ鑑ミ軍令権ノ独立擁護ニ関スル建議」山口県立文書館蔵・国立国会図書館憲政資料室蔵『田中義一関係文書』。
（9）角田順改訂『宇垣一成日記』Ⅰ、みすず書房、一九六八年、二〇八頁。
（10）中尾龍夫『軍備制限と陸軍の改造』文正堂書店、一九二一年、七頁。
（11）橋本勝太郎『経済的軍備の改造』隆文館、一九二一年、五一頁。橋本には、この他にも『文武協調――平和の支へ』（弘道館、一九二二年）もある。
（12）同右、四五三頁。
（13）小林順一郎『陸軍の根本改造』時友社、一九二四年、二二六―二二七頁。

三　山梨・宇垣軍縮の断行とその内容

1　政党の軍部改革案

こうした軍の内外からの軍制改革、陸軍改造計画の要求に対し、加藤友三郎内閣(一九二二年六月成立)の陸軍大臣山梨半造は、これに応えるべく軍備整理案を作成していた。すなわち、山梨陸相は、一九二二(大正一一)年七月四日に発表済みの「陸軍軍備縮小案」を内外の反発を受けて撤回し、同年八月一〇日に新たに「陸軍軍備整理要綱」を発表した。その内容は各歩兵連隊から三個中隊を欠隊させて機関銃隊を、各騎兵連隊から一個中隊を欠隊させて機関銃隊をそれぞれ設置する。野砲兵旅団司令部三個、野砲兵連隊六個、山砲連隊一個、重砲兵大隊一個をそれぞれ廃止し、その代わりに野戦重砲兵旅団司令部二個、野戦重砲兵連隊二個、騎砲兵大隊一個、飛行大隊二個をそれぞれ設置する。兵役年限の四〇日短縮などによって将校一八〇〇名、准士官以下五万六〇〇〇名、馬匹一三〇〇頭、経費三五四〇万円を節減するというものであった。

山梨陸相は翌年四月にも第二次軍備整理を実施し、鉄道材料廠、師団軍楽隊二個、独立守備隊二個大隊、仙台幼年学校を廃止し、要塞司令部二個を新設した。これら二次にわたる山梨軍縮は常備師団を全く削減せず、約五個師団相当の人員整理と引き換えに機関銃、野戦重砲、航空機など第一次世界大戦で活躍した近代兵器の装備を目指したものであったが、質量両面について言えば全体としては僅かなものであった。

ただ、ここで注目したいのは、軍編制の問題で常備師団数がいかなる理由で維持されたかである。約六万名に近い人員整理を行ったことは、軍制上の面でまた教育・訓練上の面で不利な影響を生じる原因となるはずであった。それでも敢えて常備師団数に変更を加えなかったことについて、山梨陸相は、一九二三(大正一二)年一月の第四六帝国議会(一九二二年一二月—一九二三年三月)の貴族院で次のように述べている。

　戦時の始まる当初に於て、短少の時間に短少の月日に戦時の状態を整えて而も編制されたる所の部隊を鞏固なる団結を有せしめる、此ことに付いては平時より準備して置かぬとなかなか出来ぬのであります。それでありますから平時の師団数を減じまする結果は、戦時に新たに編制すべき部隊を益々加へる、従て動員の実施は愈々困難となるのであります。[1]

　これに加えて山梨陸相は、日本の工業力からして戦時における新たな兵力動員には限界があり、そのためにも練度の高い常備軍を基幹とする従来の編制を維持したとしている。山梨軍縮は、軍縮を要求する世論が最も高揚した時点を狙って行われたものであり、制度的にみれば実質的に現状維持的改革の性格が強かったものの、政治的な意味合いとして、これら世論への対応として実施されたという面を持っていた。しかし、各方面からは山梨軍縮をして、「所謂整理であって縮小ではない[2]」とする評価が一般的であった。それゆえ、結果的に山梨軍縮による軍縮要求世論の鎮静化は不可能であった。

　軍内部にあっても山梨軍縮には飽き足らず、陸軍が総力戦段階に適合する軍事力を構成するには、肥大しきった常備師団の大胆な削減を不可避とする議論が活発となっていた。例えば、当時陸軍航空部高級部員であった小磯国昭(後首相)は、航空戦力の拡張費捻出のため四個師団程度の削減が絶対必要だとしていた[3]。また、第一次世界大戦中、フランス軍に従軍して航空機の戦力的価値の重要性に着目し、一九二三(大正一二)年当時、陸軍省軍務局航空課長の地位にあった四王天延孝は、航空兵力の大充実、新兵器の研究のためには七個師団程度の削減も辞さない覚悟で臨まなければならないと主張していた[4]。ここにおいて、より徹底した軍縮の断行による軍近代化の要求は、陸軍内革新派のほぼ一致した見解となっていた。これを受けて第三次の軍縮に取り組むことになった中心人物が、田中義一の後を継いで清浦奎吾内閣(一九二四年一月七日成立)の陸軍大臣に就任した宇垣一成である。

護憲三派連立内閣であった加藤高明内閣(一九二四年六月一一日成立)は、「行財政の整理」を重要な政綱として掲げ、増税によらない財政政策の実施によって資金を捻出するため、その検討機関として財政整理委員会を設置していた。同委員会は審議の結果、陸軍の常備師団のうち四個師団の削減によって資金捻出を図るとする結論に達し、「軍備縮小案」を作成して内閣に提言するに至った。これに基づいて加藤内閣は陸軍に対して三〇〇〇万円以上、海軍に対して五〇〇〇万円の経費節減を要求することになった。

清浦内閣に続いて加藤内閣の陸軍大臣に就任した宇垣一成は、陸軍に対する軍備縮小要求とその実現が政党の勢力拡張に拍車をかけ、さらには軍内部の反発を招くとの危惧を抱きながらも、内閣の要求には「理想は兎に角として現在を乗り切りて行く為には此等を度外視する訳にはいかぬ。否、此等輩を本体とし相当の敬意と適度の誠意を以て応接せねばならぬ」(5)として、内閣の掲げる財政整理方針に理解を示していた。ただ宇垣としては、軍備縮小が不可避としても、その主導権は内閣でなく陸軍が保持しておかなくてはならない、と強く認識していた。

一九二三年八月、当時、教育総監部本部長であった宇垣は「陸軍改革私案」を作成し、その冒頭の「軍備整理方針」には、「一、短期戦にも長期戦にも堪へ得るの準備を為すこと、二、一部の軍隊戦も国民皆兵の挙国戦をもなし得るの施設を為すこと、三、武力戦を主とすへきも経済戦にも応し得るの用意あること」(6)の三点を挙げていた。さらに同案中の「改革の綱領」には、「有形無形に渉り国家総動員たらしむへきこと」(7)の一項目を入れ、宇垣の構想する軍備縮小が国家総動員構想の枠組で位置づけられたものであったことを明らかにしている。

宇垣の「陸軍改革私案」は、後に陸軍制度調査委員会に審議が託され、一九二四(大正一三)年七月一三日に同委員会の委員長津野一輔の名前で第一次調査報告が提出された。ここに宇垣の陸軍改造計画、いわゆる宇垣軍縮の骨格ができ上がることになった。これに基づき、翌一九二五(大正一四)年五月、軍縮が実行に移された。それは、第一三(高田)、第一五(豊橋)、第一七(岡山)、第一八(久留米)の各師団廃止、連隊司令部一六個、幼年学校二個、台湾守備隊司令部一個、衛戍司令部五個の廃止を中心とする内容であった。これによって兵員三万八八九四名、馬匹六〇八九頭を整理し、一九二五年度予算において経常費と臨時会計費の合計で一二九五万円を節減することになった。

また、これらの整理と同時に総額一億四一二六万円にのぼる新規軍備拡充計画を一九二五年度から一九三二年度の八カ年にわたって実行する長期計画を立案し、とりあえず戦車隊一個、飛行連隊二個、高射砲連隊一個、通信学校、陸軍科学研究所の新設、歩兵の軽機関銃装備の充実、火砲・射撃器材の整備などを実施するとした。しかし、これらのうち兵器装備の近代化への作業は、関東大震災後の財政危機の最中でもあり、さらに継続費として次年度以降に計画していた整備改善が繰り延べを余儀なくされたこともあって困難を極めた。

山梨軍縮に続いて、宇垣軍縮による常備四個師団の削減は、これまでの日本陸軍の軍制史上画期的なことであった。しかし、総力戦段階における戦時動員兵力の拡大の必要性という点からすれば、一見矛盾する内容を含むものであった。宇垣軍縮が敢えてこの矛盾を犯しつつも、師団の削減に踏み切らざるを得なかった第一の理由は、何よりも日本の経済的後進性を原因とする工業生産能力水準の低位性にあった。実際、総力戦に必要な近代兵器体系の装備、大量の兵力動員の確保には各種の軍需物資、作業資材の高度な生産・補充が不可欠であり、工業生産能力水準の低位性の問題は、常備師団および戦時動員兵力の許容範囲に著しく制約を加える原因となっていた。

第二の理由は、宇垣軍縮当時、日本の一般会計予算は約一五億二六〇〇万円程度で、このうち直接軍事費がその三割に相当する約四億五〇〇〇万円近くに達していたことである。また、当時常備軍についても約三〇万人の兵力を抱えており、差し迫った軍事的な危機が不在な状況下においては、明らかに過剰な軍備であったことが、宇垣軍縮断行の根本的な原因であったのである。

この二つの理由は相互に密接な関係があり、現状の工業生産能力水準の低位性という課題に対応しつつ、総力戦段階に適合する軍装備の充実や近代化を達成するためには、必然的に兵力数の削減による軍事費の再配分が不可欠であったのである。(8)

こうした問題に関連して、陸軍省兵器局工政課長の職にあった鈴村吉一中佐は、一九二三(大正一二)年一月、「各部隊ニ於ケル大正一一年度軍需動員計画視察ノ詳細報告」と題する文書を陸軍大臣山梨半造に提出していたが、工業生産能力水準の低位性から起因する問題に関して次のように論じていた。

計画上各部隊ニ課スヘキ任務ハ昨年視察ノ結果一般ニ過重ナリト認メタルヲ以テ十一年度訓令起案ニ当リ努メテ要求ノ程度ヲ緩和シ以テ実施ノ可能ナラシムル程度ニ止ムルコトニ努メシモ……今回視察ノ結果ニ徴スルニ未タ所望ノ域ニ達シアリト認メ難シ、故ニ軍需品整備ノ能否ニ依リ作戦ヲ掣肘スルハ素ヨリ好マシカラサル状態ナリト雖モ将来軍需品ノ整備特ニ動員当初ニ於ケル要求ノ程度ヲ一層緩和スルコト極メテ必要ナリト信ス(9)

さらに、陸軍は一九二〇(大正九)年度から、「帝国ノ国勢、国情ニ鑑ミ速戦即決主義ヲ国軍作戦ノ根本方針トスルニ於テハ補給ヲ敏活ナル作戦ニ伴ハシムル」ために陸軍軍需動員計画を策定していたが、宇垣軍縮から三年後の一九二八(昭和三)年に至った段階で早くも「軍需品整備ノ能否」が「作戦ヲ掣肘スル」ことへの危機感を表明せざるを得ない状態に追い込まれていたのである。(10)そのために今後の陸軍軍需工業動員中央計画では、工業力の基礎となる諸資源の統制・動員に全力を挙げる必要が痛感されていた。

ところで、軍縮以後における軍装備近代化政策は、一九二六(大正一五)年一〇月、陸軍省に設置された整備局が翌年一一月に策定した「作戦資材整備永年計画策定要綱」によって本格的に開始されることになった。この要綱は、「後方に所要の補充、補給源を欠ける国軍は其の兵額如何に大なりとするも有為なる活動を望む能はざる事明かなればなり」(11)という認識から、「国家の整備すべき戦時兵額は主として国家の戦時利用し得べき諸資源、諸機能を計量して策定せらるべきもの」(12)とする考えを基にしたものであった。それは戦時必要となる作戦資材、補充物資の量を予測し、既定予算の運用から平時よりその準備調査計画を立てておき、これに見合う軍需工業能力を拡充しておこうとするものであった。

要綱策定の一カ月後に「作戦資材整備永年計画策定業務規定」が制定され、これに従って一九二八(昭和三)年八月頃までに永年整備計画が策定された。翌一九二九(昭和四)年度から一九三二(昭和七)年度までを第一期、一九三三年度から一九三七年度までを第二期、一九三八(昭和一三)年度以降を第三期に時期区分し、所定の資材整備に着手することになった。実際の配備状況は、一九二八(昭和三)年度末までに新たに軽機関銃八個師団分が配備されたものの、歩兵砲などの重火器類の配備は予定通りに進まず、ようやく第二期終了年度の一九三七年度までに軽機関銃、歩兵砲とも常備一五個師団分の配備が完了した。その他に通信器材、高射砲の予定配備量の完了は第三期以降に持ち越された。

さて、宇垣軍縮の狙いは、各政党の軍縮による財政整理の要求と、国の内外における軍縮機運に応える姿勢を取りつつ、これを巧妙に利用して軍近代化を図ることにあったが、陸海軍の合理化と近代化という点では、戦時動員兵力の確保、有能な将校や下士官の補充の困難性なども充分には解決されていない状態であり、三次にわたる軍縮の実施によっても結局軍全体としての近代化には多くの未解決の問題を残したままであった。

その原因は、より根本的には、再三繰り返したように、日本の工業生産能力水準の低位性にあり、それが軍近代化の阻害要因となったことにあった。しかし、この他の問題に、総力戦体制の構築をめぐって陸軍内部で路線上の対立が存在したこともあげられる。それは陸軍の作戦計画、作戦対象、軍の構成、対国民施策など、様々な点に関するものであったが、それらにしても、工業生産能力水準の低位性にかなりの部分を規定されたものであった。いずれにせよ、こうした条件に規定されつつ、陸軍の総力戦体制樹立を目標とする国家総動員構想を実現していくためには、これら陸軍内部の対立をまずもって解消しなければならなかった。

宇垣陸相は、軍縮後の第五〇帝国議会における貴族院予算委員会で陸軍省所轄の予算の概要説明を行った際、総力戦としての第一次世界大戦を次のように総括している。

第一に戦争に科学の応用、就中機械の利用と云うものが従来に比して其の程度を昂めたと云う事であります。第二には戦争が一般に大規模となり又持久性を帯びて来たと云う所謂国家総動員即ち一国の全智全能を傾注して戦争に従事しなければならぬと云う事になりました。此の点が国防上の基礎の上に多大の変化を与えた所であります。[13]

宇垣は、軍縮がそうした総括に立って実施された総力戦への対応策であるとしていた。宇垣の予測した通り、これに対して議会・政党関係者は概して好意的な受けとめ方をする者が多く、軍縮要求の高まりはひとまず落ち着きをみせることになった。しかし、宇垣軍縮による四個師団の削減は、陸軍内部にあった反対を押し切る形で強行されたこともあって、宇垣を中心とした軍縮による総力戦体制構築路線を推進する勢力と、これに反発する勢力との対立が深刻化していく契機ともなった。さらに宇垣陸相は、次の第五一帝国議会(一九二五年一二月—一九二六年三月)の衆議院で、四個師団削減の理由を「精鋭にして且多兵と云うことが吾々の理想と致して居る所であります。併し国家の財政にも限りがありますから、両様の事が満たせぬ場合に於ては、無論精鋭を執って行かなければならぬ[14]」と述べている。

ここには戦時動員兵力の拡大志向が後退し、日本の国情に応じ、総力戦段階に適合した軍事力の創出には、とりあえず軍備の近代化促進と多数常備師団保有の放棄とが必要であるとの考えが明らかにされている。これは宇垣を中心とする軍縮推進派＝軍制改革派の共通認識であった。一方、宇垣の削減の方針に対し、宇垣軍縮で廃止されることになった第一五師団の師団長田中国重中将は、一九二四年(大正一三)年七月二九日の上原勇作元帥宛書簡のなかで、宇垣軍縮を批判して次のように記している。

軍備整理敢て不同意にあらざるも、徒に民心に迎合し陸軍自ら進んで兵役年限を短縮し師団を減少するが如き事は、全然之を避くるを必要と存候。軍備反対者は一個師団を減ずれば二個師団を、二個師団を減ずれば三個師団を要求することは予想するに難からず。即ち現今の日本に於ては一歩を譲るは百歩を譲るの始めなる事を肝銘し置くの必要存之と存候。師団減少の如き陸軍に一大斧鉞を加ふる事は、国民の志気に影響し国民の国防思想を低下し、国防上無形的に一大欠陥を来す事は明瞭に御座候。⑮（『上原文書』）

田中は日本の工業生産能力水準の低位性を認識したうえで、客観的にみれば、宇垣の総力戦構想が作戦方針としてはそのことと矛盾する長期戦の志向が強いことを批判している。すなわち、田中の見解の柱は、「自給自足の能力なき帝国が欧州戦争の如き長期戦争を遂行せむとするのは絶対に禁物⑯」であって、そこから日本の作戦方針は、「開戦当初可成多数の精鋭なる軍隊を集中して攻勢運動を開始し、初戦に於て敵に大打撃を与え再び起つ能はざる如く指導する⑰」ことになければならないとし、そこから「帝国陸軍は成し得る限り多数の常備軍を保有⑱」することが必須となってくるとして、これと矛盾する宇垣の軍縮政策に反対を唱えたのであった。田中が記した軍縮の実施は国民の国防思想の低下を招来するという判断も、宇垣からすれば宇垣軍縮による「国民一致融和挙国国防⑲」の促進という考えと全く相反するものであった。

この他にも、田中らに代表される反宇垣派との間には、近代兵器体系に対する価値評価の点でも大きな落差がみられる。これは一九二三（大正一二）年に改訂された『歩兵操典』をめぐる軍内部の論争とも関連するものであった。つまり、歩兵戦闘における従来の肉弾主義の重視は旧戦法であり、これに根本的改革を加えて欧米型の新式軍隊の編制と戦法を積極的に採用しなければならないとする軍制改革派と、多数の兵器製造は我が国の工業能力から判断して限界があり、たとえ近代兵器を装備してもその補充に困難を来たすだけであるから、とにかく多兵主義によってこれを補うべきだとする現状維持派との論争・対立である。

このうち現状維持派は田中国重等と同一の認識を持つものであったが、その主張は歩兵万能主義であり、勢い精神至上主義的傾向を持つものとならざるを得なかった。これら現状維持派は、宇垣を代表とする軍制改革派の軍近代化政策が、結局は「航空機万能論」、「機械力主義」を目指すものであって、それは精神主義の軽視という悪しき風潮を招くものに過ぎない、とする批判を行っていたのである。現状維持派の総力戦への対応は、まず精神的に強固な兵士を平時から多数保有し、戦時にこれらを基幹とする部隊を編制・動員するとしたもので、軍事力とはあくまで兵力量のことであり、戦争の勝敗もこれによって左右されるというものであった。

これについて宇垣軍縮当時、軍事参議官として宇垣路線の反対者の一人であった福田雅太郎は、「戦争の根本は人にある。如何に機械が精鋭だからとて、人を機械に替へて、人を減ずるは誤っている」[20]と述べていた。福田は常備師団の削減によって経費を削減し、それを軍装備の充実費に転用するとした一連の軍近代化論に異議を唱えていたのである。つまり、国民皆兵主義思想の徹底による「国民の軍隊化」あるいは「軍隊の国民化」のスローガンによって、平時兵力を極力抑え、それとの引き替えに社会の軍事化によって常備兵力に代替するという軍制改革派と一線を画すことになった。

田中国重や福田雅太郎に代表される歩兵万能論、精神的威力偏重論は、陸軍のうちでも参謀本部を中心とする作戦担当関係者に特に多かった。彼らには、「単ニ我国民ノ精神力ノ優越ノミニ信頼シ編制・教育訓練等ノ諸制度ヲ律セムトスルハ危険ナリト言ハサルヘカラス」[21]という指摘の意味が充分に理解されていなかったようである。

ところで、軍制改革派による宇垣軍縮の実施に終始批判的立場を採っていた軍事参議官の尾野実信大将、町田経宇大将、福田雅太郎大将等は、宇垣軍縮による人員整理の対象とされ、予備役編入となって現役軍人としての発言権を封じられることになった。こうして宇垣は軍制改革派による陸軍の主導権掌握にも着手することになった。これによって本格的な国家総動員政策が始動することになる。ここから、国家総動員構想の実現による総力戦体制の樹立を目指す国家総動員政策とは、宇垣軍縮を契機に陸軍内の主導権を掌握した軍制改革派の一群によって推進された政治プログラムと見なすことができよう。

この軍制改革派は後にいわゆる統制派と称された政策閥を形成し、事実上陸軍の中心勢力となっていったのである。そして、軍制改革派による国家総動員政策の展開上最大の障害となったのが、既述の如く日本の工業能力水準の低位性の問題であった。そのことは単に軍近代化の阻害要因となったばかりでなく、軍の作戦方針の大枠をも規定し、さらには総力戦体制自体の性格づけにも決定的な影響を与えることになった。この点で、軍制改革派と現状維持派との論争・対立点は、日本の工業生産能力水準の低位性という問題にいかに対処しつつ、総力戦段階に適合する軍事力の創出を果たすかの方法論的レベルでの相違に過ぎなかったとも言えよう。

そこから今後の陸軍軍需工業動員中央計画では、工業力の基礎となる資源の統制確保に全力を挙げる必要があるとされていたのである。こうして資源の統制確保は、当面陸軍軍需動員計画の最大の課題とされ、資源供給地としての朝鮮、中国の東北三省地域の資源・工業開発は、この点から急ピッチで進められることになった。

(1)　前掲『大日本帝国議会誌』第一四巻、四五頁。
(2)　『週刊朝日』一九二四年九月六日号。
(3)　小磯国昭『葛山鴻爪』小磯国昭自叙伝刊行会、一九六三年、四一六頁。また、小磯が中心となって推し進めた航空兵力充実構想については小磯国昭・武者金吉『航空の現状と将来』(文明協会、一九二六年)が参考となる。当該期小磯の軍近代化論については、纐纈「小磯国昭――国家総動員政策の推進者」(富田信男他編『政治に干与した軍人たち』有斐閣、一九八二年、所収)を参照されたい。
(4)　四王天延孝『四王天延孝回顧録』みすず書房、一九六四年、一五二頁。
(5)　前掲『宇垣一成日記』I、四五七頁。
(6)　国立国会図書館憲政資料室所蔵『宇垣一成関係文書』。
(7)　同右。

(8) 日本の工業能力水準の低位性に規定された軍需工業能力の不充分性と、それを補完するための国家資本の軍需部門への過剰の投資や介入が日本軍事工業の特徴であったが、総力戦段階においては兵器民営化を促進しない限り、兵器・弾薬の大量生産システムの確立は不可能であった。そうした日本の置かれた基本的構造への分析については、小山弘健『日本軍事工業の史的分析——日本資本主義の発展構造との関係において』(御茶の水書房、一九七二年)、竹村民郎『独占と兵器生産——リベラリズムの経済構造』(勁草書房、一九七一年)を参照。

(9) 防衛庁防衛研究所戦史部図書館蔵『甲輯第四類　永存書類』所収(大正一一年)。

(10) 防衛庁防衛研修所戦史室編『戦史叢書・陸軍軍需動員1』朝雲新聞社、一九六七年、九七頁。

(11) 臨時軍事調査委員会『国家総動員に関する意見』四九—五〇頁。同資料は、纐纈『総力戦体制研究——日本陸軍の国家総動員構想』(三一書房、一九八一年)に収録(二一三—二四四頁)している。

(12) 同右。

(13) 宇垣一成「国家総動員に策応する帝国陸軍の新施策」沢本孟虎編『国家総動員の意義』青山書院、一九二六年、二六四頁。宇垣軍縮については、中村菊男編『昭和陸軍秘史』(番町書房、一九六八年)、額田担『秘録宇垣一成』(芙蓉書房、一九七三年)、井上清『宇垣一成』(朝日新聞社、一九七五年)、棟田博『宇垣一成——悲運の将軍』(光人社、一九七九年)、前原透『日本陸軍用兵思想史——日本陸軍における「攻防」の理論と教義』(天狼書店、一九九四年)など参照。また、主な論文に、桑田悦「旧日本陸軍の近代化の遅れ」の一考察」(『防衛大学校紀要』防衛大学編、第三四輯、一九七七年三月)、照沼康孝「宇垣陸相と軍制改革案」(『史学雑誌』第八九巻第一二号、一九八〇年一二月)、高橋秀直「陸軍軍縮の財政と政治」(近代日本研究会編『官僚制の形成と展開』山川出版社、一九八六年)、一ノ瀬俊也「第一次大戦後の陸軍と兵役税導入論」(『日本歴史』第六一四号、一九九九年)、筒井清忠「大正期の軍縮と世論」(青木保他編『戦争と軍隊』岩波書店、一九九九年)、黒沢文貴「日本陸軍の軍近代化論」(同『大戦間期の日本陸軍』みすず書房、二〇〇〇年)等がある。

(14) 前掲『大日本帝国議会誌』第一六巻、六八五頁。

(15) 上原勇作関係文書研究会編『上原勇作関係文書』東京大学出版会、一九七六年、二六九頁。

(16) 同右、二七〇頁。

(17) 前掲『宇垣一成日記』I、四六四頁。

(18) 同右。

(19) 同右。

(20) 黒板勝美編『福田大将伝』福田大将伝刊行会、一九三七年、四一四頁。
(21) 臨時軍事調査委員会『欧洲交戦諸国ノ陸軍ニ就テ』第四版、防衛庁防衛研究所戦史部図書館蔵、一二五頁。

四　四個師団削減の真相と陸軍軍制改革

1　四個師団削減の理由

総合的国家総動員機関として設置された資源局は、一九二八(昭和三)年九月に「資源の統制運用準備に就て」と題する文書を作成していた。そのなかで「資源とは国力の源泉」と位置づけ、「資源の総合即ち潜在的の国力其れ自身である。斯るが故に所謂資源は其範囲極めて広範囲であって、人的物的有形無形に亘り、依て以て国力の伸展に資すべき一切の事物を包擁する」ものとしている。そして資源統制運用の要は、戦時における資源の統一と、それによる供給の安定確保であり、軍隊の軍需物資を充足し、さらに国民生活の安定によってはじめて国力が最高度発揮されるものとされた。結論として、「現代国防の要素は啻に精鋭なる国軍を擁するに止まらず国民の有する全智全能を尽し、国の利用し得べき一切の力と物とを挙げて、之を国防に充つるに在り」としている。[1]

これらの認識に立って資源の統制運用を具体的に推進するためには、人員の統制按配、生産・分配・消費などの調節、交通の統制、財政・金融に関する措置、情報宣伝の統一などを強力に実施すべきであると結論していた。さらに、これらの実施を効果あるものにするためには、資源統制運用の必要性を国民に宣伝し、それによって資源状況の実態を説明することで国民の精神的緊張を喚起し、併せて精神動員体制創りをも進めようとしたのである。また、そのことによって軍需品の死蔵、作戦資材の固定等、経済的非効率性の課題を克服する契機を掴みたいとしていた。

しかし、資源の確保、備蓄が不安定であり、しかも工業技術の未発達性とそれに起因する工業生産能力水準の低位性の問題が、総力戦段階に軍近代化の障害となったことは前節で述べた通りであった。そのことは具体的に三単位制師団案、つまり、従来の二個連隊を基幹とする一個旅団二個による一個師団の編制から、旅団を廃止して三個連隊を基幹とし、一個師団を編制するという欧米型の編制方式への変更に対し参謀本部が強硬な反対を表した次の一文からも知れよう。

我国の工業能力並に物資の関係は欧米諸国と比較にならない。仮令我全軍が悉く新兵器で武装した所で一会戦にして忽ち弾丸も其の軍需品も尽き果てて仕まうだろう。されば我国として特有の戦法と特有の編制を採らねばならぬ。(2)

宇垣軍縮の四個師団削減については、経費捻出による軍近代化の促進という表向きの理由の他に、その根底にやはり工業生産能力水準の低位性の問題が含まれていたのである。宇垣軍縮実施当時、陸軍省整備局統制課員で軍制改革派の一人であった佐藤賢了は、四個師団削減に踏み切らざるを得なかった理由を次のように記している。

陸軍の戦時動員兵力は四十コ師団であったが、第一次世界大戦の後は、装備の近代化の必要に迫られるとともに、弾薬品、その他資材の消耗は非常に増大し、日本の資源、特に工業力では四十コ師団の補給は到底まかないきれないことがわかった。したがって、軍備の間口を減じて、補給の奥行を増加しなければ国防はまったきを期し得ないし、また兵力を減じてでも、装備の近代化に特別の努力をはらうことが絶対に必要になった。これが永年にわたって、作戦資材整備会議という委員会で熱心な研究検討の結論であった。(3)

そして、この結論に基づき戦時動員兵力を四〇個師団から八個師団減らして三二個師団とし、師団は平時の二倍動員であったことから戦時動員兵力を八個減らすためには、四個師団の削減が必要となったと説明している。このように軍装備の近代化という積極姿勢の一方で、総力戦段階における軍事力がこれまで以上に一国の工業生産能力に依拠したものであり、経済力＝軍事力という図式が成立してきたことへの精一杯の対応が、宇垣軍縮による軍装備の近代化であったと言える。

陸軍が構想する軍装備の近代化や作戦資材の充足が総力戦において不可欠な要因であることは、今や誰の目にも明らかになってきたが、一九二八(昭和三)年に陸軍省整備局が作成した「作戦資材調査概況報告」では、作戦資材整備調査の結果、この段階で所要総額四八億円に相当する資材が必要と算定されたのに対し、現有資材はその一五％程度の約七億円相当に過ぎず、戦時調達による可能最大限見込量でも五八％の約二八億円相当しか充足できないとする予測を出している。(4) 従って、この不足分約一三億円相当分に限り平時から準備しておかねばならない計画であったが、戦時調達見込量にしても、戦時兵力動員による労働力の低下という問題が加味された場合、さらに大幅な低下が生ずるのは明らかであった。

陸軍としては作戦資材の安定確保のため国家総動員機関である資源局の業務を強力に後押しする形で、総動員政策の展開に取り組むことになった。一方、政府でも逼迫してきた財政状態を立て直すため、第一次若槻礼次郎内閣(一九二六年一月成立)の大蔵大臣浜口雄幸の「財政好転の為に、国民総動員において経済戦争の共同戦線に立たなければならんと信ずる」(5) との表明からも知れるように、総動員政策こそ現状打開の切り札的存在と考えるに至っていた。ただ、ここでいう総動員政策の内容は、政府と陸軍とのそれでは力点の置き方、政策実現のための手段・方法の点で相当の隔たりがあったこともまた確かであった。

いずれにせよ、総動員政策は宇垣軍縮実施期から浜口雄幸が内閣を組織するまでに、国体明徴をスローガンにした国民教化運動、陸軍省整備局、青年訓練所、学校教練、青年団など各種の運動、機関・団体などを媒介にして展開されることになった。ここにおける総動員政策は、全体として陸軍が構想する国家総動員体制の実現を目指すという点で、ほぼ軌を一にするものであった。

しかし、これら一連の総動員にしても決して順調に進んだ訳ではなかった。なかでも陸軍と政府の総動員政策の路線上の相違は、国家総動員機関設置準備委員会における審議の時点で明らかとなっていた。例えば、準備委員の一人で同委員会の幹事であった陸軍省軍務局課員永田鉄山中佐を補佐していた同整備局課員安井藤治中佐は、同委員会における陸軍の姿勢の一端を次のように記している。

総動員機関設置準備をリードしたものは陸軍であり、永田中佐であった。陸軍が推進しなければ誰もやろうとしないし、また出来もしない。まず総動員の定義からきめてかかる必要もあった。陸軍には大正四、五年以来の調査研究の諸資料があったし、総力戦的観点から総動員施策がなくては国防は成り立たぬという考えが強くなっており、軍事調査部は永田中佐を助けてこれを推進した。(6)

ここでいう総動員政策とは単に工業動員だけを指すのではなく、永田中佐が「国家総動員に関する意見」(一九二〇年)で主張したように、精神動員、工業動員など国家の諸力を総合的に動員する、その全体の政策を言うものであった。これに対して同委員会の委員の一人で、後に資源局長官に就任する松井春生は、そうした陸軍の総動員政策に触れて次のように語っている。

国家総動員政策の第一に重要なるは、畢竟、資源保有の施設である。嚢に、凡そ資源問題の中心が、資源の保有であり、其の保有の要諦は、各資源の総合的発展を図るに在ることを述べたが、それは、茲にも全く適用せられる。現代戦が国力戦であり、国力の要素たる一切の人的及物的資源は、総て是れ同時に国防力の源泉たり、国家総動員の前提条件たるものであるが故に、総動員準備の観点に於ても、其の各部分の調和偕暢を念とし、本来軽量を正し、先後緩急を制して、其の総合的国防力の育成開発に努めることが極めて肝要であることは言ふ迄もない。(7)

これは日本の工業生産能力水準の低位性を認識することから作戦資材の死蔵、固定を陸軍軍需動員計画において不可避とした陸軍の総動員政策の経済的非合理性を暗に批判したものであった。

要するに、松井は民需を含めた総合的な見地からする資源保有の実施によって工業生産能力の強化発展を期すことを総動員政策の第一の課題としなければならない、としたのである。これら陸軍側と文官側の立場の相違は、陸軍の総動員政策が戦時における工業能力の限界性を自覚することから、平時より可能な限り戦時用物資の備蓄によって、軍事力を最高度に強化維持しておくことを第一の目標としていたのに対し、松井等に代表される経済官僚のそれが、平時においては先行要件として経済力を強化し、戦時に一挙に軍需動員できる体制を準備しておくことが、結局は総合的国力の強化に通ずる、とした見解との差にあった。

この総動員政策の内容をめぐる陸軍と政府の不一致は、金解禁に代表される金融資本的政策の採用によって経済行詰りを打解しようとした浜口内閣(一九二九年七月成立)における両者の抗争の根本的原因となった。それは表向き、浜口民政党内閣の軍備縮小要求と、これに対する陸軍の抵抗という形となって表出することになる。

浜口内閣の与党民政党は、財政緊縮・消費節減のため軍備の整理、軍部大臣文官制の確立などを新内閣の中心的政策とするよう提言していた。浜口内閣はこれを受けて内閣が発足した一九二九(昭和四)年七月九日に十項目から成る政綱を発表した。そのなかで軍備縮小問題については、「軍備縮小問題ニ今ヤ列国共ニ断乎タル決意ヲ以テ国際協定ノ成立ヲ促進セサルヘカラス、其ノ目的トスル所ハ単ニ軍備ノ制限ニ止マラス更ニ進ンテ其実質的縮小ヲ期スルニ在リ」[8]とし、その実施に固い決意を表明していた。そして、その直接責任者に再び宇垣一成の陸軍大臣就任を要請するところとなった。

ところで宇垣陸相は浜口内閣の軍縮要求に対し、同年八月に陸軍省、参謀本部の幹部から構成する軍制調査会(第二軍制改革委員会)を発足させ、陸軍の軍制改革案を検討させていた。軍制調査会では林銑十郎少将を幹事長とする幹事会で草案を作成し、これに基づき臨時軍制調査会を開会して審議決定する段取りになった。幹事会は同月一六日に軍制改革案として新式装備の充実、予備的教育の徹底、在営年限の短縮、物的国家総動員の徹底、部隊編制の更改などを骨子とする「調査要綱」を作成した。

それによれば、以上の軍制改革案を実現するためには二〇〇〇万円の財源が必要と見積られ、財源捻出のため一九三〇年度以降において四億五〇〇〇万円に達する国防充実費と、その他既定継続費の整理、官署工廠学校などの整理、戦用衣料などの定数減少を実行することとしている。ただ、このうち既定継続費に関しては、その大部分を占める国防充実費が主として新兵器の装備、要塞維持費であるため、ここからの財源の捻出はさほど期待できないとしていた。(9) そのため財源の捻出のためには兵員の削減が不可避と考えられていた。しかし、現有の常備師団数、兵員数の削減に従来から強硬に反対していた参謀本部の意向もあって、軍制改革案の実施は当初から大きな問題を抱えることになった。

このように財源の捻出方法をめぐって、軍内部の対立が表面化しつつあった。その一方で浜口内閣の発足と併行して、犬養毅政友会総裁の経済的軍備の主張をはじめ、民政党や国民の間から軍備縮小要求の声が再び高まってきていた。特にこの時にロンドンで開かれていたロンドン海軍軍縮会議の進展もあって、政党や世論からは海軍軍備縮小の実施と同時に陸軍を含めた軍備の合理化・近代化を促進すべきであるとする意見が活発に出始めていた。こうした動向に対し、陸軍は軍制改革の要求はやむを得ないとしても、その主導権だけは保持しておきたいとの考えから、軍制改革の要求に対してできる限り非妥協的態度で臨むことを明らかにした。

例えば、民政党を中心とする軍制改革案の一つであった在営年限短縮(一年兵役論)には、それが採用された場合には平時の動員兵力の低下が明らかであって、それでは国防の責任を果たせないとする反論を行っていた。(10) 陸軍はこれら軍備縮小要求の対策として、士官学校以下将校教育機関の整理統合、軍医学校、経理学校、特科教育に関する機関等の整理統合などによって、直接軍事力の低下を招かない範囲内で経費捻出を実現する計画を検討中であることを明らかにした。

一九三一(昭和六)年五月三日に開かれた陸軍三長官(陸軍大臣、参謀総長、教育総監)会議は、軍制調査会における一年半以上にわたる審議結果を踏まえて、次のような結論を提出している。それは軍馬補充部の整理、輜重兵と騎兵の整理統合、築城本部と建築課の統合、学校・官署の整理などによって人員約二万人相当を削減し、約六〇〇万円の捻出を図るというものであった。また、財源の捻出は、用兵上あるいは教育上において支障を来たさない範囲でこれを行うが、一方では同時に軍装備の近代化をも目指すこととし、そのために巨額の財源が必要であることも付言されていた。

政府の軍制改革要求が軍備縮小による経費削減を行い、その経費の一部を国庫に還元して軍事費の肥大化を抑制することを目的としたものであっただけに、これら軍部の軍制改革案は政府の意図と全く相容れないものであることが明らかとなった。そればかりでなく陸軍としては、将来財政状態が好転した場合、改めて政府に対し軍装備近代化のための経費を要求する方針さえ確認しており、そのための第二次軍備充実計画案といったものまで作成していたのである。

このように陸軍の軍制改革案とは、軍備整理に名を借りた軍拡案であり、その点で先の宇垣軍縮と同一であった。『東京朝日新聞』は、これら軍部の軍制改革案に対し、「戦時人員は減ぜられぬ従って平時兵力も現状を維持しなければならず準備だけは列国なみにしようというのでは、勢い軍備拡張になるのは当然である」[11]との批判記事を掲載していたが、それはまさに陸軍の軍制改革の意図を言い当てたものであった。

2　総力戦段階における軍備拡充政策

一九三一(昭和六)年一月にロンドン海軍軍縮条約が成立したこともあって、政府・民政党はさらに陸軍の軍縮要求を強化していくことになった。すなわち、同年五月一五日に民政党行政整理調査会は、現有常備師団を一七個師団から三個師団削減し、朝鮮・満州駐屯部隊を含めて一四個師団に減少すること、歩兵旅団を廃止して三単位制導入による一個師団の歩兵部隊を三個連隊編制に改編し、陸軍経常費の年額約二億円から二〇〇〇万円を削減すること、陸海軍の貯蔵する作戦資材は製作に長時間を要するもの以外は貯蔵を少なくすること、軍事参議院、教育総監部、築城本部、運輸部、要塞、軍医学校、幼年学校、経理学校、陸軍獣医学校などの縮小または廃止を要求した。さらに政府も軍制改革による編制装備の充実の計画を一年間延期して、その予定財源を一時国庫に融通すること、それが不可能な場合には政府の行政、財政、税制の三整理案に基づき、同率により軍事費の削減を明らかにすることを要求していた⑫。

これら政府・民政党の軍縮要求の狙いは、陸軍に実質的な軍備整理を実行させ、それによる節減経費を国庫に吸収して宇垣軍縮のような振り替えを阻止することにあった。民政党の見積りでは四個師団相当の兵員削減による約二〇〇〇万円と、国防充実費および陸軍行政機関の定員二割減による約六七〇〇万円の合計約二六七〇万円余が節約できるとしていた。

これに対して陸軍は二個師団相当の人馬は削減するが師団数はそのままとし、代わりに師団に重師団と軽師団の差等を設けてその混合率を改編し、同時に陸軍行政機関の整理統合を実施する、また、在営年限は兵科によって短縮を認める、といった対案を提出した。懸案の経費削減については、これを航空隊の新設、火器の改善、化学兵器の充実に振り向ける必要があること、さらに、在満部隊を三個師団に増強する必要が出てきたこと、浜口内閣以来陸軍予算の節約や繰り延べでこれまでにすでに七二三〇万円の節減を余儀なくされていること、等を理由に到底無理であることを主張していた。

こうして節減経費を新装備の充実に全て振り向けるという陸軍の方針は、世論の反発を覚悟しつつ強行されることになる。最終的には同年一一月六日に軍制改革案について、陸軍と政府との妥協が成立した。その結果、陸軍は二個師団と騎兵一個旅団相当の兵力を整理し、これによる節減経費二八〇〇万円によって翌一九三二年度から一九三八(昭和一三)年度に至る七カ年計画で所定の軍制改革を実施することになり、とりあえず初年度経費五八〇〇万円、五カ年計画の所要経費一八〇〇万円が認められた。そして、軍制改革の内容は、(一)兵備の改善、(二)駐満師団の制度改正、(三)内地師団の朝鮮移駐、(四)近衛師団の改編、(五)台湾守備隊に工兵増加、(六)飛行隊、高射砲隊、照空隊の増加、(七)戦車隊、装甲自動車の増加、(八)科学戦学校の新設、(九)特科兵士養成機関および幹部候補生教育機関の新設、(十)重砲隊、工兵隊、鉄道隊、電信隊の整理統合、(十一)独立守備隊および国境守備隊の装備、等を骨子とするものであった。(13)

結局のところ軍制改革をめぐる政府・民政党と陸軍の抗争は、軍制改革による節減経費の転用問題が焦点であった。しかし、軍制改革の内容をみると、この問題が終始陸軍のペースで展開されたことは明らかであった。陸軍は従来より軍制改革の実施を総動員政策の主要な柱としていたことから、政府・民政党がその点で陸軍の事実上の軍拡案を阻止できなかったことは、陸軍主導の総動員政策に取り込まれていく一つの分岐点を示すことになった。もっとも、これら陸軍の軍備拡充計画の実行は、一九三一年九月に勃発した満州事変の拡大のため、翌年一月に一度は延期となり後に中止となった。

しかし、陸軍は以上の政府・民政党との抗争を通じて、総動員政策を展開していくためには政党を含めた国民世論の形成と、そのための具体的プランが必要であることを一層強く認識することになる。それは宇垣軍縮を契機として、すでに開始されていた諸団体・組織を媒介に、国民動員を目的とする諸施設の展開となって具体化されつつあった。

ところで、満州事変を契機にいったん延期となり中止された軍備拡充計画の実施は、「満州事変の始まる前は軍縮運動が可成盛んであったが事変後は軍縮風も何処かへ吹き飛ばされた形である」(14)とする憲兵司令部の報告にみられる状況の変化を踏まえ、新たな装いのもとに再び軍部の最大目標となった。それが一九三三(昭和八)年に作成された「時局兵備改善案」である。そこでは、一、在満兵力の充実、二、補備教育の実施、三、緊急を要する諸制度の改善、四、作戦資材の整備、の四項目を骨子とするとしていた。(15)

このうち在満兵力の充実については、先の軍制改革案で決定済であった駐満師団の制度改正、内地師団の朝鮮移駐を引き継いだものであり、それはまた満州事変後の朝鮮・満州地域の治安確保、対ソ軍事力の強化という課題への対応でもあった。補備教育とは新たに編制される部隊要員の短期間養成を目的とし、戦時動員兵力の質的量的向上を目指したものである。緊急を要する諸制度の改善とは下級幹部を目的とした将校生徒の増加、過渡的処置としての特別志願将校制度の確立、下級幹部の不足を充足する特務曹長の増加、予備幹部の補充を合理化するための幹部候補生制度の改正、特科下士官教育機関の新設などを行うものである。つまり、戦時動員兵力の増大に伴う人的資源の充実を図るものであった。

さて、一九三三(昭和八)年度の陸軍省所管の総予算総額は四億四七八八万円で、一九三〇年度の二億六九九万円、一九三一年度の一億八八〇〇万円、一九三二年度の一億八六三〇万円と比較して大幅な伸びであった。これは一九三三年度の新規増加額が陸軍予算総額の五六％に相当する二億五二五〇万円であり、このうち兵備改善分が経常費、臨時費、満州事件費の合計として二億四七三七万円をも占めていたからである。その内訳は在満兵力維持費に一億三八一三万円、補充教育費に九二九万円、諸制度改善費に一二六六万円、作戦資材整備費に八七二八万円であった。

こうした内容をもつ時局兵備改善計画が、一九三三年度から着手される。そして、その翌年には陸軍の第一の仮想敵国ソ連に対する作戦計画が大幅に変更された。その主な内容は、航空作戦の重視、ソ連が沿海州方面に建設したとされる対日作戦用の航空基地および潜水艦基地の壊滅、さらに日ソ開戦の際には戦場をソ連領内に求め、戦局の進展に伴いバイカル湖方面まで作戦展開を行う積極進攻作戦計画の採用、などであった。そのために対ソ作戦には二四個師団を充当することとした。

陸軍の軍備拡大方針は、以後、日米開戦期に至る時期まで一貫して変わることがなかった。これらの軍備拡充を進めていくうえで、陸軍はそれと総動員政策との関連を次のように考えていた。

但茲に一言を要するは世上往々国家総動員、国民国防の名目に眩惑せられて、第一線たるべき軍隊の力を軽視せんとするの傾が無いでもない。如斯は本末顚倒の甚しきものであって、国家総動員準備は飽迄軍の戦闘力を維持増進することを以て生命とし、決して軍の力に置換せらるべき性質のものではないのである。(16)

ここでは、総力戦においても依然交戦手段としての軍事力が重要であることを強調することにより、国家総動員政策が結局は軍事力の強化を目指すものであることが明らかにされている。従って、陸軍の国家総動員政策は勢い軍事力優先志向が強いものとなった。それゆえ総力戦体制樹立計画自体も軍事力を基盤とし、軍事的価値を第一の指標とする軍事国家そのものの創出を目指したものに他ならなかった。そして、軍事力強化を目標とする陸軍の総動員政策は、その展開過程で合理性を無視した経済運営を強要したことから、それは経済的レベルでも多くの矛盾を発生させることになり、その矛盾は総動員政策の進展に伴い拡大再生産されることになったのである。

(1) 防衛庁防衛研究所戦史部図書館蔵『甲輯第四類　永存書類』所収(昭和三年)。
(2) 『大阪朝日新聞』一九二三年二月二二日夕刊。
(3) 佐藤賢了『佐藤賢了の証言――対米戦争の原点』芙蓉書房、一九七六年、四七―四八頁。
(4) 前掲『戦史叢書・陸軍軍需動員1』二二九頁。
(5) 『東京朝日新聞』一九二六年一月一日付。
(6) 前掲『戦史叢書・陸軍軍需動員1』二四二頁。
(7) 松井春生『日本資源政策』千倉書房、一九三八年、一五二頁。
(8) 日本銀行調査局編『日本金融史資料』第二一巻(昭和編)、一九六八年、三九四頁。
(9) 『東京朝日新聞』一九二九年八月七日付。
(10) 同右、一九二九年一〇月二九日付。
(11) 同右、一九三一年五月六日付。
(12) 御手洗辰雄編『南次郎』南次郎伝記刊行会、一九五七年、一八四頁。
(13) 同右、一八八頁。

(14) 憲兵司令部『思想彙報』防衛庁防衛研究所戦史部図書館蔵、一九三一年五月号。
(15) 陸軍省編『帝国及列国の陸軍』同右、一九三三年版、三七頁。
(16) 同右、一三頁。

五　おわりに——国家総動員体制の創出

当該期における政治・軍事指導層は、今や国家総力戦の時代に入っていることに自覚的となり、温度差こそあれ、戦争形態の確実な変容について、相当程度の共通認識が存在したと考えられる。しかしながら、指導層においては、国家総力戦への対応策としての国家総動員体制構築の手順と方法をめぐり、個々の政策構想の段階で対立や軋轢が顕著になってくる。

そこでの相違点は総力戦段階における軍装備体系の位置づけであった。すでに論述したように、宇垣から小磯に代表される軍制改革派あるいは根本改革派と称すべきグループは、平時においては極力常備兵力数を抑え、航空機に象徴される装備の近代化を推進しようとした[1]。これに対して、総力戦体制に適合的な国民皆兵主義の思想に疑問を呈し、平時から可能な限り大量の兵力を常備しようとしたのが田中国重や福田雅太郎に代表される現状維持派と称すべきグループである[2]。

この両派の対立と抗争は宇垣軍縮をめぐって頂点に達するが[3]、一九二四(大正一三)年八月一三日、一六日、二六日と三回にわたり開催された軍事参議官会議で、師団削減に最後まで反対した尾野実信、福田雅太郎、町田経宇の各大将が、既述の通り、宇垣軍縮による人員整理により予備役に編入されたことで、この対立は事実上終止符が打たれることになった[4]。要するに、ここで軍制改革派＝総力戦派が、政府や政党との対抗上、現状維持派を整理して、陸軍内部の対立を解消し、陸軍としての一本化を果たそうとしたのである。

これを機会に、一九二六(大正一五)年四月には国家総動員機関設置準備委員会(準備委員会)が設置され、陸軍側と政府側の総力戦準備構想に対する見解の調整が進められた。さらに、同年九月に動員軍需品関係を管掌する整備局が陸軍省内に設置され、その初代の動員課長に宇垣の流れを汲んで総力戦派の主導者となる永田鉄山が就任する。準備委員会は、国家総動員機関の組織、任務・業務遂行の方案、該機関と各省庁との連繋などについて研究を進めるとされ、委員長には山川端夫(法制局長官)、委員に内閣統計局長、内閣拓殖局長、それに各省より一名ずつ選出し、主任幹事に松井春生(後の資源局長官)が就き、陸軍から委員として軍務局長畑英太郎、幹事として軍務局課長永田鉄山が参加した。

このように宇垣軍縮の断行は、国家総動員機関の設置への試みという大枠のなかで選択されたのであり、これによって準備委員会設置の実現を見たように、陸軍と政府・官僚との連繋が具体化されたのである。その意味で言えば、総力戦段階における政軍関係が成立する条件として、とりあえず陸軍内部で総力戦段階に適合的な陣容と総力戦準備の合意確保が必須の条件となったのである。

宇垣や後の永田にしても、軍制改革派＝総力戦派とされる軍事官僚達は、国家総力戦体制の創出という一定程度に合意された国家目標の設定によって、初めて合理的かつ妥当な政軍関係の構築が可能となる点について、相応の認識を抱いていたと言えよう。そのことが日本型政軍関係の構築の条件を用意したのである。

ここに言う日本型政軍関係の構築とは、軍の側からすれば、動員業務を民間が相当程度に負担するシステムを確立させることを意味していた。そして、それを基本的に軍事の主導下に実現していこうとしたのである。その主旨は、山梨軍縮と宇垣軍縮に通底する論理としてあったことを、ここでは特に強調しておきたい(5)。本章の第四節以下において論述した昭和初期における軍制改革は、基本的に、ここで勝利した軍制改革派の主導する新たな軍制改革の試みであり、同時にこの軍政改革の断行によって、軍が自ら政府や政党との対抗と妥協の政治過程において、あくまで主導権を掌握していくに充分な力量を蓄えていくための企図としてあったのである。

なかでも、陸軍が軍制改革を推し進めた理由は、軍主導の政軍関係において総力戦体制の構築を実現することにあったことは繰り返した述べた通りだが、同時に改革の動機づけの背景には、一九二〇年代に出現した大正デモクラシー状況下での反軍気運への危機意識と反発があったことも確かである。そのような危機意識と反発は、一九三〇年代に入り、政軍の深刻な対立となって、それまで比較的に安定していた政軍関係に動揺を与えることになった。そのことを次の章で追究していきたい。

(1) 小磯らの軍近代化論を支えた論理は以下のようなものであった。「未来の戦争は科学の戦争である。而して其戦争たるや吾人の想像以上に凄惨残虐を極めるであろうことは殆んど疑う余地がないのである。斯く云ふと諸君は或は云はれるかも知れぬ。「科学的戦争何者ぞや！ 我に大和魂あり！」借問す。大和魂を有する者は毒瓦斯を吸ふて斃れざるか、焼夷弾を受けても焼けざるか？ 今は既に肉弾のみに頼ることは出来ないのである。大和魂のみに依頼することは出来ない世の中になってきたのである」(前掲『航空の現状と将来』七四頁)。

(2) 例えば、上原勇作派の一人であった田中国重は、国民皆兵主義の主張に対し、「我国ニハ古来士農工商ノ別アリ国防ハ其一階級タル武士ノ担任ニ属セリ、封建制度ノ廃止、明治維新ト共ニ四階級ノ別ハ廃セラレ今日ノ制度トナリタルモ国防ハ尚軍人ノ担任スル所ナリ」(田中「皇太子御前講演ノ為ノ概要」『陸海軍文書』一九二四年三月一六日)と旧態依然たる主張を行っていた。これは、国防が軍人のみの専業とする発想であり、国防の主体は広義の「国民」にあるとする国家総動員の発想と対立するものであった。軍制改革派の早い段階での国民皆兵論の一つとして、楠瀬幸彦『国民皆兵主義』(黒潮社、一九一六年)には、「欧羅巴の戦後に於ける各国の軍隊は、何の国も皆な国民化して行くのが自然の趨勢である。今后は何処の国でも常備軍だけでは、迚ても国家の防衛にはならぬ。一朝有事の際には、国民挙つて国家を防国すると云ふことになるのが当然である。又斯くなるべきだと信ずるのである」(六頁)とする認識が示されていた。ここには、国家総動員を同時に国民総動員と捉える考えが端的に表されていた。

(3) 軍制調査会は、一九二四(大正一三)年七月三一日付で「陸軍制度調査委員会第一次報告」を陸軍大臣に提出しているが、そこでは「陸軍自ラ経費ヲ以テ自給自足シ、之カタメ戦略単位(師団)ノ減少ヲサヘ敢テ行ハントスルモノ」であって、「編制上ノ改善ニハ最大ノ経費ヲ投入シ以テ航空機其ノ他ノ新兵器ヲ整備シ国軍内容充実ノ実効ヲ挙クルコト」(前掲『密大日記』大正一三年五ノ内一)が目標とされた。

(4) 『東京朝日新聞』(一九二四年八月二七日付)の報ずるところに依れば、宇垣らと上原派(現状維持派)との対立は、宇垣が「責任者たる宇垣陸軍が責任を持て右の改革案を決行する旨を言明する」に至って上原も承知し、軍事参議官会議を終了したとしている。

(5)　陸軍歩兵大佐石藤市勝は、『どうして陸軍を改革すべきか』(大阪毎日新聞社、一九二四年)を著し、そのなかで、「動員のある部分は民間に任せ、或る部分は、半官半民にし、緊要の心臓を軍部にて堅く握り置くべく、諸制度を改善し、尚ほ且つ軍制の大刷新を行ふにある」(五五頁)と述べていた。

第Ⅲ部　昭和初期政軍関係の展開と変容

第五章　満州事変前後期における政軍の対立と統帥権問題

一　はじめに

統帥権独立制は戦前日本の戦争指導に決定的な役割を果たしたばかりでなく、一九三〇年代における軍主導の政軍関係への変容に決定的な役割を担った。その統帥権独立制が本格的に政治問題化したのは、一九三〇年代以降であり、それ以前には政府と軍部とが政治的に実体を同じくする勢力により構成され、統帥権独立制の機構的・機能的分業から特段の弊害も生じることがなかった。それは、おおむね山県有朋が死去する一九二二(大正一一)年頃までは、第一章で触れた二個師団増設問題をはじめ、政軍関係において対立と抗争が際だった事件も存在しはしたが、山県や桂太郎等、政治指導者＝軍事指導者を一身に体現した少数の指導者が、統帥権独立制の有する組織、権限、機構等を媒介とすることなく、自らの権限と能力で主体的に軍事を統制し得たからである。つまり、政府と軍部との機能的分業関係の統一として戦争指導が実行されたということである。(1)

こうした一部の指導者による人格的関係を媒介にした軍部の統制が不可能となってくると、統帥権独立制に本来的に孕まれている危険性が露呈してくる。それが機能的意味における軍事領域の自立化あるいは独立化という問題である。そのことを象徴する具体例として、ロンドン海軍軍縮条約締結の際に生じた統帥権干犯問題(一九三〇年四月)がある。そこでは軍部の非妥協的態度により、政局の混迷という事態が生じた。また、それと前後するが張作霖爆殺事件(一九二八年六月四日)での謀略や、満州事変(一九三一年九月一八日)時の朝鮮軍独断越境事件等がある。

ロンドン海軍軍縮条約締結をめぐる統帥権干犯問題は、軍部が統帥権独立制を楯にとって政党の軍縮政策を潰そうとした事件であり、張作霖爆殺事件の真相究明をめぐる政府と軍部の軋轢は、統帥権独立制に庇護された軍部の政治を無視した独走であり、政治の統制を拒否しようとした事件としてあった。とりわけ、満州事変時に生じた朝鮮軍の独断越境事件は、軍部自ら、天皇の保持する統帥権を干犯した事件とも捉えられる。軍部は、政府・政党(政治)による軍の統制には統帥権干犯論を振りかざし、天皇の大権の絶対優位性を強調する反面で、自らその天皇の最も重要な大権の一つである統帥権を内部から侵してしまったのである。

ところで、従来の研究では、浜口雄幸民政党内閣時に生じた統帥権干犯論争は政府と政友会・右翼諸団体等に支援された軍部との対立として把握されてきた。だが、軍内部にも事件の評価の相違から様々な派閥グループが生じ、実際には政府と軍部との間だけの単線的な対立構造とするのでは不充分である。つまり、軍部内で最も活発に動いたのは陸軍参謀本部であり、これに呼応したのが海軍軍令部であった。

これに対し、陸軍省と海軍省はロンドン海軍軍縮条約締結に肯定的であり、統帥権干犯問題にも全体として消極的であった。統帥権干犯論争は、陸海軍の両軍令機関である参謀本部と海軍軍令部を中心として展開された。ここでは、統帥権の解釈および統帥権独立制の運用方法をめぐる、政府と両軍令機関との対立という性格が顕著であったことに注目しておきたい。

また、山東出兵から張作霖爆殺事件や満州事変へと至る過程で、外交方針や事件解決をめぐり、政軍間には政治・外交政策をめぐる乖離が目立つようになる。とりわけ、石原莞爾に代表される陸軍中堅層(=統制派ないし総力戦派)の台頭により、軍部主導の政治・軍事指導体制の構築を前提とする動きが活発化する。そのことは同時に軍部主導の政軍関係の構築にも結果していく。ロンドン海軍軍縮条約時に起きた統帥権干犯問題を通して、陸軍中堅層は総力戦体制構築の観点からする軍事の政治化を強く志向するようになるが、他方で政党に主導権を取られることに異常なほどの警戒心を抱く契機ともなった。統帥権干犯問題の翌年に起きた満州事変では、政軍関係に絞って言えば、確かに一定の連繋は保持されたものの、それは軍部優位を前提とするものであった。それだけ、軍部、とりわけ陸軍中堅層にとって、統帥権干犯問題の衝撃は大きかったのである。

以上のことから、田中義一政友会内閣（一九二七年四月二〇日成立）期に起きた山東出兵と張作霖爆殺事件、第二次若槻礼次郎民政党内閣（一九三一年四月一四日成立）期に起きた満州事変の処理をめぐる軍部と政府の対立の根底にあったものは、統帥権独立制の問題と言える。軍部は、山東出兵時に統帥権独立制を楯にして出兵論の主導権掌握に動き、張作霖爆殺事件時に真相究明を急ぐ政府の軍部統制を排除しようとした。確かに、山東出兵は基本的に田中内閣の主導のもとに実行されたが、満州事変では陸軍中堅層を中心に軍部の強硬方針が貫かれ、政府はそれに追随していくのが精一杯の状態であった。満州事変前後期において政軍関係の内実に大きな変更が加えられることになったのである。要するに、軍主導の政軍関係へと変容していくのである。

そこで、本章の目的は、第一に統帥権独立制の成立史とその解釈を要約し、ロンドン海軍軍縮条約をめぐって生じた統帥権干犯問題の内容を解明する。そのことを踏まえて、当問題への軍部の対応を追究するなかで、政党排撃論を深めていく理由を考えることにある。第二に山東出兵、張作霖爆殺事件、満州事変において政軍の協調的な関係が崩れていき、軍主導の政軍関係へと変容していく過程を跡づけることである。

そして、第三に、その原因を考察することにより満州事変前後期に生じた諸事件が、当該期の政軍関係の一体どのような規定要因となったかを解明することである。そこでは、前章から繰り返し使用している「日本型政軍関係」が形式と実態を重ね持って形成されていくことに着目している。確かに、満州事変は軍部が政治統制と政治主導の政軍関係を拒否することを企図したものであったが、その一方で、同事件が日本型政軍関係の方向性を確定させた重大な

事件であったことを強調していきたい。(2)

（1） この点については、「終章　近代日本の政軍関係の構造と特質」で若干論じることにする。近代日本国家が行った対外戦争、出兵政策のなかで、政治主導の戦争指導が実施されたのは、日清・日露戦争、シベリア出兵、山東出兵までで、張作霖爆殺事件、満州事変以降は明らかに軍主導の戦争指導が常態化する。その視点を明確にしているのは、神田文人「「満州事変」と日本の政軍関係――統帥権と天皇制」（敬愛大学『国際研究』第三号、一九九九年三月）であろう。また、同氏は「統帥権と天皇制（一）（二）」（『横浜市立大学論叢［人文科学系列］』第三七巻第二・三合併号、一九八六年、第四〇巻第一号、一九八八年）において、統帥権独立の生成発展過程、統帥権の制度的確立過程の精緻な検討を行っており、筆者も多くを学んでいる。

（2） 統帥権問題から見た満州事変に関する先行研究は多くないが、例えば、大江志乃夫『統帥権』（日本評論社、一九八三年）の「第三部第二節　満州事変から日中戦争へ――関東軍暴走か陸軍独走か」等がある。また、満州事変における軍部の対応過程を知るには、今村均『私記・一軍人六十年の哀歓』（芙蓉書房、一九七〇年）、河辺虎四郎『市ヶ谷台から市ヶ谷台へ――最後の参謀次長の回想録』（時事通信社、一九六二年）、林久治郎『満州事変と奉天総領事――林久治郎遺稿』（原書房、一九七八年）、高橋正衛『昭和の軍閥』（中公新書、一九六九年）等を参照。

二　統帥権と統帥権独立制の解釈

1　統帥権独立制の成立

統帥とは、大日本帝国憲法（以下、明治憲法と略す）の第一一条「天皇ハ陸海軍ヲ統帥ス」の「統帥」のことばに由来している。この第一一条権限が統帥（大）権または軍令大権と呼ばれるものである。伊藤博文は「統帥」について、「本条ハ兵馬ノ統一ハ至尊ノ大権ニシテ、専ラ帷幄ノ大権ニ属スルコトヲ示スナリ」[1]と説明している。また、陸軍士官学校の教材として使用された『軍制学教程』には、「統帥トハ軍ヲ統率シ、之レヲ指揮スルヲ謂ヒ、統帥権トハ軍ヲ指揮運用スル最高ノ権能ヲ謂フ」[2]と記述されている。ここでいう統率とは、師団クラスを指揮運用する将官の権限である。そして、この将官連を指揮する唯一最高の権限が統帥権であって、その保持者が最高司令官としての天皇である。

軍制史研究者であった松下芳男によれば、統帥権を広義には、用兵作戦に関する事項を「用兵作戦的統帥権」と解釈している[3]。また、狭義には、明治憲法第一二条の「天皇ハ陸海軍ノ編制及常備兵額ヲ定ム」という軍政権に対する第一一条の軍令権の意味に解している。松下の統帥権解釈は、明治憲法の条文を極めて忠実に解釈しようとするものだが、軍部自体は統帥権解釈を松下の言う狭義の解釈から広義の解釈へと拡張解釈するに至った。この拡張解釈の過程は、そのまま軍部が政治的発言力を増大していく過程でもあった。

例えば、一九三〇（昭和五）年四月に発生したロンドン海軍軍縮条約締結の際における統帥権干犯論争のなかで、参謀本部は統帥権について次のような発表を行っている。

統帥ノ本質ハ用兵ニ在リ故ニ用兵及其計画ハ全然統帥ニ属ス而シテ兵力ノ使用ハ其ノ基礎ニ於テ国防計画ヲ伴ハサルヲ以テ此点ヨリ見タル国防ノ計画ヲ立ツルコトモ亦統帥ニ属ス尚之ト密接不可分ノ関係ニ在ル軍ノ訓練、軍ノ紀律ノ維持、軍ノ内部組織等モ或ル程度迄ハ統帥ノ範囲ニ属スルモノアルモ其如何ナル程度迄統帥ニ属スルヤハ実際ノ事情ニ照シテ判断スルノ外ナシ④

これを陸軍大学校の教科書として一九三二年に作成された『統帥参考』に記された次の内容と比較しておきたい。

原則トシテ国軍ヲ対象トシ之ニ対スル総ユル命令権ハ即チ統帥権ニ属スルモノトス、軍隊ヲ動員シ軍隊ニ出動ヲ命シ之ヲ指揮運用シ又ハ其ノ内部ノ編制ヲ定メ或ハ之ヲ教育訓練シ若ハ其軍紀ヲ維持スル等ノ権限ハ総テ統帥権ノ範囲ニ属スルモノナリ⑤

先にあげた参謀本部の考えは、統帥の本質が用兵にあることを前提にしながら、用兵に関連する訓練や編制等も、ある程度統帥の範囲に入ることを示唆している。軍部が統帥権論争で最も神経質になっている時点でさえ、この程度の拡大解釈であったのに対し、後の『統帥参考』では軍隊の動員、出勤命令、指揮運用等の軍令事項だけでなく、軍隊の編制、教育訓練、軍紀維持等の軍政事項をも統帥権に含まれるとする完全な拡大解釈が定着している。つまり、ここで言う統帥権とは軍令権と軍政権の両方を併せ持つ権限と断定したのである。

統帥権の拡大解釈の進展に伴い、統帥権独立制についても同様のことが言える。松下は統帥権独立制について、「軍事事項の内軍政事項は国務大臣の補佐によって施行されるけれども、軍令事項は国務大臣の輔弼の範囲にはなく、陸海軍令機関の補佐によって施行されるものとされている」⑥と述べている。つまり、統帥権独立制とは、陸海軍の軍令機関である参謀および本部、海軍軍令部および陸海軍部隊に対する指揮運用の権能である軍令権とその責任が、軍政機関である陸軍省、海軍省の権能である軍政権から分離独立し、天皇とその直属補佐機関である参謀総長と軍令部長にあるという制度と解することができる。しかし、この統帥権独立制についても、統帥権の解釈同様、しだいにこれが軍事の政治一般からの独立、戦略の政略からの分離、すなわち「政軍分離制」あるいは「兵政分離制」と解釈されるに至る。

『統帥参考』には統帥権独立制について、「統帥権ノ独立ヲ保障センカ為ニ「武官ノ地位ノ独立」ト「其職務執行上ノ独立」トヲ必要トス政府機関ト統帥機関トハ飽ク迄対立平等ノ地位ニ在リテ何レモ他ヲ凌駕スルヲ得サルヘキモノトス」と記されている。(7) つまり、軍部内において統帥権独立制とは、行政権と統帥権との平等性、機構的には政府＝行政部からの統帥部の独立として考えられていたのである。

このように「政府機関」と「統帥機関」とを「対立平等ノ地位」の関係に位置づけたことは、将来において「統帥機関」が独自の行動を起こす余地のあることを明らかにしたものであった。それは、あたかも前年に生じた満州事変における朝鮮軍独断越境事件を踏まえての記述のようでもあった。こうしたことから、日本のなかに「文官の政府」と「武官の政府」の二つの政府が存在するかの如き様相を呈するにいたった。すでに本書の序章において述べたが、サミュエル・ハンチントンは日本の政治と軍事の関係について触れ、「日本における文武関係の法的構造は、本質的に軍の独立という構造である」(8)とし、日本の政府が文武という全く異なる二つの範囲に分裂しており、その原理は「二重政府」(dual government)にあるとしたのである。

2　陸海軍統帥権独立制の構造

ところで、陸軍の統帥権独立制は、一八七八(明治一一)年一二月五日の「参謀本部条例」制定による参謀本部の設置を起点としている。(9) これは軍令機関の軍政機関からの独立を意味するものであったが、同年一二月一三日の「監軍本部条例」制定によっても指揮系統の実施機関(当初は鎮台)である監軍部が軍政機関から独立を果たすことになった。「参謀本部条例」において、統帥権独立制は第六条で「其戦時に在テハ、凡テ軍令ニ関スルモノ親裁ノ後、直ニ之ヲ監軍部長、若クハ特命司令将官ニ下ス　是カ為メニ其将官ハ直ニ大纛ノ下ニ属シ、本部長之ヲ参画シ、上裁ヲ仰クコトヲ得」[10]と定義されている。この条項は戦時に関する規定であるが、部隊の指揮運用の権能は完全に天皇の下にあり、軍令権の軍政権からの独立が明記されている。本条例第五条はこれに対し平時に関する規定であるが、そこでは軍令権の一部が依然として軍政権に留保されている。[11]しかし、統帥権独立制の本質がその指揮系統の所在にあるが故に、戦時に関する第六条の規定は、平時における軍政・軍令権の統一性、軍事一元主義の基調に関係なく、実質的な統帥権独立制が成立したことを意味した。

一八八六(明治一九)年三月一八日の「参謀本部条例」改正により、それまで陸軍だけの軍令機関であった参謀本部は、海軍省軍務局が保持していた海軍の軍令機能をも併せ保持することになった。参謀本部は陸海両軍の統合軍令機関となり、制度的には参謀本部長の下に「陸軍部」と「海軍部」が設置された。さらに参謀本部は、一八八八(明治二一)年五月一二日に「参事官制」に改められ、参謀本部長は「参軍」と改称された。そして、その下に「陸軍参謀本部」および「海軍参謀本部」が設置された。しかし、陸海軍両軍の対立が生じたため、翌年三月七日に参事官制は再び参謀本部と改称され、海軍参謀本部は海軍大臣に直属する「海軍参謀部」として設置された。

一方、監軍本部は一八八五(明治一八)年五月一八日に「監軍部」と改められ、翌年七月二四日に廃止された。一八八七(明治二〇)年五月三一日に「監軍部条例」が制定され、再び監軍部が設置された。これは教育行政機関としてのものであって、これまでのように軍隊の指揮運用を管掌事項とする実施機関ではなかった。監軍部は、一八九八(明治三一)年一月二〇日に設置される「教育総監」の前身にあたるものであった。いずれにせよ監軍部が設置されたことで教育行政という軍政事項に属する領域が監軍部に移行したことになり、この時点において陸軍は陸軍省、参謀本部、監軍部の三つの機関から構成されることになった。ここにいわゆる軍事三元主義が確立されたことになり、陸軍における軍制上の基礎ができ上がったのである。

「参謀本部条例」制定の際に陸軍省と参謀本部との職務権限関係が「本省ト本部トノ権限ノ大略」として定められ、さらに一八七九(明治一二)年一月には「省部事務合議書」も制定されたが、これらは軍政事務を陸軍省が、軍令事務を参謀本部がそれぞれ担当することを明らかにしたもので、これ自体は極めて当然な両機関の取り決め事項であった。しかし、これから一〇年余の間に著しい変化が生じる。それは一八九三(明治二六)年一〇月三日の「参謀本部条例」改正に伴い、参謀本部の担当事項を「国防及用兵ノ事」(第一条)とすることが明記されたことである。この条項は参謀本部が以後ただ単に軍令事項に限定されず、政治と軍事という極めて広範な事項にも関与する可能性を示したものであった。これは、結果的に見れば、参謀本部に対し政治的・軍事的の両面における「独走」を許す契機を与えるものとなった。

「国防」は明らかに軍令の領域を越えたものであって、先の条項は全く妥当性を欠いたものである。しかし、参謀本部はこれによって「国防」に対する責任を付与されたことを口実にして国防方針、さらには国家政策全体の領域にまで、その発言権を拡大していくことになる。その最初の具体的な事例が、一九〇七(明治四〇)年の参謀本部立案による「帝国国防方針」であった。

また、一九〇八(明治四一)年一二月八日に「参謀本部条例」の改正に伴って「陸軍省参謀本部関係業務担任規定」が参謀総長と陸軍大臣との間で取り決められ、勅裁を得て制定された[12]。この規定によって参謀本部は、戦時における作戦用兵計画に必要な軍政事項を自己の管掌領域に加えており、軍令権の軍政権への進出は以前にもまして大きくなった。さらに重要なことは参謀本部がその管掌事項の一部に限り陸軍省との合議を必要とするとされていたのに対し、陸軍省の管掌事項はすべて参謀本部と協議することが義務づけられたことである。ここにおいて軍令機関の軍政機関に対する優越が明確になった。これは、海軍における海軍軍令部と海軍省との関係と全く逆であった。陸軍の統帥権独立制は参謀本部優位を特徴とし、これを原則として著しく強化されていくことになる。

海軍の統帥権独立制は、一八八六(明治一九)年三月一八日の「参謀本部条例」改正によって、海軍の軍令機関が海軍省より分離して参謀本部内に設置されたことを端緒としている。ところが参謀本部内に移行した海軍軍令機関は、一八八九(明治二二)年三月七日に再び海軍省内に復帰し、海軍参謀本部として海軍大臣直属機関となった。その後海軍においては、「鎮守府条例」(一八八九年五月二八日制定)、「艦隊条例」(同年七月二三日制定)等を通じて指揮系統の明確化が図られた。しかし、軍政機関である海軍省の海軍大臣が鎮守府司令官、艦隊司令官に対する命令・指揮権を保持していたことから、海軍における統帥権独立制は、本来の意味からすれば依然として形式的な域を脱していなかった。すなわち、海軍においてはこの時点で軍政・軍令の両権が海軍大臣のもとに統合されており、海軍に限っては軍事一元主義が実質化していたのである。

一八九三(明治二六)年五月一九日に「海軍軍令部条例」が制定され、再び軍令機関が海軍大臣から独立し、天皇直属機関としての「海軍軍令部」が設置された。ここにおいて海軍における統帥権独立制は平時において全面的に、また戦時においては完全に確立されるに至った。すなわち、「海軍軍令部条例」第三条には、「戦略上ノ海軍軍令ニ関スルモノハ海軍軍令部長ノ管知スル所ニシテ、之カ参画ヲ為シ親裁ノ後、平時ニ在リテハ之ヲ海軍大臣ニ移シ、戦時ニ在テハ直ニ之ヲ鎮守司令官艦隊司令長官ニ伝宣ス」(13)と記されていたのである。

海軍軍令部の独立と同時に海軍省と軍令部との事務の調整を図るために「省部事務互渉規定」、「海軍省軍令部業務互渉規定」等が定められた。要するに、陸軍と異なり、軍令機関としての海軍軍令部の管掌事項の大部分が海軍大臣との合議を必要とすることを定め、海軍軍令部の主体性を制限したものである。これは陸軍における参謀本部が後年、その独自性と特殊性を強めていくのとは極めて対照的であった。すなわち、海軍においては軍政と軍令の関係を平行させ、全体的に軍政主導型の統帥権独立制がその実態であったのである。

これに反して、陸軍の場合は明らかに軍令主導型の統帥権独立制であった。陸海軍の政治力を比較すれば、相対的に見て陸軍上位の関係にある以上、統帥権独立制が全体として軍令主導型であったと捉えて間違いない。海軍軍令部独立後も海軍省の指導性が強く残存したがために、海軍の統帥権独立制は軍政・軍令権の一元主義をその機構的特色とした。従って、軍政の軍令への従属を常とする統帥権独立制は、海軍においては陸軍と異なり、完全に定着していたとは言い切れないのが実情であった。

（1）伊藤博文（宮沢俊義校注）『憲法義解』岩波文庫、一九四〇年（初版は一八九七年）、三九頁。
（2）松下芳男『明治軍制史論』下巻、有斐閣、一九五六年、三二〇頁。
（3）同右、三三一頁
（4）瀬川善信「統帥権問題と参謀本部」『防衛論集』第五巻第三号、一九六六年、一二三頁。なお、統帥権干犯問題についての論考に、岡田昭夫「ロンドン海軍条約と統帥権干犯問題（その1）」（早稲田大学法学部『法研論集』第五八号、一九九〇年）、同「統帥権干犯論争と陸軍の対応」（慶應大学法学部『法学政治学論究』第一〇号、一九九一年）、同「統帥権干犯論争と陸軍（前編）――統帥権問題研究（その2）」（早稲田大学法学部『法研論集』第五九号、一九九一年）、同「統帥権干犯論争と陸軍（後編）――統帥権問題研究（その3）」（同前、第六〇号、一九九二年）がある。また、比較的新しい研究として、増田知子『天皇制と国家――近代日本の立憲君主制』（青木書店、一九九九年）があり、「第三章　大権政治と政党内閣制」の「第四節　ロンドン軍縮条約問題」と「第五節　統帥権干犯論争」において、同条約締結問題は、「天皇と政党内閣制の専制の出現」（同書、一七一頁）の機会であった、という興味深い視角から論じている。
（5）陸軍大学校編『統帥参考』一九三二年、一五頁。なお、現在では、防衛教育研究会編『統帥綱領・統帥参考』（田中書店、一九八二年）が便利である。
（6）前掲『明治軍制史論』下巻、二九四頁。
（7）前掲『統帥参考』九頁。
（8）Samuel P. Huntington, *The Soldier and the State: The Theory and Politics of Civil-Military Relations* (Cambridge, Mass.: Belknap Press of Harvard University Press, 1957), p. 130. サミュエル・ハンチントン、前掲『軍人と国家』上巻、一九七八年、一三〇頁。
（9）中野登美雄は『統帥権の独立』（原書房、一九七三年）のなかで、統帥権独立の起源を「統帥権の独立、換言すれば兵権に関する二元的組織は明治維新・王政復古の始めから行なわれたものでなく、一八七八（明治一一）年一二月五日の参謀本部条例に依て初めて設置された」（三二一頁）と記している。
（10）前掲『明治軍制史論』下巻、一一頁。

(11) 「参謀本部条例」第五条は以下の如くである。「凡ソ軍中ノ機務、戦略上ノ動静、進軍、駐軍、転軍ノ命、行軍路程ノ規、運輸ノ方法、軍隊ノ発差等、其軍令ニ関スルモノハ、専ラ本部長ノ管知スル所ニシテ、参画シ親裁ノ後、直ニ之ヲ陸軍卿ニ下シテ施行セシム」

(12) この規定によると参謀本部の管掌事項は、「一、作戦計画及之に伴ふ兵站の計画 二、外国へ派遣すへき陸軍諸団体(憲兵隊を除く)及其の配置、行動に関する事項 三、攻城及要塞防禦計画 四、要塞の配置、編成(要塞建設実施規定に依る)及兵備に関する計画(五、六、略) 七、運輸交通に関する調査 八、鉄道及船舶輸(平時陸軍運輸部の業務に関するものを除く)に関する計画(九、十、略)」(陸軍省編『明治軍事史――明治天皇御伝記資料』下巻、原書房、一九六六年、一六五〇―一六五一頁)とされた。

(13) 前掲『明治軍制史論』下巻、一九〇頁。

三　統帥権干犯論争の背景と展開

1　統帥権干犯問題の発生

田中義一内閣は総辞職する直前の一九二九(昭和四)年六月二八日の閣議で、「軍備制限対策ノ件」と「軍備制限ニ関スル方針」とを決定した。特に後者において海軍軍備の目標を補助艦に限り、世界最大の海軍(日本にとってはアメリカ)に対して最低七割程度の兵力を必要とすることが決められた。①

対米七割の線は次の浜口内閣にも受け継がれたが、海軍においても同年七月九日に海軍軍令部第一班長(作戦担当)百武源吾少将が海軍大臣名による「軍備制限問題対策ノ件」および「軍備制限ニ関スル帝国ノ方針」をまとめた。このうち後者は、「自衛的作戦方針ノ要求ヲ充足シ同時ニ吾国民生活必需資源ヲ海外ニ仰カサルヘカラサル特殊国情ニ鑑ミ補助鑑ニ関スル限リ世界最大海軍ニ対シ尠クモ七割程度ノ兵力ヲ必要トス」②という内容のものであった。ここにも対米七割の主張が強く打ち出されており、百武少将はこの内容をもって陸軍側にも諒解を求めようとした。

これに対し同年七月一〇日、参謀本部第一部長(作戦担当)畑俊六少将は、これに答えて、「海軍軍備制限問題対策ニ対スル意見」③を作成した。これは百武少将が先に作成した文書とほぼ同じ内容のものであったが、畑少将はこれを陸軍省に移し、同意を取りつけた後、海軍軍令部に百武少将を訪れ、これが陸軍全体の見解である旨を通告した。④

さらに、同年七月三一日には、海軍軍令部次長末次信正中将が陸軍省首脳を招待し、その席上軍縮に対する海軍の見解を改めて説明している。そのなかで問題の補助艦制限に対し、「元来我海軍ハ東洋海面ニ現ハル敵艦隊ヲ追撃スル方針ニ基キ其兵力ヲ決定セラルヘキモノニシテ七割ヲ以テシテハ東洋海面ニ於テ米艦隊ト同等ノ戦闘力ヲ有スルモノニシテ七割ヲ下ルコトヲ許サス米国当局ニ於テハ此七割ノ均勢ヲ破ラントスルモノノ如シ[5]」と述べ、改めて対米七割の線を固定化しようとした。陸海軍間で軍備制限問題に関する調停が続いている最中、一〇月一七日にロンドン海軍軍縮会議への招請状が到着し、それに対して日本も参加する旨の回答が同月一五日の閣議において決定された[6]。

これに伴い海軍側は陸軍との意見交換を通じて、軍備制限問題に対する最終的な見解を「三大原則」という形で作成した。それは「一、我補助艦比率ハ米国ノ総七割ナルヘクニ〇糎砲搭載一万噸巡洋艦ハ米ノ七割ナルヘキコト、潜水艦ハ我ハ現有勢力ヲ保有スヘキコト　三、右潜水艦保有ノ結果軽巡、駆逐艦ニ於テ七割以下若干ニ低下スルコトアルヘキモ之ハ忍ヒ得ヘキコト[7]」というものであった。

一九二九年七月二日、田中義一内閣に代わって成立していた浜口雄幸内閣は、十大政綱の一つに「軍備縮小の促進」を掲げていたが、その浜口内閣はロンドン海軍軍縮会議に臨むにあたり同年一一月二六日の閣議において海軍軍令部起草の「三大原則」を日本の原則的な要求とする旨を決定した。

ロンドン海軍軍縮会議は、一九三〇年一月二一日より開始された。会議は幾度も行き詰りを見せたが、二月二六日から開始された個別会談方式が成功し、三月一四日に日米間で最終的な協定が成立した。この協定によると総括的比率は対米六割九分七厘五毛、対英六割七分九厘であった。日本全権はこの協定案を討議したうえ、三月一四日、全権連名で本国の承認を得るべく幣原外務大臣宛に請訓した。請訓電報は翌一五日に到着し、その日のうちに幣原外相と浜口首相はこれについて協議をなし、海軍には山梨海軍次官に対して協定案を提示して海軍部内の意見をまとめるよう依頼した。

日米協定案に対し海軍部内では、海軍省と海軍軍令部で協定案の是非をめぐり激しい対立、論争が生じることになった。海軍軍令部では、軍令部長加藤寛治大将、軍令部次長末次信正中将を中心に強硬な反対の論陣を張り、これに軍事参議官であった伏見宮博恭大将と海軍の長老である東郷平八郎元帥が同調していた。特に後の二人は終始日米協定案に対する反対の意向が強く、これを承認するならば会議自体決裂したほうが良いという姿勢であった。これが後の加藤大将の強硬姿勢の後楯となっていたのである。[8]

これに対し海軍省側は海軍次官山梨勝之進中将、軍務局長堀悌吉少将らを中心に、比較的穏健な姿勢で対応していた。彼らの見解を実質的に代表していた軍事参議官岡田啓介大将が、「止を得ざる場合最後には此儘を丸呑みにするより致し方なし、保有量此程度ならば国防はやり様あり。決裂せしむべからず。但し尚一押も二押もすべし[9]」と述べていることからも知ることができる。

確かに、海軍軍令部と海軍省の見解はその強硬さにおいて隔たりがあったものの、海軍軍令部起草の「三大原則」の貫徹を目指すという点では一致していた。[10]もっとも政府としてはこの時点ですでに日米協定案が最終的な妥協案であって、これが限界であるとみなしており、「一押も二押もすべし」とする海軍省側の見解をも含め、海軍部内の反対の意向を無視せざるを得なかった。こうした政府の姿勢に対し、海軍省側では譲歩する姿勢を見せはじめていた。一九三〇年三月二八日、岡田大将は山梨中将と協議した際、「請訓丸呑みの外道なし、但し右米案の兵力量においては配備にも不足を感ずるに付政府に是が補充を約束せしむべし[11]」と述べて、妥協的見解を示し、これによって加藤大将らの強硬派と対立することになった。

政府との妥協の必要性を承知した岡田大将は以後、海軍軍令部、特に加藤大将に対し政府と妥協するよう説得工作を開始した。海軍軍令部自体は必ずしも妥協に同意する見解を吐露しなかったが、三月二九日、伏見宮大将は岡田大将に対し、「海軍ノ主張カ達成セラルルコトハ甚タ望マシキモ、首相カスヘテノ方面ヨリ帝国ノ前途ニ有利ナリトイフ考エニテ裁断シタトスレハ、コレニ従ウ外アルマイ[12]」と述べた。これまで強硬派であった伏見宮大将が一応同意を示したのは大きな成果であった。政府の回訓案は三月三一日に脱稿し、四月一日の閣議にかけられ、海軍省側とも充分な協議を経て天皇に上奏された後、直ちに日米協定案に賛成する旨の訓電がロンドンに向けて発せられた。

四月一日の政府回訓案に対して、海軍軍令部を中心に条約反対論は依然として強かったが、それらは国防兵力量の不足による国防への不安を抱いたものであった。加藤大将が四月二日に行った帷幄上奏も、要するに「三大原則」による補助艦保有量は我が国の最低限の兵力であり、回訓案は帝国海軍の作戦上重大な欠陥を生ずる恐れがあるから、回訓案の審議には慎重を期するようにとしたものであった。[13] 従って、この時点までは統帥権干犯論が表明されていなかったのである。

ところで統帥権干犯論争が政治問題化した契機は、従来四月二一日に召集された第五八特別議会における論争を契機としたものとされているが、[14] 実際には四月二一日に東京帝国大学教授美濃部達吉博士が『帝大新聞』紙上に発表した「海軍条約成立と帷幄上奏　軍令部の越権行為を難ず」と題する論文に対する参謀本部の対応過程のなかに見出すべきであろう。

確かに野党の政友会は第五八特別議会開会以前から政府の回訓案に反対していたが、その反対理由は国防力の不足を招く恐れがあるとするものであって、統帥権干犯論争はこの時点では起きていない。それは回訓決定の翌日に政友会が行った回訓案に関する声明においても全く見出せなかった。[15] また、第五八特別議会の開会の冒頭に政友会総裁犬養毅が行った演説をみても、国防力不足を招くのは政府の責任であり、本来国防の責任は海軍の場合海軍軍令部にあると述べたものの、統帥権干犯論争はやはり見出せない。[16]

海軍軍令部、政友会を中心に日米協定案が国防力の不足を招くものとする反対意見が強まるなかで、浜口内閣は「軍令部は帷幄の中にあって陛下の大権に参画するもので、軍令部の意見は政府はただ参考として重視すればいいので、何らの決定権はないものだ」[17] とする美濃部博士の憲法学説を理論的な根拠にしながら、国防兵力の決定は内閣の輔弼事項であると解釈することで条約反対派に対し、一歩も妥協することがなかった。

条約賛成派と反対派の対立は依然続いていたが、その対立の争点として統帥権干犯が問題とされるに至った最初の契機としての美濃部論文は、四月二日に加藤大将が行った帷幄上奏について、「陸海軍の編制を定むること、ことにそのだいたいの勢力をいかなる程度に定むべきかは、国の外交および財政に密接な関係を有する事柄であって、それはもとより国務と政務に属し、内閣のみがその輔弼の任に当るべきものであり、帷幄の大権によって決せられるべき事柄ではない」(18)とする批判を行っていたのである。

これは統帥大権と異なり編制大権は純粋な国務事項であり、直接には国務大臣である陸・海軍大臣が、そして最終的には内閣の責任において決定するのが当然であって、編制大権を帷幄上奏権を利用して左右しようとするのは明らかな帷幄上奏権の乱用であることを説いたものであった。

美濃部博士の論文は条約賛成派の最も強い信頼を得たが、これに対し最初に反応したのが参謀本部であった(19)。論文が発表された二日後の四月一三日に参謀本部の白井正辰大尉は海軍軍令部に福留繁参謀を訪問し、美濃部論文について以下の協議を行った。

（一）帝国大学新聞所載ノ美濃部博士ノ『倫敦会議回訓前後ニ於ケル軍令部ノ態度ヲ難スル旨』ノ論文ニ関シ軍令部側ハ次ノコトヲ如何ニ判断シアリヤ

a、統帥権ニ関スル判断

b、軍令部行動ノ法理的ニ見タル是非

右ニ関シ第一班長位迄ノ意見

（二）倫敦会議ノ結果ニヨル兵力ヲ兼勤参謀ヨリ承知シ度シ(20)

ロンドン海軍軍縮条約に対して統帥権の見地から問題にしたのはこれが最初であろう。しかも当事者である軍令部側ではなくして参謀本部が真っ先に統帥権論争を取り挙げたことは、ロンドン海軍軍縮条約をめぐる統帥権干犯論争の実質的な主導権を握ったのが参謀本部であったことを示している。このことは統帥権干犯論争が政府と海軍軍令部との対立という単線的な関係で説明されるものでないひとつの証拠である。

四月二三日、参謀本部の質問に対し福留参謀が参謀本部を訪問し、「美濃部博士ノ所論ニ対スル軍令部ノ判断」として「憲法解釈ニ当リ兵額決定ニ統帥権ノ作用ナシトスル一派ノ見解アルモ之ヲ認メス即兵額ノ決定ハ憲法第一一条ト第一二条ノ大権ニ連亘スル事項ナルカ故ニ政務上ノ一方的処理ノミニ依リテ之ヲ決定スヘカラサルモノト解ス」(21)と述べた。これらは海軍軍令部が憲法第一一条、一二条の統帥大権と編制大権とが極めて密接な関係があり、それゆえに政府と統帥部との相互一致によって国防兵力は決定されるとしたものであった。これは美濃部博士等が主張したように、兵額決定に統帥大権は及ばない、とする論を否定しようとした。福留参謀は他にもこれに類した文書をいくつか作成しているが、いずれも政府と統帥部との一致が前提となって兵額決定はなされるべきで、政府が独自に常備兵額を決定するのは統帥大権の干犯であり、憲法違反であるとしたのである。

2 統帥権干犯論争の内容

この時点で海軍軍令部側の統帥権解釈は手続上の問題が中心となり、海軍軍令部は政府と統帥部との一致を最大の要求事項としていた。しかし、参謀本部の統帥権干犯論は海軍軍令部のそれと極めて対照的な内容を含んでいた。第五八特別議会において統帥権干犯論争の展開が予測され、法制局は陸海軍両軍との間で「軍政統帥関係事項」を論議し、議会での答弁を作成していた。一方、参謀本部でも独自に答弁案を作成しており、四月二八日に参謀本部第一部を中心に最終的な答弁案を作成した。その最終案には、今回政府が採った処置に対する参謀本部の見解が明確にされている。それは次のようなものであった。

政府ハ兵力量ニ関スル条約ニ調印スルニ際シ統帥部局ト協議シタリヤ、協議セストセハ統帥ノ独立ヲ冒スモノニ非サルカ　(答)直接ニ統帥ニ属セス、然レトモ兵力量制限ハ統帥ノ全権ニアルヲ以テ此ノ種ノ条約ノ締結ニ付テハ統帥部ノ意見ニ聴キ十分之カ了解ノ下ニ関係各国ト協定ヲ了シ条約ノ調印ヲ取リ運フ可キモノナリ、若シ其手続ヲトラサリシトセハ統帥ノ独立ヲ冒スモノナリ㉒

海軍軍令部の見解である統帥部と対等の立場でその一致によって兵額量を決定すべきという論議と、ここに記された参謀本部の見解である兵力量の決定は、あくまで統帥部の了解のもとになされるべきである、という論議との間には大きな差があり、参謀本部のそれはより徹底した統帥権の主張であった。参謀本部の統帥権干犯論は、政府が統帥権優位の前提を破ったことに対する批判の意味が込められていた。参謀本部は、その意味で統帥権独立制こそ軍部の政治からの自立を保障する特権とする強い認識を示していたのである。その場合、政軍連繋は軍部の絶対的優位を基本条件とした内実を一歩も譲らないとする決意をも示したものとなっていた。

そのような思惑を秘めつつ、参謀本部は統帥権干犯論を各方面に拡散する行動に出た。例えば、五月二日にも参謀本部は「倫敦会議善後策ニ関スル研究」をまとめたが、それはこの点にはさほど触れず、専ら政府による統帥権の干犯や無視こそ「国防上憂慮ニ堪ヘサル所㉓」としている。また、参謀本部第一部長畑俊六少将は、五月二日の出張に際し統帥権論争に関して「申送事項㉔」を残したが、それは浜口内閣の今回の処置に対する批判を展開したものであり、今後は陸軍省とも共同して統帥権干犯論争を活発化させようとする主旨であった。

続いて五月二七日、参謀本部と陸軍省との間にも統帥権論争の打ち合わせがなされたり、同日予定されていた参謀総長の出張予定が、統帥権干犯論争は海軍のみの問題ではないとする参謀本部内部の意見により中止されたりした。六月二日には海軍軍令部第一課長が参謀本部第二課長を訪問したが、参謀本部第二課長は海軍軍令部が統帥権干犯論争に対し徹底的に争う覚悟が不足していることを注意した。こうした統帥権干犯論争における参謀本部の主導権は、六月三日に参謀本部次長二宮治重中将と軍令部次長末次信正中将が会談した際、海軍軍令部がこれまでの不徹底な統帥権干犯論争への対処を改め、参謀本部の線で共同して争うことを決定したことによって一層明確になった。

統帥権干犯論争の当事者であった海軍軍令部長加藤寛治大将は、四月二日に行った帷幄上奏において全く統帥権干犯論争に触れていなかった。しかし、統帥権干犯論争が活発になっていくと、参謀本部の強力な後押しもあって徐々に統帥権干犯論争の代表格となった。加藤大将はそれまでの国防力不足に対する配慮が政府に欠けていたことへの不満から、政府が回訓を出すまでに海軍軍令部を結果的に無視したことへの反発を抱くところとなり、(25)統帥権干犯の元凶と見なす浜口内閣への姿勢を硬化させるに至った。(26)

加藤大将は、これまで統帥権干犯論争が参謀本部を中心に展開されてきたことに対し、海軍軍令部全体の意見の一致を図り姿勢を強化するために軍事参議官会議を開き、海軍軍令部を中心として陸海軍両軍令部全体の団結を強化して政府に圧力をかけようとしたが、岡田啓介大将を中心とする他の軍事参議官らに慰撫されてきた。

五月二八日、加藤大将は海軍省との間に見解の一致を図るため海軍大臣財部彪大将に対し、次の内容を骨子とする覚書を提示し、海軍軍令部と海軍省とが、この線で共同歩調を採ることを要請している。それは、「憲法第一二条ノ大権事項タル兵額及ヒ編制ハ、軍務大臣(ヒイテ内閣)及ヒ軍令部長(参謀総長)ノ共同輔弼事項ニシテ、一方的ニコレヲ裁決処理シ得ルモノニアラス」(27)というものであった。覚書の内容からも判るように、海軍軍令部と海軍省との間には、統帥権に関する根本的な解釈の相違があったのである。

すなわち、海軍軍令部側がこの覚書によって憲法第一二条の編制大権の解釈を海軍省と海軍軍令部とが対等の立場でその処理にあたる、いわば共同輔弼事項と把握し、それによって海軍軍令部が海軍省から独立して独自に活動できる余地を認めさせようとしたのである。これに対し、海軍省側は憲法第一二条の解釈には触れず、海軍にあっては海軍大臣が海軍省と海軍軍令部の両方を代表するのが本来海軍の慣行になってきている、という態度であった。統帥権干犯論争について、海軍省はロンドン海軍軍縮条約によって協定された補助艦保有量は、憲法第一二条の軍の編制および常備兵額に該当するもので、第一一条の統帥大権に触れるものではなく、参謀本部、海軍軍令部の指摘する統帥権干犯論は非論理的で妥当性を有しない、とする見解を従来より保持していた。

このように海軍軍令部と海軍省の見解は異なっていたが、これは両者の統帥権解釈の相違から出たものという以上に、海軍における統帥権独立制の内容が、陸軍とは異なるという構造的要因がその根本にあったと見るべきであろう。この意味から言えば、海軍軍令部は、この問題を利用して陸軍の参謀本部と同様の地位を海軍部内において占めるべき変革の機会とみなしたとも考えられる。統帥権干犯論争は、参謀本部および海軍軍令部の後に艦隊派と呼称されることになった急進派と、政府や陸海軍省の後に条約派と呼称されることになった穏健派との対立・抗争という形で進められた。

この他にも頭山満を代表とする軍縮国民同志会や売国条約反対全国学生同盟、それに大井成元（元陸軍大将、貴族院議員）を会長とする恢弘会等の右翼団体等が統帥権干犯の名で政府攻撃を行った。軍部は、この機会に政治的発言権を回復し、それによって国家の政戦両略決定への進出を果たそうとした。しかしながら、世論の支持を受けた浜口内閣が軍縮条約の締結と批准を進め、政党政治の成果として世論や財界等から評価を受けると、政党政治主導の政治体制への不満もあって、統帥権干犯問題は軍部急進派に大きな影響を与えることになったのである㉘。

特に、海軍部内では、統帥権干犯論争を契機にして大きな転換期に入った。それは軍備と外交・財政を総合的に考察し、合理的な立場からロンドン海軍軍縮条約を肯定する条約派と、軍備と外交・財政を二元的に並列し、対米比率七割を固定化して本条約を否定する艦隊派との対立が本格化してきたことである。これまで海軍は陸軍と異なり、伝統的に部内統一が比較的円滑に行われてきた。しかし、ロンドン海軍軍縮条約の評価をめぐって条約派は陸軍の統制派に繋がり、艦隊派は皇道派に繋がる、といったように陸海両軍は横断的な派閥争いの時代に入った。ここで重要なことは、派閥争いの過程を通じて海軍省と海軍軍令部との関係が変化したことである。

一九三一（昭和六）年一二月二三日、参謀本部が閑院宮載仁大将を参謀長に迎えると、海軍軍令部もこれに呼応して、翌年の一九三二年二月二日に伏見宮博恭大将を海軍軍令部長に迎えた。伏見宮大将は、ロンドン海軍軍縮条約締結の際に東郷元帥とともに最後まで反対側に立った人物であった。伏見宮大将の海軍軍令部長就任と同時に、同月八日、軍令部次長に艦隊派の中心人物である加藤大将の流れを汲む高橋三吉中将が就任し、海軍軍令部の実権を握った。こうして海軍軍令部は、ロンドン海軍軍縮条約公布(一九三一年一月一日)後間もなく艦隊派と目される人物によって掌握されるところとなり、おおむね条約派とされた人物が集まっていた海軍省に対し、一致して圧力をかけ、それによって海軍省に対する海軍軍令部の発言権を増大していった。

この結果、一九三三(昭和八)年九月二六日に「海軍軍令部条例」が改正され、「海軍軍令部条例」は「軍令部条例」に、海軍軍令部長は軍令部総長に、班長は部長にそれぞれ改称された。これはいずれも参謀本部の模倣であった。また海軍大臣の権能についても平時保有していた軍隊指揮権が削除され、軍令部総長に移行した。また、「艦隊令」以下の改正によって艦隊司令官、鎮守府司令官、要港司令官は作戦計画に関し、以後軍令部総長の指示を受けることになった。それによって、軍令部総長は参謀総長と同等の軍隊指揮権を保持することになり、海軍の統帥権独立制は、陸軍のそれと何ら変わるところがなくなった。

また、大角岑生海軍大臣のもとで行われた、いわゆる大角人事において、前軍令部長谷口尚真大将、山梨大将、左近司政三中将、堀中将、寺島健中将(前海軍省軍務局長)らの条約派と目される人物が、ことごとく予備役に編入されることになった。これとは反対に艦隊派の中心人物の一人である末次大将は、一九三三年一一月一五日、連合艦隊司令長官に起用された。以上の海軍における機構面や人事面の改革は、海軍自体が先のロンドン海軍軍縮条約に対して暗黙の否定を行ったに等しい行為であった。

こうして統帥権干犯論争は、その論争の過程で軍令機関(特に海軍軍令部)の権限強化をもたらすことになり、また軍部が軍令機関を中心として一九三〇年代以降の戦争指導の主体に転化する重要な契機となった。すなわち、第一に軍令機関は統帥権干犯論を引き起こすことによって編制大権(軍政大権)をも統帥大権(軍令大権)の中に含まれるとする統帥権独立制の拡大解釈を既成事実化し、政府・議会の統制を受けることなく、独自の活動領域を確保しようとした。統帥権干犯論自体には条約が締結されたことで敗北した形となったものの、軍令機関が軍政機関に対し圧倒的優位を得ることには成功した。重複するが、第二に、軍部内における軍令、軍政両機関の地位の変化があった。「海軍軍令部条例」改正後は参謀本部の地位・権限と何ら変らぬところとなったのである。

第三に、これによって軍部は参謀本部、軍令部の両軍令機関がその実態を代表することになり、政府および軍政機関はこれを充分に統制し得なくなった。軍部内では再編制が進められ、両軍令機関がその関係を強化し、一体化することで一九三〇年代以降の戦争指導の主体としての役割を担うことになった。軍部の同意を得ることなく兵力量を決定したことが統帥権を干犯することだとする両軍令機関の見解は、実際、不当なものであった。確かに軍編制、常備兵額の決定を行う編制大権は、統帥大権との関連から共同して検討すべき性質のものであった。しかし、兵力量の最終的な決定は、それが結局国家予算と密接不可分の関係にある以上、編制大権は国防担当の陸・海軍大臣の輔弼事項であった。まして軍令機関が条約締結の是非にまで統帥権あるいは統帥権独立制を楯に、これに強力な反対姿勢を終始一貫してみせたことは、軍令機関が国防に関連した条約の批准権まで、その管掌事項に含もうとする露骨な意図があったと考えられる。

軍令機関のこのような一連の対応は、政府および議会が統帥権を干犯したのではなく、逆に軍令機関がその管掌外にある編制大権および条約批准権を「干犯」したものであったと言えよう。こうした軍令機関の強行姿勢の背景には、軍部全体の統帥権独立制の絶対的優越という認識があったことは明らかであり、以後軍部は軍令機関を中心に統帥権独立制を楯にして自らの行動範囲を拡大していくのである。

戦前における日本の政治過程は、一面において統帥権独立制の解釈とその運用方法を争点とした政府および議会・

政党と軍部（特に軍令機関）との間で行われた対立・抗争の歴史であったと言うことができる。それを内容的に言えば、戦前日本の戦争指導体制のなかで、いかなる勢力が戦争指導の主体となり、最高国策決定の主導権を握るかという問題である。

一九三〇年代以前においては、政府および議会・政党勢力が戦争指導の主体となり得た時期（たとえば防務会議、外交調査会の設置にみられた如く）もあった。それでさえ結果的には統帥権独立制が桎梏となって失敗に終っており、議会・政党勢力が戦争指導の主体として安定した権力を手中にしたことは事実上なかったと言って良い。以上のような対立・抗争関係のなかから、最後的かつ決定的に軍部が戦争指導の主体としての地位を確保し、そのための体制を安定させるひとつの契機となったのが統帥権干犯論争であり、それを決定づける事件となったのが満州事変であった。

そこで次節において、満州事変前後期における外交・軍事政策を追いながら、政軍関係の変容を跡づけておきたい。

（1） 日本国際政治学会太平洋戦争原因研究部編『太平洋戦争への道――開戦外交史』第一巻（満州事変前夜）、朝日新聞社、一九六三年、五八頁。ロンドン海軍軍縮会議をめぐる最近の研究に、大前信也「ロンドン海軍軍縮問題における財政と軍備――海軍補充問題をめぐる政治過程」（鈴鹿国際大学『鈴鹿国際大学紀要　CAMPANA』第七号、二〇〇一年）、加藤陽子「ロンドン海軍軍縮問題の論理」（『年報近代日本研究20　宮中・皇室と政治』一九九八年）、麻田貞雄「日本海軍と軍縮――対米政策をめぐる政治過程」（細谷千博・斎藤真編『ワシントン体制と日米関係』東京大学出版会、一九七八年）、麻田貞雄「日本海軍と対米政策および戦略」（細谷千博・斎藤真・今井清一・蠟山道雄編『日米関係史』2（開戦に至る一〇年）、東京大学出版会、一九七一年）等がある。また、陸軍、海軍、政党、官僚、右翼など諸勢力の動向を追究した研究に伊藤隆『昭和初期政治史研究――ロンドン海軍軍縮問題をめぐる諸政治集団の対抗と提携』（東京大学出版会、一九六九年）、ロンドン条約の締結から批准に至る過程における国家機関の諸勢力の対抗の分析を行った研究に増田知子『天皇制と国家――近代日本の立憲君主制』（青木書店、一九九九年）がある。

（2） 瀬川善信「一九三〇年ロンドン軍縮会議開催と日本陸軍」『埼玉大学紀要』第一巻、一頁。

（3） 同右、一―二頁。

（4） 参謀本部第三課も課長谷口元治郎陸軍大佐の名をもって「海軍軍備制限問題対策ニ対スル意見」と題する文書を作成した。

（5） 前掲「一九三〇年ロンドン軍縮会議開催と日本陸軍」二頁。

(6)　外務省編『日本外交年表並主要文書』下巻、原書房、一九六五年、一三七―一三八頁。
(7)　前掲「統帥権問題と参謀本部」一四頁。
(8)　「岡田啓介日記」『現代史資料』第七巻(満州事変)、みすず書房、一九六四年、六頁。
(9)　同右、七頁。
(10)　「昭和五年四月回訓ニ関スル経緯」前掲『太平洋戦争への道』別巻、一九六三年、一二一―一二四頁。
(11)　前掲「岡田啓介日記」六頁。
(12)　前掲『太平洋戦争への道――開戦外交史』第一巻(満州事変前夜)、八三頁。
(13)　軍令部長加藤大将は帷幄上奏を行う前日、記者団に対して次のような談話を行っている。「外務省の案はまだ見ていない。然し大体の見当はついている。私はあくまでも国防の重責を完了する為め海軍を指導していく決心である。私は神の命ずる儘に御聖慮を煩さないように私の決心に従つて私の行動をとるつもりである。そして一両日中に上奏するようなことはない。政争の渦中に誤つて引き入られ或は政争の為めの行動であると誤解される事を虞れるものである」(『時事新報』一九三〇年四月一日付)。
(14)　前掲『太平洋戦争への道――開戦外交史』第一巻「第一編　四章　ロンドン条約と統帥権問題」では統帥権干犯論争が第五八特別議会で発生し、加藤寛治大将がこれに呼応して突如態度を一変させ、政府の回訓案が統帥権を犯したと主張し始めた、と記されている。
(15)　「元来国防は一般政務と認むべきでない。天皇を輔弼して国防に直接参加する責任の所在は海軍に於ては軍令部であり陸軍に於ては参謀本部である事は何人も承知している処である。国務大臣には国防上直接責任は無いと見ることができる。直接責任なき国務大臣が直接責任ある軍令部の強硬な反対意見ある事を知りながら敢えて之を無視して決定したが、現在及び将来に及ぼす政治上の責任は恐るべきものがあると認めなければならない」(『時事新報』一九三〇年四月二日付)。
(16)　犬養政友会総裁の第五八特別議会での代表質問は次のようなものであった。「総理大臣カ政治的、経済的、種々ナ方面カラ断定致シタト言ハレマスカ、肝腎ノ、国防力ハ是テハ出来ナイト云フコトハ、全責任ヲ持所ノ用兵ノ責任者タル軍令部ハ是テハ出来ナイト云ツテイルノテアリマス、然ラハ、何レカ真テアルカ、軍令部ハ世ヲ惑ハスヨウナ言ヲ放ツテ居ルカ、決シテ私ハサウトハ考ヘナイ、何ニ依ツテ之ヲ断定サレタルカ、国防大臣ハ軍事専門家ノ意見ヲ十分ニ斟酌シタト申サレテ居ル、併ナカラ軍事専門家ノ意見ト言ヘハ、軍令部カ其中心テナケレハナラヌ、軍令部ハ絶対ニ反対致スト声明ヲ出シテ居ルノテアリマス、是テハ国民ハ安心出来ナイ」(木堂先生伝記刊行会編『犬養木堂伝』第一巻、東洋経済新報社、一九三八年、四二頁)。
(17)　原田熊雄述『西園寺公と政局』第一巻(自昭和三年至昭和五年)、岩波書店、一九五〇年、四二頁。
(18)　『東京帝大新聞』一九三〇年四月二一日付。

(19) 美濃部達吉「海軍条約と統帥権の限界」(『大阪朝日新聞』一九三〇年五月二日付―五日付)、佐々木惣一「問題の統帥権、政府と軍備決定」(『大阪朝日新聞』一九三〇年五月一日付―五日付)、吉野作造「統帥権問題の正体」(『中央公論』一九三〇年六月号)、吉野作造「統帥権独立と帷幄上奏」(『中央公論』一九三〇年七月号)等、統帥権干犯論への批判の論陣も多くあった。

(20) 前掲「統帥権問題と参謀本部」一八頁。

(21) 同右、一九頁。

(22) 同右、二四頁。

(23) 同右、二六頁。

(24) 「申送事項」の内容は次のようなものであった。「一、統帥権問題　浜口首相ハ議会ニ於テ此問題ニ関シ極力答弁ヲ避クル方針ニ定メ陸軍ニ於テモ政府カ此態度ヲ執ル間ニ政府ト歩調ヲ合セ答弁ヲ避クルコトトナセリ　然レ共貴族院其他ニ於テ首相答弁ニ一歩進メサルヲ得サル様ナ場合陸軍省トシテハ最早陸軍トシテノ立場ヲ明カニスル為全権ニ対スル回訓ハ統帥部ノ完全ナル了解ヲ得ヘキモノナル旨ヲ陳述スヘシ、故ニ斯ル時機迄策動ヲ取リ止メラレ度　二、以上ニ基キ参謀トシテハ暫ク陸軍省当局ノ言ヲ信頼シ右行動ヲ監視スルコトトナレリ」(前掲「統帥権問題と参謀本部」二八頁)。

(25) 最も急進的な条約締結反対論を主張していた東郷平八郎元帥は、「七割ト云フ事ガ満タサレナケレバ国防上安心出来ヌト云フ態度デヤツトルコトダカラ、一分ガドウノ二分ガドウノト云フ小サナ懸引ハイラナイ。向フガ聴カナケレバ断乎トシテ引上ルノミ」との姿勢で臨むよう加藤大将を激励していた。「六　覚(東郷元帥談、昭和五年三月十六日)」『続現代史資料』第五巻(加藤寛治日記)、みすず書房、一九九四年、四七〇頁。

(26) 前掲『西園寺公と政局』第一巻、四七頁。

(27) 前掲『太平洋戦争への道――開戦外交史』第一巻、一〇六頁。

(28) 一九三〇年九月に陸軍省と参謀本部の急進的少壮将校の間で結成された桜会の設立趣意書の一文には、「今や此の頽廃し竭せる政党者流の毒刃が軍部に向い指向せられつつあるは、之を「ロンドン」条約問題に就て観るも明らかなる事実なり」(青木得三〔中村隆英解題〕『太平洋戦争前史』第一巻、ゆまに書房、一九九八年〔復刻版〕、一二二頁)と記されている。

四　満州事変前後期の外交・戦争指導

1　山東出兵から張作霖爆殺事件まで

ここでは、満州事変の前哨戦とも言うべき田中義一内閣(一九二七年四月二〇日成立)期に行われた山東出兵と張作霖爆殺事件における外交・戦争指導の実態を追っておきたい。

政友会の田中内閣成立の前政権である憲政会の第一次若槻礼次郎内閣(一九二六年一月三〇日成立)が総辞職を余儀なくされた直接の原因は、金融不安が広がるなかで、台湾銀行救済緊急勅令案が枢密院で否決されたことであった。しかし、実際には、蔣介石率いる国民党が北伐革命を推し進めていた中国の動きに対し、英米との協調外交方針を堅持しようとし、不干渉主義を基本姿勢としていた若槻政権への不満感がその背景にあった。田中内閣では、田中自身が外務大臣に就任し、外務次官に対中国強硬派の森恪を起用したことや、従来から憲政会の対中国政策を軟弱外交として批判してきた政友会を与党とすることもあって、対中国外交は積極外交政策を採用せざるを得ないことになった。

一九二七年、五月に入ると北伐は日本人居留民を多く有する山東方面に迫り、その情勢を受けて国内では居留民保護を名目に山東出兵論が急浮上してくる。同地に権益を有する財界の強い要望を背景としながら、陸軍としては華北から満州地域にかけての日本の権益確保が、北伐による国民党勢力の拡大によって抑制される可能性に強い危機感を抱くに至っていたのである。そこから田中内閣の発足後間もなく山東出兵の是非、規模、時期などについて、政府内外で問題化する。

田中内閣の大蔵大臣に就任した高橋是清は政友会の重鎮であり、財界にも絶大な信用を得ていた財政家でもあったが、基本的には緊縮財政論者であった。その高橋蔵相の姿勢は、内地から出兵する場合には甚大な出兵費が必要となり、現状の国庫状況からすれば出兵自体を回避する、出兵するとしても内地からの出兵は愚策とするものであった。即時出兵論を主張していた陸軍(陸軍省・参謀本部)は、この高橋の見解を無視できず、五月二六日に「覚書」を作成し、「満州」からの転用による出兵策を内閣に提言した。[1] その趣旨は、満州より歩兵四個大隊とこれに付随する部隊約二〇〇〇名の派遣を要請する内容であった。しかし、この出兵策には、「四、北支那駐屯軍兵力ノ増加ヲ必要トスル場合ニハ第一項ニ準シ取敢ス満州ヨリ所要ノ部隊ヲ派遣ス　五、第一項及第四項派兵ノ為生スル在満部隊兵力ノ不足ハ即時内地ヨリ補充ス」[2] とする内容が盛り込まれていたのである。つまり、当座小規模の派兵に留めるものの、状況の変化によっては増派を前提として今回の出兵事実を確保し、近い将来的には宿願としていた内地からの派遣、即ち大規模派兵を達成しようとする意図が露骨に示されていたのである。

しかしながら、この時点において留意しておくべきは、陸軍の出兵策が五月二七日の閣議で了承され、翌二八日には田中首相および鈴木荘六参謀総長が別個に允裁を得て、直ちに「政府声明」[3] という形式により出兵方針が正式に発表されたことである。つまり、出兵が陸軍により発案され、高橋蔵相の条件付き出兵論を陸軍が受け入れる形で閣議決定された一連の経緯が、政軍の合意により極めて敏速に進行したのである。予算処置を伴う出兵であれば当然のことだが、閣議決定を踏まえて実行に移された点を見れば政府主導の出兵であった訳である。その点では、本書の第三章で検討したシベリア出兵時における政府主導による政軍の協調態勢が保持されていたと見て良いであろう。

出兵は直ちに実行に移され、満州駐屯の第一〇師団(姫路)、第三三旅団に出動命令が下され、六月一日には山東半島の青島に上陸を敢行した。内閣は七月五日、同旅団を青島からさらに山東省の中心都市(省都)であった済南に向かわせることを閣議決定する。同月八日に第三三旅団は済南に到着する。以上、出兵手続から済南派兵に至るまで、軍の行動については所管の参謀本部が指揮するのは当然として、この間の経緯を通して、参謀本部は終始一貫して陸軍省および政府との緊密な連携を保持しており、その限りでは外交・軍事指導の主導権は政府が主体性を発揮したと捉えて良い(4)。その後、北伐の停滞により撤兵が決定されるが、そこでも政軍の連繫は保持されていた。すなわち、八月三〇日、政府は山東からの撤兵を声明し、九月八日には撤兵を完了する(第一次山東出兵)。

一九二八(昭和三)年一月、いったんは下野した蔣介石が国民革命軍総司令(第一集団軍総司令官兼任)に復帰し、四月に入ると再び北伐が開始される。四月一六日、酒井隆済南駐在武官(少佐)が鈴木荘六参謀総長に再度の出兵を要請する趣旨の意見書を提出し、同時に藤田英介青島総領事、西田畊一済南総領事代理らも外務省宛に同様の要請書を発していた。四月一七日に白川義則陸相は閣議において再出兵の提案を行った。一方、陸軍省は同日、参謀本部および海軍と協議して天津から歩兵三個中隊を済南に派兵する決定を行い、次いで一九日の臨時閣議では陸相提案を了承し、陸軍側が決定していた第六師団(熊本)から八個中隊を派兵することになった(第二次山東出兵)。

これらの内容は、第一次山東出兵を決定したおりの将来を見据えた出兵構想の現実化であった。四月二〇日に政府は派兵声明を発表し、同月二五日に第六師団が青島に、五月二日には済南に到着する手際の良さであった。しかし、翌三日になって第六師団がおりから済南に展開していた北伐軍の第四〇軍と衝突する事態が発生した(済南事件)。続いて、同月一一日に済南城を占領するに至り、この第二次出兵は中国側が約六〇〇〇名以上の死傷者を出す結果となった。

この新展開の前後においても、予想外の戦闘規模の拡大に対応して、陸軍当局は陸軍省、参謀本部間だけでなく外務省とも緊密な連絡をとり、この間の五月八日には早くも閣議において増兵の提議を行った。その結果、閣議では一個師団の増兵を了承する。こうして第三師団(名古屋)の派兵が決定された(第三次山東出兵)。この増派によって済南城占領に成功するが、撤退声明も迅速に行われた。そして、同月一五日には、軍事行動の成果と日本軍事力の威力を誇示する目的で、蔣介石と北伐の主たる対象であった軍閥の張作霖への覚書の提示を決定した。中国政府との事態解決に向けた外交交渉自体は時間を要したが、翌年の一九二九(昭和四)年三月二八日には事件解決に向けた合意が両国間で成立する。

以上の三次にわたる山東出兵において、確かに出兵提議はいずれの場合も陸軍側からであったものの、陸軍側は終始一貫して政府との連繋を重視し、それゆえに迅速な出兵行動が実現する。そこには田中内閣が陸軍と比較的連繋の取れていた政友会内閣であり、森外務次官に代表される外務省自体も対中国政策においては陸軍に匹敵する積極外交を主張する官僚によって指導されていたという事情もあった。そうした環境条件が要因だったとはいえ、出兵―増兵―撤兵の過程で具現された外交・戦争指導は、当該期の政軍関係の実態を遺憾なく証明して見せたものであった。

しかしながら、陸軍側が政府との連繋を忌避した事件も同時に起きている。それが、張作霖爆殺事件である。同事件は、北伐により、張作霖の奉天軍の敗北が必至になった時点で、満州地域の支配権確立を目指す関東軍が張作霖を下野させ、新たな指導体制の下で北京政府から独立した新政権を東北に樹立する構想を持っていたことから始まる。要するに、それは関東軍が直接的に満州地域の支配を中国政府および中国人民から奪おうとする企図に他ならなかった。

この陸軍の構想に対して、田中内閣および田中自身は張作霖をあくまで利用し、中国人の手で満州経営を実行し、その方法で満州を実質支配しようとする構想であった。こうした政府対軍部の張作霖へのスタンスの相違から、一九二八(昭和三)年六月四日、奉天に帰還中であった張作霖が関東軍の謀略により爆殺されるという事件が発生したのである。しかも、これは関東軍の謀略として実行に移されたため、田中内閣はもとより、軍中央も事件発生まで関東軍の謀略計画を全く摑んでいなかった。

事件は関東軍の河本大作大佐が立案し、独立大隊中隊長の東宮鉄男大尉が指揮して実行された。事件の真相は、次第に明らかとなったが、田中内閣周辺や陸軍側には真相暴露を抑える動きも活発化し、田中内閣は事件処理をめぐり紛糾する。(5) 最終的には田中がいったんは関東軍の関与を否定する上奏を行っていたが、最終的には関東軍の関与を認め、結果的に虚偽の報告を行った田中首相の態度を咎めた昭和天皇の態度を見て、田中自身が辞職を決意する事件へと発展する。

以上の二つの事件を政軍関係の視点から整理するならば、とりあえず次の二点を指摘しておく必要があろう。第一には、山東出兵において実現した政軍連繋が張作霖爆殺事件においては全く見出されなかったことである。既述のように、三次にわたる山東出兵は、田中内閣主導下に行われた対中国外交の一環として実施され、山東省で展開する日本企業や居留民保護という国家としての大義名分が所与の前提としてあったため、統一された国策として必然的に政軍連繋が可能であったことである。そこには、田中政友会内閣の従来の対中国政策の実行と田中首相自身の強力なリーダーシップがあった。これに反して、張作霖爆殺事件が謀略として実施されたのは、張作霖を媒介として中国東北地区(満州)の支配権を確保することを得策とするか、張作霖を廃して実質上日本の直接支配への途を切り開くことを得策とするか、の選択の問題において田中内閣周辺と軍部を中心とする諸勢力間で確固とした方針の一致を見出せないでいたことである。

第二には、政軍連繋が成立する条件が二つの事件をめぐる対処方針のなかで透けて見えていることである。それは、国家目標のある程度の一致や、それを達成する手段・方法において合意が形成されていることが必要となる。それが不確定な場合、シベリア出兵時に具現された権限の集中と機能の分散という合理的な政軍関係の構築は、脆弱なものとなることが明確になったことである。その点からすると、同事件をめぐる政軍連繋は、ここにきて重大な転換点を迎えたとも捉えることができよう。そうした事態は、次にみる満州事変において一層鮮明となる。

2 満州事変処理をめぐる政軍の角逐

満州事変も張作霖爆殺事件と同じく関東軍の謀略事件であった。一九三一(昭和六)年九月一八日、奉天(現瀋陽)郊外に位置する柳条湖付近の満鉄線路が爆破されたことを契機とするこの事件は、関東軍高級参謀板垣征四郎大佐と、同参謀で作戦主任であった石原莞爾中佐によって実行に移された。関東軍は事件によって中国軍を挑発して軍事衝突を誘因し、張作霖の後継者で蔣介石との連繫を深めていた張学良の勢力を満州から排除し、中国東北部(満州)全域を関東軍の事実上の支配下に置こうとしたのである。

事件発生時、統帥権干犯問題で世論が沸騰したおりに右翼組織愛国者の佐郷屋留雄に狙撃されて重傷を負い、その病状が悪化した浜口雄幸を継いで、若槻礼次郎が再び政権を担っていた。当該期、陸軍内では満蒙問題の早期解決を主張する建川美次参謀本部第一部長、永田鉄山陸軍省軍事課長等の中堅軍事官僚達が、「満蒙問題解決方策大綱」(一九三一年六月一九日)を作成し、そこで武力解決方針を明らかにしていた。そこに参謀本部員中村震太郎大尉が北満州の興安嶺で内偵中に中国軍に殺害されるという中村震太郎事件(同年六月一九日)が、続いて七月二日、満州万宝山で中国人農民と朝鮮人農民が水田用水路開削問題をめぐる争いから衝突する事件(万宝山事件)が起こり、日本はこれを奇貨として反中国感情を煽るといった具合であった。陸軍としては、満州で軍事行動に出る絶好の状況だと判断していたのである。

九月一八日午後一一時一八分、奉天特務機関長(関東軍司令部付)土肥原賢二大佐の名で参謀本部次長二宮治重中将宛の電報が打電され、翌一九日午前一時七分に参謀本部に到着した。これが事件を知らせる第一報であった。[6] 以後、関東軍は中国軍との戦闘状態を伝えたが、さらに一九日午前八時半には朝鮮軍司令官林銑十郎中将から参謀総長金谷範三大将宛に関東軍を支援するために朝鮮軍(第二〇師団)が出動準備中である旨の電報が入った。これは事件発生前からの関東軍司令官本庄繁大将との打ち合わせ通りの行動であり、林朝鮮軍司令官は本庄関東軍司令官の要請に応える形で、朝鮮軍第三九旅団から派兵部隊を編制する計画であった。

一九日午前七時から陸軍省と参謀本部の合同会議が開催され、杉山元陸軍次官、小磯国昭陸軍省軍務局長、二宮治重参謀次長、梅津美治郎参謀本部総務部長、今村均参謀本部第一課長、橋本虎之助同第二部長等の出席者は、関東軍および朝鮮軍の行動を支持することで合意した。しかしながら、外務省およびその出先機関は、先の山東出兵の時と異なり、陸軍の謀略には不信感を募らせており、張作霖爆殺事件と同様に批判的な姿勢を鮮明にしていた。事実、奉天総領事林久次郎は事件発生後、関東軍の軍事行動をつぶさに監視して頻繁に幣原喜重郎外相に報告してきたが、一九日の電報では次の内容であった。

> 第六三〇号（至急電報）
>
> 参謀本部建川部長十八日午後一時ノ列車ニテ当地ニ入込ミタリトノ報アリ軍側ニテハ秘密ニ付シ居ルモ右ハ或ハ真実ナルヤニ思ハレ又満鉄木村理事ノ内容ニ依レハ支那側ニ破壊セラレタリト伝ヘラル鉄道箇所修理ノ為満鉄ヨリ保線工夫ヲ派遣セルモ軍ハ現場ニ近寄セシメサル趣ニテ今次ノ事件ハ全ク軍部ノ計画的行動ニ出テタルモノト想像セラレ(7)

つまり、事件が軍部の独断行動であること、あわせて現地の関東軍が今後も積極的な軍事行動を企画している様子を伝え、警戒を要請していたのである。林総領事と同様の認識は満鉄総裁内田康哉からも発せられており(8)、同一九日午前一〇時三〇分よりの緊急会議では、若槻首相が南次郎陸相に関東軍の行動の真意を質問し、陸相はこれに対して、今回の行動は「自衛」的措置である旨を発言した。これを受ける形で、臨時閣議は「政府ハ事態ヲ拡大セシメサル様極力努ムルノ方針ヲ決シ陸軍大臣ヨリ同一趣旨ヲ関東軍司令官ニ訓令セリ(9)」とする決定を行った。つまり、この時点で「事件不拡大」は、関東軍の行動を暗に支持する軍中央の動きを事実上否定するような閣議決定に達していたのである。

政府が閣議で「不拡大」方針を早々に決定したことは、戦闘の拡大と朝鮮軍の派兵を企画していた参謀本部に少なからず抑止効果をもたらした。参謀本部は、度重なる関東軍司令官からの朝鮮軍派兵の要請を棚上げにしたのである。事実、参謀総長は直接朝鮮軍司令官宛に奉勅命令の下達があるまで待機するよう指示していた[10]。しかし、参謀総長が「不拡大」方針の閣議決定を訴えたにも拘わらず、林朝鮮軍司令官はその指示に従おうとせず、再三増派要請を繰り返す有様であった。参謀本部としては、シベリア出兵や山東出兵においては、政府との連繋のなかで出兵が円滑かつ迅速に実現し、同時に増派や撤兵という、とりわけ政治領域に属する事柄についても首尾良く実績を挙げた経験から、ここは何としても政府と歩調を合わせることが得策だとする考えを強く抱いていた。それゆえ、朝鮮軍の越境出動要請には自重を求めたのである。

以上が事変発生直後における政府周辺の動きだが、次に朝鮮軍および関東軍、さらには軍中央の中堅軍事官僚等の動きを追うと、それらは政軍関係に重要な変更を迫るものであることが判る。つまり、当初政府との連繋を重視していた省部の首脳達と異なり、閣議決定などへの非妥協的姿勢を崩そうとしなかった。そして、その陸軍中堅層達の満蒙武力占領論や軍部主導論に突き動かされて、次第に首脳層も強硬方針で纏まっていったのである。それが、政軍関係の重要な変更に結果するのである。

中堅軍事官僚の中心的存在として絶大な影響力を持ち、満州事変の首謀者であった石原莞爾中佐は、一九二九年七月に実施された北満参謀旅行中に示した「国運転回ノ根本国策タル満蒙問題解決案」および「関東軍満蒙領有計画」、さらには一九三〇年三月一日、満鉄調査課で行った「講和要領」などで満蒙武力占領を公然と主張していたし、板垣征四郎大佐達が作成した「軍事上ヨリ見タル満蒙ニ就テ」(石原中佐によって「満蒙問題私見」と改題され記録)において、満蒙問題の解決策は満蒙の日本領土化以外ないとし、そのためには「国内ノ改造ヲ先トスルヨリモ満蒙問題ノ解決ヲ先トスルヲ有利トス」としていたのである。そして、その実行手段としては、「国家的正々堂々　軍部主導　謀略ニ

依リ機会ノ作成　関東軍主導　好機ニ乗ス」と簡潔かつ率直に陸軍が採用すべき方途を披瀝していた[11]。

従って、ここでは軍中央の首脳層と中堅軍事官僚層との間で、政軍連繫の可否について相当程度の齟齬が生じていることに注目しなければならない。基本的には満州事変を分岐点として、陸軍内では中堅軍事官僚層が団結し、軍首脳層をロボット化していくことになるが、そのことがまた軍部優位の政軍関係を創出していくのである。

このことを資料をもとにもう少し整理しておくならば、河辺虎四郎中佐と遠藤三郎少佐によって記録された「満州事変機密作戦日誌」には、事変発生当初においては、「事件処理ニ関シテハ必要ノ度ヲ超エサルコトニ閣議決定モアリ従テ向後軍ノ行動ハ此ノ主旨ニ則リ善処セラルヘシ」(電報第十五号総長発司令官宛)、あるいは「閣議決定事項ニ対シ軍部ハ之ニ強テ反対ノ主張ヲナスヲ要セサルヘシ」(「満州ニ於ケル時局前後策」)等の文面で示されているように、軍の行動は自己抑制的であり、政府の方針を充分に配慮する姿勢を見せていたのである[12]。

このことは、九月二〇日午前一〇時から参謀本部で開かれた三官衙首脳部会同において、陸軍大臣から政府に提出する軍部としての「最善策」に、「軍部ハ此際満蒙問題ノ一併解決ヲ期ス　若シ万一政府ニシテ此軍部案ニ同意セサルニ於テハ之ニ原因シテ政府カ倒壊スルモ毫モ意トスル所ニアラス[13]」とする強硬方針を打ち出していたものの、同日午後三時から開かれた三長官(南次郎陸相・金谷範三参謀総長・武藤信義教育総監)会議では、「関東軍ノ兵力増派ハ閣議決定ヲ経テ之ヲ行フコトトス[14]」とする合意がなされていたことでも知れる。このように、陸軍中堅層[15]と首脳層との満蒙問題処理の方法論に留まらず、政軍連繫の有り様をめぐる認識の相違が浮き彫りにされつつあった。

しかし、軍首脳は関東軍や朝鮮軍の中堅の動きを徹底して抑制しようとしなかった。先に引用した「満州事変機密作戦日誌」には、朝鮮軍が関東軍の要請を受ける形で国境を越えて満州の吉林に出動した当日の九月二一日付で、「朝鮮軍司令官ニ対シ出動ノ命令ヲ発セラレ度帷幄上奏(案)」が検討されたことを示す文書が記載されている。そこには、「朝鮮軍司令官ノ決意ハ現地ノ実情ニ即応シ正ニ其切要ナルヲ認メタルモノナリト信スルノミナラス既ニ国外ニ駆動ヲ実行中ナル事実ニ直面シアルヲ以テ此際軍ノ行動ヲシテ陛下大権ノ発動ニ立脚セシメ以テ軍ノ士気ト軍紀トヲ確保シ帝国軍隊ノ威重ヲ中外ニ宣揚スルノ要アリト信ス」[16]と記され、事前の企図に従ってではあったが、関東軍司令官の増派要請に応答しようとする林朝鮮軍司令官の心情への理解を示し、天皇の允裁が下りるために尽力する決意すら窺える。

事態はこの間にも急展開し、朝鮮軍が天皇の允裁を得ないまま軍事行動を起こした直後の文面であろうと思われる「閣議ニ於テ増兵ヲ認メサル場合ノ処置」には、「総長ハ帷幄上奏ニヨリテ軍隊派遣命令ノ允裁ヲ請フ此際閣議ニ於ケル情況ヲ申シ上ケ且今次ノ独断越江ノ行動ハ大権干犯ニアラスト信スル旨ヲ上奏ス」[17]との記録がある。天皇の允裁を得ないまま、勝手に軍隊を動かすのは当然ながら天皇の統帥権を干犯するものである。それで後日生起する可能性が出てきた統帥権干犯への批判を先取りする格好で「大権干犯ニアラス」と記し、翌二二日付の「朝鮮軍司令官ノ処置ハ大権ヲ干犯シタルモノニアラス」[18]と題する記録で批判回避に懸命となっていた。その理由付けがどのようなものであれ、允裁を得ないで奉勅命令なしに軍隊を動かしたことは明らかな統帥権干犯であり、到底許されるものではなかった。

この時、参謀本部の中堅層達は、閣議の承認を後回しにし、陸軍単独で上奏し允裁を得ようと画策した。それで陸軍省中堅層達は、軍首脳との折衝で干犯論回避のために共同歩調を申し入れたが、永田鉄山軍事課長は増兵問題は閣議の承認対象事項であり、陸軍が軍令機関の特権である帷幄上奏権を使い、閣議を疎かにすることは愚策であるとして強く反発した。

ところが二二日午前に開かれた閣議では、「既ニ出動セルモノナルヲ以テ閣僚全員其事実ヲ認ム」[19]事になった。つまり、軍の既成事実作りと、政府の事後承諾という連関がここに成立することになり、以後、政軍の関係はこの種の連関構造が定着していくことになる。その意味で、朝鮮軍の独断越境とその追認は、政府自らも統帥権干犯に手を貸す形となった。その後、関東軍の軍事行動はほぼ満州全域に拡大し、主要都市を悉く占領し、翌一九三二(昭和七)年三月一日には日本の傀儡国家として「満州国」の建国にまで行き着くのである。

(1)　参謀本部編『昭和三年支那事変出兵史』巌南堂(復刻版　原版は一九三〇年)、一九七一年、二二一―二二三頁。昭和初期敗戦に至るまでの日中関係史研究のうち、内政と外交の両面にわたる代表的研究として、江口圭一の『日本帝国主義史論――満州事変前後』(青木書店、一九七五年)、『日本帝国主義史研究』(青木書店、一九九八年)、『十五年戦争研究史論』(校倉書房、二〇〇一年)等の一連の著作がある。また、主に外交史の領域からする日中関係史の研究をリードしてきた臼井勝美の『日中外交史研究――昭和前期』(吉川弘文館、一九九八年)がある。本節で触れた山東出兵と済南事件については、臼井勝美「泥沼戦争への道標――済南事件」(『朝日ジャーナル』一九五六年一月三一日号)、井星英「昭和初期における山東出兵の問題点」(『芸林』第二八巻第三〇号、第二九巻第一・二号)、張作霖爆殺事件については、粟屋憲太郎「張作霖爆殺の真相と鳩山一郎の嘘」(『中央公論』一九八二年九月号)等があるが、これら諸事件を含め、当該期における軍事と外交の問題に膨大な外交資料を用いた精緻な研究として、佐藤元英による次の二冊の研究書がある。『昭和初期対中国政策の研究――田中内閣の対満蒙政策』(原書房、一九九二年)、『近代日本の外交と軍事――権益擁護と侵略の構造』(吉川弘文館、二〇〇〇年)。

(2)　前掲『昭和三年支那事変出兵史』二二一―二二三頁。

(3)　「政府声明」には、「支那ニ於ケル最近ノ動乱殊ニ南京、漢口其ノ他ノ地方ニ於ケル事件ノ実跡ニ徴スルニ兵乱ノ際支那官憲ニ於テ保護十分ナルヲ得サリシ為在留帝国臣民ノ身体生命財産ニ対スル重大ナル危害ヲ蒙リ甚シキハ名誉毀損ノ暴挙ヲ見タリ」(前掲『日本外交年表並主要文書』下巻、九六頁)とする文面がある。ここで示された「在留帝国臣民ノ身体生命財産」の保護が以後繰り返し出兵政策を実行する場合の合意取り付けの便法として多用されることになる。

(4)　神田文人「「満州事変」と日本の政軍関係――統帥権と天皇制」においても引用されているが、参謀本部はこの間の経緯について、「歩兵第三十三旅団西進決行ニ至ル経緯ヲ考察スルニ参謀本部ハ其責任ノ所在ヲ明ニスル為西進時機決定ノ手続上ニ関シ陸軍省及政府ト幾多折衝ヲ重ネタリ抑々参謀本部主任部ハ之カ時機ノ決定ヲ政府ノ責任ニ属スヘキモノト為ナリ」(前掲『昭和三年支那事変出兵史』三〇頁)と記し、政府との連繫の成果を強調している。

(5)　爆殺の実行犯が関東軍の河本大佐であることを確認した田中首相は、事実の公表と厳罰をもって臨む態度を明らかにしつつあったが、その田中首相を強く後押ししたのは元老の西園寺公望である。原田熊雄が伝える西園寺の見解は、以下のようなものであった。「万一にもいよいよ日本の軍人であることが明らかになつたら、断然処罰して我が軍の綱紀を維持しなければならぬ。日本の陸軍の信用は勿論、国家の面目の上からいつても、立派に処罰してこそ、たとへ一時は支那に対する感情が悪くならうとも、それが国際信用を維持する所以である。……また内に対しては、田中総理が軍部出身であるために軍部を抑へることができた、一面には政友会のような力強い政党であればこそ思ひきつていふことができた、といふので、政党としても、また田中自身としても、立派に国軍の綱紀を維持せしめたといふことが非常にいい影響を与へるのではないか。ぜひ思ひきつてやれ。しかももし調べた結果事実日本の軍人であるといふことが判つたら、その瞬間に処罰しろ」(原田熊雄述『西園寺公と政局』第一巻(自昭和三年至昭和五年)、岩波書店、一九五〇年、四頁)。しかし、同書にも「当時、この事件に関しては、政友会の幹部のほとんど全部は、もしこれが事実日本の軍事の所為であつたとしたら闇から闇に葬つてしまへといふ意見」(四頁)と記されたように、小川平吉鉄道大臣を筆頭に隠蔽派が多勢を占めていたのである。

(6) 事件発生後における関東軍と参謀本部との間で繰り返された電報内容については、島田俊彦「満州事変の展開」(『太平洋戦争への道』第二巻、朝日新聞社、一九六二年)、臼井勝美『満州事変——戦争と外交と』(中公新書、一九七四年)、林銑十郎『満洲事件日誌』(みすず書房、一九九六年)等がある。また、前掲「「満州事変」と日本の政軍関係——統帥権と天皇制」の「3満州事変」(三一—五二頁)でも、これらの資料を用いて、九月一九日から二二日までの陸軍内の動向を日毎に詳細に追っている。

(7) 外務省編『日本外交文書』(満州事変　第一巻第一冊)、外務省、一九七七年度版、六頁。

(8) 内田の電文は、「我軍今回ノ行動ハ予テ御話セシ予定計画ノ実現ト推定セラル将又支那側ノ無抵抗態度ト我軍軍事行動ニ伴フ小事故カ在留外人ヲ刺戟シ世界ノ輿論カ我方ニ不利ナル傾向ヲ現ハシ今後ニ於ケル対外政策益々難局ニ陥ルナキヤ憂慮ニ堪ヘス」(同右、二六頁)であり、関東軍の行動が国際世論に与える悪しき影響について論じ、関東軍を正面から批判する内容となっていた。

(9) 同右、二五頁。

(10) 前掲「「満州事変」と日本の政軍関係——統帥権と天皇制」は、防衛庁防衛研究所戦史部図書館蔵の未刊行資料「中央戦争指導重要国策文書」から、この時の朝鮮軍司令官宛電報の原資料に注記された文書の次の箇所を引用紹介している(三五頁)。「軍首脳部ハ朝鮮ヨリ兵力派遣ノ意ヲ決シタルモ閣議ニ於テ承認セシメタル後奉勅命令下達ノ手続ヲ取ルコトニ決セラレタルヲ以テ本電報ニ引キ続キ奉勅命令ノ下達セラルルコトヲ前提トシソノ旨次長総長ニモ報告シテ起案発電セラレタルモノナリ然ルニ突如閣議ニ於テ本事件ヲ拡大セサルコトニ決シ総長モ亦之ニ同意セラレタルヲ以テ奉勅命令ハ夜ニ入ルモ尚下達セラレス」(五四五、一三枚目)。

(11) 前掲『太平洋戦争への道——開戦外交史』別巻(資料編)、一九六三年、九九頁。

(12) 同右、一一五頁。

(13) 同右、一一七頁。

(14) 同右、一一八頁。

(15)　陸軍中堅層とは、省部の佐官級の軍事官僚を指すが、本書では総力戦体制の構築を強く志向する集団として将校グループ＝統制派と位置づけている。総力戦体制構築を陸軍を越えた国家目標と設定しつつ、軍事の政治化に奔走する陸軍中堅層や海軍中堅層の位置を論じた先行研究は全く乏しいが、加藤陽子『模索する一九三〇年代――日米関係と陸軍中堅層』(山川出版社、一九九三年)がサブタイトルにあるように陸軍中堅層の政治的役割について論じていて興味深い。しかし主に二・二六事件(一九三六年)以後における陸軍中堅層の役割に集中しており、満州事変期のそれについては言及していない。また、陸軍中堅層を定義するうえで不可欠な軍人としての意識や思想のレベルから論じた論文に、筒井清忠「陸軍中堅幕僚の思想」(『歴史と人物』一九八四年二月号)がある。また、これに関連した論文として、須崎愼一「総力戦理解をめぐって――陸軍中枢と二・二六事件の青年将校の間」(『年報　日本現代史』第三号、現代史料出版、一九九七年)、須崎愼一『日本ファシズムとその時代――天皇制・軍部・戦争・民衆』(大月書店、一九九八年)、江口圭一「満州事変期の陸軍パンフレット」(愛知大学法経学会『法経論集　法律篇』第一一三号、一九八七年二月)等も参考となる。江口論文は、江口圭一『十五年戦争研究史論』(校倉書房、二〇〇一年)に第六章として収録されている。三宅正樹は、その著作『政軍関係研究』(芦書房、二〇〇一年)の「第七章　危機と政軍関係――日本現代史の一側面　2危機の結果としての日本の政軍関係の動揺」において、「満州事変」(二六一―二六四頁)の項を設け、そこにおいて藤村道生の「クーデターとしての満州事変」(三宅正樹他編『昭和史の軍部と政治』第一巻(軍部支配の開幕)、第一法規出版、一九八三年)を引用紹介しながら、満州における軍事行動が、陸軍の作成した「対内前後策案」と題するクーデター計画書と表裏一体の関係にあったとする藤村の見解に注目している。いずれにせよ、満州事変とは、これを引き起こした関東軍と、当初は関東軍の行動に抑制的であったものの、最終的にはこれに追随することになった陸軍中央とが、政党政治と民政党内閣の対英米協調外交路線への修正を求めた政治行動であったのである。その意味で、満州事変こそ、それまで一定の枠組みのなかで相対的に安定していた政軍関係に根本的な改編を迫る画期的な事件であった。

(16)　前掲『太平洋戦争への道――開戦外交史』別巻(資料編)、一二一頁。

(17)　同右。

(18)　同右、一二二頁。

(19)　同右、一二八頁。

五　おわりに――乖離する政軍関係認識

編制大権が内閣の補弼事項であることは明らかであったが、軍部はこれに徹底してこだわることで政府・政党との対決姿勢を貫こうとした。しかし、統帥権干犯問題の本質は、「政府対軍部のもつれの重点は寧ろその政治的意義の方面に在る」[1]と吉野作造が「統帥権の独立と帷幄上奏」(『中央公論』一九三〇年七月号)と題する論文で喝破しているように、統帥権の解釈や軍制論の問題ではなく、政軍の対立を招き、軍主導の政治体制への転換を意図した露骨な政治行動であった。統帥権独立制という軍部に付与された特権は、確かに政治からの統制を拒否する根拠として使われていくが、それはあくまで政治と軍事の機能・役割の分業体制を構築するものであって、権限においてまで分岐することを目的としたものではない。そのことは、当時の世論やメディアのことごとくが政府見解を支持したことでも明らかであった。

しかし、その一方で吉野も同論文で、「我が現行国法の系統中に在て政府と軍部との関係を如何に解釈するかの一事である」[2]と指摘したように、明治憲法のある種の欠陥という問題も根底に横たわっていた。つまり、軍部による拡大解釈を許容しかねない曖昧さがあったのである。軍部は、その曖昧さを突くことによって、政府・政党との論争を喚起し、失敗はしたが世論の支持獲得に乗り出した。軍部が世論の支持を必要とする認識を示したことは、明らかに選出勢力の代表としての政党の存在を意識したものだが、その試みが失敗したゆえに、別種の方法として満州事変に訴えたのである。

問題は、このような軍部の一連の動向が国内政治に留まらず、それと表裏一体の関係にある外交領域における政軍関係の「もつれ」が田中内閣から浜口・若槻内閣へと政権が受け継がれる過程で次第に鮮明になったことである。本章の冒頭で引用した『統帥参考』(一九三二年)で統帥権を軍令・軍政に通底する権限と強調してみせたのは、統帥権干犯論争に敗れた軍部が、さらに頑なに統帥権を軍部自立の牙城と位置づけることによって、政府・政党との拮抗を図ろうとした政治的判断であった。

すなわち、『統帥参考』における「第一章　政治ト軍事」の、「両者ハ国法上平等ノ地位ニ在リテ相対立スルモノニシテ此ノ両者ノ上ニ立チ之ヲ統一スヘキ権能ヲ有スル機関ノ存在ハ帝国憲法ノ許ササル所ナリトス」[3]という箇所に端的に示されたように、軍部は政治と軍事との権限上の平等性を強調する。要するに、権限の集中と機能の分担という、集中と分業の原則を踏まえた政軍関係を完全に否定する立場を採用しているのである。同一の箇所を引用した神田文人は、その上で、「両者の上に立つものは天皇以外にはないということを暗示している」[4]と結論づけている。

しかし、より実体的な側面からして、中堅軍事官僚達は、形式的にはそれが天皇であっても、より根本的には軍部が政治と平等的な位置を確保し、さらに政治を凌駕していくには軍部が政治を統制していく権能を獲得することなくして総力戦体制構築は不可能と読んでいたはずである。それは、一九三八(昭和一三)年四月一日に制定される国家総動員法の成立過程において具現される。その制定過程には、議会勢力を敵に回してでも、さらには天皇の大権を一部侵害してでも、陸軍を中心とする行政権力の絶対化(＝高度国防国家体制化)によってしか、もはや総力戦体制の構築は無理と判断していく彼らの姿勢が色濃く投影されていた。

このように、満州事変前後期の政治・外交指導をめぐる政軍関係の急激な展開と変容は、一九三七(昭和一二)年七月七日の日中全面戦争の発端から戦線の拡大と戦争の長期化、そして、その延長としての日英米戦争と続く外交・戦争指導における政軍関係の大筋を規定することになったのである。

(1)　『吉野作造選集』第四巻(大戦後の国内政治)、岩波書店、一九九六年、二三八頁。

(2) 同右、三五二頁。
(3) 前掲『統帥参考』二九頁。
(4) 前掲「「満州事変」と日本の政軍関係」六一頁。

第六章　日英米開戦直前期までの政軍関係の変容と日本型政軍関係の成立

一　はじめに

本章では、第一次上海事変から日英米開戦直前までの政軍関係の新展開を追究する。日本の本格的な中国武力制圧政策は満州事変から始まるが、日本との全面的な戦争を回避したいとする蔣介石国民党政権の思惑もあって、抗日戦線の結成は先延ばしとなっていた。ところが、一九三六(昭和一一)年一二月一二日、西安で起きた張学良による蔣介石監禁事件(西安事件)を契機に、蔣介石国民党政権は毛沢東率いる中国共産党との「国共合作」に踏み切り、ここに抗日戦線が結成される。そのような中国の抗日ナショナリズムが高揚するなかで、その翌年の一九三七(昭和一二)年七月七日、北京郊外の盧溝橋における日中両軍の衝突が引き金となり、日中全面戦争が起きる。(1)

中国との全面戦争は軍中央の統制下に計画された訳ではなく、衝突自体は偶発性の高いものであったが、現地の日本軍および軍部内急進派たちは、中国一撃論を喧伝し、実行に移すことで中国問題を一気に解決し、ドイツやイタリアとの軍事同盟を背景にして、対ソ戦に備える点でほぼ合意が形成されていた。そのような軍部の対中国政策の展開は、大枠では総力戦体制構築を念頭に据えた場合、総力戦段階に適合する諸資源の充当地としての中国の確保という意味を持つものであり、それゆえに中国の軍事制圧は、総力戦体制構築の基本的条件として大方の軍中堅官僚達に認識されていた。そのような認識からすれば、日中全面戦争の開始は懸案の中国全土を射程に据えた一大国家目標であったのである。

しかしながら、日中全面戦争の長期化・泥沼化は、徒らに現有国力の消耗を強要するものであり、総力戦体制構築という視点に立った場合、可能な限り解決を急ぎたい課題であった。その課題を克服する手立てとして、結果的に日本は英米との軍事衝突を回避できない事態を選択してしまう。それが東南アジア武力進駐の強行であった。武力進駐は英米の中国支援ルートを遮断する試みであり、同時に対英米との関係悪化に備え、当地における石油をはじめとする戦略資源の確保を意図したものであった。

満州事変から日中全面戦争、そして、その延長としての日英米開戦に至る時期を、とりあえず「日英米開戦直前期」と時間設定をしたうえで、本章では当該期の政軍関係の統合と変容をキーワードとし、その特質を検討する。ここでは日米戦争の主役を務めることになる海軍の位置に重点を据えて、政軍関係の実態に迫りたいと思う。

より具体的には、第一に、最初に満州事変以後、国際連盟脱退(一九三三年三月二七日)、塘沽停戦協定(同年五月三一日)、二・二六事件(一九三六年二月二六日)を境とする軍部の政治的発言力の一層の強化、日独防共協定(同年一一月二五日)から日中全面戦争への突入、国家総動員法の制定(一九三八年四月一日)による総力戦体制の本格的実現の過程、そして、日独伊三国同盟締結(一九四〇年九月二七日)によるアメリカ、イギリス、フランス、オランダ、中国等の連合国との対立の鮮明化、最後に対英米戦争を決定していくまでの政治過程を順に追究整理するなかで、政軍関係の展開過程を跡づける作業に取り組むことである。

第二には、政軍関係の視点から対英米開戦に行き着く政策決定過程において、日英米戦争の主体と想定される海軍の動向を追究し、その役割を検証することである。従来の研究においては、軍部=陸軍という把握が強調され過ぎて、日中戦争から日英米戦争に至る戦争指導における海軍の役割に関する研究が相対的に弱かったが、近年数多くの海軍研究が発表されるようになっている。(2) しかし、政軍関係との絡みで海軍の位置をどう確定するのかについては、依然として大きな課題が残されたままである。この点に留意しながら、検討を進めていきたい。

(1)　日中戦争期における軍部の動向分析に関する論文は少なくないが、ここでは臼井勝美『日中戦争――和平か戦線拡大か』(中公新書、一九六八年)、臼井勝美『満州事変――戦争と外交と』(中公新書、一九七四年)、臼井勝美『日中外交史研究――昭和前期』(吉川弘文館、一九九八年)、上村伸一『日本外交史』第19・20巻(日華事変 上・下、鹿島研究所出版会、一九七一年)、秦郁彦『日中戦争史 増補改訂版』(河出書房新社、一九七二年)等を挙げておく。

(2)　日本海軍の政治的役割を主題として論じた著作には、池田清『海軍と日本』(中公新書、一九八一年)、工藤美知尋『日本海軍と太平洋戦争』上・下(南窓社、一九八二年)、野村実『太平洋戦争と日本軍部』(山川出版社、一九八三年)、麻田貞雄『両大戦間の日米関係――海軍と政策決定過程』(東京大学出版会、一九九三年)等がある。また、主な論文には、今岡豊「支那事変初期における政戦両略について」(『政治経済史学』第一〇巻第二号、一九七四年六月)、森松俊夫「支那事変勃発当初における陸海軍の対支戦略」(『政治経済史学』第一六八号、一九八〇年五月)、平間洋一「第一次大戦への参加と海軍――参戦意思決定をめぐって」(『軍事史学』第二二巻第一号、一九八六年)、高田万亀子「日華事変初期における米内光政と海軍――上海出兵要請と青島作戦中止をめぐって」(『政治経済史学』第二五一号、一九八七年三月)、小池聖一「大正後期の海軍についての一考察――第一次・第二次財部海相期の海軍部内を中心に」(『軍事史学』第二五巻第一号、一九八九年六月)、樋口秀実「日本海軍の大陸政策の一側面　一九〇六―二一年」(『国史学』第一四七号、一九九二年)、樋口秀実「第一次上海事変の勃発と第一遣外艦隊司令官塩沢幸一海軍少将の判断」(『政治経済史学』第三三三号、一九九四年三月)、樋口秀実「満州事変と海軍」(『國學院大學　日本文化研究所紀要』第八〇巻、一九九七年九月)、樋口秀実「日中関係と日本海軍一九三三年―一九三七年」(『史學雑誌』第一〇八巻第四号、一九九九年四月)、影山好一郎「第一次上海事変における第三艦隊の編制と軍令部に与えた影響」(『軍事史学』第三二巻第三号、一九九六年一二月)、影山好一郎「昭和十一年前後の日本海軍の対中強硬姿勢」(同前、第三三巻第三号、一九九七年一二月)、影山好一郎「広田三原則の策定をめぐる外務、陸、海軍の確執――海軍の対応を中心として」(『日本歴史』第五九五号、一九九七年一二月)、相沢淳「日中戦争の全面化と米内光政」(『軍事史学』第三三巻第三号、一九九七年一二月)、進藤裕之「日本海軍の対米作戦計画構想」(神戸大学『六甲台論集』第四四号、一九九七年)等がある。纐纈も「昭和期海軍と政局(一)(二)」(『政治経済史学』第三四四・三四五号、一九九五年二・三月)を発表し、この論文をベースにした普及版として『日本海軍の終戦工作――アジア太平洋戦争の再検証』(中公新書、一九九六年)を出版している。

二　満州事変後から日中全面戦争までの政軍関係

1　海軍の対中国観と陸軍との対抗

この時期日本では、満州国（後に満州帝国）の建国によって軍部の政治的影響力が増大していき、五・一五事件（一九三二年）によって政党政治が終焉を迎え、満州事変の位置づけをめぐり国際連盟から脱退して国際的孤立に陥った。国内では、「非常時」の掛け声によって国家による統制が強化されていく。国内の不安と動揺を抑える意味からも天皇機関説が排撃され、国体明徴運動が全国を席巻するなかで日本ナショナリズムが喚起されていった。

日中全面戦争の前年、一九三六年に起きた二・二六事件は、軍部主導の国家機構の再編による総力戦体制構築を志向する統制派と、天皇親政による天皇制国家への回帰を標榜する皇道派との路線上の対立が、その背景にあった。すなわち、皇道派による統制派の打倒をも射程に据えたクーデターであった。しかし、統制派は粛軍という名のカウンター・クーデターにより、逆に皇道派を軍中央から追放する。それは同時に統制派の目指す総力戦体制の構築に拍車がかけられる機会ともなった。そして、日中全面戦争とは、対ソ撃滅論を主張していた皇道派の排除に成功した統制派主導の軍中央による「中国一撃論」が優位を占めるなかで起きた戦争であった。こうした視点を踏まえて、以下において政軍関係の視点から具体的に歴史事実を追究していく。

まず、一九三一（昭和六）年九月一八日、陸軍の外地出先軍である関東軍が引き起こした満州事変に、海軍がどのような反応を示したかを素描しておく。そこでは、陸軍が海軍にどのような形で満州事変の計画を漏らし、海軍との連携を構想していたのかを問題とする。まず、アジア太平洋戦争に敗北した後の一九四六年一月二二日に行われた旧海軍軍人等による座談会の記録を引用することから始めたい。元海軍大将近藤信竹は、会談のなかで次のような証言を行っていた。

満州事変勃発直前、六月か七月ころ、参謀総長〈金谷範三・大将〉、次長〈二宮治重・中将〉、一部長〈畑俊六・少将・作戦〉、二部長〈建川美次・少将・情報〉が軍令部長〈谷口尚真・大将〉、次長〈永野修身・中将〉、一班長〈及川古志郎・少将〉、一課長〈近藤信竹・大佐〉を偕行社に招待し、建川・二部長は、満州の状況を説明し、当時日本人が満州で事業を計画すると、いろいろ妨害を受け、日本人の発展は益々阻害され、貴重なる日露戦争の犠牲が、何もなくなって来るという意味のことを話した。海軍は満州で事を起こすは不可と考え、つむじを曲げていた。駐満海軍部が設置されたのは、陸軍に対するお目付役の意味もあった。満州事変は現地陸軍が一年も前から準備したもので、海軍としては何ら手を出す余地がなかった。熱河から〈北〉京、〈天〉津に出ることは、海軍は絶対にいけないとの意見であった。(1)

満州事変が関東軍と軍中央との一定の連繋において計画が練られ、実行に移されたことは戦後明らかにされている。ここでは陸軍首脳が海軍首脳部にも事前に行動計画を通知し、海軍に協力を要請した事実を証言している。問題は後半部分の海軍の対応である。海軍が満州の地での陸軍の軍事行動計画を事前に承知し、それに不快の念を抱きつつも明確な反対の意思を表明しなかったことである。

陸軍が満州で事を起こすことを海軍は事前に承知していた。しかし、海軍は北京・天津など華北地方へ軍事行動が波及することには反対であった。それで、「満州事変は、現地陸軍が一年も前から準備したもので、海軍としては何ら手を出す余地がなかった」とする近藤の証言も、ほぼ事実を伝えていると思われる。だが重要なのは、「自分は一課長であったが、事変勃発まで知らなかった。政府のやらぬという方針は、次々とひっくり返された。やってみると、陸軍が立派な成果を挙げたので段々反対空気はなくなった(2)」という澤本頼雄〈当時、海軍軍務局第一課長〉の証言である。

会談の内容でも明らかなように、当時の海軍は当分の間静観の姿勢を堅持しようとした。それは中国東北部（満州）が伝統的に陸軍の大陸政策の根幹の地であったからである。その一方で、華北から華中にかけては海軍が特に関心を示していた地域であった。つまり、陸海軍の間での暗黙の住み分け状態が保証される限り、海軍にとって陸軍の軍事行動を牽制する必然性は存在しなかったのである。

それで陸軍は満州事変への海軍の反応を、「海軍側ハ本事変ニ対シ熱意ナキガゴトシ、特ニ海相オヨビ次官ニオイテ然リ」（一九三一年九月二九日）とか、「海相ハ単ニ中南支那ノ事ノミニ意ヲ注ギ満蒙問題ニ関シテハ何ラ定見ナク、カツ極メテ消極的態度ヲ持シアリ」（一九三一年一〇月二日）などと記録し、この住み分け状態を前提とした認識を示していたのである。[3]このように陸軍は、海軍の満州地域への関心の低さを率直に指摘しているが、海軍は満州事変勃発に先立ち駐満海軍部を設置している。陸軍の情報収集機関とは比較にならない小規模なものであったが、海軍独自の情報収集に備えてはいたのである。従って、必ずしも海軍は満州地域に関心が低かった訳ではなく、海軍全体の第一の関心対象地域が上海方面であったということに過ぎない。

ところで、海軍の予期した以上に陸軍が満州での軍事行動に成功を収めると、海軍は陸軍との対抗上黙視することが不可能となってきた。海軍の面子の問題と、予算獲得への理由づけとなる海軍への評価に対する配慮という問題である。澤本の「陸軍が立派な成果を挙げたので段々反対空気はなくなった」という証言には、そうした問題への海軍の焦燥感を看て取ることができる。

このように、陸軍との対抗上からだけでなく、政局への積極的な関わりの必要性を痛感することになったという意味でも、満州事変は海軍にとって大きな転機となった。そこで満州事変後から日米開戦に至るまでの日本海軍の政局へのスタンスを知るため、政界ばかりでなく財界や学界の各方面において広範な人脈や情報ルートを持っていた海軍軍人の高木惣吉が執筆した通称「高木惣吉史料」を手掛かりに、適時海軍の政局観を紹介しながら、海軍の動向に重点を据えて政軍関係の変容を見ておく。

若干後のことになるが、高木が一九四〇（昭和一五）年七月二五日に記した「帝国ノ近情ト海軍ノ立場　第一章二・二六事件迄」[4]には、「満州」の位置づけについて、「露国ノ南下政策ヲ破砕センガ為ニ、日本ハ十万ノ生霊ヲ犠牲トシ二十数億ノ国帑ヲ費シ、国運ヲ賭シテ戦ツタノデアル」とする日本軍部や右翼団体をはじめ、日本国民の多くに支配的であった「満州」観を踏襲した内容が綴られていた。つまり、日本のいわゆる〈生命線〉である「満州」の存在が中国の対日姿勢強化のなかで危うくなっている以上、「満州」防衛のための軍事行動として、満州事変の正当性を積極的に容認していたのである。ここでも高木は、当該期日本国内の大多数を占める「満州」観を完全に肯定していたのである。事実、高木は満州事変の原因として、次のような見解を記していた。

浜口内閣、若槻内閣ハ大戦後進行シツツアツタ世界不況ノ深刻ナル行詰リヲ我ガ国内ニ渡ラシムルニ勢ヲツケタ結果トナツタ、民間ハ不況ニ沈淪シ失業者ハ続出シ、官吏ハ減俸セラレ軍人ハ軍縮ニ大量整理セラレ加之英米ノミナラズ支那迄モ我ガ国ヲ軽侮スルニ至ツテハ、国民ノ憤激ハ爆発セザルヲ得ナイ[5]

要するに、事変の原因は経済不況に対応できなかった民政党内閣の失態、生活の困窮化に苦しむ官吏・軍人・国民の各層にわたる不満、諸外国からの軽侮等にあったと指摘する。事変の首謀者たる陸軍の責任を一切棚に上げたうえで、その原因を基本的に政党政治や中国の対日政策などに求めているのである。高木は、そのことをより具体的に次のように記している。

然ルニ民政党内閣ノ外交ハ所謂英米協調、対支妥協デアル、懸案ハ累積シテ未解決問題数百件、小幡公使ハ「アグレマン」ヲ蔣政権ヨリ拒否セラレテ泣寝入リトイフガ如キ情況デ大陸ニ重大関心ヲ持ツ陸軍ガ窃カニ剣ヲ撫シテ悲歌スルモノ一、二ニ止マラナカツタノハ、敢テ推察ニ難クナイ[6]

高木は事変が陸軍の独断で遂行されたことを前提とし、陸軍の行動が国内政局の観点から合理的とみる判断を示すことで、軍の行動を全面的に肯定する見解に立っていた。ここに高木の、そして海軍の相当部分を代表する満州事変観が凝縮されていると言えよう。

その海軍は、以前から関心を示していた上海への戦闘の拡大を懸念していた。その理由は、第一次上海事変(一九三二年一月二八日)が田中隆吉等の陸軍軍人による謀略として引き起こされた事件であったからである。海軍としては、上海の地で海軍の軍事プレゼンスを証明して見せ、上海での海軍の役割への評価を獲得する機会を狙っていた。それで、海軍は上海事変が起きるや、第一遣外艦隊司令官塩沢幸一少将の指揮のもとに陸戦隊を上海市街に上陸させ、中国の第一九路軍との間で激しい戦闘を引き起こすことになる。中国軍の果敢な抵抗に遭遇した海軍陸戦隊は、第三艦隊(司令官野村吉三郎中将)隷下の約五〇隻の艦艇を追加支援に当たらせたものの劣勢を挽回することができず、ついに陸軍の応援を要請する事態に陥る。陸軍への対抗意識が生み出したこの無謀で野心的な軍事行動は、後のアジア太平洋戦争下における海軍の膨張主義を露骨に示す事件であった。

先述の一九四六年の旧海軍軍人等による座談会『海軍戦争検討会議記録』に見られる上海事変への海軍の対応は、出席者の竹内元海軍少将が、アメリカの有力新聞通信員の報告として、「上海に関する限り、海軍は隠忍自重した」という報告を紹介するや、澤本は「その通り。〈上海事件について〉海軍が策動したことは絶対ない」と同調する証言を行っている。また、上海事変当時の軍務局長であった豊田貞次郎は同著のなかで、「第一次上海事件〈七年一月―五月〉の頃、私は軍務局長であったが、戦備は整っておらず、現地でも陸戦隊の現庁舎もまだできていなかった。当時一艦隊は小林〈躋造〉大将、二艦隊は末次〈信正〉大将、参謀長〈二艦隊〉は中村亀三郎で増援軍の派遣掩護を末次長官に命ぜられたが、当時末次が三艦隊長官になるといううわさがあった。しかし、末次大将をやると、事件が拡大するかも知れぬというので、横須賀鎮守府の野村〈吉三郎〉大将が三艦隊〈長官〉に任命せられた[7]」と発言して、海軍は同事変を陸軍に対抗して海軍のプレゼンスを増大する機会とは考えていなかったと証言している。

また、高木が「帝国ノ近情ト海軍ノ立場」の「第五節　上海事変ト海軍ノ苦境」のなかで、同事件が日米開戦に連続することへの警戒感を随所で率直に表明していることは注目に値する。

当時日米関係ハ既ニ相当緊張シテ来テ居ツタノデ、上海ニ於ケル日支衝突ハ必然的ニ日米戦争に発展スルトイフノガ常識デアツタ　海軍省詰メノ新聞記者達ノ陰話デハ、顔色ガ変ツテ居ナイノハ当時軍令部第一部長及川少将(現大臣)ダケダト謂ツタ位デアル　豊田軍務局長モ「愈々日米戦争カナア」ト長嘆息サレタノヲ憶ヘテ居ル(8)

上海事変が日米開戦の危機を招いたという認識を抱いたのは日本側だけではなく、高木の記す所によれば、「陸軍派遣ノコトハ公式発表以前ニ特ニ米国ニ内報セラレタノデアルガ、同時ノ米国大使館附武官「アイザツク、ジョンスン」大佐ハ我ガ陸軍ガ上海ニ行クコトヲ聞イテ卓ヲ叩イテ嘆息シ、日米ノ衝突ハ避ケ難カルベシト我ガ高橋(伊望)大佐ニ洩シタ(9)」という。英米の利権が集中する上海への戦火の拡大が、英米との間に深刻な緊張状態を招くことになったのは当然のことであった。

しかし、同史料には陸軍への対抗上からも海軍戦備の充実を急ぎ、海軍の活躍の場を確保し、軍事的成功による海軍の地位向上を目指す高木の強い意欲が次のように記されている。

大陸政策ノ発展次第デハ、英米、特ニ日米間ノ関係ハ予断ヲ許サナイモノデアツタノデアルガ、海軍トシテハ水上艦艇ハ兎モ角トシテ、出師準備、航空軍備方面ニ於テ実ニ非常ナル欠陥ヲ残シテ居ツタノデアル。従ツテ大陸デ陸軍ガ大活躍ヲシテ幸ニ成功スレバ其ノ功績ハ全部陸軍ノ働キニ帰着スルデアラウ。若シ英米ノ強大ナル干渉ガ起ツテ帝国ガ三国干渉ノ苦杯ヲ繰返サナケレバナラナカツタトスレバ、国防上責任ハ全部海軍ガ負ハナケレバナラヌ。(10)

ここにはイギリスやアメリカとの開戦をも睨んだ決意と、海軍の存在を発揮する絶好の機会として上海事変を積極的に捉えようとしていた姿勢を看て取ることが可能であろう。陸軍の主導による満州事変のとりあえずの成功が、海軍に陸軍との対抗上深刻な危機感と焦燥感を与えていたことは「高木惣吉史料」も明確に示すところである。以後、海軍の軍事的政治的行動を貫く陸軍との抗争意識は、戦争政策の採用に踏み切ることを躊躇しないスタンスを海軍部内に植え付けていくことになった。

その意味で、ここに示された高木の上海事変観は、海軍全体の意識をほぼ完全に代弁するものと見て良いであろう。次に日中全面戦争開始期における高木の時局観を少し拾っておきたい。「帝国ノ近情ト海軍ノ立場」の「第四章　支那事変及其ノ後ノ重要事項　第一節　支那事変ノ発端」には、次のような高木の上海事変観が記されている。

今日帝国ガ経済的ニ英米勢力ニ依存スル実状ニアルヲ以テ、之ト出来得ベクンバ国交ヲ調整シタキ希望ヲ持ツハ已ムヲ得ザルモノガアルガ、然シ日本ガ或ハ大陸ニ或ハ海洋ニ発展シテ世界新秩序ノ建設ニ乗出ス以上刻々ノ具体的減少ハ兎ニ角トシテ、大勢ハ英米トノ衝突ガ避クル能ハザル必然ノ趨勢デアルノト同様デアル　日支ノ関係モ其ノ衝突ノ時期ト方法等ニ就テハ幾多論議ノ余地アルモ、当時ノ現実ノ情勢ハ一ツノ歴史的必然性ヲ帯ビテ居ツタト称スベキデアル(11)

高木の当該期における政治状況の分析・判断は、英米との衝突は極力回避すべきであることは当然としつつも、世界新秩序の確立、すなわち中国と東南アジア地域での覇権確立という日本の国家目標の前には、英米との軍事衝突はいずれ必然であるとする視点を極めて明確に指摘したものであった。高木は少なくとも日中全面戦争が勃発して三年を経過した時点(一九四〇年七月現在)では、これが英米との衝突を不可避とする性質の戦争であること、そして、中国および英米との軍事衝突が「歴史的必然」と断定し、これより一年後に開始される日米開戦の確実性を予測して見せていたのである。

このことは高木の分析能力を示すものというよりは、海軍を含めて陸軍および日本の政治指導層が、基本的にはアジアにおける帝国主義政策を断行していく前提として、日中戦争と英米との戦争を別個のものとしてではなく、相互に密接な関連性を持つアジアにおける覇権争奪の機会という視点から一連の戦争として把握していたことを示したものと言えよう。

そして、一九三七年八月に第二次上海事変が起きる。その当時、海軍省のスタッフは海軍大臣大角岑生、海軍次官左近司政三、軍務局長豊田貞次郎、軍令部のスタッフは軍令部長谷口尚真、軍令部次長百武源吾、第一班長及川古志郎という布陣であった。特に海軍省の構成は、いわば良識派とされた軍事官僚たちである。従って、同年七月に盧溝橋で日中両軍の衝突が起きた時、当初海軍は不拡大方針でほぼ一致していたものの、八月九日に大山勇夫海軍中尉が上海で中国保安隊によって殺害されるという事件が発生するや、不拡大方針を放棄してしまった。加えて、増兵への慎重姿勢を崩していなかった陸軍中央を後押しし、上海に出兵させることになったのである。(12)

さらに、八月一五日には、海軍航空隊が長崎の大村飛行場から上海と南京への渡洋爆撃を敢行することになり、海軍は陸軍以上の勢いで中国の国際都市である上海を中心に、戦線の拡大に奔走する。この年の暮れには海軍機がアメリカの砲艦パネー号を「誤爆」し、撃沈するという事件が発生した。(13) 日本政府はアメリカ政府に陳謝し、海軍責任者である第二連合航空隊司令官三並貞三少将を処分することになった。アメリカのグルー駐日米大使の、「これに似た事件がもう一度おこれば、このうえもなく重大な事態が発生するであろうことを、私は極度に恐れています」(14)という発言から窺えるような深刻な事態を招くことになったのである。

2　満州事変以降日中全面戦争期までの政軍関係

前項において主要な政治勢力として独自のスタンスを持つに至っていた海軍の政治・外交認識の一端を高木惣吉の見解から概観してきた。本項では、その海軍をも含めて、多様な政治勢力が複雑に絡みあうなかで、結局は陸海軍優位の政軍関係が構築されてゆく状況を、満州事変後に立ち戻り、そこから日中全面戦争期に至るまでの推移を要約しておきたい。

前章でも追究したように、満州事変を契機にして軍部内の中堅層＝総力戦派の主導による外交・軍事指導が顕在化していき、軍中央が出先軍隊の行動を追認し、既成事実の積み重ねによって政府・内閣に譲歩を迫るという構造が常態化していくことになった。犬養毅政友会内閣が五・一五事件(一九三二年五月一五日)によって倒れ、政党内閣が終焉を迎え、前朝鮮総督で海軍大将の斎藤実が「挙国一致」内閣として後を継いだ。「挙国一致」が標榜される背景には、逆に満州事変を転機とした権力の多重化・重層化とも言うべき状況の出現があった。

すでに指摘があるように、満州事変以降は政党勢力や軍部に加えて、官僚勢力や西園寺公望を筆頭とする元老・重臣勢力が昭和天皇の側近グループとして、政治の表舞台に登場する機運が一気に高まっていたのである[15]。しかしながら権力の多重化・重層化という状況は、逆に満州事変に勢いを得た陸軍の行動への抑制力を削ぐ結果となった。

すなわち、一九三三(昭和八)年一月一日、満州・熱河への侵攻が関東軍によって再び開始された時は、折から国際連盟において満州問題が討議されていた最中でもあり、斎藤内閣周辺では国際世論への配慮から陸軍の侵攻計画への批判が噴出した。昭和天皇も牧野伸顕内大臣に御前会議の開催を命ずるほどであった。

しかし、西園寺公望や木戸幸一(当時内大臣秘書官長)といった宮中グループは、御前会議を開催しても軍部の強硬姿勢を抑えることが不可能であった場合、天皇の権威を失墜させかねないことを憂慮して、御前会議の開催に反対した。天皇自身が軍部の強硬姿勢に対する国際世論の批判を恐れ御前会議開催を提言したのにもかかわらず、宮中グループは軍部主導の外交を実質的に容認する姿勢を見せ始めていたのである[16]。そしてそのことは国際連盟脱退問題にも通底していた。

国際連盟から「満州国」を否認する勧告文が日本政府に伝えられるや、最初に最も激しく反発したのは陸軍であった。国際連盟脱退は、日本政府にとって事実上ワシントン体制からの逸脱を意味しており、当然に回避すべき課題となっていたが、同時に満州国の既得権益の保持にも強い関心を抱かざるを得ず、軍部の強硬姿勢への対応について苦慮することになったのである。[17] この間、イギリスから満州問題について日中間で協議を進め、同時に国際連盟とも継続して交渉することによる問題解決の先送りを骨子とする妥協案が提示される。斎藤内閣はあくまで脱退反対の態度を貫こうとし、枢密院議長、首相経験者、民政党・政友会の両党総裁等から構成される重臣会議の開催によって軍部の統制を図ろうとしたのである。

牧野内大臣の支援を受けながら斎藤首相が重臣会議にこだわったのは、内閣主導型の政府の限界性を感じたからであり、軍部との対抗上、重臣連中をも取り込んだ強力な政府の創出によって、軍部優位の方向が顕在化してきた政軍関係の是正を期待したのである。しかし、依然として西園寺公望や木戸幸一は、斎藤首相の重臣会議開催論には消極的であった。この間にも軍部統制の手段として重臣会議開催必要論を説いていた外務官僚の吉田茂(前イタリア大使)は、政友会総裁の鈴木喜三郎、民政党総裁の若槻礼次郎、枢密院顧問官の伊東巳代治、海軍の実力者山本権兵衛等と接触して重臣会議開催を説得した。しかし、この説得工作には各勢力や各派閥の思惑が交差しており、必ずしも一本化できる状況ではなかった。[18]

斎藤首相や吉田等の説得工作に積極的に呼応しようとする海軍の山本や民政党等の勢力も存在はしたが、日本は「満州国」を承認済みであるにもかかわらず、事実上これを否定しようとする国際連盟の勧告には従えないとする枢密院議長の倉富勇三郎等の見解が次第に優勢となっていき、斎藤首相も結局は重臣会議の開催を諦めるところとなった。この間の政府周辺の政策決定過程において元老西園寺公望が果たした役割は決定的であり、その西園寺は天皇制支配国家体制を堅持していくうえで、天皇の権威が軍部統制のために政治利用されるような政策の断行を一貫して回避してきた。

こうして一九三三(昭和八)年二月二〇日に政府は国際連盟からの脱退を決定する(同年三月二七日の枢密院本会議にて正式決定)。それでも、斎藤首相等は脱退が直ちに協調外交の放棄、すなわち、ワシントン体制からの逸脱とは考えていなかった。少なくとも政府内では協調外交派が依然として優勢であったからである。しかし、問題はその協調外交派(＝後に対英米協調派)が政府内で優勢であっても、「満州国」の放棄を決断することは到底不可能であった事実である。もはや一内閣や政府の判断だけでは政局全体を動かすことが出来なくなっていたのである。とりわけ、政府は軍部統制の手段を失いつつあった。

以上の政治過程から国際連盟脱退の動きを抑制する手段としての重臣会議開催方式が失敗に帰したことは、外交決定過程においても軍部の主導権が発揮されたことになり、政府内および政府周辺における思惑が錯綜するなかで、軍部統制策の形成に失敗したことになる。その結果、日本はワシントン体制という国際協調体制に一定の距離を置かざるを得ない立場に追い込まれ、そのことがその後の内政・外交における選択の幅を一層狭くさせていくのである。それは外交的孤立化という形で、やがて対中国政策の点でも決定的な影響を及ぼすことになる。その典型事例が華北分離工作の強行であった。

それでは、国際連盟脱退から華北分離工作、そして日中全面戦争に至る対中国政策の展開が当該期における政軍関係にどのような影響を結果したのか。特に満州事変以降、中国・南京政府を相手とする塘沽停戦協定の締結(一九三三年五月三一日)を機会に、中国駐在日本公使の大使への昇格(一九三五年五月一七日)等、日中関係は中国国内の国民党と共産党との対立という問題もあって、中国側の対日宥和政策が目立つようになる。しかし、陸軍はそのような状況を利用して華北分離工作に乗り出し、華北地方の第二満州国化を目論んでいた。陸軍の華北分離工作が明らかになると、中国国内では南京政府の対日宥和政策への批判が国民の間から噴出するようになり、同年一一月に開催された国民党五全大会では抗日民族統一戦線の結成が提起され、共産党との和解への道が模索される機運となっていたのである。

その意味では日本の対中国政策はさらに厳しい選択を迫られることが予想されたが、以上で見たように陸軍の国際連盟脱退論と華北分離工作の進捗を抑制する力は、政府側には極めて弱くなっていた。そのような陸軍の勢いを抑制する力は、もはやもう一つの武力組織としての海軍をおいて他になくなりつつある状況であった。しかしながら、その海軍にしても、前節で高木惣吉の史料を紹介しながら概観したように、陸軍と同質の対中国強硬論が確実に強まっており、いわば陸軍の「制動機《ブレーキ》」[19]としての役割は期待薄であった。海軍は前章で整理したようにロンドン海軍軍縮条約をめぐり政府と対立しており、それに加え、海軍内部でも条約締結推進派(=条約派)と条約締結反対派(=艦隊派)との派閥争いが激化し、満州事変から第二次上海事件にかけて、艦隊派は条約派を海軍中枢から排除する人事を徹底して断行する。[20]すでに多くの先行研究が明らかにしているように、艦隊派勢力では対中国政策においても強硬論が圧倒的であり、陸軍と共同歩調を採ることで海軍も積極的に中国問題に関わるべきだとする者が多かった。[21]

おりから海軍にとっての最大の課題は、第二次ロンドン海軍軍縮条約問題であった。すなわち、ワシントン体制を支えたワシントン条約とロンドン条約という二つの海軍軍縮条約廃棄問題である。これについて、政府およびその周辺では、国際連盟脱退後ではあっても、基本的にワシントン体制の枠組みから逸脱することを回避し、対英米協調路線を堅持する方針であった。軍縮条約を廃棄することは日本の孤立化を一段と深めるとの判断があったからである。

しかし、すでに海軍内の判断では満州問題をめぐりアメリカやイギリスとの軋轢が深まることが必至であった。すなわち、対英米協調路線自体が近い将来、有効性を維持できなくなるとの判断が支配的になりつつあった。同時に、海軍内には当面英米との協調を図りながら対中国政策を推し進めるとともに、中国において日本優位の地位を占めるために華北分離工作を進めるという方針を軍中央に具申するケースがあった。

例えば、当時上海に派遣されていた第三艦隊司令長官及川古志郎(旗艦出雲座乗)は、一九三六(昭和一一)年三月二七日付で海軍大臣と軍令部総長宛に「支那ヲ中心トスル国策ニ関スル所見(第三艦隊機密第八五号)[22]」を送付したが、その内容は海軍内の大方の見解を集約するものと思われる。すなわち、及川は満州事変を引き起こした関東軍の行動に触れ、それが中国全土を一挙に日本の支配下に置こうとする「誇大的ノ意図」は持たない行動であるものの、「唯出来得レバ北支五省ヲ南京政府ノ権外ニ離脱セシメ満支間ノ緩衝地帯トナシ対蘇戦争ニ際シ側方ノ脅威ヲ除カント欲スルニ在ルモノノ如シ[23]」と指摘できるとしていた。それで陸軍は、一九四〇(昭和一五)年を目標に「北支五省」の実質占領と中国全土を制圧する計画を実行する予定であり、陸軍の満州地域での対ソ戦争準備が完成された時期こそ対ソ開戦の時であるとする。そうした危機感を次のように指摘している。

斯ノ如キハ海軍ニトリテモ亦国家ニトリテモ重大事ナレバ関東軍等ノ独断決定ヲ許スベキニ非ズシテ海陸軍中央当局ニ於テ充分ニ話合ヒツツアリト思ハルルモ尚深甚ノ留意ヲ要スルモノアリト思考ス　右ノ如キ状況ナルヲ以テ陸軍従来ノ独断越軌ノ行動ニモ鑑ミ若シ関東軍充実セバ帝国国内ノ事情ノ如何ニ拘ラズ口実ヲ構ヘテ蘇軍ニ対シ戦闘行動ニ出ヅルコトアルヤモ計ルベカラズ　従ツテ関東軍ノ充実完成ハ好ムト好マザルトニ拘ラズ対蘇戦闘開始ヲ招来スルモノナルコトヲ覚悟シ常ニ深甚ノ注意ヲ要スルモノト思考ス[24]

ここでは陸軍の軍事行動が日ソ間の軍事衝突に発展する可能性と危険性とを強調し、関東軍の動きを牽制する必要を説き、陸軍の主導による大陸政策の進展を警戒する。そして、陸軍の企図した「北支工作」は、対中国政策の推進上日本政府の統制下で処理すべきだと主張する。要するに、陸軍の単独による中国政策の推進を牽制・阻止するため、ここでは対中国政策を日本政府の統制下に置くという形で合理的手段に訴えようとしたのである。このように、海軍全体の対陸軍観を代表する形で陸軍の行動を総括しているが、海軍としての対中国政策の本音も、ここでは次のような箇所で明らかにされている。

北支工作ハ必ズシモ帝国ノ利己的膨張欲ノ結果ノミト断ズ可カラズシテ一面其ノ指導精神ハ真ニ国際愛ノ理想ニ出発セル点ナカラズトセバ而シテ帝国ト北支政権トノ経済ヲ目標トシ相当濃厚ナル政治工作ニ依リ之レヲ推進セ

ントスルモノナルガ故ニ其ノ完成ニハ仮スニ若干年処ヲ以テセザル可カラザルニ拘ラズ若シ其ノ功ヲ急グ時ハ却ツテ当初ノ理想ヲ没却シ徒ラニ各方面ノ誤解ヲ招クニ過ギズ(25)

海軍としては陸軍の単独行動は好ましくなく、国家政策として中国政策が一本化されることが中国への政治圧力ともなり、同時に国内における特に陸海軍の相互協力態勢も整うこととなるという点に帰着する。そして、今後日本が採るべき国家政策のうち、すでに焦点になりつつあった南方進出と北方進出の調整問題に言及して次のように指摘する。

帝国ノ取ルベキ国策ニ南方進出ト北方進出トノ二策アリ何レノ方面ニ対シテモ平和的進出ヲナスニ於テハ何等問題トスベキニアラザルモ今日ノ如ク列国ガ関税ノ障壁ヲ高クシ他国ノ平和的進出ヲ人為的ニ阻止スルニ於テハ必ズヤ或ル処ニ於テハ実力ヲ行使シテ其ノ障碍ヲ排除スルノ準備ト覚悟トヲ持セザル可カラズ(26)

「南方進出」問題への言及は、海軍部内における陸軍の積極的な対中国武力行使・軍事行動への対抗意識、および「南方進出」の行動による海軍の役割期待を明確化して海軍の立場を強化すること、そして、当該地域の石油資源への着目という点に求められる。ただこの時期、海軍の「南方進出」時期尚早論を唱え、「満州国」を完全に育成して国防国家日本の体裁を整えたのち南進に転ずるべきだとした点は見逃せない。そして、海軍の取るべき姿勢は「対蘇戦ヲ直近目標トシテ戦備ヲナシ国策ヲ遂行スルモ島帝国トシテ常ニ米或イハ英一国ヲ排除スルニ足ル海軍力ヲ整備シ置クノ必要アルハ何人モ首肯スル所ニシテ海軍戦備ヲ整備スル上ノ理由ニ欠クル所ナシ(27)」という点にあるとした。

こうした及川第三艦隊司令長官の意見書に対し、同年四月一六日、海軍次官長谷川清と軍令部次長嶋田繁太郎とが連名で第三艦隊司令長官宛に「対外国策ニ関スル件申進(官房機密第一〇三五号)(28)」をもって回答を行っている。その内容は一言で言えば、廣田弘毅内閣の「国策の基準」によって正式の国策として決定された内容に盛り込まれていくものである。そこでは冒頭で、海軍の公式の態度としては、今後の日本政府の採るべき最も妥当な案として新内閣にその実現を要望した「国策要綱」があり、海軍はその案に沿って部内で一致すべきであり、その旨を理解して行動するよう要請している。

その「国策要綱」は、まず「帝国国策ノ要綱ハ内ハ庶政ヲ更張シ外ハ大陸ニ於ケル帝国ノ地歩ヲ確保スルト共ニ南方ニ発展スルヲ根本方針トシ国力ノ充実国権ノ伸張ヲ図リ以テ東洋ノ平和ヲ確立シ人類ノ福祉ヲ増進シテ東亜ノ安定勢力タルノ実ヲ完ウスルニ存リ」[29]と全体の骨子を述べたうえで、対外策の基本としては、「実行ニ当リテハ国家ノ施策ヲ一途ニ出デシメ且之ヲ一貫セシムルコト肝要ナルト共ニ徒ラニ列国ヲ刺戟シテ過早ニ実力ノ行使ヲ余儀ナクシ或ハ列国一致結束我ニ対抗スルノ情勢ヲ誘致スルガ如キハ之レヲ厳ニ戒メザルベカラズ」[30]と記す。

要するに、諸列強との間の関係を調整しつつ、漸次満州・中国・南方地域への「進出」を実現し、日本の権益と支配の実を挙げることを明確な目標として設定する。その際の最大の問題として、陸軍の行動が示すように諸列強の警戒感を招くような行動を採ることの不利益さを強調している。国家目標は陸軍と同じでも、「進出」方法の相違を明確にしているのである。それは一連の陸軍の行動を暗に批判しているのであり、陸軍への反発が海軍部内では依然として強かったことを示している。

日中全面戦争が引き起こされる前年までは、少なくとも海軍ではこのような合理的な判断が健在であり、本章の第一項で見た「高木惣吉史料」で展開されているような、好戦的な視点は希薄であった。つまり、この時期まで海軍は、対中国政策において陸軍と一定の距離を保つと同時に、合理的な視点を確保していたのである。そのことによって、海軍は対英米協調路線を説く外務官僚との連繫を可能としていた。陸軍としても対中国政策の手法において国際世論への配慮は相対的には希薄だったとは言え、国際連盟脱退以降、陸軍主導の外交政策が突出することへの批判が高まることには頗る警戒的であったのである。

それゆえに、対中国政策をめぐる手法の相違が、直ちに陸海軍の連繫を阻む要因とはならなかった。やや前後するが、一九三四(昭和九)年一二月七日の陸海軍に外務省も加わった三省関係課長間決定の「対支政策ニ関スル件[31]」では、南京政府の責任において中国国内の抗日運動を停止させ、同政府の華北地方政権への干渉を止めさせる点において、合意が形成されていたのである。当該期、海軍はこの南京政府を牽制する目的も含め、華南地方の広東省を中心に海軍兵力の展開を検討しており、ここには陸軍の華北分離工作、海軍の華南進出、そして、外務省の南京政府懐柔策等、それぞれのスタンスで対中国政策は相互に補強しあう関係を構築していた[32]。

確かに、南京政府の位置確定をめぐり、陸軍省、海軍省、外務省の三省間で認識が完全に一致していた訳ではないが、それは最終的に中国における支配権を確保するための方法論の違い以上のものではなく、それゆえに、対中国政策における外交・軍事指導は、大枠で一定の統一性を保持することに成功していた。その意味で、対中国政策を媒介にして、当該期の政軍関係はある種の安定感を得る結果となり、客観的に見れば、相互に補完的・協力的な状況に入ったと見て良い。そこから比較的均衡の取れた政軍関係が創出されていたのである。

しかしながら、この関係は必ずしも長続きせず、南京政府が英米両国の支援を受けて幣制改革を断行し、さらに中国国内における日本の華北分離工作への反発を強めるなかで、海軍側は陸軍の強硬路線への警戒心を強めて行く。それと同時に、陸軍の対中国政策を抑制する意味からも、海軍の進める南進政策への陸軍の積極的な同調を期待するようになった[33]。陸軍はそのような海軍の期待とは別に華北侵攻の速度をあげ、それが国内的な支持を獲得しつつある状況にあった。その意味では、対中国政策をめぐる陸海軍の動きは依然として極めて流動的であり、外務省をはじめ、政府側にしても明確な統一方針を掲げて対中国政策の断行を可能とするような求心力を欠いた状況にあった。

(1) 新名丈夫編『海軍戦争検討会議記録——太平洋戦争開戦の経緯』毎日新聞社、一九七六年、一一八—一一九頁。
(2) 同右、一一九頁。
(3) 前掲『海軍と日本』九一頁。

(4)　伊藤隆編『高木惣吉　日記と情報』上巻、みすず書房、二〇〇〇年、四二五頁。「高木惣吉史料」を用いた研究書としては、森元治郎『ある終戦工作』(中公新書、一九八〇年)、伊藤隆『昭和十年代史断章』(東京大学出版会、一九八一年)、研究論文には野村実「海軍の太平洋戦争開戦決意」(慶応大学文学部三田史学会発行『史学』第五六巻第四号、一九八七年四月)、工藤美知尋「「高木惣吉史料」にみる日本海軍の終戦工作」(日本大学法学部『日大法学』第四八巻第二号、一九八二年)等がある。また、「高木惣吉史料」は、防衛庁防衛研究所戦史部図書館では、その一部を「高木惣吉少将所持戦争指導関連史料」と呼称して登録されており、「史料についての所見」には、「関連期間中の海軍の政軍の政策決定の裏面の情報についての一等史料、二等史料が多い。とくに昭和十三年から十四年の防共強化交渉、昭和十六年開戦、昭和十九年から二十年の終戦に関する情報を中心とする史料が注目される」とするメモが記されている。

(5)　前掲『高木惣吉　日記と情報』上巻、四二五―四二六頁。

(6)　同右。

(7)　前掲『海軍戦争検討会議記録』一二二頁。

(8)　前掲『高木惣吉　日記と情報』上巻、四二七頁。

(9)　同右、四二八頁。

(10)　同右。

(11)　同右、四三二頁。

(12)　大山勇夫事件が海軍に与えた影響については、前掲「大山事件の一考察」参照。

(13)　パネー(パナイ)号事件についての詳細な研究として、笠原十九司『日中全面戦争と海軍――パナイ号事件の真相』(青木書店、一九九七年)がある。また、「揚子江の危機――再考パネー号事件」(『軍事史学』第二五巻第三・四号、一九九〇年二月)では、同事件の発生および処理過程を通して、日米戦争への準備段階を強く意識させることになったことを検証している。また、笠原は「参謀本部第一部長　田中新一中将業務日誌」第一分冊(防衛庁戦史資料　中央・作戦指導日記)を引用し、日本海軍は一九四〇年秋には軍令部において対米戦争の作戦を検討、その際における対米戦争の拠点は「太平洋戦争」であると記録していることを紹介し、当時既に日本海軍が「太平洋戦争」の呼称を使っていることに注目している(同書、三三四頁)。

(14)　ジョセフ・グルー(石川欣一訳)『滞日十年――日記・公文書・私文書に基く記録』上巻、毎日新聞社、一九四八年、三一六頁。

(15)　アメリカ、イギリスを中心とする国際秩序を意味するワシントン体制の枠組みを遵守し、対英米協調論を説く宮中グループと、特に満州事変以降において自立的帝国主義論の立場から既存の国際秩序打破を説くアジア・モンロー派との対立が次第に先鋭化してくる。その意味から元老・重臣(=宮中グループ)の役割を重視する必要がある。この点を強調した最近の論文に、堀田慎一郎「岡田内閣期の陸軍と政治」(『日本史研究』第四二五号、一九九八年一月)、同「一九三〇年初期における補弼体制再編の動向」(『年報　日本現代史』第五号、現代史料出版、一九九九年)がある。

(16) 御前会議を開催し、天皇の権威によって軍部を統制する手段にうったえようと画策した牧野伸顕の動きについては、伊藤隆・広瀬順晧編『牧野伸顕日記』(中央公論社、一九九〇年)を参照。

(17) 国際連盟脱退問題について最近の研究に、茶谷誠一「国際連盟脱退の政治過程——輔弼体制再編の視角から」(『日本史研究』第四五七号、二〇〇〇年九月)があり、当問題を手際良く纏めている。本節もこの茶谷論文を参照した。また、臼井勝美『満洲国と国際連盟』(吉川弘文館、一九九五年)、井上寿一『危機のなかの協調外交——日中戦争に至る対外政策の形成と展開』(山川出版社、一九九四年)、論文に、内山正熊「満州事変と国際連盟脱退」(三宅正樹他編『昭和史の軍部と政治』第一巻、第一法規出版、一九八三年)等を参照。

(18) この点について、茶谷誠一は、前掲「国際連盟脱退の政治過程——輔弼体制再編の視角から」で、「民政党や薩派の説く重臣会議論はあくまで自らの政治的立場の優位化、権威復興を主眼とするもの」(一三頁)と指摘している。なお、国際連盟脱退問題についての枢密院の動向については、佐々木隆「挙国一致内閣期の枢密院」(『日本歴史』第三五二号、一九七七年九月)、堀田慎一郎「平沼内閣運動と斎藤内閣期の政治」(『史林』第七七巻第三号、一九九四年五月)等がある。

(19) 高木惣吉『太平洋戦争と陸海軍の抗争』経済往来社、一九六七年、二三四頁。

(20) 海軍内派閥対立については、秦郁彦「艦隊派と条約派——海軍の派閥系譜」前掲『昭和史の軍部と政治』第一巻、参照。

(21) 当該期における海軍の対中国政策に関する研究として、増田知子「海軍拡張問題の政治過程」(近代日本研究会編『年報近代日本研究4　太平洋戦争』山川出版社、一九八二年)、樋口秀実「日中関係と日本海軍——一九三三—一九三七年」(『史學雑誌』第一〇八巻第四号、一九九九年四月)、参照。

(22) 前掲『太平洋戦争への道——開戦外交史』別巻(資料編)、一九六三年、二一六—二二二頁。同資料の原典は、防衛研究所戦史部図書館所蔵「②支那事変　二七三」に所収。

(23) 同右、二一八頁。

(24) 同右。

(25) 同右、二二〇頁。

(26) 同右。

(27) 同右、二二一頁。

(28)　同右、二三二―二三一頁に所収。
(29)　同右、二三二頁。
(30)　同右。
(31)　『現代史資料』第八巻(日中戦争一)、みすず書房、一九六四年、二二一―二四頁。
(32)　対中国政策をめぐる陸軍と海軍との対立と協調の実態については、前掲「日中関係と日本海軍」が詳細な検討を行っている。また、赤木完爾「日本海軍と北海事件」(慶應大学大学院『法学研究科論文集』一九九七年度)も参考となる。
(33)　当該期、海軍の華南地方を中心とする南進政策については、波多野澄雄「日本海軍と「南進」――その政策と理論の史的展開」(清水元編『両大戦間期日本　東南アジア関係の諸相』アジア経済研究所、一九八六年)、相沢淳「海軍良識派と南進」(軍事史学会編『第二次世界大戦』第一巻〈発生と拡大〉、錦正社、一九九〇年)、森茂樹「枢軸外交および南進政策と海軍」(『歴史学研究』第七二七号、一九九九年)等を参照。

三　日中全面戦争前後期政軍関係の変容

1　二・二六事件以後の陸軍を中心に見た政軍関係

本節では、二・二六事件(一九三六年二月二六日発生)以後の内政に視点を絞り、統制派がカウンター・クーデターに成功して軍中央から皇道派を一掃し、その勢いで事実上の軍部内閣とも言うべき廣田弘毅内閣を創出し、同内閣を媒介に政治的発言力を決定的にしていった過程を検討する。

前節でも触れたように、一九三〇年代における政治システム、あるいは政軍関係の視点からすれば、一九三二(昭和五)年に起きた五・一五事件により犬養毅政友会内閣が倒れ、その結果として政党政治が崩壊するまでは、「選出勢力」の代表格としての政党の役割が相対的に大きく、それゆえに軍部の反政党姿勢が強まりはするが、基本的には政党・政府による軍部統制が常態化し、政治優位の政軍関係が定着していた。政党政治崩壊後には、文字通り政党が政治の表舞台から後退し、軍部の政治的地位が高まるが、それは直ちに軍部優位の政軍関係の出現を意味するものではなかった。

その後二・二六事件までに、斎藤実と岡田啓介という二人の海軍大将により相次いで政権が形成されたが、これらの政権を生み出したのは、西園寺公望を筆頭とする元老・重臣グループ(=宮中グループ)であった。斎藤・岡田の両政権とも「挙国一致内閣」という位置づけを与えられ、「非選出勢力」としての政権基盤の脆弱性を補強する手当が施された。一方、陸軍を中心とする軍部は、最大の懸案であった対中国政策との絡みから、当分は対英米協調の基本路線を放棄する訳にはいかず、従って、対英米協調論を説く宮中グループの主張を甘受していく。そこから二・二六事件発生まで政軍関係の実態に占める宮中グループの位置確定は歴史研究における重要な課題であった[1]。

そして、さらなる問題は、なぜ二・二六事件後も、陸軍が宮中グループの軍部統制を受け入れ、直ちに軍部政権の樹立を目指さなかったのか、ということにある。具体的には、二・二六事件以後、圧倒的な政治的地位を獲得しながら、何ゆえに外交官出身の廣田弘毅を支持したのか、そして、陸軍出身で短命に終わった林銑十郎内閣を挟んで、なぜ国民的人気の高かった近衛文麿を推したのか、ということである。逆に言えば、政党内閣崩壊後、宮中グループは政党に代わる政治勢力として政治の表舞台に登場し、政党に代わって軍部統制の役割を演じてきたが、二・二六事件を境にして次第に軍部統制を弱めたにも関わらず、日中全面戦争の開始期に軍部主導とは言え、非軍部政権が成立したのはなぜか、という問題である。

そこでは軍部を統制しようとするのではなく、懐柔しようとする宮中グループ独特の政治手法が使われたことも確かであったが、歴史の事実として宮中グループのこれらの態度は、結局は軍部主導の政軍関係に拍車をかけることになったという意味で極めて重要な検討課題である。

二・二六事件以後の軍部、とりわけ陸軍内部において主導権を掌握した統制派であったが、なかでも事件処理において「反乱軍」への厳罰をもって臨んだ石原莞爾(一九三六年六月より参謀本部作戦課長)ら陸軍中堅層が廣田内閣においても強力な影響力を行使していく[2]。石原に代表される陸軍中堅層が握った主導権は、林銑十郎内閣期には、例えば、同じ統制派の範疇に入る陸軍次官梅津美治郎中将(一九三六年三月二三日就任)等の陸軍上層部に移ることになるが、いずれにしても陸軍主導の内政・外交、そして、戦争指導が展開されていくことになる。

二・二六事件を奇貨として主導権を握った梅津陸軍次官等の統制派は、一連の「粛軍」の断行によって、それまで陸軍内にあって優位な位置を占めていた参謀本部に代わり、陸軍省優位の体制を敷くことによって、陸軍省の中央幕僚に権力を一元的に集中させ、一枚岩としての団結力を欠いていた陸軍の再編を図ったのである[3]。一九三六年五月一八日の陸軍省官制の改正によって陸軍大臣と陸軍次官の現役武官制を復活させた理由は、ただ単に軍中央から排除した皇道派系の将軍が軍中央に復帰してくることを遮断する措置という消極的側面に留まらず、むしろ陸軍省が内閣への掣肘権を確保しておくことによって政治の軍部統制の可能性を削ぎ、逆に軍部による政治統制の機会を準備しようとするものであった(4)。

この措置と併行して梅津次官は、さらに同年八月一日に施行した陸軍省官制の全面改正を行い、ここで軍務局に政治・政策を担当する軍務課(初代軍務課長石本寅三大佐)を設置し、政治工作などを含めて政治への関与を具体的に実行する態勢を整えた。陸軍省優位の構造が形成されつつあったことは、当然ながら陸軍にとって最大の課題であった対中国政策にも大きな変化をもたらすことになったのである。

参謀本部と関東軍との強い連繋のなかで強行されてきた従来の対中国政策は、陸軍省優位の構造において変化することになった。華北分離工作についても武力に直接訴える強硬方針は後退し、経済提携を条件にしながら南京政府との交渉によって譲歩を獲得し、漸進的な華北分離工作の実現を目指すことになったのである。陸軍省の華北分離工作には石原ら参謀本部は必ずしも同調的ではなく批判的であったが、最終的には沈黙を強いられる形となり、対中国政策においても陸軍省主導となっていく。

梅津次官を中核とする統制派は、以後内政における懸案事項であった総力戦体制構築に向け、具体化を急ぐことになる。その象徴的事例が、同年八月二日に寺内寿一陸軍大臣によって提出された「行政機構改革案」であった。これは行政長官と国務大臣の分離、議員の行政官就任の禁止を骨子とするもので、要するに帝国議会議員を政府要職枠から排除することで、議会勢力の弱体化を意図したものであった。陸海軍省をはじめ、既存の官僚制の権限強化を狙ったのである。廣田内閣は、八月二五日に「国策七項目」を発表し、このなかで陸軍の要求を受け入れて行政機構改革が盛り込まれた。

同内閣は、既に同月七日に五相（首相・外相・蔵相・陸相・海相）から構成される五相会議において「国策の基準」を決定しており、国防軍備の充実や南北併進の方針など軍部の要求を呑んだばかりであった。また、同日には四相会議（首相・外相・陸相・海相）で日・満・支共同の対ソ防衛・赤化防止を目的とする日独提携などを目標とする「帝国外交方針」を決定、さらに同月一一日には華北五省の防共親日満地帯化を企図する「第二次北支処理要綱」を策定するなど、矢継ぎ早に陸軍の説く内政・外交政策をほとんどそのまま代行する役割を演じることになった。[5]

おりからソ連極東軍の増強を宣伝し、対ソ戦準備を推し進めようとした陸軍が実現を急いでいた軍備拡充計画でも同様であり、九月一五日には「軍備拡充五カ年計画案」を大蔵省に提出した。戦時四一個師団と一四二航空中隊を整備するという大軍拡計画は陸軍統制派の宿願であったが、結局同年一二月、初年度予算として総額七億二〇〇〇万円の予算が計上されることになった。廣田内閣以降、一連の陸軍の内政・外交、さらには国家機構の再編の目論見は完全な形ではないにせよ、その大方が実現されていったことは事実であった。その結果、陸軍を中核としつつ、これに海軍も呼応する形により、軍部による政治統制、すなわち政軍関係の逆転現象が出現することになっていくのである。

このような陸軍の政治統制の実態に対し、政党が反撃に出ることになった。その契機となったのは、一九三六年一〇月三〇日の議会制度改革における「軍部案」をめぐってであった。政党は、同案が帝国議会の権限の縮小、ひいては明治憲法によって保証された帝国議会そのものの正当性を否定するに等しい案文と位置づけ、世論の反軍感情にも訴えながら批判の論陣を張ろうとしたのである。軍部は政党の反撃に直接取り合おうとしなかったが、従来からの主張である天皇制を中心とする国体の本義には、既存の議会制が不適合との認識を示すことで、事実上政党政治を否定する態度を繰り返し主張した。これが、翌一九三七（昭和一二）年一月二一日、衆議院における政友会の浜田国松代議士と寺内寿一陸相との間に起きた、通称「腹切り問答」に発展する。寺内陸相は議会の解散を要求し、政局が混乱する。廣田内閣は、この混乱の事態を収拾することができず、それが契機となって内閣が総辞職する事態となったのである。

ある。

同年一月二五日、廣田内閣の後継として、陸軍大将で民政党との関係が深かった宇垣一成にいったんは大命降下があり、宇垣は組閣を開始するが、陸軍が宇垣内閣成立の阻止に動き、結局宇垣は組閣を断念するという事態となった（「宇垣流産」、一月二九日）。梅津陸軍次官および石原等の軍首脳や中堅軍事官僚は、政党に深い繋がりがあり、軍縮断行により国家財政の健全化に尽力した宇垣の過去の実績に反発していたのである。そして、陸軍統制派の意向を忠実に実行する人物として元朝鮮軍司令官であった林銑十郎陸軍大将に大命降下があり、林内閣が成立する（二月二日）。この間の経緯は、「軍務課政変日誌（昭和十二年一月二三日付）」[6]に詳しい。そこでは、陸軍統制派の徹底した反政党主義が「宇垣流産事件」の最大の原因であったとしているのである。

問題は「軍務課政変日誌」に記されているような軍部の反政党主義に、民政党も政友会も宇垣を支援する形で反軍部・反陸軍の陣営を全く構築しようとしなかったことである。両政党とも政党政治の崩壊以後、内部の主導権や方針をめぐる党内抗争が潜在しており、党を挙げて宇垣を支援する態勢にはなかった。そうした背景もあって、政局展開の主導権が終始、陸軍統制派の軍事官僚に掌握され続けたことは事実であった。

また、本来欧米流の政党政治に理解とシンパシーを持っているはずの宮中グループが、政権交替期に何等動きらしい動きをせず、結果として宇垣を見殺しにしてしまったのは一見不可解な態度であった。しかし、事実は宮中グループが、この時点ですでに陸軍統制派を中心とする軍部の独走を見過ごす姿勢に転じつつあった、ということである。実際に、宮中グループのニューリーダー的存在として頭角を現していた近衛文麿等は、軍部との連繋の途を探っていた。陸軍統制派は、こうして林内閣にも軍部内閣として、懸案であった総力戦段階に適合する国防国家の構築に向かわせるのである。

林内閣も基本的には梅津陸軍次官に代表される陸軍統制派の傀儡政権であった。陸軍省は内閣発足直後の第七〇帝国議会において、「軍備拡充五カ年計画」の早期実現を要望し、軍備拡充政策の断行を引き続き迫った。ここで注目されるのは、梅津陸軍次官が軍備拡充計画に批判的な議会勢力を意識して、新聞紙上で軍装備編制に関わる憲法第一二条の編制大権は、帝国議会の審議権外にあるとの判断を語ったことである。(7) 梅津は統帥権独立制を拡大解釈し、軍令権だけでなく軍政事項の範疇に入るべき編制大権をも統帥権の範囲として解釈することで、政府・議会の統制を排除し、軍備拡張政策への承認を迫ったのである。

このような強硬姿勢を見せるなかで、陸軍は「高度国防国家」の建設が当面の陸軍の目標である旨の発言を繰り返すようになる。「高度国防国家」とは、「国防」を国家政策の最大の基本目標と設定し、同時に国家機構の軍事的再編を文字通り最高度に要請するものである。そこでは将来生起する本格的な総力戦への対応が最大の課題としてあり、自動的に軍事機構に国家機構の中核としての地位が与えられるものとされた。より具体的には、政党や議会など民意の動向によって政策の選択が規定されるような体制を排除し、「国防」を大義名分として徹底した権限の集中が企図されたのである。

この陸軍の路線は林内閣を継いだ第一次近衛文麿内閣(一九三七年六月四日成立)においても、基本的には変化がなかった。内閣発足の一カ月後の七月七日に開始された日中全面戦争における戦争指導においても、参謀本部作戦課長の武藤章大佐、陸軍省軍事課長の田中新一大佐等、中国制圧論を主張する対中国強硬派が陸軍内で実権を握り始めており、軍首脳も原則的には、これら佐官クラスの役割を是認していった。それゆえ、近衛内閣における不拡大方針も全くと言ってよいほど実行されず、実態としては拡大の一途を辿っていくのは歴史が示した通りであった。

陸軍内では、内政・外交の両面において指導権を発揮する態勢が整備され、軍部優位の政軍関係においてしか、対中国戦争も高度国防国家建設も果たし得ないとする姿勢を露骨に見せていたのである。このような陸軍の姿勢には、財界や官界等からも危惧する声や批判が存在しはしたが、南京占領(同年一二月一三日)、それに続く中国との和平交渉打ち切り通告(一九三八年一月一六日)等を通し、対中国制圧論が圧倒する状況においては、そうした国内の反応は沈黙を強いられていくことになった。

2 日中全面戦争以後日英米開戦までの海軍を中心に見た政軍関係

このような陸軍の動きの一方で、日中全面戦争以降における海軍の動きを改めて詳しく追究しておきたい。以上で概観してきた軍部優位の政軍関係の構造が定着するには、日中全面戦争以降における海軍の動きを鮮明にしておく必要がある。満州事変以来、全体的に見れば陸軍の強行姿勢に批判的な姿勢を保持していた海軍は、日中全面戦争以後の対中国政策においても、また国内政局への距離の取り方においても歴然とした変容ぶりが目立つようになる。すなわち、日中全面戦争開始直後における海軍陸戦隊の中国軍との軍事衝突(第二次上海事変、一九三七年八月一三日)を境に、海軍はそれまでのような、陸軍と一線を画し比較的冷静な合理的判断を示していた姿勢を後退させ、基本的には「高木惣吉史料」に露見するような強行路線を次第に前面に押し出すようになってくるのである。

しかしながら、「欧州ヲ中心トスル世界情勢判断」(「高木惣吉史料　諸意見具申並戦争指導」(8))のように、合理的かつ客観的と思われる情勢分析を示す見解も存在した。すなわち、海軍省調査課は、一九三九(昭和一四)年四月一一日付で「欧州ヲ中心トスル世界情勢判断」を策定しているが、ここには米内光政海軍大臣と井上成美軍務局長の当文書への書き込みの跡があり、第二次世界大戦の開始を目前にしつつ、依然として海軍独自のスタンスを堅持しようとする海軍省首脳部の情勢判断を垣間見ることが可能である。

まず、ドイツ情勢の分析では、「独逸ガ英国ノ厖大軍備充実ニ先ダチ膨張政策ヲ強行シ、要スレバ一撃ヲ加フルヲ辞セザルベシト看ル向アル」と判断しながらも、国力が依然として不充分な現状からして、「戦争ヲ強フル如キコト在リ得ベカラズ」との判断を示している。この情勢判断には、米内海相も井上軍務局長も同意の印を書き込んでいる。

これは当時の陸軍省サイドに存在したドイツ軍の先制攻撃によって戦端が切られ、ドイツ軍の優勢のうちに戦局が展開するであろう、とする予測を真っ向から否定したものであった。

続いての備考には、ポーランドの覇権をめぐるイギリスとドイツの対立が欧州戦生起の原因となることを予測しつつも、井上はドイツのポーランド支配が「成功ノ望アリヤ否ヤハ疑ハシ」としていた。一方、イギリスの対ドイツ政策に関しての情勢判断は、現状においてドイツとイタリアの膨張政策がやがてはイギリス・フランスの脅威となることは必至であり、両国が武力によってドイツに対抗するには、しばらく軍備充実の時間が必要であるとする。ただし、イギリスが安全第一主義に固執した場合には戦わずしてドイツに屈服する可能性もあり、アメリカやソ連等の援助が確実視された場合、ドイツとイタリアの分離に成功した場合、さらに、日本の中立の見通しが立った場合等の条件が成立すれば、「戦争決意ノ算ナシト謂フ能ハズ」と結論づけている。この条件のうち井上は、「日本ノ態度ガ最重要ナリ」として日本の対ドイツ政策が欧州情勢の一つの鍵と見なす判断を示していた。

井上のこの情勢判断は、「英ガ対蘇接近ヲ露骨化スルハ波蘭ヲ反発セシムル虞アルノミナラズ日本ヲ益々独伊ニ接近セシメ欧州戦ニ迄誘致スルノ危険アリ」との内容に、「欧州戦ニ対スル日本ノ重要ナル立場ナリ」と記し、さらに「蘇聯モ英側ニ立ツガ得、日本ヨリ攻撃セラルル事ハ好マズ」との判断を示して、欧州戦に対する日本の立場を固定的に捉えず、自在な姿勢を採り得るようにすべきことを示していた。井上は、日本の対独姿勢が欧州戦の可能性を左右する鍵とみることで、日本の柔軟な対応を求めていたのである。

情勢判断の文面をさらに読み進めると次のような注目すべき内容がある。すなわち、「英国トシテハ独逸包囲策ノ一トシテ支那事変処理等ニ関シ我国ニ巧餌ヲ示シ以テ日独伊ノ関係ヲ疎隔セント努ムベシ　帝国トシテハ斯カル場合之ヲ利用スルコト固ヨリ当然ノコトナリト雖モ若シ眼前ノ利害ニ幻惑セラレテ防共枢軸ヨリ遊離スルガ如キハ世界大戦ニ於テ英国ノ犬馬ノ労ヲ執リ戦後ニ至リ英国ノ豹変ニヨリ意外ノ圧迫ヲ被リシ錯誤ヲ再スルモノニシテ深ク戒慎スべキコトナリ」としている。
つまり、日本の立場としては防共枢軸関係を堅持しつつイギリスの分離工作を警戒してイギリスを牽制し、独自の発言力を保持することこそ得策とする姿勢を強調する。井上はこの見解を支持して、「日本ハ其ノ立場ヲ利用シ独及英ヲ自由ニ操縦スベシ、英ガ信用ヲ破ル如キコトアラバ吾ニ実力ノ準備アリ」と記す。両国との等距離外交を展開し、欧州戦におけるいずれの展開にも有利な条件を確保する姿勢こそ合理的な対応策であるとの見解を示していたのである。

続いて、同じく海軍省調査課は、一九三九(昭和一四)年四月一一日付で「第二、欧州戦ニ対シ帝国ノ執ルべキ態度」(9)を策定している。その冒頭の「要旨」において、「欧州戦ニ対シテ独伊側ニ好意的中立ヲ保持シ活発ナル外交及ビ軍事行動ニ依リ支那事変ノ急速解決対英米仏トノ関係再調整ニ務ムルヲ適当トス」と述べ、欧州戦への態度として「厳正中立政策」を採用した場合の利点と不利について列記する。利点として挙げるのは、当面の事変処理を促進できること、世界大戦の生起を回避できること、日本の東洋における地位向上と国力増進を期待できること、英米仏ソとの関係調整ができること、英仏(米)の経済力を東亜建設に利用できること、の五点である。

逆に不利な点として列記しているのは、戦後東洋が諸列強勢力の角逐の場となること、アメリカの日本への立場が好転する望みがないこと、英仏の勢力失墜は日本の東洋における地位強化をもたらすが、独伊が失脚した場合には英米は日本への圧迫を強めること、国内における対英、対ソ世論が悪化している現状から、独伊に好意を示すことなく曖昧な態度を持続した場合には国内問題に発展する恐れのあること、の四点であるとする。井上はここで、「国ノ存亡ニ関スル重大問題ナリ、俗論ニ左右セラレル浅見ヤ面子ニズルズル引ヅラルルハ最危険ナリ政治家ハ身命ヲ賭シテモ正論ニ邁進スベキナリ」と記している。その結果、「四、執ルべキ態度」の項目において、「一挙ニ態度ヲ明示スルコトナク内実独伊側ニ好意的中立ヲ保持ス此ノ間活発ナル外交及軍事外交行動ニヨリ事変処理ノ解決ヲ促進スベシ」

として、柔軟な姿勢を示すことで選択の幅を充分に確保し、情勢の展開に対応した外交政策をとるべきことを結論とする。そのことで、懸案の日中戦争の解決を図るべきとした。この点について井上は、さらに選択の幅を最大限に留保すべきだとし、「独伊ニ限定スルハ不可、英仏米ヲモ自由ニ手玉ニトルベキナリ」と書き込む⑽。

井上の無限定とも言える等距離および全方位外交的な姿勢は、ソ連との関係においても徹底していた。つまり、調査課の示した「蘇聯ノ参加セル暁ニハ帝国トシテハ戦争ニ介入セザルコト対内的ニ看テ(陸軍ノ統制、対蘇企画心等ヨリ総合判断ス)殆ド不可能ナル」とする分析に「同意セズ」と記していることからも、その明確な意志が受け取れる。井上は、少なくともこの時点で陸軍が目指す対ソ戦争の準備、中国の完全制圧、そして、日独伊三国軍事同盟の締結の企図に真っ向から反対であり、これら陸軍の戦略と相反する海軍の戦略を模索していた。安易な独伊提携論を排除し、対英米ソ開戦を回避することで、海軍の独自の軍事的政治的役割を確立しようとしたのであろう。

さらに、「第三、帝国ノ執ルベキ態度ヲ基調トスル当面ノ処理方針⑾」の第二項「(防共協定)付属軍事協定ノ利点」における「1．支那処理(収拾)ニ対シ英仏蘇ノ積極的干渉ヲ予防ス　2．欧州ニ於ケル独伊ノ発展策ト呼応シ極東ニ於テ英仏ノ援蔣態度ヲ緩和セシメ時局収拾ヲ速カナラシムル算アリ」とする文面に井上は次のようにコメントする。すなわち、「日本ノ行動ヲ以テ独伊ノ行動ト同一視セラレ政策的ニハ援蔣方針ヲ強化セシムルコトトナル、実質的ニ蔣ヲ援助スル量ガ欧州ニ牽制減少セラルルモノト見ル得ベシ、米蘇ヲシテ一層反日ニ向ハシムル結果トナルコトモ考フベキナリ」と。独伊へのこれ以上の接近が英米の援蔣方針を強化することになり、それだけ日中戦争の解決は遠退くとの判断を示し、陸軍の三国軍事同盟締結への動きが日中戦争解決を遅延させる原因となると予測している。この井上の判断は極めて合理的判断であり、その予測が正しかったことは歴史が証明することになる。

井上の陸軍への姿勢は、すでに対立感情から憎悪に近いものとなっており、情勢報告が欧州戦争にソ連が参戦した場合には陸軍が対ソ戦に踏み切ることは必至であり、海軍とてこれを抑制することは不可能だとする分析に「抑制ス、海軍ノ決心次第ナリ」と強い調子でコメントしていることから、井上の相当の覚悟が読み取れる。

全体として井上は、「(防共協定)付属軍事協定」に、「条約ナリ共日本ハ独自ノ見解ニテ欧州戦不介入ノ態度ヲ執ルベシ」と強い姿勢を明らかにすることで、ここでも陸軍と一線を画そうとしていた。無論、米内―山本(海軍次官)―井上という海軍省首脳に代表される反陸軍姿勢は、この時期でさえも軍令部を含めた海軍全体の統一した見解では必ずしもなかったことは事実であり、すでに多くの資料や証言でも明白である。むしろ、この資料は井上等が海軍内で〝左派トリオ〟と呼ばれたように特異なスタッフであることを示しており、一時的であれ海軍省内で実権を掌握し得たこの時期は、その直後に海軍が陸軍と合同して対中国強硬姿勢を露骨にしていった経緯からしても特異な時期であったと言える。

一九三九(昭和一四)年一月四日、第一次近衛文麿内閣が日独軍事同盟問題や経済的危機克服等をめぐり閣内不統一を理由に総辞職した。平沼騏一郎内閣を挟んで阿部信行内閣の成立(同年八月三〇日)前後において、海軍は政治への関心を一挙に増大させ、陸軍主導の政治および戦争指導の展開に相当程度の不満と対抗心を抱き、独自の役割を模索する過程で次第に対中国政策をはじめとする外交および内政につき強硬姿勢を表面化するに至った。

これに関連して、海軍省調査課は、同年八月二一日付で「海軍ノ採ルベキ最高政策ニ関スル考察[12]」と題する次の内容のメモを残している。

一、海軍ハ其ノ伝統的高踏主義ヲ持続シテ政治問題介入ヲ回避スベキヤ否ヤ。

二、若シ海軍ハ国家的重大時局ニ方リ進ンデ国策ノ確定、国内政治ノ是正ニ芥頭挨面策ヲ辞スベカラズトセバ其ノ方策如何。海軍ノ政治的勢力扶殖法如何。部内統制保持上運用実施ノ方策如何。

三、陸軍ト協調スベキヤ否ヤ。若シ協調スベシトセバ其ノ方策如何。

四、陸軍ヲ打倒スベキヤ否ヤ。若シ打倒スベシトセバ其ノ方策如何。

五、事態ヲ見送ルベキヤ否ヤ。若シ見送ルベシトセバ如何ナル時機ニ如何ナル方策ヲ採ルベキヤ。
六、明治維新鴻業ノ客観的韌鞏性ヲ如何ニ観察スベキヤ。若シ時勢ニ応ズル変遷ノ不可避性ヲ認ムルトセバ如何ナル方向ニ大勢ヲ善導スベキヤ。
七、政治ノ中心ト実力ノ中心トノ調節。統帥権独立ノ再検討。陸軍ノ統制確立ハ助長スベキヤ阻止スベキヤ。

ここには陸軍主導の政治指導・戦争指導に対する従来の傍観者的立場の継続が一層海軍の政治的立場を不利にさせ、ますます陸軍の主導性が強化された場合における海軍の深刻な地位低下を招くとする危機意識が明瞭に読み取れる。以後この調査課資料内には、同様の主旨のもとに、いくつかの陸軍対抗策案とも言うべき文書が存在する。そのひとつにまず、「海軍ヨリ新内閣ヘノ要望事項(研究案)」(一九三九年八月二四日)がある。

すなわち、阿部信行内閣(一九三九年八月三〇日成立)前後における海軍の対国内政治姿勢を見るうえで参考となる「海軍ヨリ新内閣ヘノ要望事項(研究案)一四、八、二四」に収められた「帝国ノ国策運用大綱」(13)と題する資料を見ておきたい。これが海軍全体の統一意志となったとは無論考えられないが、海軍が何に特に関心を抱いていたかは読み取れよう。

第一、目標　東亜新秩序ノ建設強化
第二、方策
一、日支事変ノ速戦即決
一、事変後ニ於ケル日満支三国互助連環体制ノ整備
一、極東外交処置
一、対欧米外交処置
一、国内諸情勢ノ整備強化

第三、要領

一、日支事変ノ速戦即決

1、作戦強化(兵力増加)

2、政権工作促進

3、金融工作強化

一、極東外交処置

1、九国条約ノ廃止(機会均等、門戸解放主義ノ停止)

2、支那対列国間ノ旧条約ノ改定修正

3、対支日米経済提携

4、対支日仏経済提携

5、対支日独伊経済提携

一、対欧米外交処置

1、日蘇不侵協定　支那辺疆地域ニ於ケル日蘇勢力圏ノ設定　通商協定(利権条約ノ改訂、永続化ヲ含ム)

2、日独伊軍事同盟　対英包囲陣ノ結成

3、日伊仏友好関係促進　仏印ノ安定　海南島ノ日本化　仏印ニ於ケル経済提携(日本ハ開発援助、仏ハ市場ノ提供)(仏伊間ハ英国ノ特性ニ於テ阿弗利加方面ニ於ケル勢力圏ノ設定)

4、日米通商関係ノ改善状況ニ依リ比島ヲ中心トスル西太平洋ノ勢力圏ノ設定　(以下略)

ここでのポイントは、日中全面戦争の早期解決の手段として、陸軍と同様に軍事力の一層の強化による完全制圧論と、日本の中国独占支配の意図を封じたワシントン条約締結を契機とするワシントン体制の打破を目標とすること、その一方で独伊は無論のこと米ソ仏とまで提携関係を強化し、徹底した排英主義が貫かれていることである。客観的に見れば、ここでは海軍の独自の政策立案が念頭に置かれている体裁をとりながら、実質的には限りなく陸軍に接近した政策となっている。

それで、海軍の狙いはどこにあるのかを検討する場合に、もう少し具体的な文書を見ておく必要がある。例えば、一九三九(昭和一四)年八月二五日付の「新情勢ニ処スベキ海軍ノ態度」が参考となろう。少し長いが以下に引用する。

一、現下我国政治勢力ノ中心圏ガ陸軍及海軍ニ集注シアル客観的現実ニ即シ、且満州事変以来実質的ニ帝国ノ国政ヲ誘導シ来リタル陸軍ノ指導力及指導理念ニ一大動揺ヲ生ジツツアル今日ノ危機ニ直面シ、我海軍ハ国家百年ノ大計ノ為従来ノ超然的態度ヲ一時脱却シテ進ンデ国政ヲ整調シ、国策運用ノ趨向ヲ指摘シ情勢ニ依リテハ自ラノ実力ヲ基礎ニ少クトモ外交分野ニ於テ第一線ニ立チテ大勢ヲ誘導スルノ積極的態度ヲ執ルヲ要ス。

一、満州事変以来陸軍ガ帝国ニ於ケル政治中枢勢力ノ地位ヲ保持シツツ指導シ来レル「防共即撃蘇」ノ国家指標ハ其ノ本質ニ於テ理念上ノ誤謬アリ。而モ之ヲ強制力ヲ以テ包被糊塗シ来リタル処、国家自存ノ必死的要求ニ基ク独逸今次ノ又赤裸々ナル態度ニ刺激セラレ、茲ニ帝国モ亦自存ノ為進ベキ大道ノ検討探究ニ直面セリ。〔ル今日〕此ノ状況下ニ於テ我海軍ハ進ンデ帝国ガ海洋国家タルベキ本質ヲ有スルノ自覚ヲ昂揚セシメ、東亜和平ノ確立ガ撃蘇ニ非ズ討英ニ非ズ、実ニ適正軍備ノ実力ヲ背景トスル東亜新秩序ノ建設ニ存スル所以ヲ明示シ、〔スル〕以テ国論ヲ新秩序建設ニ集注専向セシムルヲ要ス。

一、東亜新秩序ノ建設ハ新世界情勢ニ処シ、帝国ガ自存ノ為執ルベキ絶対的要求ニシテ、亦帝国国策ノ大本タル東洋平和確立ノ要諦タルベク、之ヲ掲ゲテ日、満、支相互ニ唱和シ得ベキ中外普遍ノ大導標ナリ。今次事変ガ聖戦タルノ意義茲ニ発シ、日、満、支提携ノ基礎茲ニ存ス。彼ノ防共ヲ口ニシ、以テ満、支ヲ強制シ撃蘇ノ道連タラシメントシ、却テ支那ヲ駆リ抗日ニ徹底セシメタル誤謬ノ清算ハ、我海軍ノ却テ救済スベキ当面ノ課題ナリトス。

一、東亜新秩序ノ建設ハ帝国ガ自存上ノ絶対的〔必死的〕要求ナルモ、之ガ実現ハ実ニ大事業ニシテ、帝国ハ国家ノ総力ヲ挙ゲテ活発ナル国家活動ヲ起サザルベカラズ。

而シテ国家活動ノ両輪ハ、適正軍備ノ拡充保持ト、多辺外交処置ノ一斉発動ニ置カザルベカラズ。凡ソ国家ノ行動ハ常ニ其ノ存立ニ対スル絶対要求ニ発スベク、況ンヤ武力ノ指向ヲ意図スルトキハ、其ノ間微塵ノ野心ヲ存スベキニ非ズ。我海軍ハ今日ノ危局ニ際シ、此ノ点ニ関シ積極的啓蒙ニ努ムルノ要アリ。(14)(以下略)

ここでは、海軍が日中戦争に行き詰まっている陸軍に代わって、戦局や政局の展開のうえで積極的な役割を果たす時期に来ていることが繰り返し主張されている。戦局の悪化の主要な要因が「防共即撃蘇」を掲げる陸軍の大陸政策にあり、日本国家は本質的に「海洋国家」であって、大陸に覇権を求めたり、対ソ戦や対英戦を指向することは間違いであるとする。すなわち、日本の国家目標は「東亜新秩序ノ建設」にあり、「日満支」一体論こそが日本の「自存上ノ必死的要求」であるとしたが、この一点において国家意志が統一される必要を喚起する。つまり、政戦両略の一致を不可欠とする政軍関係の構築に最大の関心を示していたのである。

確かに、以上の高木が記録した文書は確定されたものではなく、検討材料の叩き台的なものに過ぎないが、当時海軍部内に陸軍の主導性を批判し、海軍の独自性と主導性の奪回を目指す勢力が存在したことは重要であろう。このことは単純に海軍が陸軍に後で合流していったのではなく、海軍独自の政治目標が存在し、「東亜新秩序」の建設の名で中国侵略を強行しようとした海軍の政策の本質を確認するうえでも無視できないものがある。それゆえに、ここでいう政軍関係は、あくまで海軍の役割を基底に据えたものであった。そこでは、海軍が重要な政治的役割を担う態勢が用意されていたのである。

このように日中全面戦争以後においては、海軍内ではワシントン体制の枠組みのなかで、英米協調路線を踏襲しようとする勢力よりも、陸軍の影響力から脱して海軍独自の立場を強化しつつ、自らの目標を実現する機会が到来している、という意識が濃厚となってきていたのである。以後、「高木惣吉史料」には、そのようなトーンが全面展開されてくる。

海軍のスタンスは以後原則的には不変であり、そのことが、海軍内での対立・抗争が存在したものの、日独伊三国同盟締結問題で海軍内の最終合意に達する背景としてあった。⑮この同盟締結により、事実上この時点で日英米戦争への道が大きく前進することになるが、海軍としてはその危険性を覚悟しながらも、政軍関係における自らの位置を確定するために、陸軍に勝るとも劣らない強硬路線を敷いていくことになる。

(1)　一九三〇年代における権力構造分析において宮中グループの役割の重要性を的確に指摘した論文として、堀田慎一郎「二・二六事件——廣田・林内閣期の政治」(『日本史研究』第四一三号、一九九七年一月)がある。同論文では、「三〇年代の中央政治史は、陸軍を中心としつつも、天皇の意向を代行する元老・重臣勢力の動向を視野に入れつつ分析されるべきである」(二五頁)とする指摘がある。また、茶谷誠一「国際連盟脱退の政治過程——補弼体制再編の視角から」(『日本史研究』第四五七号、二〇〇〇年九月)も一九三〇年代における宮中勢力の分析の重要性を強調している。なお、纐纈は前掲『日本海軍の終戦工作——アジア太平洋戦争の再検証』で、戦後の保守権力層の再生を意図した終戦工作が、日米戦争期、政治・戦争指導の主導権を掌握したアジア・モンロー派(主戦派)から、宮中グループがその主導権を取り戻す目的で行われた高度な政治戦略としてあったことを論じている。

(2)　五百旗頭真「陸軍による政治支配——二・二六事件から日中戦争へ」(前掲『昭和史の軍部と政治』第二巻)参照。

(3)　前掲「二・二六事件——廣田・林内閣期の政治」は、二・二六事件以後における陸軍の政治介入強化に関連し、「合法的・漸進的に、陸相支持の下、陸軍省の幕僚が研究・立案した政策を陸相を唯一の窓口として内閣に提議し実現させるという、陸軍省による一元的政治介入路線を打ち出したのであった」(二九頁)と指摘し、陸軍省を主体とする統制派上層軍事官僚による政治介入、政治統制のシステムが形成された過程を分析している。

(4)　軍部大臣現役武官制の復活について、陸軍省軍事課が起草した「陸軍大臣および次官の将官現役制の閣議請議案」(四月一三日付)の説明書に添付された海軍省軍務第一課作成の私案(高田利種局員)には、現役制を絶対に必要とする理由について、以下の記述がある。「陸軍大臣は軍人を統督し、軍紀の厳正を保持し、全軍の鞏固なる団結を維持する責務を有する。そもそも統帥の系統に属し、統帥権の作用を受くる軍人を統督するには、陸軍大臣もまた現役軍人にして統帥の系統に属し、統帥上の命令権を具有することが必要である。近時、時弊の影響を受け、軍事に思想昔日のごとく単純堅確なることを能わずして、軍人の統督はますます困難の度を加うるに至れるにかんがみ、陸軍大臣現役制の必要は今や絶対となりたるものと信ずる」(上法快男編『陸軍省軍務局』芙蓉書房、一九七九年、三八四頁)。

(5) 廣田内閣期における「国策の基準」や「帝国外交方針」の策定経緯や内容については、五明祐貴「廣田内閣と「国策の基準」——策定経過をめぐって」(『日本歴史』第六二四号、二〇〇〇年五月)を参照。また、陸軍の提起した行政機構改革をめぐる国家機構再編の問題については、池田順「ファシズム期の国家機構再編——廣田内閣期を中心に」(『日本史研究』第二八八号、一九八六年八月)等を参照。

(6) 同資料は、秦郁彦『軍ファシズム運動史——三月事件から二・二六後まで』(河出書房新社、一九六二年)の「附録資料21」(三六九—三八〇頁)に所収。

(7) 「衆議院予算第四分科会における梅津陸軍次官答弁要旨」『東京朝日新聞』一九三七年三月四日付。

(8) 前掲『高木惣吉　日記と情報』上巻、二五七—二六〇頁。

(9) 同右、二六〇—二六一頁。

(10) 同右史料には井上らが朱色の鉛筆で記入した文面は記録されていない。原史料は、防衛庁防衛研究所戦史部図書館蔵「高木惣吉関係史料」を参照。前掲『日本海軍の終戦工作——アジア太平洋戦争の再検証』は、同史料を中心的史料として用いており、以上の書き込みについても紹介引用している。

(11) 前掲『高木惣吉　日記と情報』上巻、二六一—二六三頁。

(12) 同右、三二八頁。

(13) 同右、三三二—三三五頁。

(14) 同右、三四八—三四九頁。

(15) 日独伊三国同盟締結問題については、三宅正樹『世界史におけるドイツと日本』(南窓社、一九六七年)、三宅正樹『日独伊三国同盟の研究』(南窓社、一九七五年)、野村実『太平洋戦争と日本軍部』(「第二部　日独伊同盟」、山川出版社、一九八三年)、義井博『日独伊三国同盟と日米関係　増補版——太平洋戦争前国際関係の研究』(南窓社、一九八七年)、田嶋信雄『ナチズム極東戦略——日独防共協定を巡る諜報戦』(講談社、一九九七年)等がある。纐纈もこの問題に関連して、「日本海軍の中に形成された〝親ドイツ派〟とナチス・ドイツの外交戦略」(『連合艦隊　日米開戦編——連合艦隊の戦略と戦術を解き明かす』世界文化社、一九九八年)、「籠絡された太陽の帝国——ナチス第三帝国と大日本帝国」（『ヒトラーの野望』上巻〈電撃作戦編〉、世界文化社、一九九九年一〇月）を発表している。

四　おわりに――「合法的・間接的支配」への帰結

満州事変と、それに続く五・一五事件を通して、政党政治を政治の主体から引きずり下ろした軍部は、廣田・林内閣を内部から操作し、政治統制を強めることに成功していく。これより以前の斎藤・岡田内閣も、「挙国一致」内閣として、事実上政党勢力を削ぐところとなり、政党勢力に代わって革新官僚(新官僚)と呼ばれる総力戦対応型の国家機構改革に深い関心と意欲を抱いた一群が台頭することになる。彼等は陸軍の統制派系軍事官僚と連繋することで相互の政治的発言力を高めていった。

この傾向は、二・二六事件によって陸軍統制派が完全に軍中央で実権を掌握するに至り、より鮮明となる。二・二六事件後の廣田内閣、さらには林内閣は、序章で触れたファイナーの政軍関係論に従えば、軍事による政治の「制限的で間接的な支配」であることには間違いないが、それは大日本帝国憲法体制(=明治国家体制)の枠組みを逸脱しないという条件をとりあえず満たしていたに過ぎず、実際には陸軍統制派の露骨なまでの反政党・反議会の姿勢は、実態として軍部の政治支配が確実に進行していたことを示すものであった。

しかし、廣田内閣の後継内閣問題、すなわち宇垣一成が一旦は大命を拝受しながら、陸軍がその組閣を強引に阻んだことが、たとえその根拠が軍部大臣現役武官制にあり、その限りでは「合法的」であったとしても、大命降下という明治国家成立以降において慣行化した天皇および元老の権限を著しく侵したのは事実であった。この宇垣の組閣断念の事態は、政権の創出が軍部によって左右されるという事実を具体的に証明して見せたという点で重大な事件であった。

しかしながら、すでに李炯喆が指摘したように、結局軍部は「合法的・間接支配」の枠組みから逸脱することはなかった。(1) この事実に対しては多角的な検討が必要だが、あえて言うならば、軍部が「合法的・間接的支配」から逸脱して、「非合法的・直接的支配」に移行可能な実力と機会を充分に持ちながら、そこまで踏み切らなかった理由は、確かに李の言う「多元的連合体制」国家としての明治国家を破壊する危険性を回避したいということもあったであろうが、繰り返し触れてきたように、総力戦体制の構築には政党勢力を含め、官界・学界、そして何よりも広く国民層の支持と同調を確保することが可能な政治システムの確立を最大の目標として設定する必要性を認識していたからであった。

陸軍は、総力戦体制という新たなシステムの構築の阻害要因となる旧勢力や旧思想の打破に集中的なエネルギーを投じたが、その陸軍の過剰なエネルギーにブレーキをかけた宮中グループとは、一定の相互依存関係を取り結ぶことに吝かではなかったのである。林内閣の後継内閣として陸軍が強く近衛文麿内閣の成立を望んだのもその証明であった。

日本の政治システムは、権力の分立制を最大の特徴としており、権力施行機関の一元的支配を許容しない限り、陸軍が海軍と一体化しながら軍部政権を成立させても、その政権が日本の政治権力の全体を代表することはあり得なかった。その意味で明治憲法体制下にあって、陸海軍がどれだけ多くの特権を確保したとしても、それが直ちに「直接支配」に帰着しない構造であったのである。

また、本章では、これまで陸軍の政治行動の後方に追いやられた感のあった海軍の政治思想や政治行動の一端を、「高木惣吉史料」を用いて論じた。海軍も陸軍と同様に反政党・反議会のスタンスを強く持ち、最終的には日独伊三国同盟締結を後押しすることによって、自立的帝国主義国家日本の形成と、将来における総力戦としての対英米戦争に備えることを最大の目標に据えることになった。そのことは、必然的に国家機構の総力戦化、換言すれば陸軍統制派と同質の国家再編構想を実現するために、政治勢力化していくことになったのである。海軍が様々な機会を通して記録していた国家構想は、確かに既存の国家機構では充分な対応が不可能なものであり、それゆえに海軍自体の革新と国家全体の革新の緊急性が繰り返し説かれていたのである。

そのことは、海軍も陸軍と同様に一個の軍事組織というレベルを超えて、もう一つの有力な政治勢力として捉えておく必要のあることを意味する。そのような海軍の思惑は、陸軍と連繫して、機能的かつ有効的でさらには軍部優位の政軍関係を構築することであった。このように、明治憲法体制の枠組みに囚われながらも、自らの構想する政軍関係の構築のためには、陸海軍が共同して、「合法的・間接的支配」の形式を踏んで政治に対することが最も適合的かつ合理的と判断していたのである。それこそが、日本型政軍関係を成立させていく主要な原因であった。

(1) 李炯喆は、前掲『軍部の昭和史』(上巻)のなかで、「軍部の合法的・間接支配の定着は、軍部自らの対応によるものであった。そのことは、天皇制の下での多元的連合体制たる明治体制が、軍人によって根強く承認されていたことを意味する。この体制は広く国民の間で正統性を認められていたが、軍部の実力の前に多元的連合体制の諸アクターは無力感に陥り、事態を傍観する傾向が強かった」(一六六頁)と指摘している。

終章　日本型政軍関係の構造と特質――「軍民融合型支配」への道

一　はじめに

明治国家の政治と軍事の関係は、少なくとも西南戦争の時期までは、密接不可分な一体的なものとしてあった。すなわち、この時期までの政治と軍事は、単一の政治機構または単一の政治指導者の手に掌握されていた。ところが参謀本部設置に伴う統帥権独立制の制定は、日本軍隊創設一〇年後にして早くも明治国家の政軍関係に決定的な転換をもたらすことになった。つまり、それまで政治機構内に属していた軍事機構が、政治機構と並列・対等の形で分離し、政治と軍事とがそれぞれ全く別の機構を形成することになったのである。それは政治による軍事への干渉を排除し、軍事独自の活動を保証しようとするものであった。

もっともこの機構分化は、政軍両機構が政治的に実体を同じくする勢力により構成されていた時期、換言すれば、政治指導者がそのまま軍事指導者であるような場合には、何の弊害も生じなかった。つまり、この時期は統帥権独立制の組織、権限、機構などに媒介されることなく、政治指導者が自らの権威と権能で主体的に政軍両権力を行使し得たのであった。しかし、台湾出兵(一八七四年)とその戦後処理過程を最後に、そうした政軍関係は崩壊し始める。

近代国家の生成・発展過程において、政治機構が高度化・複雑化していく過程で政軍両機構が分化し、非常事態にのみ政軍両機構が一体化した機構として機能するのはむしろ常態であったが、それは軍事が政治に従属していることを前提とするものであった。それにもかかわらず、日本の統帥権独立制が政治と軍事とを並列・対等の関係に位置づけたものであっただけに、それぞれの管掌事項の範囲、その権限、または相互干渉の問題をめぐって政軍両機構が対立・抗争する事態を生じさせることになったことは必然であった。

こうした事態の発生は、戦争指導の運用面で政略と戦略の不一致をもたらした。[1] 一連の戦争指導過程における統帥権独立制を根本原因とする政戦両略不一致という状態は、政戦両略が比較的一致していたとされる日清戦争の準備過程および戦争指導過程において早くも露呈してくる。しかし、政戦両略の不一致は、実際に明治国家の戦争指導能力・戦争遂行能力を著しく弱体化させるものであっただけに、政軍両指導者はそれぞれの思惑を抱きつつも、政戦両略一致の方向を模索することになった。その具体的な表現が戦時大本営、防務会議、臨時外交調査会、大本営政府連絡会議、連絡懇談会等の設置であったのである。

これらは政戦両略の調整統合を目的としたものであったが、政軍両機構が統帥権独立制によって並列・対等の地位に位置づけられた以上、最後まで期待した成果は得られるものではなかった。これに対し統帥権独立制は、議会・政党勢力の台頭による軍部の相対的地位低下という局面のなかで一層強化されていき、軍部はこれを充分に活用することで逆に政治的地位を強化させていくことになったのである。

以上の問題状況を踏まえて、本書を終えるに当たり、本章では第一に、日露戦争後における政軍関係の構造と特質について、まず、統帥権独立制と戦争指導の問題を焦点に据えて整理しておきたい。これら日本の政軍関係を考察する場合に不可欠な制度と機構について言及することなしに、日本型政軍関係の基本的な構造は理解できないからである。そのなかでも、日中戦争前後の戦争指導の運用にどのような政治的かつ軍事的な影響を与え、それによって何ゆえに軍部が明治国家において圧倒的な政治的地位を獲得するに至ったかの背景を追究しておきたい。

そこでは、統帥権独立制の制度的側面に留まらず、その政治機能的側面にも留意しておきたい。なぜならば、統帥権独立制とは、ただ単にひとつの軍事制度という性格以上に、極めて高度な政治的判断と政治的歴史的な背景を伴って創出された制度であり、それゆえに政治と軍事の関係性に常に規定されながらも、一定の役割を果たし続けてきた側面を強調しておきたいからである。(2)

第二に、「まえがき」と「序章」で示した日本型政軍関係の特質について、本書の各章において獲得された結論を踏まえ、さらには日本型政軍関係の特質を論究した先行研究を検討しつつ、筆者の現在までの結論と今後の展望を記しておきたい。また、最後に、本書で理論的かつ実証的に追究してきた政軍関係史および政軍関係論が、特に今日における我が国の文民統制(シビリアン・コントロール)の問題を検討するうえで、一体いかなる示唆を与え得るものかについても、若干の考察を試みておきたい。

(1)　ここで言う「政略」と「戦略」とは、例えば、日露戦争を控えて山県有朋が政府に提出した意見書「政戦両略概論」(大山梓編『山県有朋意見書』原書房、一九六六年、二七三―二七七頁に所収)で明らかにされているように、政略とは、作戦に目的を与え、その範囲と限度を指示し、作戦の成果を活用することで国家目標を達成しようとする国家の政策である。また、戦略とは、政略によって目的と限界を規定されつつ実行される作戦計画および作戦実施過程のことを意味する。そのような解釈からすれば、戦略が政略に従属するのは所与の前提であって、両略が対等・平等の関係に置かれることは本来あり得ない。しかしながら、国際情勢をめぐる判断の齟齬や指導者間の軋轢などの諸要素から対立・抗争が派生し、そのために両略の不一致という状態に陥り、調整や妥協の作業が繰り返されることになる。そうした問題と統帥権独立制の位置を絡めて言えば、戦略が政略との対等性を確保するために、統帥権独立制を頻繁に活用することになるのが近代日本の政軍関係の特徴であり、そのことは別の観点からするならば、軍事指導者が戦争指導の局面だけでなく、平時における軍事の政治への従属性を打破するために用いたのが統帥権独立制であったとも言える。その意味で、統帥権独立制は日本における政軍関係史に決定的な役割を演じ続けるが、しかしそのことだけで軍事の優位性のみを指摘するのは間違っていよう。

(2)　統帥権独立制の研究としては、ドイツの軍制との比較において、特に日本の統帥権独立制の法的レベルでの分析を試みた中野登美雄『統帥権の独立』(原書房、一九七三年)、松下芳男『明治軍制史論』上・下(有斐閣、一九五六年)、同『日本軍制と政治』(くろしお出版、一九六〇年)等がある。中野はドイツ軍制の紹介と分析を中心に置いているが、日本の統帥権独立制の形成要因として西南戦争後の参謀本部の設立と陸軍軍制のドイツ軍制への転換という事実を指摘している。そこでは制度的レベルの変容過程が詳細に論じられてはいるが、その歴史的背景および統帥権独立制創設の政治的意図など、必ずしも明らかにされていない。執筆された時代による制約条件は無視できないが、制度機構論的アプローチの採用による結果と言えよう。また、梅溪昇「わが国における兵・政分離(統帥権の独立)の特殊性」一(『日本歴史』第一三五号、一九五九年九月)も、制度機構論的な視角からの分析に重きが置かれ過ぎており、統帥権独立制の動態的側面および政治機能論的な把握の点で不満が残る。同論文は後に『明治前期政治史の研究――明治軍隊の成立と明治国家の完成』(未来社、一九六三年)に収められた。そのような統帥権独立制の動態的かつ政治機能論的視点を極めて説得的に分析展開した点で注目されるのが、雨宮昭一『近代日本の戦争指導』(吉川弘文館、一九九七年)である。雨宮は統帥権独立制の政治的位置づけとして、近代日本の政治と軍事に関わる課題として封建社会の克服があり、そのために専門の論理=分業の論理として形成されたのが統帥権独立制であったとしている(雨宮、四—五頁)。因みに、雨宮は近代日本にはもう一つの課題があったとし、それは社会的利害の創出であって、それを調整する役割期待を担ったのが政党であったとする。その意味で軍事と政治との関係を探る場合、軍事と政治は、その制度的表現としての統帥権独立制と政党とによって、近代社会の課題の克服という共通の国家目標・国家戦略から創出されたものと捉えることが可能である。そして、本書の「まえがき」でも触れたが、軍事と政治の間で連綿として続いた抗争と妥協は、このような共通目標という大枠での、いわば〝大調整〟の必然性から派生したものと言える。つまり統帥権独立制とは、近代日本の政治過程において、極めて重要な一つの政治装置であって、それはもう一つの政治装置としての政党と一対の関係にあったのである。この点からして、近年における軍事史的研究の活発化のなかでも、統帥権独立制の研究が政党史研究に比較して立ち遅れている現状にあることは残念である。なお、纐纈は、一九七八年一月に明治大学大学院政治経済学研究科に提出した修士論文「統帥権独立制と軍部の政治的地位」において統帥権独立制が軍部の政治的地位の向上に結果したことを論じた。同修士論文は、「統帥権独立制の形成と戦争指導」と改題し、加筆修正した後、富田信男編『明治国家の苦悩と変容――日本政治史の一断面』(北樹出版、一九七九年)に収載する機会を与えられた。この他にも、「明治緊急権国家と統帥権独立制」(明治大学政治経済研究所『政經論叢』〔富田信男教授古稀記念論文集〕第六八巻第二・三号、一九九九年一二月)を発表している。

二　近代日本の政軍関係と統帥権独立制

1　政戦両略不一致の顕在化

一九〇〇(明治三三)年九月一五日に伊藤博文によって政友会が創られ、帝国議会におけるいわば政党勢力が勢いを持つに従って、その政党の伸張による既得権益の侵食に警戒を強めていた勢力、なかでも日露戦争後、ロシアとの再戦に備え軍装備の拡充の必要を強く説いていた軍事指導者たちは、あらゆる機会に政党勢力への反発を強めていく。それが平時における政治と軍事との間に、これまでにない緊張感を生じさせ、日露戦争後の国家目標を設定していくうえでの齟齬・軋轢を本格化していくことになった(1)。

本書の第一章で追究したが、日露戦争後の戦後経営の方向性決定をめぐる過程で発生した第二次西園寺公望内閣時における二個師団増設問題は、政戦両略不一致の事態の典型的な事件となった。二個師団増設問題で表面化したように、政軍関係の不安定化は、来たるべき将来の国家総力戦という新たな戦争形態に対応する戦争指導・戦争遂行の在り方をめぐる、政治と軍事の両者間での齟齬・軋轢に拍車をかけることになった。そうした政軍関係の変容は、結局のところ将来的には戦争指導力を著しく弱体化させるものであった。それゆえ、政戦両略不一致の是正は、政府・軍事両当局者が様々な思惑を抱きつつも早急に解決しなければならない課題となって次第に意識されるようになったのである(2)。

日露戦争以降、政戦両略不一致是正の試みのひとつとして、一九一三(大正二)年一二月に国民党から第三一議会へ「臨時国防会議開設ニ関スル建議案(3)」が提出された。提案の内容は、「帝国国防方針ヲ確立スル為、国務大臣、軍務当局者及特ニ任命サレタル者ヲ議員トシテ、臨時国防会議ヲ組織スルノ必要ヲ認ム　政府ハ速ニ之カ開設ヲ企画セラレムコトヲ望ム」というものであった。国民党総裁犬養毅は翌年一月三一日、議会において本提案の趣旨説明を行い、特に内閣と統帥部の緊密なる関係の促進を強調した。犬養は国防問題は「区々タル党派ノ争テハナイ[4]」として、全国家的な見地から決定すべきであるとの姿勢をとっていた。

これに対し軍部は、統帥権独立制を理由に、国防は国務の外にあって軍令機関の長官である参謀総長と軍令部長が輔弼の任にあたるべき性格のものとし、犬養とは対立した見解を表明した。犬養が本提案を行った真意は、軍部の意図した統帥権独立制の徹底化による国防問題の国務からの切り離し策に対抗し、「臨時国防会議を天皇直属の諮問機関とし、経済的軍備の立場を保持しながら軍備拡充の指導権を軍部から政党側に取り戻し、統帥を国務に従属させる方向に沿って両者の矛盾を解決しようとするところにあった[5]」のである。犬養の提案はシーメンス事件で山本権兵衛内閣が崩壊した後、大隈重信内閣に引き継がれた。国防会議設置の動きは犬養ばかりでなく、同じ主旨ではなかったにせよ西園寺内閣、桂太郎内閣にも存在した。特に桂は日露戦争における戦争指導の体験を踏まえ、国務と統帥の矛盾解決のために国防会議の設置を強く要求していた[6]。

犬養が提出した意見書は、第二次大隈内閣のもとで防務会議となって具体化した。大隈内閣の強力な支持者であった元老井上馨は、欧米列強諸国の中国進出と利権拡大、ロシアのシベリア鉄道複線化に伴う極東地域進出などの状況により、日本の大陸権益と勢力圏が脅威に晒されているという危機感のもと、外交・財政・軍事の統一によってそれに対処するために、大隈内閣に対し国防会議設置必要論を説いていた。これを受ける形で、防務会議は第三三議会開会中の一九一四(大正三)年六月二三日に「勅令第一一五号」として設置されることになった。防務会議は「内閣総理大臣ノ監督ニ属シ陸海軍備ノ施設ニ関シ重要ナル事項ヲ審議ス[7]」ることを目的とし、内閣総理大臣、外務大臣、大蔵大臣、陸軍大臣、海軍大臣、参謀総長、海軍軍令部総長の七名により構成されるとした。

大隈首相は防務会議設置に際して犬養の提案主旨を受け継ぎ、その役割も国防に関して軍の独走を阻止する機関と考えていた。しかし、実際には同内閣の若槻礼次郎蔵相が防務会議において国防費の調査を行おうとした際、岡市之助陸相が国防は統帥権の範囲に属するものであって文官はこれに参加し、または調査することはできないと主張していた。防務会議設置後においても、政府がこれを国防の基本方針の検討審議機関とみなしていたのに対し、陸軍はそこでの審議事項を単に施設に限ることとした。これによって防務会議は単に軍備と財政の調整機関としてしか機能せず、当初期待された外交、財政、軍事の統一・調整は全く空文化してしまった。

岡陸相はこの防務会議の内容に関して、同年八月二二日、寺内正毅元陸相宛に、「防務会議ハ国防ノ根本方針ヲ決定スルニアラス只其施設即チ実施ヲ按排スルニ過キサル目的ニテ成立セリ　陸軍ニ於テハ後日此目的ニ付キ争議ノ起ランコトヲ顧慮シ上奏書ニハ特ニ国防実施ノ緩急ヲ詮議スル為ニ此会議ヲ設クル旨ヲ明記シ置キタリ」(8)とする内容の書簡を送っている。この岡陸相の報告によれば、防務会議が当初国民党および政府側の構想のうえに成立することを阻止し、その構想を有名無実化することで、実際には軍部が懸案としていた軍備拡張計画に対する世論の批判を回避する役割を担わせるものと位置づけていたことが知れる。事実、軍部は防務会議において二個師団増設と八・四艦隊建造の実現を要求したのであった。

防務会議は一九二二(大正一一)年九月に廃止されたが、その機能は第一次世界大戦勃発後において実質的に停止していた。その大戦勃発後、新たな国際情勢の変転に伴い、国内では外交政策をめぐって数々の対立・矛盾が露呈してきていたが、こうした外交上の対立・矛盾を解消し、同時に国際状況に即応していくために、一九一七(大正六)年六月五日、宮中に臨時外交調査会が設置された(9)。それは「時局ニ関スル重要条件ヲ考査審議スル」ものであり、構成員は総裁が内閣総理大臣、委員は外務大臣、内務大臣、陸軍大臣、海軍大臣、枢密院顧問官二名、政友会総裁、国民党総裁であった。他に幹事として陸軍次官、海軍次官、外務次官、内閣書記官長が加わった。この構成員を先の防務会議と比較すると、防務会議では軍人が過半数を占めたのに対し、臨時外交調査会では非軍人が一三名の委員のうち八名を占めていた。構成員と設置過程からすると、防務会議と異なり、少なくとも人事面では政党色が強く、政党が一時的にでも国防政策に対し発言権を得ていく契機となった。

本来、臨時外交調査会は、かねてから外交・財政・軍備に関する不動の国策樹立の必要性を痛感していた枢密院顧問官三浦梧楼が構想し、原敬政友会、加藤高明憲政党、犬養毅国民党の各党の党首会談を演出した際、外交方針の統一化、国防費と財政規模の調和、およびそれらの諸政策に対する超党派的支持等を申し合わせたことに端を発していた。途中、見解の相違から加藤がこれに参加しなかったものの、寺内内閣時代には国内政策の統一化のため挙国一致的団結を骨子とする臨時外交調査会が成立したのであった。これによって政戦両略不一致を是正することが目標とされた。しかし、軍部は再び統帥関係事項を審議事項から削除させることによって、結局は国務と統帥の統一、政戦両略一致の実現を阻止することになった。

2 政戦両略調整統合機関の設置

一九三七(昭和一二)年七月七日の盧溝橋事件に端を発する日中全面戦争の開始とともに戦時体制に入ってから、第一次近衛文麿内閣はこれに対応すべく政治機構の集権化・統合化を骨子とする制度改革に着手した。近衛内閣は同事件を「日華事変」と呼称したが、同事件に関して最初に実現したのが臨時内閣参議官の創設であった。これは同事件に関して政府の諮問に答えることを職務としていた(同年一〇月一五日、臨時内閣参議官制公布)。内閣参議として各方面の代表者が選任され、近衛内閣のいわゆる「挙国一致性」を高める役割が期待された。それゆえ、内閣参議官制は「各方面の互に異なる政治勢力を基盤とする一種の Union Sacré を成立させた」[10]ものと考えられた。しかし、この制度の実際的効果は各方面の意見を聴取する程度の機能しか有しなかったため、当初の役割は到底果たし得なかった。

近衛首相にとっても、この制度は軍部の実力者であった宇垣一成、末次信正、荒木貞夫らを内閣参議に抜擢することで、彼らを懐柔しようとする一種の「所謂ヂェスチャアー」[11]に過ぎなかったのである。政府が軍部懐柔の必要性に迫られた背景には、同事件をめぐっての主導権が完全に軍部に握られ、作戦遂行にあたっては「何の報告も得られない[12]」という異常な事態を何とか打開したいという焦燥があった。

近衛首相は日華事変処理の主導権を軍部側より政府側に確保する方策として、政戦両略一致を意図し、首相を構成員とする大本営設置を構想した。これには内大臣湯浅倉平の賛同があり、同年一一月一日、二日頃、内閣書記官長風見章と海軍大臣米内光政および陸軍大臣杉山元との間で交渉が進められた。しかし、交渉過程で陸軍を代表して陸軍次官梅津美治郎が、大本営設置には賛同したものの、首相をその構成員とする案に限り難色を示した。一方、海軍を代表する海軍次官山本五十六にいたっては、大本営設置そのものに反対を表明した。

そのため一一月二日、陸軍省軍務局は次善策として首相は構成員としないが、「政戦略に関する重要なる政務事項につき意見の交換を行ひ各々職責に応じて之が実現に努む[13]」とする「大本営会報」を行い、「大本営会報」参集者のなかに原則として政府側から内閣総理大臣、外務大臣、大蔵大臣、内務大臣の四閣僚を参加させるという案を提示した。

その結果、一一月一八日、この案を基本にして「大本営令[14]」が公布された。その第一条には「天皇ノ大纛《たいとう》(天皇の旗のこと・筆者注)ノ下ニ最高統帥部ヲ置キ、之ヲ大本営ト称ス」とあり、第三条には「参謀総長及海軍軍令部長ハ各其ノ幕僚ノ長トシテ帷幄ノ機務ニ奉仕シ、作戦ヲ参画シ、終局ノ目的ニ稽ヘ陸海軍ノ策応協同ヲ図ルヲ任トス」とある。以上の条文からすると大本営は天皇大権の下における最高唯一の統帥部であって、そこに幕僚および各機関の最高等部が置かれるが、いずれも統帥事務を遂行し、専ら戦時において戦争の「終局ノ目的ニ稽ヘ陸海軍ノ策応協同ヲ図ル」ことを任務とするものであるとされた。従って、一般の行政事務はその権限に属するものではなかった。ここから大本営は「最高統帥部」であって政治機関でないことが理解される。すなわち、条文からして、「これを以て内閣に代え一般行政に関与する如きは、もとより条例の精神ではない[15]」ということであった。それゆえ、当初近衛首相以下政府側が構想した国務と統帥の統合機関としての大本営とは、ほど遠いものであったのである。

こうして近衛らが意図した政戦両略一致実現の構想は、大本営という、軍部勢力の政府に対置する拠点創出という結果に終わった。ただ、戦争指導を円滑に運用するためには、政府と軍部との恒常的連絡機関の整備が不可欠であるという理由から、軍部側の提案によって同年一一月一九日の「大本営設置にともなう政戦連繋に関する閣議申し合わせ[16]」が行われた。その結果、随時会談を行う協議体を設置して大本営と政府との連絡機関とした。これが大本営政府連絡会議である。

大本営政府連絡会議は参謀総長、軍令部総長(実際には参謀次長、軍令部次長が代行)、内閣総理大臣、外務大臣、陸軍大臣、海軍大臣および所要の閣僚をもって構成され、その運営は政府側から内閣書記官長、大本営側から陸・海軍省の軍務局長が担当することになった。特に重要な問題が討議の対象となった場合には内閣総理大臣、参謀総長、軍令部総長より御前会議を奏請し、そこに参謀総長、軍令部総長の他に陸軍大臣、海軍大臣が列席するものとされた。以上の組織形態あるいは人的構成からして、大本営政府連絡会議は当初親裁による重要国事会議的性格を備えることになった。

いずれにせよ、これによって一応国務と統帥との協議による戦争指導機関が設置されることになった。しかし、それは政府と統帥部との「申し合わせ」によって設置されたものであって官制によるものではなく、閣議のような法的根拠を何ら有するものではなかった[17]。実際に大本営政府連絡会議の決定事項は、文字通り、「申し合わせ」程度に過ぎないものであった。それでも重要な問題はさらに閣議決定とする処置を講じたことから、本会議はこの時期における戦争指導の実質的な遂行機関としての役割を担うことになった。

さて、軍部は大本営および大本営政府連絡会議の設置過程においても、統帥権独立制を楯とし自己に有利な戦争指導体制の創出に奔走した。戦時体制における国務と統帥事務は強く結合しており、そのいずれの処理も政府と軍部との協議を通して行われることが実際に必要となる。それにもかかわらず、大本営の設置は結局、国務と統帥事務の調整を以前にもまして困難なものとした。そのことは、「統帥方面の首脳部特に海軍方面においては行政機構と統帥事項の紛淆を来たすことは、もってのほかであるという意見が最も強く抬頭し……」[18]と雑誌に書かれたように、軍部勢力が統帥事項に対する政府の介入をどれほど警戒していたかによっても知ることができる。また、大本営政府連絡会議に関しても大本営海軍部は「余リ頻繁ニ行フハ不可ナリ」とし、「統帥ト政府トハ聽テ政務ガ統帥ニ喰ヒ入ル虞アリ」[19]としている。そこには政府との間にできるだけ距離を置こうとした軍部勢力の本音が吐露されている。

かくしてこの時期における大本営設置が、参謀本部と軍令部を一時合併するという純粋な統帥問題に留まるものでないことは明らかであった。すなわち、軍部は日華事変処理を理由に大本営を設置することで、戦争遂行上の障害となる政府に対し、軍部の政治的発言力の強化を果たそうとした。軍部はこうした状況に対し弁明することを怠らず、大本営設置が作戦機構と戦争指導の強化を目的としたものであって、その機構内には軍人以外の者が参画することなく、軍政府的機構が生まれる可能性はないとした。また、陸軍省は大本営設置に際して、「統帥と国務との職域、責任の分担は明らかにして何ら変化を生ずるものに非ず」とし、「大本営即ち戦時内閣の前身なりと憶測し或いは統帥国務統合の府なりと妄断する等根拠なき無稽の浮説」[20]としてこれを強く否定した。[21]軍部側からしてみれば大本営設置は、「戦時体制編成期の一里塚」[22]程度のものに過ぎないとしたのである。

戦時体制が相当長期化すると予想された場合、政治体制はいつまでも平時の政治形態を維持することは不可能であり、必然的にそれは軍事的統合形態の採用を余儀なくされる。このことから、軍部がこの時期に大本営設置に踏み切った真意は、一連の内閣強化策によって行政能力を高め、自らの主導下に日華事変の処理を実行しようとする政府に対して、相対的に独立した地位を確保し、来たるべき政治形態の軍事化に備えることにあった。こうした意図をもって設置された大本営によって、政戦両略不一致是正の試みは事実上棚上げされ、政戦両略は実質的に二元化されることになった。政戦両略が二元化された状況における大本営政府連絡会議の設置は、結局、近衛ら政府側からすれば、政府の統帥操作の意図が失敗したことに対する「てれかくし」[23]以上のものではあり得なかったのである。

3　軍部の戦争指導主導権掌握過程

第一次近衛内閣時に政治的発言力を強化した軍部は、以後、第二次近衛内閣成立時までに、様々な具体的手段を駆使して徐々に戦争指導の主導権を把握するところとなった。そのひとつの表れが企画院における軍部の影響力の増大である。

一九三七(昭和一二)年五月一四日、林銑十郎内閣によって設置された企画庁は、日中全面戦争の開始以来、政府が戦争遂行政策に傾注するに従って、当初期待されていた政府の国策立案審議機関としての機能を充分に果たさなくなった。これに対して国家総動員計画の推進機関であった内閣資源局は、徐々にその機構拡充の必要に迫られるようになった。こうした状況のなかで、政府は同年九月二八日の閣議で企画庁と内閣資源局とを統合強化し、これに国家総動員計画、総合国力の拡充・運用などの戦時統制と重要国策の審査、予算の統制などの任務を課す方針を決定した。ここに国家総動員機関と総合国策企画官庁の二つの機能を併せ持つ強大な組織が誕生することになった。これが企画院である。企画院は時局の要請や時々の施策によって官制、事務分掌の改正が繰り返され、その過程で軍部は次々に軍事的要求を行い、それを媒介にして企画院における発言権を高めていった。

一連の軍部の政治関与に対する批判に対して、軍部は企画院最大の仕事であった国家総動員法制定の際に、陸軍省新聞班が「国家総動員法の制定と国家総動員に就て」[24]と題する一文を発表することでこれに応えた。このなかで国家総動員法の運用に関して触れ、国家総動員は政務に属すべきものゆえ、これを管掌する機関は行政機関（＝政府）であるとした。従って、平時は無論のこと戦時大本営が設置されても軍部とは全く別個の系統に属し、決して軍部の指導下に置かれるものでないとし、軍部が政治関与を行っているという批判は当を得たものでないとしたのである。

さらに国家総動員は軍需の充足が中心となるべき性質のものである以上、国務と統帥は緊密な連絡を行う必要があるとした。そのために実際企画院の調査官中には、陸海軍武官から参与等が出向しているとした。軍部は広義統帥事項に関して政府との協力は不可欠であるとしたが、これは逆に狭義統帥、すなわち純粋な作戦遂行の領域に限り、政府がこれに一歩も介入できないとする論理を絶対化するものであった。実に広義統帥と狭義統帥の使い分けによる軍部の閉鎖主義は、統帥権独立制に起因する戦前軍部の一貫した行動原理であった。

近衛はしだいに顕著となってきた陸軍の政治関与を阻止するため、第二次内閣の組閣以前から「政治意思の強固な一元化」[25]によって陸軍を圧倒する政治力の結集を考えていた。それが新党結成などを具体案とする新体制運動の展開である。軍部は近衛の構想を他に先んじて支持し、これによって近衛を自らの「傀儡にして軍の欲するところ」[26]を実現させる思惑を抱いていた。それゆえ、陸軍は近衛の再出馬に「鞏固な期待を寄す」[27]に至ったのである。畑俊六陸相は米内光政首相に対し、現下の世界情勢において事変処理の完遂のために、国内体制の強化と外交刷新の実現が急務であり、そのためにも新しい体制と新しい勢力とが絶対に必要であるとして総辞職の進言を行った。米内内閣はこれを直接の契機として瓦解してしまった。

この結果成立した第二次近衛内閣は、陸軍の意向を無視できない状態に追いこまれた。同年七月一七日、近衛は組閣に先立ち畑陸相と会談を行ったが、陸相はこのなかで政治体制強化に対する陸軍部内の要望に基づき辞表を提出するに至った経過を説明した。次いで国際情勢の緊迫化に対応すべき外交の転換や刷新について陸軍の見解を伝えたとされる[28]。一方、近衛は陸軍の攻勢に対処するため組閣方針に新機軸を打ち出し、組閣過程で陸・海軍大臣、外務大臣の三者間で国防方針に関する基本姿勢を協議決定することにした㉙。

近衛としては完璧軍備の確立、日独伊枢軸の強化、対南方政策の積極化などを中心施策として決定することで、内閣成立後の全般的な政治指導の主導権を確保しておく意図を抱いていたのである。そして、国防・外交方針の転換を強力に遂行するための条件として、国務と統帥との統合調整を何らかの制度改革によって実現することが必要であった。つまり、国務と統帥との一元的調和、政戦両略一致をもって事変の政略主導による解決を意図したのであった。それは近衛にとって、第一次内閣時代からの念願でもあった。

これに対し陸軍では近衛が構想する政戦両略一致の必要性は認めはするが、厳格な意味における純粋な統帥、いわゆる狭義統帥は当然国務外の範囲に属するものであるという姿勢を堅持していた。ただし、広義の統帥は国務との円満な一致、調整のうえにのみ実現されるという見解が陸軍内部においても支配的であった。ここから陸軍としては、国務と統帥の調整、政府と軍部との一元的調和に関し、第一次近衛内閣以来中断状態にあった大本営政府連絡会議をこの機会に復活強化して頻繁に連絡協議を行い、政治と軍事との関係を強化することが最善であるとする見解に達していた。

一九四〇(昭和一五)年七月二二日、大本営陸海軍部が提案した「世界情勢ノ推移ニ伴フ時局処理要綱㉚」が大本営政府連絡会議において採択された。要綱のなかで特に政戦両略の関係について、「支那事変ノ処理ニ関シテハ政戦両略ノ総合力ヲ之ニ集中シ」として、政戦両略一致の必要性が触れられている。この要綱の採択によって同年九月二三日、北部仏印進出が断行され、武力南進の第一歩が開始された。これと同時に海軍では対米七割五分を目標とする本格的な作戦準備に着手し、陸軍でも南方に対する兵要地理の調査、作戦計画の研究・策定、熱地作戦に即応する編制装備の改善などに踏み切った。以上の経緯から近衛内閣成立後、内閣における軍部勢力は実質的な戦争指導の主導権を掌握するに至った。例えば、陸・海軍大臣は、同年一二月二九日の定例会議において時局処理に関し、大政翼賛会の健全なる発展、戦時経済力の強化、不純な政治的策動と浮説流言の一掃を要点とする共同申し入れを行った。

こうした一連の具体的な要求とともに、国務と統帥の調整、政府と統帥部との完全一致、さらには軍部自体における陸海軍部の時局処理に対する緊密な提携と一体化の推進という要望がなされた。それは国防国家体制の完成途上における最高政治運営に関し、陸海軍部側からの積極的働きかけとして注目に値するものであった。[31]この時期、国の内外に対し、一層強力な政治力を発動して国家の総力を時局処理に仕向けることが、軍部の基本的方針となっていたが、大本営政府連絡会議は、そうした軍部の基本方針の延長上に具体化されたものであった。しかも軍部は、それ以後においても大本営政府連絡会議の一層の強化を図ろうとした。その結果設置されたのが連絡懇談会であった。連絡懇談会は、先の大本営政府連絡会議が政府と軍部との妥協的所産という意味合いが強かったのに対し、明らかに軍部主導のもとに設置されたものであった。

一九四〇(昭和一五)年一一月二六日、「軽易ニ政府ト統帥部トノ連絡懇談ヲ行ハン」とするため、首相官邸に設置された連絡懇談会は、「本会議ニ於テ決定セル事項ハ閣議決定以上ノ効力ヲ有シ戦争指導上帝国ノ国策トシテ強力ニ施策セラルヘキモノトス」[32]とされた。そして、政府と軍部との協議により決定する重要国策は、御前会議と連絡懇談会において最終的に決定するものとされたのである。

第一回連絡懇談会は「国民政府承認ノ件」を議題として、同年一一月二八日に開催された。出席者は近衛首相、東條英機陸相、及川古志郎海相、松岡洋右外相、塚田攻参謀次長、近藤信竹軍令部次長、鈴木貞一興亜院政務部長の七名であった。設置趣旨および人的構成からして、「政府ト統帥部トノ」両者の代表による連絡協議機関という体裁をとりつつも、重要国策に関しては御前会議に諮るとしたのは、連絡懇談会が最終的な両者の調整統一を、天皇の権威に委ねるという絶対主義的な形態を採用したことを意味していた。内容的には、絶対主義的な形態を通じて軍部が政治的発言力を高めていくという側面を持っていたのである。

連絡懇談会を運用していくうえで最大の焦点となったのも、やはり政戦両略の関係であった。それがどのようなものであったかを端的に示すものとして、一九四一（昭和一六）年六月二六日の第三回連絡懇談会における松岡外相と塚田参謀次長との問答を挙げることができよう。

この連絡懇談会では「情勢ノ推移ニ伴フ帝国国策要綱ノ件」を討議課題として開催されたものであったが、そこにおいて南方対策として武力進出があり得るかとの松岡外相の質問に対して、塚田参謀次長は「事政略ニ関シテハ別トシ、純統帥ニ関スル事項ハ相談スル必要ナク、又此ノ如キ状況ハオキテイナイ　相談スレバ引キズラレルカラ、引キズラレヌ様ニスル為自主的ニト決メタノデアル[33]」と答弁した。塚田参謀次長は統帥権独立制の絶対性の裏付けによる狭義統帥論を振りかざすことで、参戦（外交問題）と武力行使（統帥問題）の不可分を説く松岡外相の執拗な追及を回避しようとしたのである。塚田参謀次長は、「相談スル必要」のない理由として、「統帥ノ機密迅速」という軍事的理由から、他にもドイツにおける統帥権が政府より独立しているということまで例に挙げている。しかし、結局は「政略上ノ事ハ相談可ナルモ、武力ハ敗ルカ勝ツカノ問題ナリ、高等政策ハ相談ハ可ナルモ統帥ハ不可ナリ[34]」として、政略と戦略との相違性を強調し、政戦両略一致が困難であることを表明した。

連絡懇談会は、その組織形態や人的構成からして、政府と軍部との平等的立場からする協議機関であった。ところが盧溝橋事件の処理、南方対策、日ソ中立条約締結、対米国交調整等の問題は、軍部側からすればいずれも統帥事項に属すべきものと認識されていた。つまり、これらの問題はいずれも軍事力の発動という問題と密接不可分の関係にあっただけに、統帥権独立制と多分に抵触するものであった。統帥事項と直接的間接的に関係するものを問題とする以上、連絡懇談会が軍部の主導下に運営されることは必至であった。そうしたなかで、政府が自らの主導下に連絡懇談会を運営しようとすれば、当然に軍部が依拠する統帥権独立制の制御、あるいはその否定という問題と取り組まねばならなかった。政府側からすれば統帥権独立制という軍部の特権制度を突き崩さない限り、連絡懇談会の主導権を掌握し得ないはずであった。

既述の通り、連絡懇談会は「軽易ニ政府ト統帥部トノ連絡懇談ヲ行ハン」とするために首相官邸に設置され、そこでの決定事項は「戦争指導上帝国ノ国策トシテ強力ニ施策セラルヘキモノトス」とされた。そして、重要国策の決定に関しては御前会議の開催が必要とされた。重要国策の決定については天皇の権威を活用することで、政戦両略一致を実現しようとした。連絡懇談会は、絶対主義的な形態を採用することによってしか、政戦両略一致を果たし得なかったのである。

そこにおいて重要なのは、政府が軍部の主導下にあった連絡懇談会に取り込まれ、戦争指導機関の構成体のひとつと位置づけられることで、戦争指導の運営上の相対的自立性を喪失していったことである。これは日清戦争以降、アジア太平洋戦争までの全期間の戦争指導を通じ、共通する現象であった。実際に、戦時大本営、防務会議、臨時外交調査会、大本営政府連絡会議、連絡懇談会などの戦争指導機関あるいは政戦両略の統合調整機関における政府の相対的自立性の喪失過程は、これらの機関における軍部の政治的発言力の獲得過程でもあったのである。

これらの戦争指導機関による政戦両略一致という形での戦争指導の運営は、統帥権独立制が桎梏となって全て失敗に終った。日中戦争と同様に太平洋戦争の戦局悪化を理由に東條英機内閣において断行された東條首相の陸軍大臣、参謀総長の三職兼任、嶋田繁太郎海相の軍令部総長の兼任という人事関係を媒介とした政戦両略一致の試みも、兼任に伴う細部権限の下部委任が全く行われなかったこともあって失敗に帰した。人事による改革程度では統帥権独立制の制度上の桎梏を根本的には解消することができなかったのである。

さらに、一九四四(昭和一九)年八月五日、小磯国昭内閣において「戦争指導の根本方針の策定及政戦両略の吻合調整を任ず」[35]る役割を担った最高戦争指導会議が勅裁を得て正式な法制機関として設置された。これは明治国家における最後の戦争指導機関となったが、これまでの戦争指導機関と何ら変わることがなかった。そのことは戦前期最後の内閣となった鈴木貫太郎内閣においても同様であった。確かに、鈴木内閣は内閣機能の強化を目的として、首相をはじめ国務大臣を大本営に列席させて、「大本営を国務統帥統合の府」とするいわゆる「大本営内閣」構想を企画した。[36] しかし、これも陸軍の強い抵抗で実現することはなかったのである。[37]

結局、明治国家における政軍関係のなかで常に課題とされた政略一致による戦争指導の運営は、最後まで成功することがなかった。その意味で統帥権独立制こそ明治国家の政軍関係を決定づけた制度であったと同時に、軍部の政治的地位強化の論理でもあった。明治国家が一面において軍事国家と表現し得る根拠もまた、この特異な制度と論理に根ざしているのである。

(1) 日清・日露戦争期からアジア太平洋戦争期に至る日本の戦争政策の展開過程における戦争指導体制に内在した諸問題について、纐纈は前掲「統帥権独立制の形成と戦争指導」において詳述した。
(2) 政戦両略の一致や戦争指導体制の一本化が要請された背景として第一次世界大戦以降における国家総力戦体制の構築という共通課題の浮上という問題が存在したことについて、纐纈は『総力戦体制研究――日本陸軍の国家総動員構想』(三一書房、一九八一年)で追究した。また、本書の「第二章　第一次世界大戦後期政軍関係の変容」においても詳しく触れている。
(3) 小林幸男「挙国一致論覚書」一、近畿大学法学会『法学』第一二巻第三・四合併号、四五頁。
(4) 同右。
(5) 木坂順一郎「軍部とデモクラシー――日本における国家総力戦準備と軍部批判をめぐって」『季刊国際政治』第三八号、六一七頁。
(6) 徳富蘇峰編著『公爵桂太郎伝』坤巻、原書房、一九六七年、六二五頁。
(7) 前掲「挙国一致論覚書」一、五六頁。
(8) 藤原彰「第一次世界大戦直前の日本軍部(2)」『歴史学研究』第三九五号、一九七三年四月、二二頁。
(9) 臨時外交調査会については、雨宮昭一の前掲「近代における戦争指導の構造と展開――政略と戦略の関係を中心として(下)」と前掲「戦争指導と政党――外交調査会の機能と役割」(『思想』第六二二号、一九七六年)等を参照。後者の論文も前掲『近代日本の戦争指導』(吉川弘文館、一九九七年)に再録されている。
(10) 宮沢俊義「大本営設置と内閣制度の改革」『中央公論』一九三七年一二月号、三六頁。

(11) 原田熊雄述『西園寺公と政局』第六巻、岩波書店、一九五一年、八三頁。
(12) 近衛文麿『平和への努力——近衛文麿手記』日本電報通信社、一九四六年、七頁。
(13) 「大本営設置に関する意見」前掲『現代史資料』第三七巻(大本営)、三四三頁。
(14) 『官報』第三二六五号、一九三七年一一月一七日。
(15) 「大本営は純然たる軍事機関」『東洋経済新聞』第一七八七号、一九三七年一一月一三日付。
(16) 前掲『現代史資料』第三七巻(大本営)、ⅰ頁。
(17) 塩原時三郎『東条メモ——かくて天皇は救われた』ハンドブック社、一九五二年、五二—五九頁。
(18) 「内閣参議から大本営論まで」『エコノミスト』第一五巻第三三号、一九三七年一一月二一日。
(19) 「陸海軍首脳部会談ノ際ニ於ケル〈時局処理要綱〉ニ関スル質疑応答資料」参謀本部編『杉山メモ——大本営・政府連絡会議等筆記』上巻、原書房、一九六七年、二一二頁。
(20) 『東京朝日新聞』一九三七年一一月二日付。
(21) 「大本営に関する新聞説明案」前掲『現代史資料』第三七巻(大本営)、三五一頁。
(22) 「大本営設置は必然」『エコノミスト』第一五巻第三二号、一九三七年一一月一一日、七頁。
(23) 矢部貞治編著『近衛文麿』下巻、弘文堂、一九五二年、一〇二頁。
(24) 石川準吉編『国家総動員史　資料編』3、国家総動員史刊行会、一九七五年、四四〇頁。
(25) 前掲『近衛文麿』下巻、一〇二頁。
(26) 岡義武『近衛文麿——「運命」の政治家』岩波新書、一九七二年、一一八頁。
(27) 『東京朝日新聞』一九四〇年七月一七日付。
(28) 同右、一九四〇年七月一八日付夕刊。
(29) 同右、一九四〇年七月一九日付夕刊。
(30) 前掲『杉山メモ』下巻、一一頁。
(31) 『大阪朝日新聞』一九四〇年一一月三〇日付。
(32) 前掲『杉山メモ』下巻、一五五頁。
(33) 同右、二四一—二四二頁。
(34) 同右。

（35）「大本営政府間会議沿革一覧表」前掲『現代史資料』第三七巻（大本営）、四九二頁。

（36）森松俊夫『大本営』教育社、一九八〇年、二四一頁。

（37）鈴木内閣時には、戦局の悪化に伴う軍部の相対的地位の低下を背景とし、政軍の双方において様々な構想が打ち出されている。鈴木内閣の「大本営内閣構想」に対抗するように、陸軍は「陸海軍一体化構想」「最高戦争指導府構想」等によって、国務主導の戦争指導体制および政軍関係の見直しを牽制しようとした。これらの点については現時点で必ずしも充分な先行研究が存在していないが、以下の論考が参考となる。加藤陽子「昭和一二年における政治力統合強化構想の展開——大本営設置と内閣制度改革」（『史學雑誌』第九六編第八号、一九八七年、後に加藤『模索する一九三〇年代——日米関係と陸軍中堅層』山川出版社、一九九三年、「第六章　権力一元化構想の展開——日中戦争初期の制度改革」に所収）、池田順「一五年戦争期の国家意思決定機構」（『歴史評論』第四七四号、一九八九年一〇月、後に池田『日本ファシズム体制史論』校倉書房、一九九七年、所収）、矢野信幸「太平洋戦争末期における内閣機能強化構想の展開」（『史學雑誌』第一〇七編第四号、一九九八年）。

三　戦前期日本の政軍関係の構造的特質

1　日本型政軍関係論の定式化は可能か

日本型政軍関係の定式は存在するか、という問題にアプローチする前提として、戦前期日本の政軍関係をどう認識するか、という課題がある。序章において要約整理したハンチントン等の政軍関係論が日本の政軍関係分析への適用にどれだけ有効なのかを最後にあらためて検証しておきたい(1)。

本書の第一章から第六章までにおいて、戦前期日本、あるいは明治国家における政治と軍事の関係史を、主に両者間の対立と妥協の政治過程分析の視角から追究してきた。この政治過程分析を踏まえ、政治と軍事の組織・機構・構造・制度といった側面から概観した場合、次のような五つの時期に内容的に区分できると考える。

すなわち、第一期は、一八七七(明治一〇)年一月に起きた西南戦争までの時期、第二期は、西南戦争を転機にその翌年参謀本部が独立し、軍事機構分立の方向性が打ち出された時期、第三期は、明治憲法制定(一八八九年二月)により、政治と軍事との分離が解釈上明確とされる時期、さらに、第四期は、陸海軍省官制の改正により軍部大臣現役武官制度が廃止(一九一三年六月)され、大臣・次官の任用資格を予後備役にまで拡大して、軍事への政治統制が格段と強化された時期、第五期は、一九三〇(昭和五)年四月のロンドン海軍軍縮条約における統帥権干犯問題と翌年生じた満州事変(一九三一年九月)を契機とする軍部の独走、さらに一九三六(昭和一一)年二月の二・二六事件による軍部大臣現役武官制度の復活の時期、それに続く軍部の政治勢力化と軍部政権の成立の時期、である。従って、本書はこのうち、第四期と第五期を対象とする政軍関係史研究ということになる。

第一期の特色は、政治と軍事が単一の政治機構、または単一の政治指導者の手に掌握され、政治機構と軍事機構の分立は見られず、両者は密接不可分のものとして存在したことである。従って、いわゆる政軍関係という形式は実態として存在しなかった時期と言える。ところが参謀本部の独立という形で軍政と軍令とが機構的・機能的に分離し、軍事機構の分立への方向が打ち出された第二期から、特に一八八五（明治一八）年一二月の内閣制度の確立により本格的な政軍関係が実態として成立する時代を迎える。

さらに、第三期において一九〇七（明治四〇）年九月の「軍令第一号　軍令ニ関スル件」が制定されたが、これは、統帥権独立の制度的確立を果たしたものとして極めて重大な措置であった。この措置は統帥について勅定を経た規程を「軍令」とするとしたものであり、それが作戦指揮・作戦計画立案部門に限定されていたとしても、その分立は、政治機構内に所属していた軍事機構が政治機構と並列・対等という形で存在することを意味した点で画期的な出来事であった。

要するに軍は「軍令ニ関スル件」を制定することによって自前の勅令制定権を獲得することになったのであり、これによって陸海軍は「軍令」を楯に、政治の軍事に対する介入を阻止し、逆に勅令という法令を「軍令」の形式で濫発することになる。(2)

このように陸海軍は自らの統帥権を堅持するための措置を次々と打ち出してはいくが、このことが直ちに政治機構と軍事機構との対立・抗争に発展した訳でなく、むしろこの後も軍事機構の権限は最小限度に抑制されたと言える。大正デモクラシー状況を背景とする政党内閣の時代が第四期に相当し、おりからの国際軍縮機運や軍備削減を要求する国内世論を原因として軍部大臣現役武官制度が廃止され、制度的側面からも国内世論的側面からも軍事が政治によって厳しく統制され、軍の威信も著しく低下した時期であった。

第五期は、政軍関係が最も激しく対立した抗争の時期である。この期間中の初期に、政党内閣は一九三二（昭和七）

年五月の五・一五事件のテロにより終末を迎え、軍部が統帥権独立制の徹底化や軍部大臣現役武官制度の復活を図りつつ政治勢力化し、ファシズム運動のなかで「合法的」に軍部政権を実現していく時代である。日中全面戦争開始以降、強力な戦争指導を進めるため、政軍関係は関係調整を迫られた。さらにアジア太平洋戦争の開始以後における総力戦体制の構築が緊急課題となった状況下においては、一層強く要請されはしたが、大本営政府連絡懇談会、最高戦争指導会議など、極めて限定的かつ便宜的な組織しか用意されず、政軍関係の調整は最後まで完全には実現することはなかった(3)。

日本の政軍関係史の内容区分からして、まずハンチントンの「二重政府論」(Dual Government)の理論的把握は、ここで示した第五期における政軍関係の対立・抗争期、あるいは軍事の政治介入が顕著となった時期を指したものであり、その限りでは時期的限定を明確にしたうえで議論を進める必要がある。それ以上に問題なのは、「二重政府論」の用語の定義である。額面通りに受け取った場合、二つの「政府組織」が併立し、それぞれが政治・戦争指導および国家政策の決定に携わり、この両組織が未調整の状態のまま国家運営が進展する、ということになろうか。しかし、果してそれが、ここで言う第五期の実態なのかは疑問である。

確かに陸軍省や参謀本部などの軍事組織に勤務する中堅軍人官僚等が戦争指導の主導権を掌握し、さらに政治介入することで政治指導に相当の影響力や圧力を行使した事例は数多いが、だからといって直ちに併立する二つの「政府組織」が存在するという認識は、たとえそれが比喩的な指摘でも事実として正確ではない。

一九三六(昭和一一)年二月の二・二六事件直後の廣田内閣組閣過程でも、軍部の露骨な圧力により自由主義的人物の入閣が阻止された経緯があったが、それでも外務官僚出身の廣田弘毅に大命降下があったことは、軍部が前面に出られない政治状況にあったことを示すものと理解するのが妥当であろう。日米開戦時の東條英機「軍部」内閣も、彼を推薦したのは木戸幸一を中心とする重臣・宮中グループであり、以後東條打倒工作が水面下で始まっていた段階でも、木戸は天皇の意向を踏まえつつ、東條支持の態度を変更することなく、いわば軍部内閣との協調関係を維持した経緯が存在するのである。[4] 要するに両者は、一つの「政府組織」内部で対立と妥協を繰り返していたと言えよう。

そして、天皇と木戸の支持を失ってはじめて東條内閣が総辞職に追い込まれたことも、実際には「二重政府」は存在せず、天皇を支える木戸および重臣グループが政局の指導権を握り、同時に日本の政治体制が天皇のもとに一元化されていたことを明白に示すものであった。従って、「東條独裁」という把握は実態とはほど遠いのである。その意味で日本軍部の政治介入の実態を、軍部による「合法的・間接支配」とする位置づけが、より正確な把握であろう。[5]

さらに言えば、重臣・宮中グループに代表されるいわゆる「穏健派」＝対英米協調派と、軍部・革新官僚に代表される「革新派」＝アジア・モンロー主義派との対立・抗争と妥協・協調の繰り返しのなかで、特に日中全面戦争以降は、前者の後者への妥協を背景としつつ、後者の主導権のもと一連の対外戦争が企画され、推進されたのである。アジア太平洋戦争は、いわば前者の了解の下に進められた妥協の産物として把握されるべきである。そして、東條内閣打倒工作は、戦局の悪化にともなう敗戦責任の所在と、天皇および天皇制の存続の危険が政治問題化するに至り、両者の協調関係が崩壊したことを意味するものであった。

そうした観点からすれば、ハンチントンの提示した「二重政府論」という日本の政軍関係の把握は、逆に実態把握を見誤る危険があろう。そうした把握では、勢い戦争政策の推進役として軍部・革新官僚などの役割や位置を高く見てしまい、重臣・宮中グループらの政治行動を軽視ないし無視してしまうことになりかねない。決して軍部や革新官僚の位置を低くみる訳ではないが、政軍関係の実態という点で要約するならば、それは決して並行的で対等の関係でもなく、それは重層的かつ相補的な関係にあったのである。[6]

2　政軍関係論の適用に向けて

以上、政軍関係論の先駆的研究や外国人研究者による近代日本政軍関係史の分析の試みを踏まえ、第一章から第六章において、一九一〇年代から四〇年代のおよそ三〇年にわたり、政軍間で展開された対立・妥協・協調の相互関係を様々な政治的事件を事例として追究してきた。若干重複するが、以下に近代日本の政軍関係史分析に政軍関係論を適用しようとする場合の留意点について、箇条書き的に要約しておきたい。

多くの批判点が存在するものの、やはり日本の政軍関係史研究において、最も検討の対象とすべきハンチントンの「二重政府論」について、歴史事実をもって反証することが第一に重要であると考えている。各章において追究してきたように、政軍の対立関係のメカニズムを分析し、それが実際にはハンチントンの指摘するような「二重政府」論的な枠組みで把握するよりは、やや比喩的な表現を用いれば、「一つの政府」内における政治選択の主導権をめぐる対立であって、明治憲法体制下では、逆に「二重政府」化を許さない政治システムが原則として機能していた点にこそ注目すべきであろう。

また、パールマターの「プリートリアニズム論」については、日本軍部の政治化あるいは政治介入の要因を諸外国との比較のなかで、その共通性と特殊性の両面において把握する理論創出の必要性をあらためて痛感する。単なる制度論的視点からでなく、歴史的政治的視点からする政治化の要因を探り続けることは、今日でも歴史学や政治学、あるいは社会学という分野全体の役割であるように思われる。歴史学の分野では、戦後、軍部の政治化の要因を検討する試みは、例えばファシズム研究の深まりという状況において、すでに膨大な先行研究の蓄積が存在する。しかし、より重要な問題は、そこでの研究蓄積を政軍関係研究のなかでどう関連させ、どの程度活用することが可能かという点であろう。同時に、軍部の成立や軍部の政治介入の構造的要因を探るうえでは、既存のファシズム研究やミリタリズム研究に留まらず、政軍関係論の適用が不可欠であることが実証研究のなかでも確認できたように思われる。

ファイナーの「政治文化的比較論」について言えば、第一に、軍部介入の内容とその介入のレベルを各国との比較研究において把握する必要性、第二に、「制限的で間接的な支配」という日本軍部の政治介入の把握の検討を我々に迫っている。筆者はこの把握は大体において了解できるものの、すでに触れた疑問点とともに、やはり「制限的で間接的な支配」に留まった日本軍部の政治的位置を規定するものとして、天皇および天皇制の分析が不可欠であることを認識するのである。

「制限的で間接的な支配」に留まった最大の理由は、東條内閣打倒工作や東條内閣の総辞職の経緯が示しているように、強力な政治・戦争指導を行いうる存在としての天皇、およびそれを可能とした天皇制にあり、その分析なくしては、日本軍部の政治介入の実際は把握不可能なのである。(7) その意味で今後の政軍関係分析や理論構築において明治国家体制の核である天皇制をどう評価するかという問題を視野に入れざるを得なくなるであろう。結果的にも、あるいは制度的にも、軍部の政治介入レベルを「制限的で間接的な支配」に留まらせた最大の原因は、まさに天皇および天皇制という統治システムの存在にあるからである。

最後にマクソンのキーワードである「下剋上」論の提示からは、日本軍隊の中堅層の役割に関する分析の必要性を痛感する。日本軍隊の特質という点ではすでに先駆的研究が存在するが、(8) そこで明らかにされたのは、幕僚へ絶大な権限を付与する反面でその責任は上級者が負うという構造や、戦争指導体制における作戦部門の優位性といった問題である。確かに「下剋上」の典型事例としてノモンハン事件(一九三九年五月)、ガダルカナル作戦(一九四二年八月—四三年二月)における辻政信参謀の独走や、一九三一年の三月・一〇月事件における長勇の参与の実態があげられる。(9)

それらは日本軍隊の特質であり、また彼ら軍中堅層が満州事変や日英米開戦の主要な推進者であったことを考えると、「下剋上」の問題も政軍関係の実態や、日本軍隊の特質を解明するうえで重要な研究対象と言い得る。しかし、既述した通り、日本における軍部の政治介入の基本的な要因として制度的かつ機構的側面を重視せざるを得ず、政治介入や非介入のいずれにも動機づけが不可欠であることは論を待たないまでも、そのレベルを歴史学的に考察の対象とする場合、もう一つ説得的な論理なりアプローチが用意される必要があろう。

3 「非文民型支配」か、「軍民融合型支配」か

ここではあらためて李炯喆が『軍部の昭和史』(上・下)において日本の政軍関係の特質を分析する際に提示した「非文民型支配」および「合法的・間接支配」という概念について論じながら、筆者の見解を整理しておきたい。

まず李は、戦前日本の政軍関係の基本的性格が「融合的支配期(明治初期—日露戦争期)」から「拮抗期(日露戦争期—浜口内閣期)」、さらには「軍部優位期(満州事変期—敗戦)」へと移行していったと捉え、そのような「政軍関係の変化は、明治体制の根本的な変革なしに行われた。従って、明治体制は「運営方式」の如何によっては、文民優位にも、軍部優位にも変わりうる「幅」のある体制であったといえる」[10]とし、明治国家の統治システムが一貫して不変であったにもかかわらず、政軍関係のダイナミックな変容が見られた点に注目している。すなわち、明治国家の統治制度の一貫性と、統治機能の非一貫性という対称性を指摘しつつ、なかでも李の言う「軍部優位期」における政軍関係が、その表面的な形態としての政党に象徴される文民支配の全否定では必ずしもなく、従って「非文民型支配」(the type of non civilian control)と呼ぶべき支配の形態が実態として理解されるべきことを主張している。[11]

極めて興味深い指摘ではあるが、本来、明治憲法体制は権力の分立制を基本原理とする統治システムを特徴としており、その限りでは政軍関係の変容は、ある意味で回避不可能な要素として歴史過程や政治過程に最初から刻印されていたのではないか、という視点からすれば李の主張は必ずしも正確ではない。それゆえ、「「運営方式」の如何によって」文民優位か軍部優位かの変容が具現されたと捉えるより、むしろ明治国家の統治構造自体に孕まれた政軍関係の曖昧性、民主制度の未成熟性を根拠とする文民統制論の不在性に、より注目すべきであろう。その点について、李は別の表現で一定の認識を示しており、その限りでは筆者の考えと必ずしも距離があるとは思われない。

明治国家の統治システムは、多様な統治組織を用意し、それぞれに一定の権限を分与することによって、特定の組織が絶対的な権限を確保することのないよう周到に工夫された、文字通り「多元的政治連合体」を用意することになった。そのようななかで、本書が追究してきた政軍関係の枠組みで言えば、最終的に軍部がその対抗勢力としての政党との「拮抗期」を潜り抜け、「軍部優位」の政軍関係に帰着していった理由をより説得的に展開するには、明治国家の構造的特質や民主主義の未成熟性に加え、明治国家が日露戦争および第一次世界大戦以降において、どのような国家目標と国家戦略を基底に据えて政策運営を展開したのか、という問題への視角が重要になってこよう。

そのことは同時に、たとえ政軍関係の有り様が明白であり、一定程度民主主義が成熟していたとしても、そのような目標と戦略に政軍関係の内実が規定される側面は否定できないということである。実はそのことを念頭に据えて、各章で取り上げた政軍の対立・抗争の諸事例に通底する政軍関係の相互関係を追究してきた。従って、文民支配の原則を真っ向から否定するものではないことを含意するため、「非文民型支配」の用語を提起したことは理解できるものの、「非文民」が結局のところ「軍人」を客観的に示してしまう以上、〝軍人支配型〟と称しても大差ないように筆者には思われる。それゆえ、李の指摘を踏まえて言うならば、文民と軍人が最終的には相互に協調体制を敷きつつ、アジア太平洋戦争の戦争指導体制および国家総動員体制を構築していったことから、〈軍民融合型支配〉あるいは〈軍民混合型支配〉と称する方が合理的かつ説得的だと考える。本書では、その点を念頭に据えて各章を論述してきたつもりである。

すなわち、二個師団増設問題を通して政軍関係の軋轢が表面化するものの(第一章)、総力戦体制の構築という政軍共通の政治課題の前に政軍協調への変容が見られ(第二章)、シベリア干渉戦争時には、政軍間で深刻な対立が浮上するが、政党(原敬)と軍部(田中義一)の歩み寄りによる戦争指導体制の創出に典型的に示されるように、政軍間は協調関係を形成するのである(第三章)。そして、大正期において宇垣一成陸相による軍縮の断行に見られたように、軍部は大正デモクラシーや国際的な平和機運の高揚のなかで、自らの構造改革・意識改革を政党との連携のなかで推し進めなくてはならなかったのである（第四章）。

そのことは、李の指摘する満州事変以降における「軍部優位期」においてすら、基本的には同様であった（第五、六章）。また、「軍部優位期」の典型事例とされる東條英機内閣における政治・戦争指導を事実上担ったのは、岸信介や星野直樹に代表される官僚たち（文民）であったことをも加味するならば、軍部・政党・官僚、そして宮中・重臣グループ等の複合的な権力諸集団による多元的連合体が政軍関係という構造の大枠を規定していたことは間違いないことであった[12]。

もう一点、李が提起する「合法的・間接支配」という日本の政軍関係の特徴づけについて触れておきたい。李は満州事変から敗戦に至るまでのアジア太平洋戦争期における「軍部支配」の実態を、「軍部が既存の政治体制を破壊して独裁的権力を樹立することによってではなく、既存の政治体制を通して間接的に支配するにとどまざるをえなかった[13]」のであり、その限りにおいて「軍部支配」が「合法的・間接支配」の内実を伴って強行されたとする。そして、その「合法性」の根拠を「明治体制という天皇制を頂点とする国家権力構造[14]」に求めている。

この点についても筆者はおおむね同意できるもの[15]の、問題はここで言う「合法的・間接支配」を特徴とする戦前期日本の政軍関係の位置づけが、先に触れたように、ファイナーの言う「発達した政治文化」を持つ国家にあっては、軍部が「ゆすり」による内閣の牽制から、最終的には「制限的な支配」へと向かうことを一定の尺度としている点については若干の疑問が残る。確かに、ファイナーの論じた軍部支配の段階論は、政軍関係のダイナミズムやその変容過程を一貫した視角において把握するうえで極めて重要な示唆を与えてはいる。また、日本の政軍関係把握に一つの法則性を発見するうえで重大な問題提起であることは間違いない。しかしながら、このファイナー理論を、一定の留保はつけているものの、政治文化の成熟度レベルを一つの指標として支配のレベルが比例して推移する、との説明だけで援用するのでは不充分のように思われる。

そのこと自体を否定するものではないが、何ゆえに「合法的・間接支配」という方法を採用せざるを得なかったかについては、明治国家体制の構造や機能に第一の理由を求めるべきである。そして、第二には政軍両者が置かれた国内的かつ国際的な政治環境が、一連の政治過程にどのような決定的な作用を及ぼしていたかについての詳細な検討が不可欠であろう。

その意味で、李が軍部の政治化の原因を考察するうえで、「構造的要因」と「状況的要因」とを区分して説明する必要を論じた「第一章　軍部の政治的地位」がより重要な分析方法を提供しているように思われる。そこでは「構造的要因」として、(イ)明治体制の権力構造、(ロ)明治体制の二元制、(ハ)近代化と軍部の関係、「状況的要因」として、(イ)大陸政策と総動員体制、(ロ)一九二〇年代の文民優位に対する反発、(ハ)一九三〇年代における危機意識の重層化等が挙げられているのである。[16]

この点に関して言えば、本章の第二節を含め、本書の第五章において、軍部の政治化の要因として「構造的要因」を論じてきた。しかし、軍部の政治化ないし軍部の政治介入の原因を分析する方法として筆者が選択したのは、「状況的要因」による分析ということになる。李が「明治体制がトップの統制力が弱い分立的多元的連合体制である結果、そのなかで強い意志をもつ一機関がその固有の権限事項をこえて、他機関の領域にまで影響力を拡大する可能性が残されていた[17]」とし、基本的には以上で挙げた「構造的要因」そのものが、軍部政治化の「状況的要因」を帰結させた背景である点を押さえたうえで、その「状況的要因」の第一に戦前期日本の国家目標として浮上していた大陸政策の展開と総動員体制の構築の二点を指摘している点は、本書の全体を貫く分析視角ともほぼ一致する。

それでここでの問題は、軍部政治化の二つの要因をどのような位置関係において設定しつつ、トータルな把握を目指すのか、ということである。筆者は、この二つの要因論を上部と下部という重層的な関係として把握することが合理的だと考えている。つまり、「構造的要因」を下部構造、「状況的要因」を上部構造とした場合、「状況的要因」が常に「構造的要因」によって規定され続けたことを理解でき、軍部の政治化は原理的に明治国家の構造に求められることになる。ただし、政治化の要因が明治国家の構造にあるとしても、それが現実の政治過程において政治化という形をとるためには、当然ながら上部構造として広義の意味における政治状況の展開がなければならない。従って、この二つの要因を同時的に分析視角に取り入れてこそ、軍部政治化の要因はより鮮明にされることになろう。

筆者が本書の第一章から第六章までにおいて、政治的諸事件を媒介にして政軍両者の対立と妥協の過程を可能な限り詳細に追究しようとしたのは、ここで言う上部構造としての「状況的要因」の実態に迫るためであった。換言すれば、制度と機能の同時的把握の試みである。

4　社会統合過程における政軍関係の位置

ところで、本書が目標としてきた近代日本の政軍関係研究の領域で、極めて実証的かつ理論的な成果を発表している雨宮昭一は、統帥権独立制(軍事)と政党政治(政治)とが、本来的に共存不可能な対抗関係としてありながら、その併存関係を強行しようとしてきた田中義一の発想と行動のなかに、日本の政軍関係の実態を解く鍵があることを示唆している。すなわち、「統帥権独立制度を維持したままの政党政治という在り方が、もし挫折したとすれば、一方における社会利益の側面からいえば政党による社会統合の挫折と、他方における日本における政・軍関係から言えば、近代的分業の自立拡大が政治的に無制約であることによって、統帥部の独走、自己増殖、すなわち政治と軍事の無制限の分裂、とが相乗的に作用しあって、政・軍関係の分裂が現出する可能性を持つ」[18]とする注目すべき視点を提示している。

つまり、雨宮によれば、一九二〇年代から三〇年代にかけて大正デモクラシーという日本型民主主義の発展を背景に政党による社会統合への展望が開けそうになった時、ロンドン海軍軍縮条約を争点とする統帥権独立制度に依拠した軍部の巻き返しが行われ、そこでは統帥権独立制度が政党を社会統合の地位から退けようとし、浜口・若槻両民政党内閣を窮地に追い込んだのである。そして、満州事変を経て、その翌年には犬養毅政友会内閣をテロによって葬った。これらの諸事件は、全て軍部の統一的な意思と企画によって実行された訳ではないが、これら政党と軍部の角逐は、いずれが社会統合の主導権を握るかという問題であると同時に、いずれが政軍関係の主導権を握るかという問題であった。

しかしながら、本書でも繰り返し強調してきたように、結局のところ、「軍部の一元的支配に帰結したわけではない」[19]。政党と軍部が社会統合の主導権争いを演じ、確かに最終的には軍部優位の政治体制という性格を持ったことは事実であった。しかし同時に、既述したように明治国家の統治構造に規定されつつ、さらには国家総力戦体制の構築という国家戦略目標を設定せざるを得なかった一九三〇年代以降における政治状況が、民意に依拠する政党単独の社会統合過程を許容しなかったように、統帥権独立制に依拠する軍部単独の社会統合過程をも許容しなかったことも事実であった。

それゆえ、政・軍・官を主軸としながら、国家総力戦体制下においては多元的な社会統合システムを起動せざるを得なかったのである。そのような大枠の把握のなかで、近代日本の政軍関係は、必然的に相互依存・協調関係を選択するしかなかったと言えよう。それこそが、近代日本の政軍関係において、軍部による政治支配の実態が「合法的・間接的支配」に留まらざるを得なかった理由であった。

今後において筆者は、近代日本の政軍関係の理論的考察を進めるに当たり、社会統合の主体として、いかなる組織や権力体が適合的であるかをめぐり、政軍関係の内実が結局は決定されていくのではないかとする問題設定を、先行研究と本書での事例研究を踏まえつつ、さらには本書では充分に追究できなかった満州事変から二・二六事件を経て、日英米開戦に至る一九三〇年代に焦点を据えて、より精緻に論証し、理論化していきたいと考えている。

そこではデモクラシー、ナショナリズム、ファシズム、ミリタリズム等様々なイデオロギーや思想を根底に据えつつ、社会統合の主体として自らの権力の拡大を志向する権力組織の存在を想定しながら、政治と軍事の対立・妥協・協調の政治過程が様々な形態を伴って表出するのである。そのような政治過程を追究することによって、政治と軍事との本来的に望ましい関係とは、一体いかなるものであるかを提示していくことこそ、今後の政軍関係史研究に課せられた役割のように思われる。

(1) 昭和史研究への政軍関係論の適用を主張してきた三宅正樹は、『政軍関係研究』(芦書房、二〇〇一年)において、以下のような指摘を行っている。すなわち、「政軍関係という視角から昭和史を見直すことは、わが国の歴史のもつ個性を十分認めながらも、他の国々の歴史との類似性、共通性にも目をつぶらないで、日本の歴史の中に正当に位置づける道に通じるものと考えたい」(五五―五六頁)とし、一国の歴史の特異性と普遍性への認識を深める必要性を強調している。その意味で、政軍関係史研究が比較史研究の一環としても位置づけられること、そして、そのことによって世界史的な視野に立ち、同時代史として日本の政治過程を把握する道が切り開かれる可能性を秘めたものとして政軍関係論が存在すると考える。この点は、筆者にとっても、今後の大きな研究課題である。

(2) 軍令に関する比較的平易な解説については、大江志乃夫『統帥権』(日本評論社、一九八三年)における「第二部　2軍令の制定」の八七―九八頁を参照。

(3) 明治国家の政軍関係史については、伊藤皓文「明治国家における政軍関係――軍隊と国家の関係の一事例研究」(1、2)、防衛庁防衛研究所『防衛論集』第七巻第二号、一九六八年九月、第七巻第三号、一九六八年一〇月、を参照。

(4) これに関して、纐纈は「東條英機――独裁者になれなかった〝天皇の幕僚長〟」(前田哲男・纐纈『東郷元帥は何をしたか――昭和の戦争を演出した将軍たち』高文研、一九八九年)で触れた。

(5) 前掲『軍部の昭和史』上巻(合法的・間接支配への道)、一五頁。

(6) こうした問題意識から纐纈は、『日本海軍の終戦工作――アジア太平洋戦争の再検証』(中公新書、一九九六年)を発表した。

(7) この点については、纐纈は「天皇制国家の軍事機構」(菅孝行編『叢論日本天皇制Ⅱ　天皇制の理論と歴史』柘植書房、一九八七年)で要約した。また、前掲『模索する一九三〇年代――日米関係と陸軍中堅層』、前掲『天皇制と国家――近代日本の立憲君主制』や安田浩『天皇の政治史――睦仁・嘉仁・裕仁の時代』(青木書店、一九九八年)等に代表されるように、天皇制論や国家機構論および統治機構論、さらには輔弼体制論の視角から当該期における政軍関係を分析しようとする試みが近年活発化しているように思われる。本書では、必ずしもこれらの研究を充分視野に取り入れる機会はなかったが、今後の課題としておきたい。

(8) 前掲『天皇制と軍隊』、藤原彰『日本軍事史』(上・下巻)、日本評論社、一九八七年、等を参照。

(9) これに関しては、纐纈「辻政信」「長勇」(前掲『東郷元帥は何をしたか』所収)で触れた。また、吉田裕・纐纈「日本軍の作戦・戦闘・補給」(藤原彰・今井清一編『十五年戦争史』3〈太平洋戦争〉、青木書店、一九八九年、所収)をも参照されたい。

(10) 前掲『軍部の昭和史』上巻(合法的・間接支配への道)、六頁。

(11) 李は、「非文民型支配」を、「この概念は、文民型支配を真向から否定するものではなく、文民支配の原則が制度化されなかったがゆえに、文民支配の原則が不明確のまま、政軍関係が展開されたことをさす」(同右、六頁)と説明している。

(12) 本書では日英米開戦までの政軍関係を追究の対象としており、日英米開戦後から敗戦に至るまでの政軍関係については、拙稿「昭和期海軍と政局」一・二、(『政治経済史学』第三四四号、一九九五年二月、第三四五号、同年三月)で追究している。また、纐纈は前掲『日本海軍の終戦工作――アジア太平洋戦争の再検討』において、「終戦工作」が諸権力体が共同して実行した敗戦処理と、その権力温存を図るための政治工作であったことを論証したが、「第四章　東條内閣打倒工作」(九三―一四五頁)で論じたように、「軍部優位期」における政軍関係の時期にあっても、陸軍の主導性に一定の歯止めがかけられる構造にあったのである。

(13) 前掲『軍部の昭和史』上巻(合法的・間接支配への道)、七頁。

(14) 同右。

(15) 纐纈は、前掲「東條英機――独裁者になれなかった〝天皇の幕僚長〟」において、依然として根強い「東條独裁者論」を天皇制の政治構造と絡めて批判した。

(16) 前掲『軍部の昭和史』上巻(合法的・間接支配への道)、二一二頁。

(17) 同右、三五頁。

(18) 前掲『近代日本の戦争指導』六頁。

(19) 同右。

四　おわりに——政軍関係論の今日的課題

本書で追究してきたような戦前期日本における政軍関係の分析の成果を、戦後期日本における政軍関係の実態を解明していくうえで、どのように活かしていくことが可能であろうか。そのことを今日的課題と絡めて少しばかり検討しておきたい。

言うまでもなく、戦後制定公布された日本国憲法には、軍事に関連する条項は一切存在しない。最初から軍隊をはじめとする軍事組織や機構の存在を想定していないのである。従って、憲法上からしても「政軍関係」は成立しようがないはずであった。しかし、朝鮮戦争を契機に日本の再軍備が開始され、警察予備隊の創設から保安隊を挟んで、自衛隊の発足(一九五四年)に伴い、自衛隊法および自衛隊設置法が成立する過程で、事実上軍事組織や機構、そして自衛官(軍人)および軍事官僚(防衛官僚)が登場する。そして、相次ぐ防衛力整備計画が実行に移されるなかで、自衛隊は間違いなく世界レベルの軍隊となり、軍事組織も強大化してきている。

日本国憲法上の解釈からすれば日本に軍隊は存在し得ないはずであるが、現在の日本は陸上自衛隊、海上自衛隊、航空自衛隊の三自衛隊の合計で、約二四万人余の実力部隊を有する、世界有数の軍隊保有国となっている。そしてその実力部隊を統制・管理・運営する防衛官僚機構として防衛庁が存在する。その自衛隊を統制するために、現在日本政府は参事官制度という、防衛庁長官の制服組に対する統制に完全を期するための官房長や防衛局長ら全部で一〇名の防衛参事官による補佐制度を設置している。一〇名の参事官が全て文官であることから、これを「文官統制」と呼称することもある。それは防衛庁設置法の第九条で規定された、日本独自の文民統制のための制度である。

ところが昨今自衛隊側から、参事官制度の改編あるいは廃止を求める声が挙げられるようになった。自衛隊側の見解は、現行の文官優位の防衛庁長官補佐体制から、文官(背広組)と武官(制服組)とを対等に位置づけ、文官の任務を防衛政策の立案と施行の領域に限定し、自衛隊組織および約二四万人の自衛官に対する統制は武官が掌握することを要求したものである。(1) これは厳密にいえば、制服組の間で従来から不満が強かった「文官統制」への反発から発生した問題であって、これを直ちに広義の意味における文民統制への拒否反応とは即断できないものの、論理的にはそこに行き着く可能性を秘めた極めて深刻な内容を孕んでいる。

つまり、自衛隊側の見解を概観すると、そこでは防衛事務次官や防衛参事官だけが、文官である防衛庁長官を直接的に補佐することを文民統制の目的としたことへの不満が燻っているように思われる。制服組が提案しているあらたな補佐制度は、文官と武官とを並列させて防衛庁長官を補佐しようとするものであり、それを本来の意味での〝文民統制〟として位置づけようとしているのである。そこには、防衛問題の専門的職能集団の中核としての統幕組織および統幕長を文官と同等の位置に据え置き、自らの発言権を確保しようとする意図が読み取れる。そうした体制をとることが制服組にとっての「文民統制」かも知れないが、少なくとも文官と武官とを同列に置くことは文民統制の原則に反しており、その形骸化に直結する。

その意味でも本書で追究してきた政軍関係の基本認識や政軍関係の理想像を早期に見出していくことが益々求められている状況に入っていると言える。(2) こうした緊迫した状況をも含め、今日における我が国の政軍関係を展望していくうえで、本書で論じた政軍関係論をどうしたら活かすことができるのであろうか。

自衛隊が高度な軍隊組織と軍事機構を有するアメリカ軍との連繫を深めるにつれ、自衛隊自身も高度な技術的・専門的な集団となっていく過程で、文字通りの軍隊として極めて厳格な規律の下に強固な組織集団として内部的な一体感を強化すればするほど、一般社会との乖離現象を露呈し始めることは間違いない。それゆえに、自衛隊制服組に対する文官・文民の統制の必要性が従来以上に高まってくるはずである。しかし、自衛隊組織が一枚岩的な組織として洗練されればされるほど、政治への従属的関係を意味する文民統制という制度によって押し込められることを嫌悪する傾向も一層顕在化していく危険性は拭いきれない。

それゆえ、様々な評価づけが存在するとしても、自衛隊が民主主義社会と共存するためには、市民社会がその存在を容認し、自衛隊側も同時に民主主義のルールに従うべき合理的な根拠を充分に理解するべきである。自衛隊だけに限定されることではないが、今日どれほどの高度な組織と人材とを有した専門的職能集団とはいえ、民主主義社会の原理や規範に抵触することは許されないのである。

その点からして、いまや従来型の文民統制論から脱却することも求められていよう。すなわち、戦後の再軍備開始以降、文民統制は日本の再軍備や自衛隊の強化に反対する立場からすれば、それが堅持されていないことをもって自衛隊の危険性を訴える理由づけにしてきたし、その一方で、自衛隊の存在に肯定的な陣営からすれば、それが充分に機能していることをもって国民の軍隊保有に対する不安感を取り除くことができると考えられてきた(3)。この言うならば、文民統制の解釈をめぐる賛否両論の繰り返しは非生産的であり、議論として深められる方向にはない。それよりも、市民社会や個人の安全保障をどのように構築するのか、という総合的な安全保障論のなかで文民統制論が逞しく議論されるべきであろう。

そのような議論のなかで戦前期の政軍関係研究は重要な示唆を与えているように思われる。すでに本書の序章(第二節)で触れたが、ハンチントンの言う文民統制は、専門的職能集団としての軍隊、その構成員としての軍人の自律性を容認する「客観的文民統制」と、それとは反対に軍隊および軍人は、文民の統制に無条件に従うことを意味する「主体的文民統制」の二つに区分される。これをあらためて整理するならば、政治主体に軍事を完全に一体化させ、政治と軍事の一元化を果たすことで、いわゆる政治統制として文民統制を位置づけるのか、あるいはまた軍隊および軍人を一切の政治行動を許容しない専門職能集団として位置づけ、徹底した非政治的存在として位置づけるのか、ということである。

特にアメリカにおいて、政軍関係論が活発に議論され、研究対象とされてきた最大の理由は、武力集団としての軍隊や軍事組織が、その行動原理や組織理念において、全く相反する民主主義社会と共存することが本当に可能か、という問題に解答を迫られてきたからである。さらに世界に目を転じた場合でも、現代史においても軍隊の政治介入が頻繁に生起してきたように、軍隊が自らの組織拡大や政治的資源の獲得を目的として政治に介入する可能性は払拭できないのである。

政軍関係研究の究極的目標は軍隊の政治介入への可能性を遮断し、軍隊への様々な評価は存在するにしても、軍隊と民主主義の共存への方途を見出すことである。その点で一時は有力な文民統制論とされた、ハンチントンが主張した「客観的文民統制」の確立、すなわち軍隊に自律性を与え、専門的職能集団として徹底させることが政治介入への志向性を断つという議論の問題点は、ファイナーが指摘したように、その場合、軍隊が単純に政治統制を受け入れるとは限らないことである。

戦前期日本の軍隊は専門的職能集団としての役割を果たしつつも、統帥権独立制度など様々な特権を持つことで政治統制から一貫して脱しようとしてきたし、むしろその専門的職能集団としての自覚ゆえに、原敬内閣期に象徴されるような政治による軍の統制(政治統制)には鋭く抵抗してきたという歴史的事実が存在した。軍隊は、専門的職能集団としての自覚を強めれば強めるほど、その時々の政治動向によって不安定化する政治の在り方への不信を深めることになり、同時に国家の安全保障(国防)問題については政治判断をも含めて、主体的な行動を優先させようとする傾向を全面化する。

それでハンチントンとファイナーの文民統制の有り様をめぐる主張は基本的に対立する。この両者の視点および見解の相違性と目的における共通性を考えた場合、両説の統合あるいは折衷が不可欠となる。これに関して西岡朗は、民主主義がある程度成熟した市民社会において、軍隊が文字通り市民権を得て、その存在を認知されるためには、軍隊はあくまで専門的職能集団に徹しつつ、同時に軍隊自体が文民統制の原則を自らの存在を担保するものとして受容することが条件であるとし、市民も軍隊の果たす安全保障上の役割への期待感を保持することが必要であるとする。(4)

今日、軍事と政治との線引きが曖昧化するなかで、とりわけアメリカ社会に具現されるように、いわゆる「対テロ戦争」において軍への役割期待が高揚する状況下では、この西岡の主張は比較的受け入れ易いと思われるが、日本では、戦前期の軍隊が結局は政治統制にも服さず、本書の第一章で検討したように二個師団増設問題をはじめ、様々な政治の局面で政治介入を繰り返した歴史的事実と、さらにはアジア太平洋戦争で明らかになった、その海外膨張主義の実践者であったという歴史的事実から、軍隊そのものへの不信感と警戒感を払拭できないでいる。そのような戦前期日本の軍隊が刻印した歴史的事実と、その反映としての戦力不保持を掲げた平和憲法の存在ゆえに、そもそも民主主義社会と軍隊との共存を前提とする文民統制という制度の内実を問う機会が、少なくとも一般の市民社会にほとんどなかったことは事実である。

しかしながら、自衛隊という「軍隊」が存在する以上、その是非論は別としても、あるべき文民統制の理想像を問い、例えば、西岡が指摘するような折衷的文民統制論の獲得が展望されない限り、市民社会全般にとっても、また、約二四万という強力な軍事組織である自衛隊や自衛官にとっても矛盾の拡大を待つばかりとなろう。その意味でも、ハンチントンやファイナーらが提起した政軍関係論を吟味しながら、日本型文民統制論を早期に見出していく必要を痛感する。それはまた市民の普遍的な課題であり、政治の重大な責任問題である。そのためにも、あらためて戦前期日本の政軍関係史の研究が今後とも一層重要度を増していくはずである。

(1) 当問題については、纐纈は「文民統制突き崩す制服組の暴走――加速する自衛隊「国軍」化への動き」(『週刊金曜日』第五一九号、二〇〇四年八月六日)と「文民統制の今日的問題」(『世界』第七三四号、二〇〇四年一二月)で触れている。

(2) 西岡朗はその著作『現代のシビリアン・コントロール』(知識社、一九八八年)のなかで、「シビリアン・コントロールの本質は政治上の責任と軍事上の責任を明確に区別することであり、また後者の前者に対する制度的な従属である。……軍事力に対する統制原理には、「政治統制」と「民主統制」の二つの要素が不可欠である」(一七—一八頁)と指摘している。纐纈も、文民統制を「政軍関係において、軍事統制の主体を文民に置くとする原則」(前田哲男編『現代の戦争』岩波書店、二〇〇二年、七〇頁)と定義している。

(3) 広瀬克哉『官僚と軍人——文民統制の限界』岩波書店、一九八九年、四頁、参照。

(4) 前掲『現代のシビリアン・コントロール』五六—五八頁、参照。

あとがき

本書は、二〇〇三年九月に明治大学大学院政治経済学研究科に提出し、二〇〇四年三月に博士(政治学)の学位を授与された学位論文「近代日本政軍関係の研究」に若干の加筆修正を施したものである。本書出版を引き受けて頂いた岩波書店と編集を担当して頂いた編集部の吉田浩一氏に心からの御礼を申し上げたい。拙論を細部にわたって実に丁寧に読み込まれ、的確なアドバイスを惜しまれなかった吉田氏には、感謝の気持ちで一杯である。

なお、本書は、富田信男編『明治国家の苦悩と変容――日本政治史の一断面』(北樹出版、一九七九年)、纐纈『近代日本の政軍関係――軍人政治家田中義一の軌跡』(大学教育社、一九八七年)、纐纈『日本陸軍の総力戦政策』(大学教育出版、一九九九年)に所収した論文の一部と、新たに書き下ろした論文とで構成している。所収論文にしても、ほぼ全面的に書き直したため、ほとんど原型をとどめない内容となっているが、慣例に従い表記する次第である。

ところで、いまから三〇年ほど前に明治大学文学部の西洋史専攻生であった私は、当時ローザ・ルクセンブルクの手紙の翻訳に没頭されていたと記憶するポーランド史が専門の阪東宏先生の御指導の下で、「ドイツ・ナチズムの精神構造」と題する卒業論文を提出したが、その卒論執筆の過程でドイツ・ナチズムと比較しながら、一九二〇、三〇年代における日本の政治・軍事史に関心を抱き始めた。それで明治大学大学院政治経済学研究科で、日本政治史の富田信男先生の教えを請うことになったが、日本政治史の面白さに惹かれるようになったのは、先生の院ゼミでハケット(Roger F. Hackett)の *Yamagata Aritomo in the Rise of Modern Japan 1838-1922*(Cambridge, Massachusetts : Harvard University,

1971)を通読してからであった。いまでこそハケットの山県有朋論に異論がないわけではないが、当時の私には外国人研究者が、なぜかくも精緻な山県研究を行い得たのか、という率直な驚きと同時に、いわゆる山県閥の形成過程と影響力の大きさや、軍人政治家山県の行動に着目せざるを得なかった。この山県有朋研究を通して、私はまず日本政治史の醍醐味を味わった。穏和な語り口から翻訳へのアドバイスと明快な解説をして下さる富田先生の院ゼミは、今から思い返せば私の研究者としてのスタートの場であった。

富田先生の御指導の下で私は、「統帥権独立制と軍部の政治的地位」と題する三〇〇枚ほどの修士論文を執筆したが、その副査は副ゼミ生として御指導頂いた西洋外交史の三宅正樹先生であった。御専門のドイツ外交史だけでなく日本政治外交史にも造詣の深い先生は、何よりも政軍関係理論の日本における先駆的研究を次々に発表されており、そうした視点から私の修士論文への御助言を惜しまれなかった。修士論文の執筆過程において、ベルリン自由大学に出講中であった三宅先生が、暖かいアドバイスをドイツの地から書き送って下さったことは忘れがたい想い出となっている。

修士論文を書き終えた後、私は進路に迷いながらも、戦前から第一線のファシズム研究者で、日本の国家主義運動史にも多くの業績をお持ちの、明治大学ではフランス政治史を教えておられた木下半治先生の研究室に出入りするようになっていた。先生は時折流暢なフランス語を交えつつ、先生御自身の体験談も織り交ぜながら、時の経つのも忘れて戦前期日本の政治・軍事領域のお話をして下さった。私は、毎回テープレコーダーを回しながら懸命に聞き取りをしたが、いまでも時折テープで今は亡き先生のお声を耳にしながら、それが昭和史の貴重な証言でもあったことを思い返している。

その頃、私は現代の軍事問題も勉強したいという思いに駆られるようになっていた。そこで、木下先生の御紹介により、『人間の条件』や『戦争と人間』などの作品を発表され、社会派作家として著名であった五味川純平氏を中心に発足していた軍事問題研究会に入会させて頂いた。そこで現代の軍事問題について研究と執筆の機会を与えられ、また、茨城県土浦市の武器学校をはじめ自衛隊施設の視察や中国の北京市郊外にある国防大学訪問など、内外の基地視察やフィールド・ワークを含め、大学や既存の学会とは一味違った研究と運動を経験することになった。

五味川氏は、これからは私など戦後生まれの青年が、現代の軍事問題だけではなく、戦前期の軍事史についても研究する必要性があることを繰り返し説かれた。氏が病気治療のため入院されていた慶應大学病院にお見舞したおり、病室に置かれていた膨大な量の資料を示しながら、いまこれを使って書いている作品があり、それはとても大切な問題だと思っている、と言われていたことを朧気ながら記憶している。それが昭和天皇の戦争責任を明確に論じ、後に菊池寛賞を受賞されることになった『御前会議』(文藝春秋、一九七八年)であったことは、その時知るよしもなかったが、そこでは私はあらためて原資料収集と読み解きの重要さを教えられた思いであった。また、その本は私自身が日本政治史研究における政軍関係のアプローチに強い関心を抱くきっかけとなった作品でもあった。いまは故人となられた五味川氏が、『人間の条件』等御自身の作品の多くを出版していた三一書房から、私の最初の著作であり研究書である『総力戦体制研究』(一九八一年)を出版したことを大変喜んで下さったことを昨日の事のように思い出す。

軍事史研究に本格的に向き合おうと思い立った私は、日本における軍事史研究の第一人者である一橋大学の藤原彰先生の門を叩くことになった。先生は全く面識もない私を快く引き受けて下さった。当時、藤原ゼミには、軍事史領域に限らず、多士済々のメンバーが集まっており、ここでの報告は自らを鍛えるには格好の場であった。藤原先生は、私の準備不足の誹りは免れないような、充分に纏めきれていない報告内容にも、すぐに注目点を次々と挙げられ、次の課題をさり気なく指摘された。その巧みなアドバイスに、どれだけ勇気づけられ、研究上の指針を与えられたか計り知れない。いつでも笑顔を絶やさず、私たちよりも随分と丈夫なお体と思っていた先生は、残念ながら二〇〇三年二月に永眠されてしまった。毎週ゼミ終了後に先生を囲んでの飲み会は、研究への意欲やエネルギーを蓄える心地よい語りの場であり、いまでも本当に懐かしく思う。

同ゼミで、同じ軍事史を研究領域としていた畏友吉田裕氏（現一橋大学教授）には、今日まで大きな刺激を受け続けている。確かな分析能力と豊かな資料収集によって、切れ味鋭い論考を早くから発表されていた氏は、私にとっては得難い良き手本となっている。

また、在京中から藤原先生を中心とする様々な研究会などを通して、厳しくも親しくお付き合い頂いている由井正臣先生、神田文人先生、粟屋憲太郎先生、そして、いつも何かとお声をかけて下さった江口圭一先生（故人）をはじめ、戦後日本の近現代史研究を引っ張ってこられた先生方と交流の機会を得ることができた。特に本書との関連で言えば、『寺内文書』や『田中文書』等の、由井先生が収集・整理された資料を多く活用させて頂いたし、近年精緻な政軍関係史研究の成果を次々と発表されている神田先生のお仕事からも多くを学ばせて頂いた。

さて、一橋大学大学院博士課程を単位取得退学した後、私は埼玉大学、法政大学、大東文化大学など、いくつかの場所で非常勤講師として出講する毎日であった。各大学では多くの先生方に親しくして頂いた。その間にも国立国会図書館をはじめ、防衛庁防衛研究所や国立公文書館、外交資料館など、東京都内を中心に多くの場に出かけては資料と格闘する日々であったが、なかでも、防衛研究所に所蔵してあった未刊行資料「高木惣吉史料」（現在は、伊藤隆編『高木惣吉　日記と情報』〈上下巻〉として刊行）に接し、これを基本資料として執筆したのが『日本海軍の終戦工作』（中公新書、一九九六年）である。

私は、一九九一年四月に山口大学教養部に就職し、一九九六年四月より教養部廃止に伴い人文学部に移ることになった。そして、二〇〇一年四月に設置された山口大学独立大学院東アジア研究科のスタッフの一人に加わることになった。国立大学として全国で二番目となる複数の学部からスタッフが集まって設置された博士課程のみの独立大学院は、そのカリキュラムのユニークさと、専門領域を横断する多人数の教員による徹底した院生指導体制（いわゆる集団指導体制）を敷くことで、高度で幅広い教養人や研究者を養成しようとするものである。そのスタッフとして、私自身も国内からだけでなく、中国、台湾、韓国など主にアジア諸国から集まった院生を指導しながら、これまでの研究を総まとめする作業に取りかかっていた。

そこで仕上がった論文は、政軍関係論のアプローチからする近代日本政治史の読み解きの作業であった。その論文を学位請求論文とするべく、日本における政軍関係論研究の第一人者であり、大学院修士課程で教えを請うた三宅正樹先生に主査をお願いした。国際学会でも重職に就かれており、主にヨーロッパの諸大学でも教鞭を執られ、研究課題についても、また研究者として在るべき姿勢についても大変厳格である先生は、私にとって大きな目標である。三宅先生は、快く主査をお引き受け下さった。先生は二〇〇四年三月で定年退職が迫っており、早急に完成するようにと、その後繰り返して大きな喜びであった。政軍関係史研究論文の主査を三宅先生にお願いできたことは、何にも増し督促して下さった。しかしながら、大学内外での仕事が増える一方のなかで、なかなかお約束を果たせないまま、ようやく二〇〇三年九月に提出したが、思い返せば今でも冷や汗が出るほどに全体の構成、内容の展開、文言の妥当性、スペルミスなど含め、細部にわたり徹底した御教示を頂戴することになった。三宅先生は御退職を控え、加えてポーランドのポズナン大学に長期出講されるなど、過密日程であったにもかかわらずである。

その意味でも三宅先生には本当に言葉に言い尽くせない御恩を頂戴することになった。母校を去った私に終始変わらぬ御鞭撻を頂いたおかげで、学位を取得し、本書を出版することができた。また、学位請求論文の審査にあたり、副査を勤めて頂いたドイツ現代史の斎藤哲先生、政治過程論の土屋光芳先生にも、この場を借りて深く感謝申しあげたい。お二人の先生には、二つの外国語試験の審査だけでなく、学位請求論文に対し大変貴重な御指摘を頂くことができた。今後それを活かしていくことが感謝の意を表すことだと思っている。さらに明治大学における研究会報告の場で有意義な御質問を頂戴し、また学位授与式の席上では暖かいお声をかけて下さった明治大学大学院委員長の中邨章先生をはじめ、同大学院政治経済学研究科の諸先生方にも御礼申し上げたい。

このように私の研究者としての道、学位取得までの道は決して平坦ではなかったが、私は多くの優れた先生方や研究者仲間に恵まれてきた。お世話になった先生や研究者仲間の全ての方々にあらためて御礼申し上げたい。また、落ち着いた研究・教育環境を提供して下さっている山口大学人文学部および独立大学院東アジア研究科の先生方にも、心から御礼を申し述べたい。それに私の講義や演習で議論を交えている学部学生や修士課程・博士課程の院生の諸君にも謝意を表したい。

さて、私事で恐縮だが、昨年五月に敬愛する父を亡くした。父の三人の兄は全てアジア太平洋戦争で戦死しているが、父もまた鉄道兵として中国戦線での従軍体験を持ち、その体験談と父の兄たちのことを私は幼少の頃より聞かされ続けてきた。国家の戦争のために、何ゆえに将来ある身を戦場に散らさなければならなかったのか、そのことを私は自分なりに随分と早くから考え続けていたように思う。故郷を離れた後も、帰省したおり、必ず床の間に飾られた三人の伯父たちの遺影を見つめる度に、その思いを歴史事実のなかで受け止め、私なりに解析したいという思いが募っていた。そのことが私をして研究者への道に導いたとすれば、私は家族史のなかで活かされ続けていたように思えてならない。私たち家族のために懸命に働き続けてきた父の戦争の記憶を辿りながら、鉄道兵であった父のために「戦争と平和史」をテーマに私は本を書いてみたいと思っていたが、その約束を果たせないうちに父は逝ってしまった。それで、私が研究者への道を歩き続けるために、一貫して物心両面で支え続けてくれた亡き父に本書を捧げたいと思う。

最後に、研究・教育活動に没頭し、さらには執筆や講演活動にと忙しく動き回っている私の体調を気遣いながら健康管理に意を注いでくれている妻の美子に、この場で心からの感謝の気持ちを記したい。それに時に私のパワーの源でもある一人娘の望にも「ありがとう」と言っておきたい。ただひたすら前だけを見て走り続けている私が、ともかく一介の研究者として今日あるのは、多くの優れた恩師、諸先生方、友人、教え子達、それに家族をはじめ、私の周りにいる全ての人々のお陰であると思っている。全ての人に重ねて深い感謝の意を表したい。

二〇〇五年一月

纐纈　厚

参考文献資料一覧（本書で引用または参考とした資料・文献一覧。論文や評論の類は割愛した。原則として発行年順）

一　資　料

大日本帝国議会誌刊行会編刊『大日本帝国議会誌』全一八冊、一九二六―一九三〇年

防衛教育研究会編『統帥綱領・統帥参考』田中書店、一九八二年

『現代史資料』みすず書房、8―10日中戦争（一九六四年）、37大本営（一九六七年）、43・44国家総動員（一九七〇年、一九七四年）

『明治百年史叢書』原書房、1・2日本外交年表並主要文書（一九六五年）、3機密日露戦史（一九六六年）、4山本権兵衛と海軍（一九六六年）、5・6明治軍事史――明治天皇御伝記資料（一九六六年）、8翠雨荘日記――臨時外交調査委員会会議筆記等（一九六六年）、10対満蒙政策史の一面――日露戦後より大正期にいたる（一九六六年）、12満州事変と政策の形成過程（一九六六年）、13本庄日記（一九六七年）、14・15杉山メモ――大本営・政府連絡会議等筆記（一九六七年）、16山口有朋意見書（一九六六年）、19満州問題と国防方針――明治後期における国防環境の変動（一九六七年）、35大東亜戦争全史（一九六五年）、36東郷茂徳外交手記――時代の一面（一九六七年）、38敗戦の記録（一九六七年）、48・49公爵桂太郎伝（一九六七年）、50戦藻録――大東亜戦争秘記（一九六八年）、60・61伯爵山本権兵衛伝（一九六八年）、75―77犬養木堂伝（一九六八年）、87杉山元帥伝（一九六九年）、88―90公爵山県有朋伝（一九六九年）、93・94原敬全集（一九六九年）、95・96外務省の百年（一九六九年）、119秘書類纂（一九七〇年）、171―196海軍制度沿革（一九七一―一九七二年）、204支那事変戦争指導史（一九七三年）、214統帥権の独立（一九七三年）、266日米交渉資料――昭和十六年二月―十二月（一九七八年）、299・300田中義一伝記（一九八一年）、310・311伊藤博文秘録（一九八二年）、323・346・363・442日本外交主要文書・年表（一九八三年、一九八四年、一九八五年、一九九五年）、333日中関係と外政機構の研究――大正・昭和期（一九八三年）

陸軍省編『陸軍省沿革史――自明治三十七年至大正十五年』（復刻版・全三巻）、巌南堂書店、一九六九年

角田順編『石原莞爾資料　国防論策編』原書房、一九七一年

参謀本部編『昭和三年支那事変出兵史』（復刻版）、巌南堂書店、一九七一年

日本近代史料研究会編『日本陸海軍の制度・組織・人事』東京大学出版会、一九七一年
参謀本部編『西伯利出兵史――大正七年乃至十一年』(復刻版)、新時代社、一九七二年
参謀本部編『満洲事変作戦経過ノ概要――満洲事変史』(復刻版)、巌南堂書店、一九七二年
家永三郎監修『日本史資料』(上・下巻)、東京法令出版、一九七三年
石川準吉編『国家総動員史』(本編二巻・資料編一〇巻・補巻一)、国家総動員史刊行会、一九七五―一九八七年
安部博純他『史料構成　近代日本政治史』南窓社、一九七六年
上原勇作関係文書研究会編『上原勇作関係文書』東京大学出版会、一九七六年
憲兵司令部編『西伯利出兵憲兵史』(復刻版、全二巻)、国書刊行会、一九七六年
新名丈夫編『海軍戦争検討会議録――太平洋戦争開戦の経緯』毎日新聞社、一九七六年
外務省編(江藤淳解説)『終戦史録』(全六巻)、北洋社、一九七七―一九七八年
外務省編刊『日本外交文書　満州事変』(全七冊)、一九七七―一九八一年
桜井忠温編『国防大事典』(復刻版)、国書刊行会、一九七八年
『帝国議会議事速記録』(全一六〇巻)、東京大学出版会、一九七九―一九八五年
『帝国議会衆議院委員会議録』(明治篇全七二巻・昭和篇全一七二巻)、東京大学出版会、一九七九―二〇〇〇年
粟屋憲太郎編『資料日本現代史2　敗戦直後の政治と社会1』大月書店、一九八〇年
神田文人編『資料日本現代史7　産業報国運動』大月書店、一九八一年
外山操編『陸海軍将官人事総覧』(全二巻)、芙蓉書房、一九八一年
伊藤隆他編『近代日本史料選書1　真崎甚三郎日記』(全六冊)、山川出版社、一九八一―一九八七年
戦前期官僚制研究会編・秦郁彦監修『戦前期日本官僚制の制度・組織・人事』東京大学出版会、一九八一年
伊藤隆他編『近代日本史料選書2　大正初期山県有朋談話筆記・政変思出草』山川出版社、一九八一年
伊藤隆他編『近代日本史料選書6　本庄繁日記』(全二冊)、山川出版社、一九八二―一九八三年
坂野潤治他編『近代日本史料選書12　財部彪日記』(全二冊)、山川出版社、一九八三年
山本四郎編『寺内正毅関係文書――首相以前』京都女子大学、一九八四年

『枢密院会議議事録』(明治編全一五巻・大正編全二七巻・昭和編全五四巻)、東京大学出版会、一九八四—一九九六年
山本四郎編『寺内正毅内閣関係史料』(全二冊)、京都女子大学、一九八五年
『帝国議会貴族院委員会速記録』(明治篇全二八巻・昭和篇全一二七巻)、東京大学出版会、一九八五—二〇〇〇年
粟屋憲太郎他編『東京裁判資料　木戸幸一尋問調書』大月書店、一九八七年
政党政治研究会『議会政治一〇〇年——生命をかけた政治家達』徳間書店事業室、一九八八年
芝原拓自他校注『日本近代思想大系12　対外観』岩波書店、一九八八年
藤原彰他校注『日本近代思想大系4　軍隊・兵士』岩波書店、一九八九年
由井正臣他校注『日本近代思想大系3　官僚制・警察』岩波書店、一九九〇年
百瀬孝『事典　昭和戦前期の日本——制度と実態』吉川弘文館、一九九〇年
前田英昭編『帝国議会報告書集成』(全八巻)、柏書房、一九九一年
粟屋憲太郎・吉田裕編『国際検察局(IPS)尋問調書』(第五巻)、日本図書センター、一九九三年
外山操・森松俊夫編『帝国陸軍編制総覧』(全三巻)、芙蓉書房、一九九三年
歴史学研究会編『日本史史料』(4近代・5現代)、岩波書店、一九九七年
山田朗編『外交資料　近代日本の膨張と侵略』新日本出版社、一九九七年
軍事史学会編『大本営陸軍部戦争指導班　機密戦争日誌』(上・下巻)、錦正社、一九九八年
第二復員局残務処理部編、田中宏巳監修『太平洋戦争開戦前史——開戦迄の政略戦略』緑蔭書房、二〇〇一年

二　日記・評伝・評論など

田中義一『社会的国民教育——一名青年義勇団』博文館、一九一五年
田中義一『壮丁読本』丁未出版社、一九一六年
綾部致軒編『田中中将講演集』不二書院、一九一六年
黒田甲子郎編『元帥寺内伯爵伝』元帥寺内伯爵伝記編纂所、一九二〇年
中尾龍夫『軍備制限と陸軍の改造』文正堂書店、一九二一年

橋本勝太郎『経済的軍備の改造』隆文館、一九二一年
小林順一郎『陸軍の根本改造』時友社、一九二四年
石藤市勝『どうして陸軍を改革すべきか』大阪毎日新聞社、一九二四年
田中義一『大処高処より』兵書出版社、一九二五年
尼子止『平民宰相若槻礼次郎』モナス、一九二六年
相馬由也『俎上の田中大将と其一味』教化的国家社、一九二六年
吉田豊彦『軍需工業動員ニ関スル常識的説明』偕行社、一九二七年
松下芳男『軍制改革論』青雲閣書房、一九二八年
保利史華『田中義一――宰相となるまで』第一出版社、一九二八年
三井邦太郎編『吾等の知れる後藤新平伯』東洋協会、一九二九年
伊東正徳『軍縮?』春陽堂、一九二九年
尼子止編『平民宰相浜口雄幸』宝文館、一九三〇年
野崎政助編『若槻大内閣』八郡倶楽部、一九三一年
『浜口雄幸遺稿　随感録』三省堂、一九三一年
佐藤慶治郎『陸軍軍縮と米露の東亜経綸』日本書院出版部、一九三一年
田中貢太郎『西園寺公望伝』改造社、一九三二年
野依秀市『軍部を衝く』秀文閣書房、一九三三年
原田為五郎『軍縮会議と軍備平等権の強調』稲光堂書店、一九三四年
柳沼七郎『軍人と政治』紀元書房、一九三五年
松下芳男『軍部を裏から覗く――華かな軍部の裏面観』今日の問題社、一九三五年
鎌田澤一郎『宇垣一成』中央公論社、一九三七年
黒板勝美『福田大将伝』福田大将伝刊行会、一九三七年
渡辺幾治郎『人物近代日本軍事史』千倉書房、一九三七年

鶴見祐輔『後藤新平』(全四巻)、後藤新平伯伝記編纂会、一九三七年
安藤徳器『西園寺公望』白揚社、一九三八年
小泉策太郎『随筆　西園寺公』岩波書店、一九三九年
山崎一芳『久原房之助』東海出版社、一九三九年
京口元吉『大正政変前後』白揚社、一九四〇年
下園佐吉『牧野伸顕伯』人文閣、一九四〇年
企画院研究会編『国防国家の綱領』新紀元社、一九四一年
酒井鎬次『戦争指導の実際』改造社、一九四一年
八重樫運吉『国防国家の理論と政策』日本評論社、一九四一年
中村嘉寿『海軍の父山本権兵衛』水産社、一九四二年
吉田秀夫『国防国土学――東亜共栄圏の国土計画』ダイヤモンド社、一九四二年
沢田謙『後藤新平伝』大日本雄弁会講談社、一九四三年
前田蓮山『原敬伝』(上・下巻)、高山書院、一九四三年
山浦貫一『森恪』高山書院、一九四三年
桑木崇明『陸軍五十年史』鱒書房、一九四三年
マリー・デブネ(岡野馨訳)『戦争と人――世界大戦後の省察』岩波書店、一九四四年
五十嵐豊作『国防政治の研究』日本評論社、一九四五年
馬島健『軍閥暗闘秘史――陸軍崩壊の一断面』協同出版社、一九四六年
馬場恒吾『近衛内閣史論――戦争開始の真相』高山書院、一九四六年
鈴木貫太郎『終戦の表情』労働文化社、一九四六年
近衛文麿『最後の御前会議――近衛文麿公手記』時局月報社、一九四六年
近衛文麿『平和への努力――近衛文麿手記』日本電報通信社、一九四六年
極東国際軍事裁判研究会編『木戸日記――木戸被告人宣誓供述書全文』平和書房、一九四七年

『東京裁判における木戸証言――軍政最後の権謀をあばく旋風時代の宮廷秘史』キング出版社、一九四七年
竹越與三郎『西園寺公』鳳文書林、一九四七年
木村毅『西園寺公望』沙羅書房、一九四八年
高木惣吉『終戦覚書』弘文堂書店、一九四八年
牧野伸顕『回顧録』(全三巻)、文藝春秋社、一九四八年
渡辺茂雄『宇垣一成の歩んだ道』新太陽社、一九四八年
作田高太郎『天皇と木戸』平凡社、一九四八年
ジョセフ・グルー(石川欣一訳)『滞日十年――日記・公文書・私文書に基く記録』(上・下巻)、毎日新聞社、一九四八年
鈴木一編『鈴木貫太郎自伝』桜菊会出版部、一九四九年
鷲尾義直『古島一雄』日本経済研究会、一九四九年
小泉策太郎筆記・木村毅編『西園寺公望自伝』大日本雄弁会講談社、一九四九年
豊田副武述、柳沢健編『最後の帝国海軍』世界の日本社、一九五〇年
下村海南『終戦秘史』大日本雄弁会講談社、一九五〇年
森島守人『陰謀・暗殺・軍刀――一外交官の回想』岩波新書、一九五〇年
木舎幾三郎『近衛公秘聞』高野山出版社、一九五〇年
岡田啓介述『岡田啓介回顧録』毎日新聞社、一九五〇年
幣原喜重郎『外交五十年』読売新聞社、一九五〇年
原田熊雄述『西園寺公と政局』(全八巻)、岩波書店、一九五〇―一九五二年
若槻礼次郎『古風庵回顧録――若槻礼次郎自伝　明治大正昭和政界秘史』読売新聞社、一九五〇年
古島一雄述『古島一雄清談』毎日新聞社、一九五一年
加瀬俊一『ミズリー号への道程』文藝春秋新社、一九五一年
宇垣一成述、鎌田澤一郎著『松籟清談』文藝春秋新社、一九五一年
風見章『近衛内閣』日本出版協同、一九五一年

福留繁『海軍の反省』日本出版協同、一九五一年
内田信也『風雪五十年』実業之日本社、一九五一年
中嶋久万吉『政界財界五十年』大日本雄弁会講談社、一九五一年
矢部貞治編著『近衛文麿』(上・下巻)、弘文堂、一九五二年
塩原時三郎『東条メモ——かくて天皇は救われた』ハンドブック社、一九五二年
武藤章『比島から巣鴨へ——日本軍部の歩んだ道と一軍人の運命』実業之日本社、一九五二年
伊東忠治編『戦争史大観の説明』協和実業社、一九五三年
細川護貞『情報天皇に達せず——細川日記』(上・下巻)、同光社磯部書房、一九五三年
宇垣一成『宇垣日記』朝日新聞社、一九五四年
『小山完吾日記——五・一五事件から太平洋戦争まで』慶応通信、一九五五年
緒方竹虎『一軍人の生涯——回想の米内光政』文藝春秋新社、一九五五年
福留繁『史観　真珠湾攻撃』自由アジア社、一九五五年
田中新一『大戦突入の真相』元々社、一九五五年
岡田大将記録編纂会編刊『岡田啓介』一九五六年
御手洗辰雄編『南次郎』南次郎伝記刊行会、一九五七年
伊藤正徳『軍閥興亡史』(全三巻)文藝春秋新社、一九五七—一九五八年
高宮太平『米内光政』時事通信社、一九五八年
細川隆元『田中義一』時事通信社、一九五八年
山本英輔『山本権兵衛』時事通信社、一九五八年
木村毅『西園寺公望』時事通信社、一九五八年
前田蓮山『原敬』時事通信社、一九五八年
御手洗辰雄『山縣有朋』時事通信社、一九五八年
青木徳三『若槻礼次郎・浜口雄幸』時事通信社、一九五八年

矢部貞治『近衛文麿』時事通信社、一九五八年
有竹修二『斎藤実』時事通信社、一九五八年
大谷敬二郎『落日の序章――昭和陸軍史　第一部』八雲書店、一九五九年
岡田丈夫『近衛文麿――天皇と軍部と国民』春秋社、一九五九年
岡義武他校訂『大正デモクラシー期の政治　松本剛吉政治日誌』岩波書店、一九五九年
石川信吾『真珠湾までの経緯――開戦の真相』時事通信社、一九六〇年
石上良平『政党史論原敬没後』中央公論社、一九六〇年
鈴木貫太郎伝記編纂委員会編刊『鈴木貫太郎伝』一九六〇年
佐藤賢了『東条英機と太平洋戦争』文藝春秋新社、一九六〇年
前田蓮山『歴代内閣物語』(上・下巻)、時事通信社、一九六一年
河辺虎四郎『市ヶ谷台から市ヶ谷台へ――最後の参謀次長の回想録』時事通信社、一九六二年
富田健治『敗戦日本の内側――近衛公の思い出』古今書院、一九六二年
堀場一雄『支那事変戦争指導史』(全二巻)、時事通信社、一九六二年
小磯国昭自叙伝刊行会編刊『葛山鴻爪』一九六三年
田々宮英太郎『昭和の政治家たち――日本支配層の内幕』弘文堂、一九六三年
今井武夫『支那事変の回想』みすず書房、一九六四年
四王天延孝『四王天延孝回顧録』みすず書房、一九六四年
佐藤賢了『大東亜戦争回顧録』徳間書店、一九六六年
木戸日記研究会編『木戸幸一関係文書』東京大学出版会、一九六六年
木戸幸一『木戸幸一日記』(上・下巻)、東京大学出版会、一九六六年
井上幾太郎伝刊行会編刊『井上幾太郎伝』一九六六年
秋定鶴造『東條英機――その生涯と日本陸軍興亡秘史』経済往来社、一九六七年
高木惣吉『太平洋戦争と陸海軍の抗争』経済往来社、一九六七年

角田順校訂『宇垣一成日記』(全三巻)、みすず書房、一九六八—一九七一年
棋本捨三『東條英機とその時代』宮川書房、一九六八年
共同通信社「近衛日記」編集委員会編『近衛日記』共同通信社開発局、一九六八年
富岡定俊『開戦と終戦——人と機構と計画』毎日新聞社、一九六八年
東久邇稔彦『東久邇日記——日本激動の秘録』徳間書店、一九六八年
池田純久『日本の曲り角——軍閥の悲劇と最後の御前会議』千城出版、一九六八年
中村菊男『昭和陸軍秘史』番町書房、一九六八年
高田一夫『政治家の決断』青友社、一九六九年
山本義正『父・山本五十六——その愛と死の記録』光文社、一九六九年
有馬頼義『宰相近衛文麿の生涯』講談社、一九七〇年
大谷敬二郎『軍閥』図書出版社、一九七一年
横山臣平『秘録石原莞爾』芙蓉書房、一九七一年
原奎一郎『ふだん着の原敬』毎日新聞社、一九七一年
実松譲『米内光政——山本五十六が最も尊敬した軍人の生涯』(新版)、光人社、一九七一年
『昭和史の天皇』(16)、読売新聞社、一九七一年
高宮太平『順逆の昭和史——二・二六事件までの陸軍』原書房、一九七一年
岡義武『近衛文麿——「運命」の政治家』岩波新書、一九七二年
板垣征四郎刊行会編『秘録板垣征四郎』芙蓉書房、一九七二年
永田鉄山刊行会編『秘録永田鉄山』芙蓉書房、一九七二年
額田担『秘録宇垣一成』芙蓉書房、一九七三年
東條英機刊行会・上法快男編『東條英機』芙蓉書房、一九七四年
矢部貞治『矢部貞治日記』(全四巻)、読売新聞社、一九七四—一九七五年
井上清『宇垣一成』朝日新聞社、一九七五年

有末精三『有末機関長の手記――終戦秘史』芙蓉書房、一九七六年
梅津美治郎刊行会・上法快男編『最後の参謀総長　梅津美治郎』芙蓉書房、一九七六年
新名丈夫編『海軍戦争検討会議記録――太平洋戦争開戦の経緯』毎日新聞社、一九七六年
松下芳男『近代日本軍人伝――人物でつづる日本軍事史』柏書房、一九七六年
森克己『満州事変の裏面史』国書刊行会、一九七六年
高橋是清著、上塚司編『高橋是清自伝』(上・下巻)、中公文庫、一九七六年
佐藤賢了『佐藤賢了の証言――対米戦争の原点』芙蓉書房、一九七六年
林政春『満州事変の関東軍司令官　本庄繁』大湊書房、一九七七年
細川護貞『細川日記』中央公論社、一九七八年
井本熊男『作戦日誌で綴る支那事変』芙蓉書房、一九七八年
実松譲『海軍大将米内光政覚書』光人社、一九七八年
豊田穣編『激流の孤舟――提督・米内光政の生涯』講談社、一九七八年
阿川弘之『米内光政』(上・下巻)、新潮社、一九七八年
林久治郎『満州事変と奉天総領事――林久治郎遺稿』原書房、一九七八年
田中新一著、松下芳男編『田中作戦部長の証言――大戦突入の真相』芙蓉書房、一九七八年
松尾勝造『シベリア出征日記』風媒社、一九七八年
熊野英坤編『田中義一追悼集――没後五十年　目で見るおらが大将』元総理大臣田中義一顕彰会、一九七八年
高山信武『参謀本部作戦課――作戦論争の実相と反省』芙蓉書房、一九七八年
黒田秀俊『昭和軍閥　軍部独裁の二〇年』図書出版社、一九七九年
上法快男編『陸軍省軍務局』芙蓉書房、一九七九年
高木惣吉『高木海軍少将覚え書』毎日新聞社、一九七九年
矢次一夫『政変昭和秘史――戦時下の総理大臣たち』サンケイ出版、一九七九年
『田中隆吉著作集』田中稔、一九七九年

棟田博『宇垣一成──悲運の将軍』光人社、一九七九年
楳本捨三『東條英機　その昭和史』秀英書房、一九七九年
野村実『歴史のなかの日本海軍』原書房、一九八〇年
森元治郎『ある終戦工作』中公新書、一九八〇年
山本四郎編『寺内正毅日記──一九〇〇─一九一八』京都女子大学、一九八〇年
矢次一夫『東条英機とその時代』三天書房、一九八〇年
松谷誠『大東亜戦争収拾の真相』芙蓉書房、一九八〇年
西浦進『昭和戦争史の証言』原書房、一九八〇年
原奎一郎他編『原敬をめぐる人びと』(正・続)、日本放送出版協会、一九八一─一九八二年
田崎末松『評伝田中義一──十五年戦争の原点』(上・下巻)、平和戦略総合研究所、一九八一年
武藤章著、上法快男編『軍務局長武藤章回想録』芙蓉書房、一九八一年
勝田龍夫『重臣たちの昭和史』(上・下巻)、文藝春秋、一九八一年
伊藤隆・野村実編『海軍大将小林躋造覚書』山川出版社、一九八一年
入江貫一著、伊藤隆編『大正初期山県有朋談話筆記　政変想出草』山川出版社、一九八一年
小堀桂一郎『宰相鈴木貫太郎』文藝春秋、一九八二年
秦郁彦『昭和史の軍人たち』文藝春秋、一九八二年
沢田茂著、森松俊夫編『参謀次長沢田茂回想録』芙蓉書房、一九八二年
宮野澄『最後の海軍大将　井上成美』文藝春秋、一九八二年
戸川猪佐武『犬養毅と青年将校』講談社、一九八二年
岸田英夫『侍従長の昭和史』朝日新聞社、一九八二年
野村実編『侍従武官城英一郎日記』山川出版社、一九八二年
山本親雄『大本営海軍部』朝日ソノラマ、一九八二年
森川哲郎『東条英機暗殺計画』現代史出版会、一九八二年

山本四郎編『西原亀三日記』京都女子大学、一九八三年
河原敏明『天皇裕仁の昭和史』文藝春秋、一九八三年
千田夏光『天皇と勅語と昭和史』汐文社、一九八三年
高田万亀子『日本の曲り角——三国同盟問題と米内光政』勁草出版サービスセンター、一九八四年
吉松安弘『東条英機　暗殺の夏』(上・下巻)、新潮社、一九八四年
田中隆吉『太平洋戦争の敗因を衝く——軍閥専横の実相』長崎出版、一九八四年
大平進一『最後の内大臣木戸幸一』恒文社、一九八四年
海軍省海軍軍事普及部編『支那事変に於ける帝国海軍の行動』(復刻版)、鵬和出版、一九八五年
高木惣吉『高木惣吉日記——日独伊三国同盟と東条内閣打倒』毎日新聞社、一九八五年
芦沢紀之『謀略——吉田茂逮捕』芙蓉書房、一九八五年
種村佐孝他編『大本営機密日誌』芙蓉書房、一九八五年
半藤一利『聖断——天皇と鈴木貫太郎』文藝春秋、一九八五年
赤松貞雄『東條秘書官機密日誌』文藝春秋、一九八五年
杉森久英『近衛文麿』河出書房新社、一九八六年
保科善四郎他『太平洋戦争秘史——海軍は何故開戦に同意したか』日本国防協会、一九八七年
生出寿『「帝国海軍」軍令部総長の失敗——天皇に背いた伏見宮元帥』徳間書店、一九八七年
読売新聞社編『天皇の終戦——激動の二二七日』読売新聞社、一九八八年
亀井宏『昭和の天皇と東條英機』光人社、一九八八年
野村実『天皇・伏見宮と日本海軍』文藝春秋、一九八八年
北岡伸一『後藤新平——外交とヴィジョン』中公新書、一九八八年
実松譲『米内光政秘書官の回想』光人社、一九八九年
伊藤隆他編『東條内閣総理大臣機密記録——東條英機大臣言行録』東京大学出版会、一九九〇年
勝野駿『昭和天皇の戦争』図書出版社、一九九〇年

伊藤隆他編『牧野伸顕日記』中央公論社、一九九〇年
木下道雄『側近日誌』文藝春秋、一九九〇年
立命館大学編『西園寺公望伝』(全四巻・別巻二)、岩波書店、一九九〇—一九九七年
寺崎英成、マリコ・テラサキ・ミラー編著『昭和天皇独白録——寺崎英成・御用掛日記』文藝春秋、一九九一年
池井優他編『浜口雄幸日記・随感録』みすず書房、一九九一年
河合弥八著、高橋紘他編『昭和初期の天皇と宮中——侍従次長河井弥八日記』(全六巻)、岩波書店、一九九三—一九九四年
豊田穣『最後の重臣岡田啓介——終戦和平に尽瘁した影の仕掛人の生涯』光人社、一九九四年
林銑十郎『満洲事件日誌』みすず書房、一九九六年
大内信也『帝国主義日本にNoと言った日本人水野広徳』雄山閣出版、一九九七年
東野真『昭和天皇二つの「独白録」』日本放送出版協会、一九九八年
竹下勇著、波多野勝他編『海軍の外交官竹下勇日記』芙蓉書房出版、一九九八年
奈良武次著、波多野澄雄他編『侍従武官長奈良武次日記・回顧録』(全四巻)、柏書房、二〇〇〇年
高木惣吉著、伊藤隆編『高木惣吉　日記と情報』(上・下巻)、みすず書房、二〇〇〇年

三　研究書等

村上啓作編述『戦争要論』陸軍大学校将校集会所、一九二五年
コルマン・フォン・デル・ゴルツ(日本陸軍大学校訳)『国民皆兵論——現代の軍制と統帥』偕行社、一九二六年
信夫淳平『近代外交史論』日本評論社、一九二七年
篠崎嘉郎『満洲金融及財界の現状』(上・下巻)、大阪屋号書店、一九二七—一九二八年
矢内原忠雄『満洲問題』岩波書店、一九三四年
今中次麿『日本政治史大綱』南郊社、一九三六年
戦争経済研究会編『工業動員論』大同出版、一九三七年
ルーデンドルフ(間野俊夫訳)『国家総力戦』三笠書房、一九三八年

葛生能久著、黒龍会編『日支交渉外史』(上・下巻)、黒龍会出版部、一九三八—一九三九年
愛野時一郎『戦略体勢と新戦争——世界変局と日本の決意』日満支婦人大同会事業部、一九三九年
黒田覚『国防国家の理論』弘文堂、一九四一年
松下芳男『近代日本軍事史』紀元社、一九四一年
信夫清三郎『近代日本外交史』中央公論社、一九四二年
木下半治『戦争と政治』昭和書房、一九四二年
寺田弥吉『日本総力戦の研究』(上巻)、日本電報通信社出版部、一九四二年
土屋喬雄『国家総力戦論』ダイヤモンド社、一九四三年
大久保純一郎『文化統制の研究』東洋書館、一九四三年
渡辺幾治郎『太平洋戦争の歴史的考察』東洋経済新報社、一九四七年
E・H・ノーマン(大窪愿二訳)『日本における近代国家の成立』時事通信社、一九四七年
田中惣五郎『日本官僚政治史』世界書院、一九四七年
飯塚浩二『日本の軍隊』東大共同組合出版部、一九五〇年
信夫清三郎『大正政治史』(全四巻)、河出書房、一九五一—一九五二年
藤田嗣雄『軍隊と自由』河出書房、一九五三年
高橋甫『百万人の戦争科学——戦力の構造と運動の理論』建民社、一九五三年
歴史学研究会編『太平洋戦争史』(全五巻)、東洋経済新報社、一九五三—一九五四年
ルイス・スミス(佐上武弘訳)『軍事力と民主主義』法政大学出版局、一九五四年
田中惣五郎『日本軍隊史』理論社、一九五四年
遠山茂樹・今井清一・藤原彰『昭和史』岩波新書、一九五五年
細谷千博『シベリア出兵の史的研究』有斐閣、一九五五年
ハーバート・ファイス(大窪愿二訳)『真珠湾への道』みすず書房、一九五六年
植田捷男他編『近代日本外交史の研究——神川先生還暦記念』有斐閣、一九五六年

石田雄『近代日本政治構造の研究』未来社、一九五六年
松下芳男『明治軍制史論』(上・下巻)、有斐閣、一九五六年
中山治一『日露戦争以後――東アジアをめぐる帝国主義の国際関係』創元社、一九五七年
E・H・ノーマン(大窪愿二訳)『日本の兵士と農民』岩波書店、一九五八年
岡義武『山県有朋――明治日本の象徴』岩波新書、一九五八年
日本外交学会編『太平洋戦争終結論』東京大学出版会、一九五八年
ロバート・ビュートー(大井篤訳)『終戦外史――無条件降伏までの経緯』時事通信社、一九五八年
信夫清三郎・中山治一編『日露戦争史の研究』河出書房新社、一九五九年
信夫清三郎『真説日本歴史11　大正デモクラシー』雄山閣、一九五九年
松下芳男『日本軍制と政治』くろしお出版、一九六〇年
横越英一『近代政党史研究』勁草書房、一九六〇年
黒羽茂『世界史上より見たる日露戦争』至文堂、一九六〇年
鶴原和吉『大正デモクラシーにおける政治と民衆――鶴原和吉遺稿』中央公論事業出版、一九六一年
藤村道生『山県有朋』吉川弘文館、一九六一年
秦郁彦『日中戦争史』河出書房新社、一九六一年
信夫清三郎編『日本の外交』毎日新聞社、一九六一年
キャサリーン・コーリー(神川信彦・池田清訳)『軍隊と革命の技術』岩波書店、一九六一年
秦郁彦『軍ファシズム運動史――三月事件から二・二六後まで』河出書房新社、一九六二年
日本国際政治学会太平洋戦争原因研究部編『太平洋戦争への道――開戦外交史』(全七巻・別巻一)、朝日新聞社、一九六二―一九六三年
松下芳男『明治の軍隊』至文堂、一九六三年
梅溪昇『明治前期政治史の研究――明治軍隊の成立と明治国家の完成』未来社、一九六三年
安藤彦太郎編『満鉄――日本帝国主義と中国』御茶の水書房、一九六五年

篠原一・三谷太一郎編『近代日本の政治指導』東京大学出版会、一九六五年
島田俊彦『関東軍――在満陸軍の独走』中公新書、一九六五年
中村菊男『満州事変』日本教文社、一九六五年
古屋哲夫『日露戦争』中公新書、一九六六年
松尾尊兊『大正デモクラシーの研究』青木書店、一九六六年
入江昭『日本の外交――明治維新から現代まで』中公新書、一九六六年
金原左門『大正デモクラシーの社会的形成』青木書店、一九六七年
三宅正樹『世界史におけるドイツと日本』南窓社、一九六七年
臼井勝美『日中戦争――和平か戦線拡大か』中公新書、一九六七年
三谷太一郎『日本政党政治の形成――原敬の政治指導の展開』東京大学出版会、一九六七年
住谷悦治他編『講座日本社会思想史2　大正デモクラシーの思想』芳賀書店、一九六七年
吉村道男『日本とロシア――日露戦後からロシア革命まで』原書房、一九六八年
石田雄『破局と平和――一九四一―一九五二』東京大学出版会、一九六八年
井上清『日本帝国主義の形成』岩波書店、一九六八年
原口清『日本近代国家の形成』岩波書店、一九六八年
信夫清三郎『大正デモクラシー史』日本評論社、一九六八年
慶應義塾大学地域研究グループ編『変動期における軍部と軍隊』慶應通信、一九六八年
レスター・ブルークス(井上勇訳)『終戦秘話――一つの帝国を終わらせた秘密闘争』時事通信社、一九六八年
トリストラム・コフィン(遠藤正武・飼牛康彦訳)『武装社会――アメリカ軍国主義の告発』サイマル出版会、一九六九年
伊藤隆『昭和期政治史研究――ロンドン海軍軍縮問題をめぐる諸政治集団の対抗と提携』東京大学出版会、一九六九年
井上清編『大正期の政治と社会』岩波書店、一九六九年
前島省三『昭和軍閥の時代』ミネルヴァ書房、一九六九年
岡義武『転換期の大正――一九一四―一九二四』東京大学出版会、一九六九年

高橋正衛『昭和の軍閥』中公新書、一九六九年
中村菊男『近代日本政治史の展開』慶應義塾大学法学研究会、一九七〇年
松尾尊兊『民本主義の潮流』文英堂、一九七〇年
山本四郎『大正政変の基礎的研究』御茶の水書房、一九七〇年
アービン・クックス(加藤俊平訳)『天皇の決断――昭和二〇年八月一五日』サンケイ新聞社出版局、一九七一年
白土みどり『最終戦争時代論――石原莞爾の思想』邦文社、一九七一年
義井博『昭和外交史』南窓社、一九七一年
三輪公忠『松岡洋右――その人間と外交』中公新書、一九七一年
歴史学研究会・日本史研究会編『講座日本史7　日本帝国主義の崩壊』東京大学出版会、一九七一年
歴史学研究会編『太平洋戦争史』(全六巻)、青木書店、一九七一―一九七三年
満州史研究会編『日本帝国主義下の満州――「満州国」成立前後の経済研究』御茶の水書房、一九七一年
竹村民郎『独占と兵器生産――リベラリズムの経済構造』勁草書房、一九七一年
細谷千博編『日米関係史――開戦に至る一〇年(一九三一―四一年)』(全四巻)、東京大学出版会、一九七一―一九七二年
堀内謙介監修・鹿島平和研究所編『日本外交史21　日独伊同盟・日ソ中立条約』鹿島平和研究所出版会、一九七一年
臼井勝美『日本と中国――大正時代』原書房、一九七二年
小山弘健『日本軍事工業の史的分析――日本資本主義の発展構造との関係において』御茶の水書房、一九七二年
鈴木武雄監修『西原借款資料研究』東京大学出版会、一九七二年
高橋幸八郎編『日本近代化の研究』(上・下巻)、東京大学出版会、一九七二年
馬場伸也『満州事変への道――幣原外交と田中外交』中公新書、一九七二年
金原左門『大正期の政党と国民――原敬内閣下の政治過程』塙書房、一九七三年
宮地正人『日露戦後政治史の研究――帝国主義形成期の都市と農村』東京大学出版会、一九七三年
大山梓『日露戦争の軍政史録』芙蓉書房、一九七三年
菊地昌典『ロシア革命と日本人』筑摩書房、一九七三年

村上一郎『日本軍隊論序説』新人物往来社、一九七三年
高橋治『派兵』(全四巻)、朝日新聞社、一九七三―一九七七年
松尾尊兊『大正デモクラシー』岩波書店、一九七四年
三谷太一郎『大正デモクラシー論――吉野作造の時代とその後』中央公論社、一九七四年
アルフレート・ファークツ(天野真宏訳)『軍国主義の歴史Ⅲ　軍部と政治』福村出版、一九七四年
テツオ・ナジタ(安田志郎訳)『原敬――政治技術の巨匠』読売新聞社、一九七四年
臼井勝美『満州事変――戦争と外交と』中公新書、一九七四年
大江志乃夫『国民教育と軍隊――日本軍国主義教育政策の成立と展開』新日本出版社、一九七四年
J・W・モーリ編(小平修・岡本幸治監訳)『日本近代化のジレンマ――両大戦間の暗い谷間』ミネルヴァ書房、一九七四年
佐藤誠三郎他編『近代日本の対外態度』東京大学出版会、一九七四年
江口圭一『日本帝国主義史論――満州事変前後』青木書店、一九七五年
太田雅夫『大正デモクラシー研究――知識人の思想と運動』新泉社、一九七五年
今西英造『昭和陸軍派閥抗争史――一〇一人の政治的軍人』伝統と現代社、一九七五年
松下芳男『日本軍閥の興亡』芙蓉書房、一九七五年
佐藤徳太郎『軍隊・兵役制度』原書房、一九七五年
安部博純『日本ファシズム研究序説』未来社、一九七五年
三宅正樹『日独伊三国同盟の研究』南窓社、一九七五年
井上清『日本の軍国主義』(新版、全四巻)、現代評論社、一九七五―一九七七年
大江志乃夫『日露戦争の軍事史的研究』岩波書店、一九七六年
鹿野政直『大正デモクラシー』小学館、一九七六年
由井正臣編『大正デモクラシー』有精堂、一九七七年
義井博『日独伊三国同盟と日米関係――太平洋戦争前国際関係の研究』南窓社、一九七七年
藤原彰『天皇制と軍隊』青木書店、一九七八年

五味川純平『御前会議』文藝春秋、一九七八年
大浜徹也『天皇の軍隊』教育社、一九七八年
北岡伸一『日本陸軍と大陸政策——一九〇六—一九一八年』東京大学出版会、一九七八年
細谷千博他編『ワシントン体制と日米関係』東京大学出版会、一九七八年
江口圭一編『日本ファシズムの形成』日本評論社、一九七八年
刈田徹『昭和初期政治・外交史研究——十月事件と政局』人間の科学社、一九七八年
近代日本研究会編『年報近代日本研究1　昭和期の軍部』山川出版社、一九七九年
細谷千博『日本外交の座標』中央公論社、一九七九年
河原宏他『日本のファシズム』有斐閣、一九七九年
升味準之介『日本政党史論』(第五・六・七巻)、東京大学出版会、一九七九—一九八〇年
富田信男編著『明治国家の苦悩と変容——日本政治史の一断面』北樹出版、一九七九年
黒羽清隆『十五年戦争史序説』三省堂、一九七九年
近代日本研究会編『年報近代日本研究2　近代日本と東アジア』山川出版社、一九八〇年
藤井徳行『近代日本政治史研究』北樹出版、一九八〇年
森松俊夫『大本営』教育社、一九八〇年
生田惇『日本陸軍史』教育社、一九八〇年
林茂・辻清明編『日本内閣史録』(第三・四巻)、第一法規出版、一九八一年
池田清『海軍と日本』中公新書、一九八一年
伊藤隆『昭和十年代史断章』東京大学出版会、一九八一年
藤村道生『日本現代史』山川出版社、一九八一年
白鳥令編『日本の内閣』(全三巻)、新評論、一九八一年
三輪公忠編『再考・太平洋戦争前夜——日本の一九三〇年代論として』創世記、一九八一年
栄沢幸二『大正デモクラシー期の政治思想』研文出版、一九八一年

纐纈厚『総力戦体制研究――日本陸軍の国家総動員構想』三一書房、一九八一年
野村乙二朗『近代日本政治外交史の研究――日露戦後から第一次東方会議まで』刀水書房、一九八二年
藤原彰『太平洋戦争史論』青木書店、一九八二年
藤原彰『戦後史と日本軍国主義』新日本出版社、一九八二年
大原康男『帝国陸海軍の光と影――一つの日本文化論として』日本教文社、一九八二年
富田信男・纐纈厚他『政治に干与した軍人たち』有斐閣、一九八二年
坂野潤治『大正政変――一九〇〇年体制の崩壊』ミネルヴァ書房、一九八二年
大江志乃夫『天皇の軍隊』小学館、一九八二年
信夫清三郎『大東亜戦争への道』南窓社、一九八二年
藤原彰『日中全面戦争』小学館、一九八二年
木坂順一郎『太平洋戦争』小学館、一九八二年
近代日本研究会『年報近代日本研究4　太平洋戦争』山川出版社、一九八二年
工藤美知尋『日本海軍と太平洋戦争』(上・下巻)、南窓社、一九八二年
野村実『太平洋戦争と日本軍部』山川出版社、一九八三年
三宅正樹編集代表『昭和史の軍部と政治』(全五巻)、第一法規出版、一九八三年
伊藤隆『近衛新体制――大政翼賛会への道』中公新書、一九八三年
赤木須留喜『近衛新体制と大政翼賛会』岩波書店、一九八三年
大江志乃夫『統帥権』日本評論社、一九八三年
伊藤隆『昭和史をさぐる』(上・下巻)、光村図書出版、一九八四年
筒井清忠『昭和期日本の構造――その歴史社会学的考察』有斐閣、一九八四年
入江昭・有賀貞編『戦間期の日本外交』東京大学出版会、一九八四年
五百旗頭真『日本政治外交史』日本放送出版協会、一九八四年
近代日本研究会編『年報近代日本研究6　政党内閣の成立と崩壊』山川出版社、一九八四年

塩崎弘明『日英米戦争の岐路——太平洋の宥和をめぐる政戦略』山川出版社、一九八四年
古屋哲夫編『日中戦争史研究』吉川弘文館、一九八四年
日本現代史研究会編『一九二〇年代の日本の政治』大月書店、一九八四年
天野卓郎『大正デモクラシーと民衆運動——広島県域を中心として』雄山閣出版、一九八四年
古屋哲夫『日中戦争』岩波新書、一九八五年
大江志乃夫『日本の参謀本部』中公新書、一九八五年
坂野潤治『近代日本の外交と政治』研文出版、一九八五年
吉田裕『天皇の軍隊と南京事件——もうひとつの日中戦争史』青木書店、一九八六年
家永三郎『太平洋戦争』(第二版)、岩波書店、一九八六年
江口圭一『十五年戦争小史』青木書店、一九八六年
栗原健・波多野澄雄編『終戦工作の記録』(上・下巻)、講談社文庫、一九八六年
藤原彰『日本軍事史』(上・下巻)、日本評論社、一九八七年
李炯喆『軍部の昭和史』(上・下巻)、日本放送出版協会、一九八七年
遠山茂樹編『近代天皇制の研究Ⅱ　近代天皇制の展開』岩波書店、一九八七年
大江志乃夫『日露戦争と日本軍隊』立風書房、一九八七年
纐纈厚『近代日本の政軍関係——軍人政治家田中義一の軌跡』大学教育社、一九八七年
近代外交史研究会編『変動期の日本外交と軍事——史料と検討』原書房、一九八七年
波多野澄雄『「大東亜戦争」の時代——日中戦争から日英米戦争へ』朝日出版社、一九八八年
西岡朗『現代のシビリアン・コントロール』知識社、一九八八年
鈴木総兵衛『聞書・海上自衛隊史話——海軍の解体から海上自衛隊草創期まで』水交会、一九八八年
藤原彰・今井清一編集『十五年戦争史』(全四巻)、青木書店、一九八八—一九八九年
五百旗頭真『日米戦争と戦後日本』大阪書籍、一九八九年
クリストファー・ソーン(市川洋一訳)『太平洋戦争とは何だったのか——一九四一—四五年の国家、社会、そして極東戦争』草思

社、一九八九年
茶園義男『密室の終戦詔勅』雄松堂出版、一九八九年
前田哲男・纐纈厚『東郷元帥は何をしたか——昭和の戦争を演出した将軍たち』高文研、一九八九年
粟屋憲太郎『東京裁判論』大月書店、一九八九年
渡辺行男『軍縮——ロンドン条約と日本海軍』ペップ出版、一九八九年
山田朗『昭和天皇の戦争指導』昭和出版、一九九〇年
山田朗・纐纈厚『遅すぎた聖断——昭和天皇の戦争指導と戦争責任』昭和出版、一九九一年
大江志乃夫『御前会議——昭和天皇十五回の聖断』中公新書、一九九一年
藤原彰他『徹底検証・昭和天皇「独白録」』大月書店、一九九一年
藤原彰『昭和天皇の一五年戦争』青木書店、一九九一年
山本四郎編『近代日本の政党と官僚』東京創元社、一九九一年
佐藤元英『昭和初期対中国政策の研究——田中内閣の対満蒙政策』原書房、一九九二年
福島新吾『日本の政治指導と課題』未来社、一九九二年
安丸良夫『近代天皇像の形成』岩波書店、一九九二年
酒井哲哉『大正デモクラシー体制の崩壊——内政と外交』東京大学出版会、一九九二年
吉田裕『昭和天皇の終戦史』岩波新書、一九九二年
栄沢幸二『大正デモクラシー期の権力の思想』研文出版、一九九二年
古川隆久『昭和戦中期の総合国策機関』吉川弘文館、一九九二年
加藤陽子『模索する一九三〇年代——日米関係と陸軍中堅層』山川出版社、一九九三年
渡辺文也『「シベリア出兵」史論修正序説』日本図書刊行会、一九九三年
細谷千博他編『太平洋戦争』東京大学出版会、一九九三年
伊藤隆『昭和期の政治』(続)、山川出版社、一九九三年
坂野潤治『日本政治史——明治・大正・戦前昭和』放送大学教育振興会、一九九三年

麻田貞雄『両大戦間の日米関係——海軍と政策決定過程』東京大学出版会、一九九三年
永井和『近代日本の軍部と政治』思文閣出版、一九九三年
尾崎秀実著、今井清一編著『開戦前夜の近衛内閣——満鉄『東京時事資料月報』の尾崎秀実政治情勢報告』青木書店、一九九四年
粟屋憲太郎・NHK取材班『東京裁判への道』日本放送出版協会、一九九四年
山田朗『大元帥　昭和天皇』新日本出版社、一九九四年
アルフレート・ファークツ(望田幸男訳)『ミリタリズムの歴史——文民と軍人』福村出版、一九九四年
前原透『日本陸軍用兵思想史——日本陸軍における「攻防」の理論と教義』天狼書店、一九九四年
井上寿一『危機のなかの協調外交——日中戦争に至る対外政策の形成と展開』山川出版社、一九九四年
臼井勝美『満洲国と国際連盟』吉川弘文館、一九九五年
新人物往来社戦史室編『日本軍敗北の本質』新人物往来社、一九九五年
粟屋憲太郎『十五年戦争期の政治と社会』大月書店、一九九五年
高橋秀直『日清戦争への道』東京創元社、一九九五年
藤原彰他編『昭和二〇年／一九四五年——最新資料をもとに徹底検証する』小学館、一九九五年
吉田裕他『敗戦前後——昭和天皇と五人の指導者』青木書店、一九九五年
吉田裕『日本人の戦争観——戦後史のなかの変容』岩波書店、一九九五年
三宅正樹『日独政治外交史研究』河出書房新社、一九九六年
山本四郎編『日本近代国家の形成と展開』吉川弘文館、一九九六年
波多野澄雄『太平洋戦争とアジア外交』東京大学出版会、一九九六年
坂野潤治『近代日本の国家構想——一八七一—一九三六』岩波書店、一九九六年
纐纈厚『日本海軍の終戦工作——アジア太平洋戦争の再検証』中公新書、一九九六年
池田順『日本ファシズム体制史論』校倉書房、一九九六年
笠原十九司『日中全面戦争と海軍——パナイ号事件の真相』青木書店、一九九七年
三谷太一郎『近代日本の戦争と政治』岩波書店、一九九七年

山田朗『軍備拡張の近代史——日本軍の膨張と崩壊』吉川弘文館、一九九七年
雨宮昭一『近代日本の戦争指導』吉川弘文館、一九九七年
細谷千博他編『太平洋戦争の終結——アジア・太平洋の戦後形成』柏書房、一九九七年
須崎愼一『日本ファシズムとその時代——天皇制・軍部・戦争・民衆』大月書店、一九九八年
松尾尊兊『民本主義と帝国主義』みすず書房、一九九八年
安田浩『天皇の政治史——睦仁・嘉仁・裕仁の時代』青木書店、一九九八年
西田毅編『近代日本政治思想史』ナカニシヤ出版、一九九八年
森山優『日米開戦の政治過程』吉川弘文館、一九九八年
季武嘉也『大正期の政治構造』吉川弘文館、一九九八年
臼井勝美『日中外交史研究——昭和前期』吉川弘文館、一九九八年
平間洋一『第一次世界大戦と日本海軍——外交と軍事との連接』慶應義塾大学出版会、一九九八年
江口圭一『日本帝国主義史研究』青木書店、一九九八年
纐纈厚『日本陸軍の総力戦政策』大学教育出版、一九九九年
纐纈厚『侵略戦争——歴史事実と歴史認識』ちくま新書、一九九九年
増田知子『天皇制と国家——近代日本の立憲君主制』青木書店、一九九九年
岡部牧夫『十五年戦争史論——原因と結果と責任と』青木書店、一九九九年
佐藤元英『近代日本の外交と軍事——権益擁護と侵略の構造』吉川弘文館、二〇〇〇年
山口宗之『陸軍と海軍——陸海軍将校史の研究』清文堂出版、二〇〇〇年
三宅正樹『ユーラシア外交史研究』河出書房新社、二〇〇〇年
黒沢文貴『大戦間期の日本陸軍』みすず書房、二〇〇〇年
古川隆久『戦時議会』吉川弘文館、二〇〇一年
江口圭一『十五年戦争研究史論』校倉書房、二〇〇一年
三宅正樹『政軍関係研究』芦書房、二〇〇一年

山田朗『昭和天皇の軍事思想と戦略』校倉書房、二〇〇二年
前田哲男編『現代の戦争』岩波書店、二〇〇二年
吉田裕『日本の軍隊――兵士たちの近代史』岩波新書、二〇〇二年
ハーバート・ビックス（吉田裕監修・岡部牧夫他訳）『昭和天皇』（上・下巻）、講談社、二〇〇二年
樋口秀実『日本海軍から見た日中関係史研究』芙蓉書房出版、二〇〇二年
井竿富雄『初期シベリア出兵の研究――「新しき救世軍」構想の登場と展開』九州大学出版会、二〇〇三年

四　欧文研究書

Robert J. C. Butow, *Japan's Decision to Surrender*(Stanford, Calif.: Stanford University Press, 1954).
Samuel P. Huntington, *The Soldier and the State: The Theory and Politics of Civil-Military Relations*(Cambridge, Mass.: Belknap Press of Harvard University Press, 1957).
Herbert Feis, *Between War and Peace: The Potsdam Conference*(Princeton, N. J.: Princeton University Press, 1960).
Samuel P. Huntington, *The Common Defense: Strategic Programs in National Politics*(New York: Columbia University Press, 1961).
Samuel E. Finer, *The Man on Horseback: The Role of the Military in Politics*, first published by Pall Mall Press 1962, revised and published in Peregrine(Middlesex: Penguin Books, 1969).
Morris Janowitz, *The Military in the Political Development of New Nations: An Essay in Comparative Analysis*(Chicago: University of Chicago Press, 1964).
Nobutaka Ike(ed.), *Japan's Decision for War: Records of the 1941 Policy Conference*(Stanford: Stanford University Press, 1967).
James B. Crowley, *Japan's Quest for Autonomy: National Security and Foreign Policy, 1930-1938*(Princeton, N. J.: Princeton University Press, 1966).
Roger F. Hackett, *Yamagata Aritomo in the Rise of Modern Japan, 1838-1922*(Cambridge: Harvard University Press, 1971).
James W. Morley, *The Japanese Thrust into Siberia, 1918*(New York: Columbia University Press, 1957).
Yale C. Maxon, *Control of Japanese Foreign Policy: A Study of Civil-Military Rivalry 1930-1945*(Westport, Conn.: Greenwood Press, 1973).

Bradford A. Lee, *Britain and the Sino-Japanese War, 1937–1939 : A Study in the Dilemmas of British Decline*(Stanford, Calif. : Stanford University Press, 1973).

Richard J. Smethurst, *A Social Basis for Prewar Japanese Militarism : The Army and the Rural Community*(Berkeley : University of California Press, 1974).

Harold H. Sunoo, *Japanese Militarism : Past and Present*(Chicago : Nelson-Hall, 1975).

Amos Perlmutter, *The Military and Politics in Modern Times : On Professionals, Praetorians, and Revolutionary Soldiers*(New Heaven and London : Yale University Press, 1977).

Eric A. Nordlinger, *Soldiers in Politics : Military Coups and Governments*(Englewood Cliffs, N. J. : Prentice-Hall, 1977).

William F. Morton, *Tanaka Giichi and Japan's China Policy*(Folkestone : Dawson, 1980).

Volker R. Berghahn, *Militarism : The History of an International Debate, 1861–1979*(Cambridge and New York : Cambridge University Press, 1984).

Volker R. Berghahn, *Militarismus : Die Geschichte einer internationalen Debatte*(Hamburg : Berg, 1986).

Eliot A. Cohen, *Supreme Command : Soldiers, Statesmen, and Leadership in Wartime*(New York : Free Press, 2002).

■岩波オンデマンドブックス■

近代日本政軍関係の研究

2005年 3月23日　第1刷発行
2018年 1月11日　オンデマンド版発行

著　者　纐《こう》纈《けつ》 厚《あつし》

発行者　岡本 厚

発行所　株式会社 岩波書店
〒101-8002 東京都千代田区一ツ橋2-5-5
電話案内 03-5210-4000
http://www.iwanami.co.jp/

印刷／製本・法令印刷

ISBN 978-4-00-730715-7　Printed in Japan

人物索引

(研究者を除く)

あ 行

か 行

さ行

た 行

や 行

ら 行

わ 行

人物索引
（研究者）

あ 行

か 行

は 行

ま 行

や 行

ら 行

わ 行